차례

일러두기

1. 이 책은 Leon Trotsky, *Fascism, Stalinism and the United Front*(Bookmarks, 1989)를 번역한 것이다.

2. 인명과 지명 등의 외래어는 최대한 외래어 표기법에 맞춰 표기했다.

3. 《 》부호는 책과 잡지를 나타내고, 〈 〉부호는 신문, 주간지를 나타낸다. 논문과 신문 기사 등은 " "로 나타냈다.

4. 본문에서 [ ]는 옮긴이가 독자의 이해를 돕거나 문맥을 매끄럽게 하려고 덧붙인 것이다. 지은이가 인용문과 후주에 덧붙인 것은 [— 지은이 이름]으로 표기했다.

5. 본문의 각주는 옮긴이가 넣은 것이다. 지은이의 각주는 ' — 지은이 이름'으로 표기했다.

6. 원문에서 이탤릭체로 강조한 부분은 고딕체로 나타냈다.

7. "인물 · 용어 설명"에 나오는 것은 본문에 ●로 표기했다. "인물 · 용어 설명"은 책 맨 끝에 가나다순으로 정리돼 있다.

머리말

스티브 라이트*

1928년에 독일의 노동계급 조직들은 세계에서 가장 강력했다. 500만 명의 노동자가 주요 노조 연맹체인 독일노동조합총연맹ADGB[이하 독일노총으로 줄임] 산하의 자유노조들에** 가입해 있었다.[1] 당원이 102만 1000명이었던 사회민주당SPD[이하 사민당으로 줄임]은 대량 판매되는 신문들과 9000개나 되는 지역 조직들을 통해 이 노동조합원들의 삶에 깊이 뿌리내리고 있었다.[2] 독일 공산당KPD도 상당한 세력을 이끌고 있었지만, 당원 13만 명 가운데

---

* 이 책의 영어판이 출간될 당시(1989년) 영국 사회주의노동자당SWP이 발행하는 계간지 *International Socialism*의 편집자 가운데 한 명이었다.

** 자유노조Free Trade Unions는 1890년부터 1933년까지 존재한 사회민주주의 노동조합들로, 경영진의 통제를 받는 자유주의적 노조(이른바 황색노조)나 가톨릭교회의 통제를 받는 가톨릭 노조와 달리 독립적 노동자 조직이라는 점을 강조하려고 '자유'라는 수식어를 붙였으나 실제로는 사회민주당을 강력하게 지지하는 노조였다.

노동조합원은 소수였다. 노동조합에서는 사민당이 압도적으로 우세했던 것이다.[3]

사민당은 평화적·합법적 개혁을 옹호했다. 언뜻 보기에는 사민당의 전망이 그럴싸했다. 독일 자본주의는 1919~1923년의 대격변 뒤에 다시 안정된 듯했고,[4] 막대한 전쟁배상금을 지급해야 하는 부담이 여전히 남아 있었지만 경제 자체는 건강하고 역동적인 것처럼 보였다. 1925~1926년에 급격한 불경기가 있었지만, 그 뒤에는 끊임없이 밀려드는 듯한 미국 자금을 바탕으로 산업 생산이 급증했다. 대다수 노동자들이 보기에 이런 상황에서 개혁을 쟁취할 수 있다는 것은 사민당의 전략이 옳다는 것을 입증하는 듯했다. 독일 자본가들이 보기에 그런 양보는 (상대적인) 사회적 화합을 유지하기 위해 치러야 할 대가치고는 값싼 것이었다. 이제 극약 처방은 더는 필요하지 않은 것처럼 보였다. 아돌프 히틀러는 바이에른주 밖에서는 이렇다 할 세력을 모으지 못했고, 대체로 기괴하고 우스꽝스러운 인물로 여겨졌다. 그리고 노동계급의 다수가 아직 혁명의 필요성을 이해하지는 못했다 하더라도, 노동계급이 지키고 있는 진지들 자체는 난공불락의 요새처럼 보였다.

[그러나] 1933년 중반에는 이 모든 체계가 무너져 버렸다. 히틀러가 총리가 됐고, 노동운동 지도자들은 개혁주의자든 혁명가든 [노조] 관료든 현장위원이든 대부분 강제수용소에 갇혀 있었다. 나치가 하는 일을 방해할 만한 조직적 저항은 전혀 없었다.

나치가 성공할 수 있었던 가장 근본적인 원인은 미국의 주식 시장 붕괴로 촉발된 세계적 경제 위기였다.[5] 독일에서 그 과정은 특별히 폭력적이고 혼란스러웠다. 왜냐하면 독일 산업계와 금융계의 대기업들이 1924~1928년에 노동계 지도자들과 타협한 조건들을 재협상하려고 기를 쓰며 싸웠기 때문이다. [사회가] 안정을 되찾았던 그 시기에는 노조 지도자들이 사용자와 조합원 사이에서 중재할 때 국가에 의존하는 관행이 확립돼 있었다. 1923년에 '노사 관계' 분쟁을 처리하기 위해, 같은 수의 사용자 대표와 노조 대표로 구성된 중재위원회가 설치됐다. 노사 어느 쪽이든 중재위원회의 결정을 거부할 수 있었지만, 그런 경우에는 국가 관리가 개입해서 판결을 내렸고, 그 판결은 강제력과 구속력이 있었다. 1927년에 창설된 특별 노동 법원도 [계급] 협조주의 패턴을 따랐다. 공공 직업소개소도 비슷한 방식으로 통제됐다. 그래서 국가기구는 노조 관료 기구와 딱 맞물려 있었고, 노조 관료 기구는 또 기업과 밀접한 관계를 맺고 있었다. 프란츠 노이만은 다음과 같이 설명했다. 대체로

> 노동조합 관료들이 사민당 관료들보다 훨씬 더 강력했다. 노조 안에 일자리가 더 많았을 뿐 아니라, 노동은행,* 건설 기업들, 부동산 기업들, 노조의 인쇄소와 출판사들, 노조의 보험회사들에도 일자리가 많

---

* 노동은행Labour Bank은 노동조합이 소유한 은행이다.

았다. … 그리고 노동 법원들, 사회보험 기구들, 석탄과 화학 산업의 조직, 철도 체계에도 수많은 공직이 있었다. 일부 노조 간부들은 흔히 정당과 노조를 합쳐서 동시에 대여섯 개, 심지어 열 개의 직책을 맡고 있었다.[6]

노이만이 보기에 노조 지도자들의 정신세계, 즉 "파업을 막으려고 애쓰는 심리적 종속성"은 이렇게 도처에 자리 잡은 관료 집단 내의 물질적 뿌리에서 비롯했다. 노조 관료들과 사민당 관료들의 관계가 아주 긴밀했다고 해서 그들이 특정 사건에 대응하는 태도가 반드시 똑같은 것은 아니었지만, 그들은 관료 기구가 작동하는 합법적·합헌적 틀 안에서 평화적 진보가 가능하다는 뿌리 깊은 신념을 공유하고 있었다. 1928년까지 그들은 주택, 교육, 사회입법의 개선을 근거로 그런 전략이 실현 가능하다고 주장할 수 있었다. 그러나 그 뒤에 세계적 경제 위기가 닥치자 그 전략은 파산하고 말았다.

1929년 말에 월스트리트의 주식시장이 붕괴하자 독일 경제가 특히 의존하고 있던 많은 외국자본이 갑자기 빠져나갔고, 세계무역도 급격히 수축하면서 공산품 수출이 재앙적 타격을 받았다. 파산과 해고, 세수 급감이 뒤따랐다. 이제 자본주의적 헌법 규칙에 따라 개선을 이룰 가능성은 사라졌다. 그러나 사민당 지도자들은 헌법이 한때 허용한 개선이 아니라 헌법 자체에 헌신했(고 이 헌신은 변함없이 유지됐)다.

1930년 3월의 정부 위기, 즉 뮐러 내각(사민당이 주도한 연립 정부)이 실업급여에서 노동자들이 부담하는 몫을 늘리려고 하는 것에 노조가 반발하며 압력을 가해 생겨난 위기는 세계적 경제 위기의 직접적 결과였다. 뮐러의 총리직 사임은 이후의 지진에 비하면 작은 진동에 불과했지만, 그것은 사민당이 집권당으로서 더는 유용하지 않다는 것을 보여 줬다. 지배계급의 요구들은 사민당이 실행할 수 있는 능력을 훨씬 뛰어넘는 것이었다. 심지어 부르주아 중도 정당들조차 독일 자본주의가 요구하는 긴축정책의 책임을 떠맡지 않으려 했다. 뮐러의 후임 총리인 [가톨릭 중앙당의] 브뤼닝은• 제국의회에서 안정적 다수를 확보할 수 없었으므로 점차 [대통령] 긴급명령권을 발동해 통치할 수밖에 없었다.*

제국의회의 무기력은 사회적 교착상태를 반영했을 뿐 아니라, 의회가 중대한 사회적 문제들을 해결하지 못한다는 것도 보여 줬다. 이런 의회를 사민당이 계속 떠받든 것은 사민당 자체의 무기력을 표현하는 것이기도 했다. 야당일 때 사민당은 브뤼닝이 일방적으로 밀어붙인 가차 없는 임금 삭감과 세금 인상 정책의 직접적 책임을 피할 수도 있었다. 그러나 사민당은 브뤼닝의 정책

• 책 맨 끝에 있는 "인물·용어 설명"을 참조하라는 부호다.

* 바이마르헌법 48조에 따라 대통령은 비상시에 시민의 자유를 제한하고 법질서 회복에 필요한 모든 조치를 취할 수 있는 이른바 긴급명령권이 있었다.

을 막으려는 노력을 전혀 하지 않았고, 오히려 히틀러에 비하면 '차악'次惡이라며 브뤼닝 정부를 계속 '용인'했다.

1931년 중반에 오스트리아의 크레디트안슈탈트 은행이 부도나자 독일의 도이치 은행도 파산 위기에 몰렸다. 정부 자체의 재정도 악화했다. 세수는 감소한 반면, 실업급여와 농장주·기업인에 대한 보조금 지출은 증가했다. 그래서 정부 부채가 급증하자, 금융 시스템 전체의 붕괴를 막을 수 있는 정부의 능력이 위험해졌다.[7] 국민경제의 모든 부문이 위기에 빠지자 추가 긴축정책이 뒤따랐다. 1929년에 130만 명이던 실업자가 이듬해에는 300만 명으로 급증하더니 1931년에는 430만 명, 1932년에는 510만 명이 됐고(모두 9월 통계 수치다), 1933년 초에는 600만 명 이상으로 증가했다. 사민당과 노조는 자본가들을 무서워했을 뿐 아니라, 노동자들을 동원해서 방어 행동에 나서는 것도 두려워했다. 그래서 합법적 틀 안으로 움츠러들었다. 그 노동자 조직들은 전진하기에는 너무 무기력했고 후퇴하기에는 그동안 구축해 놓은 진지가 너무 강력했다. 그래서 결국 마비되고 말았다.

사민당이든 바이마르공화국의 다른 어떤 전통적 정당이든 위기를 다룰 수 없는 것처럼 보였다. 혼란이 고조되는 분위기에서, 절망하고 방향감각을 상실한 대중 앞에 다른 정당들은 가지지 못한 것, 즉 과감한 해결책을 추진할 수 있는 힘과 용기를 가진 운동으로 자처하고 나선 것은 나치당이었다. 1932년 3~4월에 실시된 대통령 선거에서 히틀러는 37퍼센트를 득표했다. 이후 그는 연립정부에 참여하라는 제안도 거부했지만 쿠데타를 일으키라는 자기 당내의 압력에도 저항하면서, 자신의 정책과 강령은 합법적으로 헌법에 따라 실행될 것이라고 맹세했다. 그러나 9월* 제국의회 선거에서 나치는 패배했다.** 한때 마르크스주의자였고 1930년까지 독일 재무부 장관을 지낸 루돌프 힐퍼딩은*** 이 선거의 의의에 대해 논평하면서 "파시즘이 몰락했다"고 썼다.

> 합법성은 그[히틀러 — 라이트]가 스스로 파멸한 원인이다. [1932년에 실시된] 두 번째 제국의회 선거에서**** 히틀러는 200만 표를 잃었다. 무적의 신화는 깨졌다. 그의 몰락이 시작됐다.[8]
>
> 국가사회주의자들은 이제 합법성의 한계 안에 갇혀 버렸다.[9]

그보다 1년 전에 트로츠키는 힐퍼딩• 같은 사람들의 착각에 대해 논평하면서, 언뜻 보기에 히틀러가 합헌주의를 고수하는 것은 중요한 목적이 따로 있다고 경고했다.

> 히틀러는 자신의 적들을 안심시키는 합헌적 전망을 내놓으면서, 편리

---

* 11월의 오타인 듯하다.

** 34석을 잃었고 득표율도 4퍼센트 떨어진 33퍼센트였다.

*** 힐퍼딩은 1923년과 1928~1929년에 재무부 장관을 지냈다.

**** 1932년에 첫 번째 제국의회 선거는 7월에 실시됐다.

한 순간에 타격을 가할 수 있는 기회를 노리고 있다. 이런 군사적 술수 자체는 아주 단순하지만, 그 속에는 엄청난 힘이 숨어 있다. 왜냐하면 이 술수는 문제를 평화적·합법적으로 해결하고자 하는 어중간한 정당들의 심리를 이용할 뿐 아니라, 잘 속아 넘어가는 국민 대중의 약점도 이용하기 때문이다. 사실 이 점이 더 위험하다.[10]

힐퍼딩이 히틀러의 몰락 운운한 바로 그달 말에[1933년 1월 30일] 히틀러는 총리가 됐다. 그것은 오직 노동계급 조직들, 특히 그중에서도 정치적으로 우세했던 사민당의 수동성 때문이었다. 그러나 어째서 사민당을 지지하는 수많은 노동자들은 형편없이 나약한 지도자들을 끝까지 믿었는가? 왜냐하면 강력한 공산주의적 대안, 즉 1919년에 설립된 공산주의인터내셔널[이하 코민테른으로 줄임]의 독일 지부인 공산당이 존재했기 때문이다. 공산당은 그 대열 안에 가장 선진적이고 투쟁적인 노동자들을 포함하고 있었고, 볼셰비키 전통을 따른다고 자처했다. 볼셰비키 전통은 혁명적 국제주의의 기본 원칙들로 구성돼 있었을 뿐 아니라, 볼셰비키 자체와 초창기 코민테른의 모든 지부들이 습득한 전략적·전술적 교훈들을 풍부하게 간직하고 있었다.

1922년에 베니토 무솔리니가 이탈리아에서 권력을 장악했다. 당시 갓 생겨난 이탈리아 공산당PCI의 지도자는 비타협적이고 독단적인 초좌파주의자 아마데오 보르디가였다.• 그래서 공산당은 사회당과 일절 협력하지 않는 것을 원칙으로 삼고 있었다. 그러나 이 중대한 잘못은 근본적으로 파시즘의 폭발적 성장이라는 당혹스러운 사태에 직면한 공산당의 경험 부족을 반영한 것이었다. 왜냐하면 당시까지 파시즘은 이탈리아만의 독특한 현상이었기 때문이다.[11] 그러나 1929년에 독일 공산당이 직면한 어려움은 그런 것이 아니었다. 10여 년 동안 아주 다양한 상황에서 활동한 경험이 있었고, 이탈리아의 사건들에서 교훈을 얻었을 뿐 아니라, 전에 독일 공산당 스스로 겪은 파시즘의 경험을 떠올릴 수도 있었다. 예컨대, 무솔리니가 최종 승리하기 전 몇 년 동안 독일에서도 그 문제[파시즘]에 대처할 필요가 있었다. 그래서 1923년에 독일 공산당 지도자 가운데 한 명인 클라라 체트킨은 다음과 같이 주장했다.

> 파시즘은 공장노동자가 바이에른 [왕국의 국기였던] 청백기에 충성하는지, 아니면 부르주아 [바이마르]공화국의 흑적금기에 충성하는지, 아니면 망치와 낫이 그려진 적기에 충성하는지 묻거나 따지지 않는다. … 파시즘은 계급의식적 프롤레타리아가 눈앞에 보이기만 하면, 이런 것을 따지지 않고 그냥 공격한다. 그러므로 노동자들은 어떤 정당이나 노동조합에 속해 있든 함께 투쟁해야 한다. 프롤레타리아가 파시즘에 맞서 스스로 방어해야 한다는 것은, 프롤레타리아의 공동전선을 조직하고 강화해야 하는 가장 강력한 이유들 가운데 하나다.[12]

당시 독일에서 파시즘은 [노동운동의] 주적이 아니었다. 그러나 체트킨의 말은 파시즘이 노동운동을 위협하는 주요 요인으로 발전할 때는 언제든지 유일하게 적절한 대응책을 지적한 것이다(그 점은 지금도 마찬가지다). 1924년 이후 이탈리아 공산당은 (이제 안토니오 그람시가• 지도자였는데) 극도로 불리한 상황에서 그런 전술을 적용하기 시작했다. 그 전술은 파시즘이 사회민주주의 정당을 포함해서 모든 노동자 조직을 분쇄해 버리는 독특한 형태의 반동이라는 인식에 바탕을 두고 있었다. 1926년에 무솔리니는 이 과정을 완성할 수 있었다. 그리고 2년 뒤에도 이탈리아 공산당의 지도적 인사였던 톨리아티는 파시즘이 무엇을 뜻하는지를 여전히 기억하고 있었다.

파시즘은 … 사회민주주의와 타협하기를 일절 거부한다. 즉, 파시즘은 사회민주주의를 무자비하게 박해하고, 사회민주주의자들의 합법적 활동 가능성을 완전히 박탈하고, 그들이 외국으로 망명하도록 강요한다.

그러나 1930년 2월 무렵 그 끔찍한 패배의 경험은 톨리아티의 기억에서 완전히 사라져 버렸다. [그래서 다음과 같이 주장했다.]

이탈리아 사회민주주의자들은 아주 기꺼이 파시스트로 변신했다.[13]

이제 코민테른이 채택한 새로운 입장에 따라, 파시즘과 사회민주주의는 서로 구별할 수 없는 것이 됐다. 스탈린의 해석인즉 "사회민주주의는 사실상 파시즘의 온건파다"라는 것이었다. 이 '분석'을 반복하고 실행하지 않으면 [각국의] 공산당 지도자로서 살아남을 수 없었다. 코민테른 전체가, 가장 중요하게는 독일 공산당이 그 주장을 앵무새처럼 되풀이했다.

이른바 '사회파시즘'론은, 기존의 노동자 조직들과 그들이 쟁취한 성과가 반동 세력들에게 위협받을 때 [혁명가들이] 개혁주의자들과 함께 노동자 조직과 투쟁 성과를 방어했던 경험을 모두 망각한 것이었다. 그것이 뜻하는 바는 1917년 8월 러시아에서 코르닐로프 장군에 맞서 소비에트를 [개혁주의자들과] 함께 방어한 경험을 망각했다는 것(그런데 바로 이 공동 방어 덕분에 레닌의 [볼셰비키]당은 [역사상] 처음으로 노동자 권력을 의제로 올려놓을 수 있었다)이었고, 1922~1923년에 독일을 비롯한 여러 나라에서 기업주들의 공세에 대항하는 공동 행동을 제안했다는 사실과 이탈리아에서 공동전선을 너무 늦게 건설하는 바람에 노동계급의 모든 조직이 값비싼 대가를 치러야 했다는 사실도 망각했다는 것이었다. [그러나] '사회파시즘'론은 단지 기억상실증만은 아니었다. 노동계급의 자력 해방 이론인 마르크스주의는 사회민주주의와 파시즘의 매우 다른 사회적·정치적 내용을 계급의 측면에서 분석해서 이해하려고 노력한다. 그러므로 '사회파시즘'론은 단지 전술적 오류가 아니었다. 그것은 코민테른의 경험이나 그 기본적 방법과 결정적으로 단절했다는 뜻이었다.

코민테른의 전통에 서서 사회파시즘 '이론'에 반대한 사람은 '공식' 마르크스주의자들이 아니라 트로츠키였다. 그리고 트로츠키가 파시즘을 분석하는 기본 원칙들을 확립하고 반파시즘 공동전선의 정치적 필요성을 설득력 있게 입증할 수 있었던 것은 그의 머리가 엄청나게 좋았기 때문이 아니라 이런 풍부한 경험에서 잘 배웠기 때문이다.

코민테른의 새 노선[사회파시즘론]이 소련에서 시작됐다는 것은 분명하다. 그것은 스탈린주의 관료 집단의 서로 연결된 두 가지 이해관계에서 비롯했다. 첫째, 1926년 영국 총파업과 1927년 중국 [노동자] 혁명의 패배로 말미암아 두 나라의 이른바 '진보적' 동맹 세력들이 [소련을] 배신했다는 사실이 드러났고 그들과 유용한 관계를 구축할 수 있었던 시기가 끝났다. 또, 이 패배 뒤에 영국과 프랑스 제국주의는 모두 [소련에] 더 공격적인 태도로 돌아섰다. 둘째, 소련 국내의 경제적 어려움이 증대하자 스탈린파는 비록 처음에는 머뭇거렸지만 점차 농민과 대결하는 정책으로 나아갔고, 외국에서 경제적 도움을 받으려던 노력을 포기하게 됐다.[14]

새 노선은 결코 좌선회가 아니었다. 스탈린은 '일국사회주의'를 포기하고 트로츠키와 트로츠키를 지지하는 좌익반대파가 주장한 국제주의 정책을 채택한 것이 아니었다. 영국 노동조합 지도자들이나 중국 민족주의 지도자들과 친하게 지내려 한 [스탈린의] 외교정책(트로츠키는 이를 강력하게 비판했다)이 실패했다는 사실은 외교적으로 은폐됐다. 좌익반대파가 공업화를 주장한 것은, [소련 정부의] 정책에 영향을 미칠 수 있는 노동계급의 능력을 강화하기 위해서였다. 그런 노동계급의 능력은 1920년대 중반에 이미 심각하게 제한돼 있었고, 1928~1929년에는 완전히 사라져 버렸다.

1927년 12월에 열린 소련 공산당 [15차] 당대회에서는 트로츠키의 제명이 확정됐을 뿐 아니라, 새 노선으로 급선회했음이 처음으로 드러나기도 했다. 이 당대회에서 스탈린은 이제 자본주의가 안정을 되찾은 '제2기'가 끝나고 이른바 '제3기', 즉 '새로운 혁명적 고양기'가 시작됐다고 선언했다.[15] 그 증거는 전혀 없었다.[16]

그러나 농업 집산화와 강제 공업화에 속도가 붙으면서 이 새로운 '전망'의 의미가 분명히 드러났다. 즉, '계급 대 계급'은 결코 국제 혁명의 전략이 아니었고, 일국 내에서 자급자족적 발전을 폭력적으로 추진하려는 스탈린파 관료 집단의 견해가 반영된 것이었을 뿐이다. 이어서 소련 사회의 대중에 대한 전면적 공격이 감행됐고, 이 공격에 저항하거나 심지어 그 속도라도 늦추려는 세력들조차 모두 탄압받았다.

소련 공산당 지도부 안에 남아 있던 세력 가운데 스탈린의 계획을 방해할 수 있는 집단은 오직 부하린• 지지자들뿐이었다. 부하린파는 부유한 농민들을 계속 달래고 노동조합의 중재 구실을 유지하고 싶어 했다. 코민테른 집행위원회 9차 총회(1928년 2월) 이후 소련 내에서뿐 아니라 국제적으로도 스탈린 견제 세력을 제거하기 위한 폭력적 소동이 벌어졌다.[17] 이 소동에서 사용된 주요 무기는 "혁명적 투쟁이 고양되고 있다"는 발견과, 사회민주주의자들이 사실은 '파시스트'라는 폭로였다. 그런 주장에 반대하는 사람들은 사회민주주의자들에게 "물렁한" 것이고, 따라서 사회민주주의자들의 "객관적" 동맹이라고 비난받았다. 그리고 실제 계급 세력균형을 현실적으로 평가하는 사람들은 모두 겁쟁이나 배신자로 몰렸다. 그 결과는 재앙적이었다.

> [코민테른은] 말로는 엄청나게 급진적인 주장을 늘어놓으면서도 실천에서는 수동적이었다. 고립을 자초한 각국 공산당은 이제 [노동자들의 대열] 바깥에서 분노의 함성만 지르고 있었다.
> 스탈린으로서는 이것이 아주 좋았다. 그는 여전히 각국 공산당이 필요했지만, 주로 소련을 위한 선전 기구로서 필요했을 뿐이다. 능동적 정책, 예컨대 히틀러에 대항하는 공세적 공동전선을 건설하기 위해 사민당과 연합하는 정책은 정치적 격변을 불러일으킬 위험이 있었다. 이것은 스탈린이 결코 원치 않는 일이었다. 그의 정책은 보수적이었다. 즉, 외국의 혼란에 휘말리지 않는 것, 그래서 외국의 간섭이라는 위험을 피하는 것이 스탈린의 정책이었다. 제3기의 초좌파주의는 이런 목적에 딱 들어맞았다.[18]

독일에서는 코민테른이 총애하던 지도자 텔만이• 새 노선을 가차 없이 집행했다. 부하린과 그 지지자들이 아직 견제력을 발휘하고 있던 [코민테른] 6차 세계 대회(1928년 5월*)에서 텔만은 "사회민주주의자들을 완전히 적대하는 노선"을 이미 촉구한 결의안을 더 "선명하게 다듬어서" 좌파 사회민주주의의 구실을 폭로하는 데 집중해야 한다고 주장해서 유명해졌다.[19] 독일 공산당 내에서 부하린에게 동조하던 브란들러와• 탈하이머• 그룹은 1928년 12월부터 1929년 3월까지 당내 투쟁에서 참패한 끝에 완전히 축출됐다.[20] 6월 당대회 무렵에는 이견을 제시하는 것 자체가 불가능해졌다. 유일하게 이견을 주장한 대의원은 야유를 들으며 연단에서 내려와야 했다. 텔만의 '통찰', 즉 사민당 정부를 "파시즘이 특별히 위험한 형태로 발전한 것으로서 일종의 사회파시즘"이라고 비난한 발언은 우레 같은 박수를 받았다.[21]

사민당 정부가 노동계급에 반하는 행동들을 했다는 것은 분명하다. 사민당원인 프로이센주 [베를린] 경찰서장 최르기벨이• 1929년에 공산당의 메이데이 시위를 진압하며 25명을 살해한 경찰을 두둔한 것은 악명 높았다. 그러나 이런 행동 때문에 사민당을 지지할지 말지 고민하게 된 노동자들을 획득하는 방법이랍시고 공산당이 생각해 낸 것은 그 노동자들을 "작은 최르기벨"이라고 비난하는 것이었다.

우리는 공장과 노동조합의 프롤레타리아 대열에서 썩어 빠진 부류들

---

* 7월의 오타인 듯하다.

을 모두 가차 없이 제거해야 한다. 사민당 소속 노동자는 썩어 빠졌으므로 반드시 몰아내야 한다.[22]

공산당 당원들은 거리에서 사민당 당원들과 패싸움을 벌였다. 공산당 소속 노동조합원들은 제대로 준비도 하지 않은 채 투쟁을 시작했다가 고립되는 바람에 사민당이 주도하는 노조에서 쫓겨나기 일쑤였다. 공산당 지도부는 당원들이 이런 일을 별로 중요하지 않은 것으로 치부하도록 부추기는 반면에, 자신들은 부르주아 국가와 동맹하고 있었다. [독일 공산당은] 1929년 봄부터 코민테른의 노동조합 부문 책임자인 로좁스키의• 압력을 받아서, 미조직노동자들과 기존 노조에서 쫓겨나 '적색' 노조를 만든 노동자들이야말로 급진화한 노동자들의 주요 흐름이며 장차 혁명적노조반대파RGO로• 밀려들어 올 것이라고 생각했다. 이 모든 것의 결과는 조직 노동계급 사이에서 혁명가들이 제거됐다는 것이다. 즉, 혁명가들은 사용자한테 해고당하고 노조 지도자들에 의해 [노조에서] 쫓겨났는데도 대다수 노동자들의 눈에는 깡패나 분열주의자로 비쳤고 그런 비난을 받았다.

그러나 노조 관료들이 실제로 파업을 약화시키고 배신하는 구실을 했다는 것은 사실 아닌가? 그들은 점차 국가기구와 유착하지 않았는가? 또, 집권한 사민당 지도자들은 억압적 행동을 주도하지 않았는가? 그들은 실업자가 급증하고 나치가 급성장하는 것을 보고도 수수방관하지 않았는가? 나치가 집권할 수 있도록 길을 닦아 주는 구실을 사민당 지도부가 했다는 코민테른의 평가는 분명히 옳았다. 노조 관료들의 반동적 구실로 말하자면, 트로츠키 자신이 분명히 다음과 같이 지적한 바 있다.

> 자본주의 국가에서 가장 기괴한 형태의 관료주의는 바로 노동조합에서 찾아볼 수 있다. 이 점은 미국·영국·독일만 봐도 충분히 알 수 있다.

그리고 "노동조합 조직과 국가 조직"을 [원칙적으로] 대립시키는 것은 터무니없다고도 말했다.

> 다른 어느 나라보다 영국에서 국가는 [인구의 압도 다수를 이루는] 노동계급의 등에 얹혀 있다. 노조 관료 기구라는 매개를 통해 관료 집단은 직접적으로, 국가는 간접적으로 노동자들에게 의존하고 있는 것이다.[23]

그러나 개혁주의자들이 스스로 분열을 주도해서 조직 노동계급의 다수가 혁명적 지도부를 따르고 있는 상황에서조차 "공산당은 조직적 분열로 말미암아 노동운동이 직면하게 된 장애물을 최소화하기 위해 분투해야 한다"[고 트로츠키는 썼다.][24]

사민당 지도자들이 나치가 집권할 수 있도록 "길을 닦아 주는" 구실을 했다는 점을 트로츠키가 오해하거나 착각한 것도 아니었다. 오히려 그는 다음과 같이 주장하기까지 했다.

결정적 순간에 사민당 지도자들이 프롤레타리아 독재보다는 파시즘의 승리를 선호할 것이라는 점은 의심의 여지가 없다.[25]

그렇다면 왜 그런 배신자들과 공동전선을 구축해야 한다고 강력히 권고하는가? 왜 그들을 사회파시스트라고 그냥 비난하면 안 되는가? 사민당 지도자들의 주관적 의도나 신념이 무엇이었든 간에 그들은 독일 노동자들의 가장 강력한 부문과 유기적으로 연결된 정당의 선두에 서 있었기 때문에, 그들의 영향력은 바로 이 기반, 즉 나치가 파괴하고자 하는 이 기반이 계속 존재해야만 유지될 수 있었다. 어쩌면 그 지도자들은 쓴웃음을 지으며 나치와 화해하고 싶었을 수 있다. 어쩌면 그들은 경찰과 군대가 헌법을 지켜 줄 테니까 대중행동은 필요 없다며 자기 지지자들을 안심시키려고 했을 수 있다. 그렇게 해서 정치적 자살, 어쩌면 말 그대로 자살을 했을 수 있다. 그러나 이것은 결코 미리 정해진 일이 아니었다. 사민당을 지지하는 수많은 노동자들의 행동에 따라 결과는 달라질 수 있었다. 그 노동자들에게는 개인적 해결책이라는 것이 불가능했다. 왜냐하면 그들은 비록 혁명가는 아니었지만 자신들의 노조 조직이나 사민당의 신문과 모임 장소와 클럽 등을 버릴 수 없었고, 그런 것들을 포기할 수 있(고 결국 포기하게 되)는 지도자들과 이해관계가 사뭇 달랐기 때문이다.

그러나 사민당을 지지하는 노동자 대중이 이 점을 깨닫고 제때 행동했을까? 그들은 혁명적 지도부를 신뢰하지 않았고, 그 깃발 아래 행진하려고 하지도 않았는데 말이다. 그들이 동원될 수 있었을까? 만약 동원됐다면 어떻게 그럴 수 있었을까? 이 물음에 트로츠키는 "그럴 수 있다"고 대답하면서도 그 방법은 단 하나뿐이라고 덧붙였다. 그것은 공산당이, 즉 사태에 영향을 미칠 수 있는 힘을 지닌 유일한 조직이 공동전선을 제안하고 노동자 조직들의 공동 방어를 위한 실천적 조치들을 제안하는 것뿐이었다.

1922년 [9월] 코민테른 집행위원회는 프랑스 지부에 편지를 보내 공동전선 건설을 시작하지 못한 것을 비판하고 그들이 왜 그랬는지, 그리고 어떻게 행동했는지를 설명했다. 프랑스 공산당은 소수의, 그러나 강력한 노동자들의 지지를 받고 있었으므로 그런 영향력을 이용해 더 광범한 노동자층을 동원해서, 르아브르에서 벌어진 파업에* 대한 정치적 탄압에 대항했어야 한다는 것이었다.

> [프랑스 공산당은 — 라이트] … 그들, 즉 반대파Dissidents[사회당 — 라이트]에 직접 그리고 공개적으로 회담을 제안했어야 합니다. 합리적이고 진지한 사람이라면 그런 제안에 반대하는 주장을 하지도 않을 것이고 할 수도 없습니다. 그리고 상황의 영향을 받아서, 그리고 우리의 압력 때문에 만약 반대파가 파업을 지지하는 쪽으로 반걸음이라도

---

* 1922년 6월부터 10월까지 르아브르의 금속 노동자들은 10퍼센트 임금 삭감에 반대해서 파업을 벌였다.

내디뎠다면, 파업 노동자들에게 실제로 도움이 됐을 것이고, 반대파를 따르는 노동자들을 포함해서 노동 대중의 다수는 반대파가 이런 정치적 조치를 취하게 된 것은 바로 우리의 압력 때문이라는 사실을 알게 됐을 것입니다.[26]

이런 주장은 트로츠키 자신이 코민테른 집행위원회에 초안을 제출한 ["공동전선에 관하여"라는] 테제의 다음과 같은 기본 원칙에서 나온 것이었다.

개혁주의자들은 대중운동의 혁명적 잠재력을 두려워한다. 그들이 좋아하는 무대는 의회 연단, 노조 사무실, [중재 기구], 장관 면담실이다.
그와 반대로, 우리는 (다른 모든 고려 사항 외에도) 개혁주의자들을 그들의 은신처에서 끌어내, 투쟁하는 대중이 보는 앞에서 그들을 우리 곁에 세우는 데 관심이 있다.[27]

이런 목표를 달성하고자 코민테른은 1922년에 '오직 아래로부터' 공동전선이라는 구호는 "순전히 스콜라철학 같은 공리공론"이라는 점을 분명히 했다. "대중의 특정 부문이 전권을 부여한 사람들과 협상을 시작하지도 않은 채, 조직된 대중을 공동 투쟁으로 불러 모은다는 것"은 불가능했다. "이런 비타협적 태도에서 분명히 드러나는 것은 정치적 수동성이다."[28]

그러나 1929~1933년에는 이런 "정치적 수동성"이 만연했다. 그래서 텔만은 트로츠키가 공산당더러 "카를 리프크네히트와 로자 룩셈부르크를 살해한 자들이나 쇠르기벨 같은 작자들과 협력하라"고 촉구했다며 비난했다.[29]

물론 1930~1933년 독일의 구체적 상황과 1922년 프랑스의 상황은 달랐다. 그러나 주된 차이는 공동전선을 필요하게 만든 반동적 위협이 프랑스보다 독일에서 훨씬 더 크고 심각했다는 것이다. 독일에서는 공산당과 사회당이 모두 말살당할 위험에 처해 있었던 것이다. 따라서 다음과 같은 것이 필요했다. 첫째, 공산당은 사민당 지지자들에게 위협의 심각성을 설명해야 했다. 많은 사민당 지지자들은 이미 위협을 심각하게 느끼고 있었지만, 그 지도자들은 콧방귀만 뀌고 있었다. 둘째, 공산당은 사민당에 노동계급의 노동조합과 정치조직을 방어하기 위한 두 당의 실천적 협력을 제안해야 했다.

이것은 공산당이 사민당의 구실에 관해 외교적으로 침묵하면서 자신의 독립성을 희생시키는 그런 연합이 아니었다. 오히려 트로츠키는 그것이 바로 코민테른이 전에 했던 것, 즉 강력한 비판 방법이라고 생각했다. 사민당 지도자들이 공동 방어 행동을 거부할수록, 그들은 사민당 지지자들의 눈에 단지 혁명가가 아닐 뿐 아니라, 심지어 사민당 자체도 배신하는 자들로 보일 터였다. 사민당 지도자들이 [공동 방어 행동에] 동의할수록, 국가기구가 중립적(이고, 따라서 경찰이 파시즘에 맞서 기꺼이 헌법을 수

호할 것)이라는 그들의 생각이 착각임을 인정하는 셈이고, 결국 그들이 투쟁에 열의가 없으며 일관되지 못하다는 점이 드러날 터였다. 따라서 만약 공산당이 정치적 독립성을 완전히 유지한 채 일시적 동맹[사민당]의 머뭇거리는 태도와 어중간한 정책들을 날카롭게 비판했다면, 공동전선은 강력한 방어 운동을 건설하는 데 도움이 됐을 것이다. 그리고 이런 방어 운동은 개혁주의적 방법들의 신용을 떨어뜨리고 그보다 나은 방법을 추구하게 만들어서 장차 노동계급이 공세로 나아갈 수 있는 기반을 다졌을 것이고, 그 과정에서 개혁주의의 영향력은 매우 약해졌을 것이다.

그러므로 공동전선은 노동계급 사이에서 영향력을 얻기 위한 투쟁 방법이었다. 그러나 그것은 책략이 아니었다. 공동 방어 행동은 모든 노동계급 조직들의 생사가 걸린 문제였다. 공동 방어 행동을 조직하자는 제안은 진실하게 꾸준히 해야지 위협하듯이, 즉 격렬하고 장황한 비난과 함께 최후통첩 보내듯이 제안해 놓고는 또 갑자기 철회하는 식으로 해서는 안 됐다. 그러나 독일 공산당이 아주 가끔 공동 행동을 제안하는 방식이 바로 그랬다. 그런 태도는 사민당이 행동을 회피하는 핑계로 이용됐을 뿐이다. 즉, 공산당은 종파주의적 동기에서 공동 행동을 제안하는 것이지 진지하게 공동 행동을 조직할 생각은 없음을 보여 준다고 주장하기 쉬웠던 것이다. 공산당의 '관료적 최후통첩주의'는 사회파시즘 이론에서 비롯했고, 1929년부터 1933년까지 공산당의 모든 정책은 그 이론의 틀 안에서 만들어졌다.

그렇다고 해서 공산당의 정책이 일관된 것도 아니었다. 1930년 3월 공산당 잡지에 실린 글에서 레멜레는• "아주 사소한 진전과 성공에 대해 큰소리로 떠들며 으스대는 태도"를 비난했다. 이 어색한 겸손은 한 달 전에 코민테른 집행위원회 결의안이 좌파적인 '혁명적 문구'를 남발하지 말라고 경고한 것에 대한 반응이었다. E H 카는 그 배경을 다음과 같이 설명했다.

> 스탈린이 "아찔한 성공"이라는 유명한 편지를 소련 공산당에 보낸 바로 그때 그 결의안의 초안이 작성됐다는 것은 결코 우연이 아닌 듯하다. 그 편지에서 스탈린은 성급한 집산화 과정을 중단해야 한다고 주장하고, "스스로 '좌파'라고 생각하는 사람들"을 질책했다.[30]

레멜레의 글은 또, 파시스트들과 '사회파시스트들'을 하나의 반동적 덩어리로 묶어서는 안 된다고(용어 때문에 그런 잘못을 저지르는 것은 이해할 수 있다면서) 주장했다. 이것은 일보 전진이 될 수도 있었다. 그러나 공산당이 실제로 나치에 맞서 싸우기 위해 채택한 전술은 민족주의 선동에서 나치를 앞지르겠다는 정신 나간 시도였다. 공산당은 나치가 "독일 민족의 해방을 위해 투쟁한다"고 주장하는 것을 경멸하면서, 나치를 "프랑스와 폴란드 제국주의의 첩자들"이라고 비난했다.[31] 그런 터무니없는 행동은 국수주의만 강화했으나, 스탈린의 목적에는 잘 들어맞았다. 스탈린에게 주된 위험은 외국의 간섭이었고, 그 위험의 주된 근원은 영국과 프랑스였기 때문이다.

> 따라서 〈프라우다〉는 1930년 독일 선거에서 나치가 성공한 덕분에 "프랑스 제국주의가 적지 않은 어려움"에 직면하게 됐다며 좋아했다. 독일에 극우파 정부가 들어선다면 무엇보다도 프랑스에 반대하는 정부일 것이라는 간절한 희망이 그들의 생각을 지배하고 있었기 때문이다.[32]

트로츠키는 이 책의 1부에 실린 글에서 [코민테른이] '민족 볼셰비즘'으로 급선회한 것을 새로운 전환, 즉 제3기 노선에서 벗어난 것으로 묘사했다. 돌이켜 보면, 그것은 똑같은 재앙적 정치의 연속이지만 사민당을 지지하는 노동자들 사이에서 청중을 얻으려는 노력에 또 다른 장애물을 추가한 것처럼 보인다. 트로츠키는 그 사이에도 '사회파시즘'론을 계속 비판했다. 이 이론 때문에 공산당은 사민당 노동자들과 분리됐고, 무엇이 진정한 파시즘인지를 이해하기 힘들어졌고, 그래서 파시즘에 맞선 저항은 무력해졌다.

트로츠키는 독점자본주의의 경제 위기가 너무 심각해서 의회의 통치라는 정상적 방법으로는 위기를 해결할 수 없고 대자본가들이 노동자의 단결권 같은 가장 제한적인 능력조차 참을 수 없게 된 상황에서 생겨난 정치 운동이 바로 파시즘이라고 이해했다. 그렇다고 해서, 마르크스주의를 비판하는 대다수 사람들이 주장하듯이(그들은 '스탈린주의'가 곧 마르크스주의라고 생각한다) 히틀러의 성공은 자본가들의 음모 때문이었다는 말은 아니다. 트로츠키는 파시즘이 주로 사회의 중간 계층, 즉 도시와 농촌의 프티부르주아지와 [경제 위기로] 증가한 실업자 집단에 기반을 둔 대중운동으로서 성장했다는 점에서 다른 많은 반동 형태와 구별해야 한다고 생각했다. 이들은 대자본이나 노동조합원들과 달리 경제 위기의 재앙적 결과를 피할 수 있는 조직적 힘이 거의 또는 전혀 없었다.

모든 증거를 보면 이들이 정말로 히틀러 운동의 사회적 기반이라는 사실을 알 수 있다. 나치는 조직 노동계급의 사회적 비중이 가장 작은 농촌 지역과 소도시들에서 훨씬 더 많이 성장했고, 경제 위기의 재앙적 결과에 대한 절망적 반응으로서 성장했다. 1928년부터 농촌 지역에서 파산이 급증했다(1925~1927년에는 연평균 31건이었지만, 1928년 64건, 1929년 85건, 1930년 94건, 1931년 135건, 1932년 190건으로 증가했다). 마르틴 브로샤트는 이 수치들을 두고 다음과 같이 평가했다.

> 이것은 1929~1930년에 나치당[국가사회주의독일노동자당NSDAP — 라이트]이 대규모 선동을 시작하게 된 토양이었다. … 1930년 여름 이후 NSDAP는 농촌의 지도적 운동이 됐다. … 그래서 [1930년 선거 때 — 라이트] 슐레스비히홀슈타인 지방의 농촌 선거구에서 나치의 득표율은 5.4퍼센트에서 35.1퍼센트로 급증했다.[33]

지방과 소도시들에서 … 나치의 득표율은 평균을 웃돌았다. 개신교 전통과 '민족주의' 성향이 강한 중간계급이, 마찬가지로 사민당이나 공산당 지지가 강한 노동계급과 정치적·사회적으로 충돌하게 된 지역들에서 특히 그랬다. 바로 이런 지역에서 NSDAP의 과격한 반反마르크스주의 구호들이 특히 많은 지지를 받았다. 불쾌한 문화적·사회적 세력에게 압도당하는 것에 대한 부르주아적 반감과 두려움이 이런 집단들 사이에 널리 퍼져 있었다.[34]

이와 대조적으로 베를린에서는 나치의 득표율이 15퍼센트에 불과했고, "부유한 부르주아지가 거주하는 도시 근교에서 나치가 가장 많은 지지를 받았지만"[35] 실업의 타격이 극심한 시내 지역에서도 무섭게 성장하고 있었다. 예컨대, 베를린의 프리드리히스하인 지역에서는 나치의 돌격대와• 공산당원들이 거리에서 전투를 벌였다. 작센 지역의 수치를 보면, 나치당원의 61퍼센트가 18~30세인 반면 같은 연령대의 사민당원은 19퍼센트에 불과했다. 이 나치당원들 가운데 다수는 실업자였을 가능성이 높다. 도시 지역에서 나치 조직의 중추는 청년 실업자, 상점 주인, 학생, 미조직 화이트칼라 노동자였다.

이 계층 가운데 많은 사람들은 정말로 '반反자본주의자'였고, 그들의 '반자본주의'를 가장 분명히 표현한 것은 그레고어 슈트라서를 중심으로 한 나치 '좌파'였다. 그들은 금융자본의 족쇄를 깨뜨려야 한다고 시끄럽게 떠들어 댔다. 트로츠키가 주장했듯이,

그들이 나치를 지지하게 된 것은 필연적이지 않았다. 그것은 무엇보다도 노동계급이 경제 위기의 고통을 끝장낼 수 있는 전망을 제시하는지 못하는지에 달려 있었다.[36] 노동자 조직들이 그런 해결책을 제시하지 못했기 때문에 나치가 득세할 수 있었고, 나치는 중간계급의 불만이 유대인과 노동계급 자체를 향하도록 만들 수 있었다.

그래서 소상인은 대자본이 오직 유대인인 경우에만 적으로 여겼고, 나치의 갈색셔츠단[돌격대]을 따라다니며 유대인 백화점의 유리창을 박살 냈다. 절망에 빠진 실업자나 미조직노동자는 다른 사람들만 보호하는 듯한 노동조합의 힘을 자기 고통의 근원으로 여겼고, 그래서 패거리를 조직해 사민당 집회를 깨부수러 다녔다. 학생들이 보기에 복수를 해야 할 패배는 베르사유조약에 따른 독일 민족의 패배였지 1923년에 혁명적 국제주의자들이 겪은 패배는 아니었다. 공산주의는 아무짝에도 쓸모없는 괴상한 신조처럼 보였고, 공산주의 지지자들에게는 몽둥이가 약인 듯했다. 이렇게 해서 노동계급 운동은 그 동맹이 될 수도 있었을 집단들이 점점 더 적으로 변하면서 자기 실수의 대가를 치르게 됐다.

나치가 역동적으로 성장하자, 불만은 있으나 머뭇거리던 사람들이 자석에 달라붙는 쇠붙이처럼 끌려왔다. 1931년 1월 나치의 돌격대는 10만 명에 달했다. 이듬해 초에는 30만 명으로 늘어났고, 1932년 7월에는 40만 명이나 됐다.[37] 이들은 자기네 '막사'에 가만히 앉아 있지 않았다. 1932년 7월 한 달 동안에만 '정치 폭동'으로 죽은 사람이 86명이나 됐다.[38] 이런 전투들은 길거리와 집회장을 장악하기 위한 것이었다. 대체로, 공장·광산·항만 등이 있는 대규모 산업 지역에서는 1933년 이후에야 비로소 나치가 우위를 차지할 수 있었다. 그것도 국가의 '정규'군이 이제 자신의 보조 기구로 편제된 갈색셔츠단과 협력해서 엄청난 위협을 가한 뒤에야 그랬다. 노동계급 정당들은 1933년까지도 1300만 표를 얻었다. 나치에게 넘어간 것은 중간계급 자유주의자들과 온건한 민족주의자들의 선거 기반이었다. 1931년에 전국의 공장위원들 가운데 나치당원은 1퍼센트도 채 안 됐다(13만 8418명 중에서 710명).[39]

따라서 파시즘의 두드러진 특징은 노동계급 조직들을 공격하는 폭력적 운동에 대중을 동원했다는 점이다. 파시즘이 자본가들의 음모는 아니었지만, 히틀러는 결정적으로 중요한 많은 국면에서 대자본과 국가의 도움을 받았다. 그는 [1923년 11월] 뮌헨에서 [실패한] '맥줏집 쿠데타'에 참여했다가 1924년 4월에 5년 형을 선고받았지만 8개월 만에 석방됐다. 다른 나치 지도자들도 독일 법원에서 관대한 처분을 받았다. 그래서 나치는 법정을 자신들의 선전 연단으로 활용할 수 있었다. 예컨대, 1930년에 벌금 800마르크를 선고받은 괴벨스는 "우리를 훌륭하게 선전했다"고 자평했다.[40] 경찰은 비록 사민당의 '통제'를 받고 있었지만 흔히 나치를 단속하는 데 실패했고, 점차 나치에게 동조하는 태도를 노골적으로 드러냈다. 1932년 중반 무렵 군 장교들의 태도는 다음과 같은 말로 요약할 수 있었다. "훌륭한 돌격대 청년들에게 총을 쏴야 한다는 것은 정말 애석한 일이다!"[41]

제국의회가 퇴색하고 민선 정부가 갈수록 불안정해지자 군대의 구실이 결정적으로 중요해졌다. 고위 장교들 중에서는 슐라이허• 장군이 막후의 정치적 실세였다. 나치를 연립정부에 끌어들이려던 슐라이허의 계획은 히틀러가 그 제안을 거부하는 바람에 좌절됐지만, 그 장군[슐라이허]은 "보수적·민족주의적 성향의 귀족 신사들"을 불러 모아 내각을 구성할 수 있었다. 이들은 "브뤼닝조차 여전히 고려했던 사민당과 노조의 영향력을 그 마지막 잔재까지 청산하기로 결정했다."[42] 그들이 프로이센 주정부를 해산하는 조치를 취한 것은 법질서를 수호하겠다는 추상적 동기 때문이 아니라(사실 그것은 법질서를 무시한 조치였다), 프로이센 주정부가 나치 돌격대에게 거리에서 활개 칠 자유를 완전히 허용하지 않으려 했고 공산당을 탄압하는 데 경찰을 충분히 활용하지 않았기 때문이다. "7월 11일 독일의 신임 내무부 장관 빌헬름 폰 가일은 … 프로이센 주정부의 공산당 대책은 불충분했다고 퉁명스럽게 말하고 나서, 나치를 감시하는 것은 잘못된 일이고 바람직하지 않다고 덧붙였다."[43] 사태가 이 지경에 이르렀는데도 헌법에 목매다는 사민당 지도부의 어리석은 태도는 전혀 변하지 않았다. 그들은 비굴하게도 프로이센 경찰 통제권을 넘겨주고 말았다. 지지자들에게는 항상 프로이센 경찰을 우리가 통

제하고 있으니 안심하라고 말해 놓고는 말이다. 그러나 [당시]

> 독일 전역의 도시에서 제국국기단과• 무쇠전선이• 형성돼서 무기를 손질하며 행동 명령이 떨어지기를 기다리고 있었다. 만약 공화국을 방어할 수 있는 순간이 있었다면, 그것은 바로 1932년 7월 20일 파펜• 총리가 [계엄령을 선포해서] 프로이센의 행정권을 폰 룬트슈테트 장군에게 위임했을 때였을 것이다.[44]

사민당은 이런 세력들[제국국기단과 무쇠전선]을 동원하지 않았다. 심지어 경찰을 동원하려는 시도조차 하지 않았다(이미 불가능했지만). 쫓겨난 [사민당] 정부는 오히려 라이프치히에 있는 프로이센 최고법원에 상고했지만, 물론 법원은 아무것도 하지 않았다. 그 결과 프로이센의 거의 모든 곳에서 사민당 소속 또는 좌파 자유주의자인 경찰서장이나 지역 행정관들이 보수적 공무원들로 교체됐다. 그래서 마르틴 브로샤트는 다음과 같이 결론지었다. "공화국의 방어벽은 1933년 2월 나치가 정권을 장악하기 훨씬 전에 이미 완전히 파괴돼 버렸다."[45] 트로츠키가 말했듯이 "이제 자랑스러운 바이마르헌법에서 남아 있는 것은 뼈다귀와 껍데기뿐이었다."[46] 그러나 좌파적 경찰관과 공무원들이 존재하는지 않는지에 따라 공화국을 방어할지 말지가 결정되지는 않는다. 트로츠키가 강조했듯이 그 문제는 "노동자 민주주의의 관점에서" 평가해야 했다. 사민당의 수동성 때문에 노동자들의 민주적 조직들은 약해지고 사기가 떨어진 반면, 노동자 조직들에 맞서 동원될 수 있고 동원될 세력들, 즉 국가기구와 나치는 모두 강력해졌다. 그러나 노동자 민주주의의 파괴는 아직 미래의 일이었다.

히틀러가 집권하는 마지막 단계에서 기업들의 자금 지원은 필수적이었다. 특히 1932년 말의 선거 패배 뒤에는 나치당의 금고가 비어 있었다. 대기업과 대지주, 군대의 가장 중요한 부문이 나치를 확실히 지지하게 된 때는, 슐라이허 자신이 이끄는 [바이마르공화국의] 마지막 정부이자 가장 불안정한 정부가* 지주들에게 주는 보조금을 중단하려고 시도했을 때였다. 슐라이허는 군대 안에는 독자적 기반이 있었지만, 군대 밖에는 거의 없었다. 브뤼닝이나 파펜과 마찬가지로 슐라이허도 한 사회 세력과 다른 사회 세력을 서로 싸우게 만들어서 정권을 유지하려 했다. 그러나 어느 사회 세력이 주도권을 쥐게 될 것인지는 무한정 미뤄질 수 없었다.

나치 운동이 성장할수록 나치에 대한 독일 공산당의 평가는 완전히 혼란에 빠졌다. 1930년 9월 16일 자 〈로테 파네〉는• 나치의 득표가 80만 표에서 640만 표로 급증한 것을 두고 "국가사회주의 운동이 최고점을 찍었다"고 묘사했다.[47] 그러나 7주 뒤에는 그것이 다음과 같이 정반대 의미였다고 설명했다. "파시스트 독재는 더는 위협이 아니다. 그것은 이미 현실이다."[48] 그리고 1931

---

* 슐라이허는 1932년 12월에 총리가 됐다.

년 3월에는 파시스트 독재가 아직 실현되지 않았다면 "사회파시즘과 동맹해서 파시즘을 분쇄할 수 있다고 착각하는 사람은 아무도 없다"고 주장했다.[49] 만약 파시즘이 이미 집권했다면, 만약 공산당의 힘만으로는 파시즘의 집권을 막을 수 없다면, 만약 공산당이 과격한 민족주의 [선동]에서 나치를 이길 수 없다면, 그리고 사민당과 동맹해서도 나치를 물리칠 수 없다면, 오직 하나의 가능성만 남는다. 즉, 히틀러의 승리는 불가피하므로, 공산당이 할 일은 그 불가피한 사태를 혁명의 승리로 포장하는 것뿐이었다.

> 일단 그들[나치 — 라이트]이 권력을 장악하게 되면[더는 '만약'이라는 단어조차 사용하지 않는다는 것에 주목하라 — 라이트], 프롤레타리아의 공동전선이 등장해서 모든 것을 깨끗이 쓸어버릴 것입니다. … 우리는 파시스트 신사 양반들을 두려워하지 않습니다. 그들은 다른 어떤 정부보다 더 빨리 무너질 것입니다.[50]

이것은 그야말로 괜한 허세였다. 혼란에 빠지고 정치적으로 마비된 공산당 지도자들은 파시스트 신사 양반들을 두려워했다(당연히 그럴 만했다). 1932년 6월에 텔만은 공산당을 대표해 "이름 모를 돌격대 병사"에게 보내는 편지 형식의 글에서 "영안과* 독

---

* 영안Young案은 1930년 헤이그 회의에서 미국의 오언 D 영을 의장으로 하는 위원회가 제안해 채택된 독일 배상 문제 해결 방안이다.

일 자본가들에 대항하는 혁명적 해방군"에 가입하라고 호소했다. 이를 두고 카는 다음과 같이 논평했다. "[공산당은] 절망적이고 당혹스러운 상황에서 아무 구호나 시도해 봐야 했다."[51] 다음 달 선거에서 나치가 엄청나게 많은 표(1370만 표)를 얻은 사실은 애써서 무시했다. 텔만은 "7월 31일 [선거]의 유일한 승자는 공산당"이라고 선언했다.[52] 이것은 1930년 9월 선거 결과에 대한 〈로테 파네〉의 평가를 되풀이한 말이었는데, 그때 이후 나치의 득표가 갑절 이상으로 증가했는데도 그런 말을 했다. 텔만의 평가는 아마 그 자신도 납득하지 못했을 것이다.

다음번[11월] 선거에서 나치의 득표가 200만 표 줄어들자 사민당의 힐퍼딩이 "파시즘의 몰락" 운운했다는 것은 앞서 말한 바 있다. 공산당은 "파시스트 대중운동의 붕괴"를 축하했다.[53] 두 정당의 비겁한 지도자들은 현실을 직시하지 않으려 하거나 뭔가 의미 있는 조치를 전혀 취하지 않았다는 점에서 완전히 닮은꼴이었다. 결국 1933년 1월 30일 히틀러가 총리가 됐다.

이때조차 사민당은 눈을 뜨려 하지 않았다. 사민당 지도부든 노동조합 지도자들이든 [노동자들을] 동원할 태세가 돼 있지 않았고, 심지어 아무도 그래서는 안 된다고 주장하기까지 했다. "개별 조직이나 집단이 단독으로 규율 없는 행동에 나선다면, 노동계급 전체에게 최악의 해를 끼칠 것이다."[54] 한편, 나중에 뉘른베르크 [나치 전범 재판]에서 사민당 지도자인 제버링이• 증언한 바에 따르면, 사민당의 고위 간부들은 군대가 헌법을 수호하겠다는 확약을 해 주기를 애타게 기다리고 있었다. 그러나 군대의 어느 누구도 그러지 않았다.

> 베를린의 루스트가르텐 공원에서 열린 사민당의 마지막 옥외 집회에서 당 의장 오토 벨스는• 당시 상황을 평가하면서 다음과 같은 속담으로 위안을 삼았다. "엄한 지배자는 오래가지 못하는 법이다."[55]

1931년에 사민당 국회의원이자 목수노조 위원장이었던 프리츠 타르노프는• 자기 당에 다음과 같은 물음을 던져서 역사의 한 페이지에 이름을 남겼다.

> 우리는 자본주의가 앓아누워 있는 침대 옆에 서서 … 병을 치료하려고 하는 의사입니까? 아니면 자본주의가 죽을 때까지 마냥 기다릴 수 없어서 독살이라도 하고 싶은 상속인입니까?[56]

아마 타르노프의 청중 가운데 일부는 그 환자가 빨리 죽기를 바랐겠지만, 사민당 지도부는 이미 오래전부터 사형집행인 구실을 포기하고 의사가 되기를 염원하고 있었다. 한편, 공산당 중앙위원회는 오직 자신들만이 사형집행인 후보라고 생각했다. 1930년대 초에 두 당은 모두 자본주의 체제가 죽을병에 걸려 누워 있는 침대 옆에 서 있었다. 그러나 의사는 어떤 약을 써야 할지 모른 채 주문만 외우고 있었다(카우츠키는• 경제 상황이 호전될 것이라고 말했다). 그리고 사형집행인은 무기도 없이 공허한 위협만 해 댔다. "우리는 파시스트 신사 양반들을 두려워하지 않습니다" 하고 레멜레는 허세를 부렸다.

그 사이에 나치는 수술 도구들을 모으고 있었다. 히틀러가 총리로 임명된 뒤 몇 주 동안 나치는 그토록 떠받들던 바이마르헌법을 난도질하기 시작했다. 2월 22일 5만 명의 보조 경찰 부대가 창설됐는데, 여기에는 돌격대 2만 5000명과 친위대 1만 5000명이 포함돼 있었다.[57] 5일 후 국회의사당 방화 사건을 핑계로 나치는 공산주의자들을 대대적으로 체포하기 시작했다. 1933년 3월 선거는 나치의 권위를 강화하기 위한 것이었다. 그래서 나치는 수단·방법을 가리지 않았다. 사민당과 유권자들을 위협하기 위해 "사민당의 집회를 강제 해산시켰고, 인쇄소와 선거운동 본부를 파괴했다."[58] 나치에 반대하는 사람들 51명이 살해됐다. 국가의 모든 자원을 마음대로 사용했는데도 나치의 득표율은 43퍼센트에 그쳤다. 그러나 괴벨스는 다음과 같이 외쳤다. "이제 수치 따위는 상관없다. 우리가 제국과 프로이센의 주인이다."[59] 공산당 국회의원들은 제국의회에 출석할 수 없게 됐고, 어디서든 발견되는 즉시 체포됐다.

3월 21일* 사민당은 제국의회에서 히틀러의 [권력을 강화하는] 전권위임법에 반대표를 던졌다. 사민당은 그들이 그토록 사랑한 헌

* 24일의 오타인 듯하다.

법을 옹호한 유일한 정당이었다. 4월에 카우츠키는 나름대로 현명한 상황 평가를 내놨는데, 히틀러에 대한 지지는 "일시적 변덕", 특히 "정치적·경제적으로 교육받지 못한 청년들"의 일시적 변덕일 뿐이고, 어쨌든 "불리한 상황에서 결정적 전투를 피하는 것은 결코 항복이 아니다"라는 것이었다.[60] 히틀러는 카우츠키의 예리한 전술 감각을 별로 존중하지 않고, 결정적 전투를 위해 세력을 결집하고 있었다. 그 전투에서 사민당은 저항할 것인지 아니면 말없이 학살당할 것인지를 선택할 수 있었지만, 전투를 피하는 것 자체를 선택할 수는 없었다. 최후의 범죄적 배신 행위는 노동조합 지도자들이 자기 사형집행인에게 재빨리 아첨한 짓이었다.

> 국가사회주의의 승리는 비록 우리가 사회주의 사상의 구현체로 여기던 정당[사민당]에 반대하는 투쟁으로 쟁취한 것이지만, 그것은 우리의 승리이기도 하다. 왜냐하면 이제 사회주의의 과제가 전 국민의 과제가 됐기 때문이다.[61]

[노조 지도자] 발터 팔이 독일노총의 공식 기관지[5월 1일 자]에서 한 이 역겨운 말은 히틀러가 메이데이 행진을 놀림거리로 만들어 버린 소름 끼치는 일을 계기로 해서 나온 것이었다. 팔 같은 지도자들이 독려해서 행진에 참가한 조합원들이 그 행진에서 무엇을 기대했는지는 알 수 없다. 그러나 바로 다음 날[5월 2일] 모든 노조 건물이 [나치 돌격대와 친위대에게] 점령당했고, 가장

유명한 노조 지도자들은 체포됐다. 5월 12일에는 노조의 재산이 몰수됐고, 다음 달에는 사민당이 공식적으로 금지됐다. 공산당의 반응은 어땠는가?

> 사회파시스트들이 국가기구에서 완전히 제거되고 사민당 [조직과] 언론이 혹독하게 탄압받는다고 해서, 그들이 전과 마찬가지로 지금도 자본의 독재를 지탱하는 주된 사회적 버팀목이라는 사실이 바뀌는 것은 아니다.[62]

11월에 나치는 자신들만이 후보로 출마한 총선을 실시해서 92.2퍼센트를 득표했다. 공산당은 그 선거 결과가 "텔만의 정당이 위대한 승리를 거뒀다"는 것을 보여 주고 "독일 공산당 중앙위원회가 이미 발표한 성명에서 주장한 바, 즉 독일에서 새로운 혁명적 분출이 시작됐다는 주장이 올바르다는 것을 확인시켜 준다"고 떠들었다.[63] 이 말을 한 지 6주가 채 안 돼 독일 공산당원 13만 명은 강제수용소에 갇히게 됐다.

이제 히틀러는 어마어마한 감시 기구를 장악하고 있었다. [거주 지역을 감시하는] 구역 관리인이나 길거리 감시원, 작업장에서 활동하는 나치 세포들과 나치화한 경찰이 사민당과 공산당 조직(이제는 비밀리에 활동해야 했다)을 거듭거듭 파괴했다. 조직자들 자신이 가명을 사용하고, 숙소를 끊임없이 바꾸고, 굶주림과 '스파이 정신병', 언제 체포될지 모른다는 두려움에 시달리며 살아야 했다.[64] 어떤 생존자의 이야기에 따르면, 게슈타포에게 심문을 받을 때는 온몸에서 피가 날 때까지 개처럼 두들겨 맞았고 상처 부위를 계속 맞아서 정신을 잃고 까무러치기 일쑤였다고 한다. 한 동지는 베를린의 게슈타포 본부에서 고문을 당하다 다른 사람들의 이름을 불기보다는 차라리 죽는 게 낫다며 6층 창문에서 몸을 던졌다.[65]

독일의 노동조합들은 1933년 12월 7일 공식적으로 해체되고 독일 노동전선으로 대체됐다. 노동전선은 주로 교화 수단이었고, 노동자들은 강제 송환과 강제 훈련, 추방의 고통에 시달렸다(노동을 완전히 유동적으로 만드는 것이 그 목적이었다).[66] 공장위원회는 금지되고 '자문위원회'로 대체됐는데, 자문위원들은 사용자와 나치 세포 의장이 지명하는 후보자 명부에서만 선출됐다. 다른 후보는 허용되지 않았다. 독립적 노동자 조직들은 이렇다 할 저항도 하지 못한 채 겨우 몇 달 만에 모두 파괴됐다.

재앙은 독일에 국한되지 않고, 국제적 계급 세력균형을 바꿔 놨다. 1934년 2월 프랑스의 극우파는 총리를 달라디에에서 반동적인 두메르그로 교체할 수 있었다. 같은 달에 오스트리아 빈에서는 지방자치 사회주의의 가장 자랑스러운 성과인 노동자 아파트 단지들이 돌푸스가 이끄는 성직자·파시스트 연립정부의 대포 공격을 받았다. 스페인에서는 프랑코 세력의 정치적 전위인

세다CEDA가* 정부에 입각하자 이에 항의하는 총파업이 벌어졌지만 아스투리아스 지방에 국한되는 바람에 결국 분쇄됐다. 도처에서 가장 반동적인 세력들이 힘과 자신감을 얻었다. 그도 그럴 것이, 전설적인 독일 노동자 운동을 이렇다 할 전투도 없이 패퇴시킬 수 있었다면 이제 다른 나라에서 그렇게 하기는 훨씬 더 쉬워 보였기 때문이다.

이런 비극적 결과를 막으려는 레온 트로츠키의 노력은 실패했고, 그 결과로 세계사의 흐름은 그가 거의 정확히 예측한 대로 바뀌었다. 그러나 그의 저작은 단지 탁월한 역사적 분석에 그치지 않고 오늘날에도 여전히 중요하다. 자본주의가 또다시 그 내적 본성의 일부인 경제 위기로 빠져들면서 파시즘이 성장할 수 있는 상황을 만들어 내고 있기 때문이다. 아직 어디에서도 파시즘이 노동운동의 주된 위험은 아니지만, 프랑스에서 국민전선[현재 국민연합으로 당명이 바뀜]이 성장하는 것을 보면 파시즘 운동은 결코 역사적으로 기이한 현상도 아니고 단지 "독일 정신"의 산물도 아니라는 것을 알 수 있다.[67] 미래에 파시즘이 다시 등장한다면, 주로 과거의 경험에서 얻은 교훈을 바탕으로 긴급한 행동을 조직해야 할 것이다. 그 과거의 경험을 가장 확실하고 분명하게 분석한 글들이 바로 이 책에 실려 있다.

---

* 스페인자치우파연합CEDA은 모든 우파 정당들의 공동전선 조직이었다.

1부

1930년

배경

코민테른의 전술 전환과 독일 상황

배경

크리스 하먼

1929년 독일 사회는 심각한 위기에 빠졌다. 12년도 안 되는 사이에 세 번째 닥친 위기였다.

첫 위기는 1918년 [제1차세계대전] 패배 후 시작됐다. 해군 반란, 혁명적 사회주의자들이 이끈 공장 파업과 대규모 시위 때문에 우파적 사민당 지도자들은 (비록 그들 자신은 입헌군주제를 신봉했지만) 공화국을 선포할 수밖에 없었다. 한동안 실질적 권력은 노동자·병사 평의회 수중에 있었다. 사민당은 이 노동자·병사 평의회에서 다수를 차지한 덕분에 부르주아 의회에 유리한 쪽으로 그 기구를 운영하다가 결국은 해체해 버렸다. 그렇지만 1920년까지도 안정되고 통합된 [지배] 구조는 거의 존재하지 않았다. 사민당 정부는 군대와 우파적 반半관변 단체인 자유군단에 의지해서 가까스로 '정상'을 회복할 수 있었다. 이 부대들은 베를린에서 스파르타쿠스동맹의• 봉기를 진압하고 바이에른에서 소비에트 공화국을 탄압하고 브레멘과 함부르크를 점령하는 과정에서 수천 명을 살해했다.

1921년쯤 이 첨예한 정치적 불안정의 첫 시기가 끝났다. 그해 3월 공산당은 전국적 봉기를 시도했지만(이른바 '3월 행동'•) 처참히 실패했다. 그러나 1923년이 되자 독일에서 자본주의가 존속할 수 있는지 또다시 심각한 의심이 들었다. 제1차세계대전에서 승리한 열강들은 베르사유조약을 체결할 때, 전리품을 챙기려는 탐욕에서 독일 경제가 감당 못 할 수준의 전쟁배상금을 강요했다. 그 결과 독일은 끊임없는 인플레에 시달렸다. 1922년 독일은 프랑스에 현금 대신 갚기로 한 석탄을 넘겨줄 수 없게 됐다. 그러자 프랑스 군대가 이듬해 1월부터 루르 지역을 점령했다.

즉시 독일 사회 전체가 위기에 직면했다. 경제는 혼란에 빠졌다. 물가가 전례 없이 빠르게 상승했다. 독일의 화폐가치는 1월에 1달러당 1만 마르크였지만 6월에는 4만 7000마르크, 9월에는 2억 마르크까지 치솟았다. 독일 통화의 가치가 없어진 것이다. 중간계급의 모든 부문은 그동안 저축해 놓은 돈이 아무짝에도 쓸모없다는 것을 갑자기 깨달았다. 루르 지역에서 터져 나온 자발적 대중 파업은 프랑스에 반대했을 뿐 아니라 광산 국유화를 요구하기도 했다. 8월에는 베를린 전역과 그 밖의 주요 산업 지역들에서 총파업이 벌어졌다. 도처에서 프랑스의 루르 점령에 대한 분노와 이에 대처하지 못하는 독일 정부에 대한 분노가 결합됐다.

이대로는 안 된다고 누구나 생각했다. 정치적 우파 쪽에서는 과격한 민족주의·파시스트 정당들로 사람들이 몰려들었다. 좌파 쪽에서는 공산당이 처음으로 노동자 다수의 지지를 받는 정당이 됐다(심지어 1년 뒤에도 공산당의 득표가 사민당의 60퍼센트에 달했을 정도다). 그리고 우파 정당을 지지한 많은 사람들도 (심지어 혁명적·좌파적 변화를 포함한) 어떤 종류의 변화라도 이 위기를 해결할 수만 있다면 그것을 받아들일 태세가 돼 있었다.

그러나 부르주아 공화국은 살아남았다. 공산당은 처음에는 위기의 영향을 무시하더니 나중에는 지지자들을 제대로 준비시키지도 않은 채 무장봉기를 요구하다가 마지막 순간에 봉기를 취소해 버렸다(그래서 다른 지역에서는 봉기 움직임이 전혀 없었는데, 함부르크에서는 봉기 취소 결정을 연락받지 못한 공산당원 수백 명이 권력 장악을 시도했[다가 비참하게 패배했]다). 그 결과, 잠시 혁명적 좌파에게 의지했던 수많은 사람들이 곧바로 환멸을 느끼고 돌아서 버렸다. 뮌헨에서 파시스트들이 쿠데타를 일으켰다가(이른바 '맥줏집 쿠데타') 마찬가지로 형편없이 실패한 것이 그나마 다행이었다.

1924년 봄이 되자 정부는 위기를 해결하기 시작했다. '도스안'* 으로 배상금 부담이 완화됐다. 통화는 가치를 되찾고 안정됐다.

---

* 미국의 도스Dawes를 위원장으로 하는 국제 전문가 위원회가 입안해서 1924년 연합국 측 회의에서 채택한 독일 전쟁배상금 지급에 관한 계획안.

미국에서 들어온 대출과 투자 자금이 경제를 부양했다. 혁명적 좌파와 파시스트 우파는 전에 얻은 지지를 빠르게 잃어버렸다. 그 뒤 5년 동안 독일 사회는 마침내 안정을 되찾은 것처럼 보였다. 1928년에는 공산당이 선거에서 300만 표를 얻었지만 사민당이 얻은 900만 표에 비하면 별것 아니었다. 사민당은 그동안 잃어버린 세력과 영향력을 모두 회복하고 있는 것처럼 보였다. 사민당 지도자인 뮐러가 연립정부 구성을 주도했다. 사민당은 프로이센주를 비롯해서 많은 지방 도시들도 지배했다. 사민당은 개인 당원 90만 명과 지구당 1만 개를 거느렸고, 자유노조 조합원 500만 명이 사민당을 지지하고 있었다.

한편 나치는 소수 과격파 집단으로 찌그러진 듯했다. [1928년 총선에서] 나치의 득표율은 겨우 2.5퍼센트였다.

[1929년 10월] 월스트리트의 주가 폭락과 뒤이은 대불황은 이 모든 것을 완전히 바꿔 놨다. 독일 경제의 안정을 지탱해 주던 외국 자금이 더는 들어오지 않았다. 수많은 공장이 문을 닫았다. 1930년 중반에는 실업자가 300만 명까지 늘어났고, 단시간 노동자 수도 그와 비슷했다. 크고 작은 기업들이 파산하면서 중간계급의 모든 부문이 가난에 시달리게 됐다. 농산물 가격이 하락하자 농민들은 파산에 직면했다. 그 전까지 이로워 보였던 모든 것이 이제는 해로워 보였다. 전에는 짜증 나기는 해도 별로 중요하지 않았던 것들(베르사유조약과 전쟁배상금 문제 등)이 이제는 악의 근원처럼 보였다.

뮐러 정부는 이 새로운 위기에 대처하는 데 완전히 무능했다. 1930년 3월 연립정부를 구성하고 있던 여러 정당들 사이에 내분이 일어나 뮐러 정부가 무너졌다. 그러자 대통령 힌덴부르크는* 가톨릭중앙당 지도자 브뤼닝에게 우파 정부를 구성하라고 요구했다. 브뤼닝 정부는 의회에서 다수의 지지를 얻지 못했고, 결국 9월에 총선이 실시됐다.

이 선거에서는 분노와 절망이라는 새로운 정서가 극적으로 표출됐다. 공산당의 득표가 40퍼센트 증가했다. 그러나 이것은 나치의 득표가 800퍼센트 증가한 것에 비하면 새 발의 피였다. 파시스트들이 갑자기 1923년보다 훨씬 크고 위협적인 세력으로 떠올랐다.

코민테른과 독일 공산당

1925~1928년에 스탈린과 부하린이 이끌던 코민테른은 대중의 지지를 얻는 방법으로 비혁명적 세력들과 협력하는 정책을 강조했다. 이 정책이 이른바 '제2기' 전략이었다('제2기'는 자본주의가 불안정하던 1917~1924년의 '제1기'와 달리 자본주의가 굳건해진 시기를 뜻했다). 트로츠키가 이 정책을 (나중에 '민중전선'과 마찬가지로) 비판한 이유는, 그것이 비혁명적 조직들과 공동 행동을 추구했기 때문이 아니라 그런 단결을 위해 코민테른 지도

자들이 각국 공산당의 독립성과 비판의 자유를 희생시켰기 때문이다. 1928년에 스탈린은 그동안 동맹 관계였던 부하린에게 등을 돌리고 기존의 정책들을 날카롭게 비판했다. 1928년 여름에 열린 코민테른 6차 세계 대회에서는 자본주의가 일시적 안정을 누리던 제2기가 끝나고 이른바 "제3기", 즉 "세계경제의 모순들이 급속히 발전하고, … 자본주의의 전반적 위기가 극도로 첨예해져서" 전쟁과 혁명이 "불가피한" 시대가 시작됐다고 선언했다. 여기서 나온 결론은 전술을 완전히 바꿔야 한다는 것이었다. 그래서 완전히 실패한 기존 정책, 즉 '좌파' 사회민주주의자들에게 무비판적으로 의존하던 정책을 폐기하는 데서 그치지 않고 이제는 그들과 어떤 협력도 하지 않으려 했다.

그와 동시에, 각국 공산당에서는 그동안 부하린의 우파적 정책들을 지지했거나 스탈린한테서 조금이라도 독립적이었던 사람들이 모두 (아직 남아 있던 좌익반대파와 함께) 제명됐다. 예컨대, 이탈리아의 타스카, 인도의 로이,* 미국의 러브스톤, 체코슬로바키아의 하이스와 일레크, 스웨덴의 킬봄, 스페인의 닌과 마우린, 안드라데가 그런 사람들이었다.

[코민테른은 다음과 같이 주장했다.] 대중의 "급진화"가 진행 중이고, "대중은 사회민주주의에 대한 신뢰를 잃어버렸다." 사회민주주의 정당들은 대중이 혁명으로 나아가지 못하게 가로막는 순전히 반동적 구실을 한다. 따라서 사회민주주의자들과 파시스트들은 거의 구별되지 않는다. 스탈린은 "사회민주주의와 파시즘은

쌍둥이"라고 썼다. 많은 [스탈린주의] 관료들은 이 구호를 받아들여 "사회민주주의 정당이 강력한 나라들에서는 파시즘이 사회파시즘이라는 특수한 형태를 띤다"고 설명했다.[1] '사회파시스트'라는 말은 단지 사민당의 골수 우파뿐 아니라 특히 좌파에게도 적용됐다. "행동에서 그들['좌파' 사회민주주의자들 — 하먼]은 사회파시즘 정책을 완전히 지지한다."[2]

이런 규정 때문에, 파시즘의 위협이 실제로 어느 정도인지를 계속 가늠하지 못했다. 1930년 2월 독일 공산당 지도자 텔만은 뮐러의 사민당 정부를 "사회파시스트 패거리"라고 부르며 "파시즘의 지배는 이미 독일에서 확립됐다"고 선언했다.[3] [그렇다면] 파시즘이 이미 지배하고 있는데, 그것과 "형태만 다른 파시즘"인 나치에 맞서 싸울 필요가 있겠는가?

1930년 선거에서 나치가 엄청나게 약진하고 공산당의 득표는 그보다 적었는데도 공산당 일간지 〈로테 파네〉는 "공산당이 승리했다"고 주장하면서 다음과 같이 썼다. "어젯밤이 히틀러 씨에게는 최고의 순간이었다. 이른바 나치의 선거 승리는 종말의 시작이다."[4] "9월 14일은 독일에서 국가사회주의 운동의 절정이었다. 앞으로는 패배와 쇠퇴만이 있을 것이다."[5]

트로츠키는 1930년 9월 선거 직후 "코민테른의 전술 전환과 독일 상황"이라는 글을 썼다. 이 글은 [선거로] 드러난 새로운 세력 관계를 평가하고 이제 막 스탈린주의화한 코민테른이 그런 상황을 이해할 수 없다는 것을 보여 주려 한 트로츠키의 초기 노력 가운데 하나다. 1931년 모리스 르윗이 번역한 이 글을 미국 공산주의자동맹이 출판했다. 이 책에는 나중에 중복되는 부분을 피하려고 약간 축약해서 실었다.

코민테른의 전술 전환과 독일 상황

레온 트로츠키

1. 최근 전환의 원인

우리 시대에 전술 전환은 아무리 급격하더라도 결코 피할 수 없다. 이런 전술 전환이 필요한 이유는 객관적 상황이 갑자기 바뀌기 때문이다(국제 관계가 불안정해지고, [경제] 국면이 불규칙하게 급변하고, 경제 변동이 정치에 날카롭게 반영되고, 절망에 빠진 대중의 충동적 행동이 벌어지는 것 등). 객관적 상황의 변화를 예의 주시하는 일은 제1차세계대전 전보다, 즉 자본주의가 '유기적으로' 발전하던 시대보다 오늘날 훨씬 중요하면서도 한없이 어려운 과제가 됐다. 지금 독일 공산당 지도부는 꼬불꼬불한 산길에서 자동차를 모는 운전기사와 비슷한 처지다. 제때 방향 전환을 못하거나 속도 조절에 실패하면 승객과 자동차는 엄청나게 위험해질 것이고, 끔찍한 사고를 당할 수도 있다.

지난 몇 년 동안 코민테른 지도부는 느닷없는 전술 전환이란 어떤 것인지를 우리에게 보여 줬다. 최근의 전환은 몇 달 전에 시작됐다. 레닌 사후 코민테른은 무엇 때문에 전술을 전환해 왔는가? 객관적 상황의 변화 때문이었는가? 결코 그렇지 않다고 확실히 말할 수 있다. 1923년 이후 코민테른이 객관적 상황의 변화를 정확히 평가한 바탕 위에서 전술을 전환한 경우는 한 번도 없었다. 오히려 그 반대였다. 코민테른의 노선과 객관적 상황 사이의 모순이 참을 수 없을 만큼 첨예해진 뒤에야 전술 전환이 이뤄졌다. 이번에도 마찬가지다.

코민테른 집행위원회 9차 총회, 6차 세계 대회, 특히 10차 총회는[1] 갑작스러운 혁명적 고양기(이른바 '제3기') 노선을 채택했다. 그러나 당시의 객관적 상황은 결코 그렇지 않았다. 영국과 중국에서 뼈아픈 패배를 당한 뒤였고, 각국 공산당은 허약해졌으며, 특히 가장 중요한 자본주의 나라들에서 상공업이 성장하던 때였다. 그러므로 1928년 2월에 시작된 코민테른의 전술 전환은 역사의 실제 흐름과 정반대였다. 이런 모순들 때문에 모험주의 경향이 생겨났고 공산당은 대중과 멀어져 더 고립됐으며 [대중]조직들은 약해졌다. 이 모든 현상의 위협적 성격이 분명히 드러난 뒤에야 비로소 코민테른 지도부는 1930년 2월 '제3기' 전술에서 후퇴해 오히려 우경화하는 새로운 전환을 감행했다.

얄궂게도, 코민테른이 전술을 전환한 바로 그때 객관적 상황이 새롭게 바뀌었다. 이것은 모든 흐보스티즘chvostism의[2] 가혹한 운명이다. 전례 없이 첨예한 국제적 위기 때문에, 대중이 급진화하고 사회적 격변이 일어날 가능성이 열린 것은 의심의 여지가 없다. 바로 그런 상황에서는 [운전기사가] 좌회전, 즉 혁명적 고양을 향해 대담하게 가속페달을 밟는 것이 가능했고 또 그래야 했다. 이것은 절대로 올바르고 필요한 일이었을 것이다. 만약 지난 3년 동안 코민테른 지도부가 경제적 부흥과 혁명적 퇴조의 시기를 이용해 대중조직들, 무엇보다도 노동조합 속에서 공산당의 입지를 강화했다면 말이다(당연히 그랬어야 했다). 그랬다면, 운전기사는 1930년에 기어를 2단에서 3단으로 바꿀 수 있었을 것이고 바꿔야 했을 것이다. 아니면 적어도 아주 가까운 미래에 그런 변화를 준비할 수 있었을 것이고 준비해야 했을 것이다.

[그러나] 실제로는 정반대 일이 벌어졌다. 운전기사는 낭떠러지로 떨어지지 않으려고 너무 빨리 속도를 올린 것을 후회하고 기어를 2단으로 낮춰서 속도를 줄여 버렸다. 언제? 올바른 전략적 노선이 있었다면 당연히 속도를 높였어야 할 때 그랬다. 이렇게 전술적 필요와 전략적 전망 사이의 심각한 모순이 드러났다. 많은 나라에서 공산당은 그 지도부[코민테른]가 저지른 오류 때문에 그런 모순에 빠져 있다.

지금 이 모순이 가장 분명하고 위험하게 드러난 곳이 바로 독일이다. 독일의 최근 선거들이 보여 준 유별나게 독특한 세력 관계는 전후 두 차례 안정기의 산물일 뿐 아니라, 코민테른이 저지른 세 차례 오류의 결과이기도 하다.

2. 혁명적 과제에 비춰 본 공산당의 선거 승리

지금 코민테른의 공식 언론은 독일 선거 결과를 공산주의의 엄청난 승리로 묘사하며, 이제 소비에트 독일이라는 구호가 일정에 올랐다고 주장한다. 낙관적 관료들은 선거 통계에서 드러난 세력 관계의 의미를 곱씹어 보려 하지 않는다. 그들은 상황이 제기한 혁명적 과제나 상황이 만들어 놓은 장애물과 무관하게 독일 공산당의 득표수를 계산한다.

독일 공산당은 1928년에 약 330만 표를 얻었는데 이번에는 460만 표를 얻었다. '보통의' 선거 공학으로 보면, 130만 표를 더 얻은 것은 전체 유권자 수가 늘었다는 사실을 감안하더라도 대단한 성과다. 그러나 파시즘의 득표가 80만 표에서 640만 표로 급증한 사실 앞에서 공산당의 성과는 완전히 빛이 바랜다. 또, 비록 사민당이 표를 꽤 많이 잃기는 했지만* 그래도 주요 간부들을 유지하고 여전히 노동자들의 표를 공산당보다 훨씬 많이 얻었다는 사실도 선거 평가에서는 마찬가지로 중요하다.

---

* 사민당의 득표는 약 920만 표에서 860만 표로 감소했다.

한편, 국내외 상황이 어떻게 맞물렸을 때 노동계급이 공산당을 지지하는 쪽으로 빠르게 돌아설 수 있는지를 우리가 자문해 본다면, 오늘날의 독일 상황보다 더 유리한 경우를 찾기도 힘들 것이다. 영의 올가미,[3] 경제 위기, 지배자들의 분열, 의회주의의 위기, 집권한 사민당의 자멸이 바로 그런 상황이다. 이렇게 구체적·역사적 맥락에서 보면, 비록 독일 공산당이 130만 표를 더 얻기는 했지만 그 사회적 비중은 여전히 비교적 작다.

공산당의 허약한 처지는 코민테른의 정책이나 [운영] 체제와 떼려야 뗄 수 없게 연결돼 있다. 현재의 역사적 상황으로 말미암아 공산당이 더는 미룰 수 없게 된 구체적 과제들과 공산당의 현재 사회적 영향력을 비교해 보면 그 허약성을 더 분명히 알 수 있다.

공산당 자신도 그런 성과를 예상하지 못했다는 것은 사실이다. 그러나 이것은 공산당 지도부가 오류와 패배의 충격 때문에 원대한 목표와 전망을 포기하게 됐다는 것을 입증할 뿐이다. 공산당은 어제는 자신의 잠재력을 과소평가했다면 오늘은 [자신이 직면한] 어려움을 과소평가하고 있다. 이런 식으로 하나의 위험은 다른 위험을 증폭시킨다.

그러나 진정한 혁명적 정당의 첫째 특징은 현실을 직시할 수 있다는 것이다.

3. 대부르주아지의 동요

역사의 흐름이 바뀔 때마다, 사회적 위기가 닥칠 때마다, 우리는 현대사회의 세 계급 간 상호 관계 문제를 거듭거듭 살펴봐야 한다. 그 세 계급은 금융자본이 이끄는 대부르주아지, 두 기본 진영 사이에서 흔들리는 프티부르주아지, 마지막으로 프롤레타리아다.

대부르주아지는 국민 가운데 극소수여서 도시와 농촌의 프티부르주아지, 즉 구중간계급의 잔재와 신중간계급 대중의 지지를 받지 못하면 권력을 유지할 수 없다. 현재 상황에서 이 지지는 기본적으로 두 가지 형태로 나타나는데, 정치적으로는 서로 적대적이지만 역사적으로는 서로 보충해 주는 사회민주주의와 파시즘이 그것이다. 사회민주주의를 추구하는 프티부르주아지는 금융자본을 따라가면서 수많은 노동자들을 그 방향으로 이끌고 간다.

독일의 대부르주아지는 지금 동요하면서 분열해 있다. 그들의 분열은 사회적 위기를 해결하는 두 가지 방법 가운데 어느 것을 지금 적용해야 하는지를 두고 의견이 충돌하기 때문이다. 대부르주아지의 일부는 사회민주주의적 해법의 결과가 불확실하고 추가 부담(세금, 사회입법, 임금 등)이 너무 커지는 위험이 있다며 배척한다. 다른 대부르주아지는 파시즘을 이용해 외과 수술하듯 처리하는 방법이 현재 상황에 맞지 않고 너무 위험하다고 본다.

다시 말해, 금융 부르주아지 전체가 현재 상황을 평가하는 데서 동요하고 있고, 그들 나름의 '제3기'를 선언하며 공세에 나서야 할 충분한 근거를 아직 찾지 못하고 있다(대부르주아지의 '제3기'란 사회민주주의가 파시즘으로 무조건 교체되고, 일반적으로 말해서 대부르주아지에게 봉사하던 사회민주주의가 전멸하게 되는 그런 시기다). 사회민주주의와 파시즘 사이에서 대부르주아지가 동요하는 것(과 함께 그들의 주요 정당들이 약화하는 것)은 혁명 직전 상황의 분명한 징후다. 진정한 혁명적 상황이 닥치면 이런 동요는 바로 끝날 것이다.

4. 프티부르주아지와 파시즘

사회적 위기가 프롤레타리아 혁명으로 이어지려면, (다른 조건들 말고도) 프티부르주아 계급들이 프롤레타리아를 지지하는 쪽으로 결정적으로 돌아서야 한다. 그러면 프롤레타리아는 국민의 지도자로 선두에 설 기회를 얻게 된다.

최근 선거는 이와 정반대 방향으로 전환이 일어났음을 보여 준다(그리고 바로 이 점이 선거의 주요 징후였으므로 중요하다). 위기의 충격을 받은 프티부르주아지는 프롤레타리아 혁명 쪽으로 움직이지 않고 오히려 가장 극단적인 제국주의 반동 쪽으로 이동하면서 프롤레타리아의 많은 부분도 이끌고 갔다.

국가사회주의의 엄청난 성장은 두 요인의 표현이다. 하나는 심각한 사회적 위기 때문에 프티부르주아 대중이 휘청거리게 됐다는 것이고, 다른 하나는 오늘날 공인된 혁명적 지도자로 대중에게 받아들여질 만한 혁명적 정당이 없다는 것이다. 공산당이 혁명적 희망의 정당이라면, 대중운동으로서 파시즘은 반혁명적 절망의 정당이다. 혁명적 희망이 모든 프롤레타리아 대중을 사로잡을 때, 필연적으로 프롤레타리아는 프티부르주아지의 점점 더 많은 부분을 이끌고 혁명의 길로 나아간다. 그런데 이번 선거는 정반대 모습을 보여 줬다. 반혁명적 절망이 프티부르주아 대중을 강하게 사로잡았고, 오히려 이들이 프롤레타리아의 많은 부분을 이끌고 간 것이다.

이것을 어떻게 설명할 수 있을까? 과거 (이탈리아와 독일에서) 파시즘이 갑자기 강해져서 승리하거나 적어도 위협적 세력이 될 수 있었던 것은, 프롤레타리아의 전위가 혁명적 상황을 허비하거나 놓쳐 버렸기 때문이다. 즉, 그들이 국민의 선두에 서서 (프티부르주아지를 포함한) 모든 계급의 운명을 바꾸는 데 무능하다는 것이 드러나면서 혁명적 위기가 끝나 버렸기 때문이다. 그래서 이탈리아에서 파시즘이 기이한 힘을 발휘할 수 있었던 것이다. 그러나 지금 독일의 문제는 혁명적 위기가 끝나면서 나타난 것이 아니라, 혁명적 위기로 나아가는 과정에서 비롯한다. 직책상 낙관주의자들인 공산당 주요 간부들이 여기서 끌어낸 결론인즉, 파시즘은 '너무 늦게' 등장해서 곧바로 패배할 수밖에 없는 운명이라는 것이다(《로테 파네》).

이 사람들은 도대체 배우려고 하지 않는다. 파시즘은 과거의 혁명적 위기들과 관련해서는 '너무 늦게' 등장한다. 그러나 새로운 혁명적 위기와 관련해서는 충분히 일찍(새벽같이) 나타난다. 혁명적 시기의 막바지가 아니라 직전에 파시즘이 매우 강력하게 출발할 수 있게 됐다는 사실은 파시즘의 약점이 아니라 공산당의 약점이다. 프티부르주아지는 (자신들의 운명을 개선해 줄 능력이 없는 공산당에 다시 한 번 실망해서) 기다려 주지 않는다. 그들은 과거의 경험에 바탕을 두고 [판단하고] 있다. 즉, 그들은 1923년의 교훈, 초좌파주의 노선으로 비약한 마슬로프와• 텔만의 변덕, 똑같은 텔만의 기회주의적 무능력, '제3기'의 허장성세 등을 기억하고 있다.[4] 마지막으로, (가장 중요한 점인데) 프티부르주아지가 프롤레타리아 혁명을 신뢰하지 못하는 상황은 사민당을 지지하는 수많은 노동자들이 공산당을 믿지 못하는 것 때문에 더 악화하고 있다. 프티부르주아지는 상황에 떠밀려 완전히 보수적인 길로 나아갈 때조차 노동계급의 다수가 사회혁명을 지지하고 나선다면 사회혁명 쪽으로 돌아설 수 있다. 바로 이 가장 중요한 조건이 독일에는 아직 없는데, 그것은 우연이 아니다.

선거 전에 독일 공산당이 발표한 강령은 완전히 그리고 배타적으로 파시즘을 주적으로 겨냥한 것이었다. 그렇지만 파시즘은 수많은 반半프롤레타리아 집단들뿐 아니라 수십만의 산업 노동자들도 끌어당기며 선거의 승자로 등장했다. 이것은 공산당의 의회 승리에도 불구하고 프롤레타리아 혁명 자체는 이 선거에서 심각한 패배를 겪었다는 사실을 보여 준다. 물론 그것은 예비적인 경고성 패배이지 결정적 패배는 아니다. 그러나 만약 공산당이 자신의 부분적 의회 승리를 혁명 자체가 겪은 이 '예비적' 성격의 패배와 연결시켜 평가하지 못한다면, 그래서 필요한 결론들을 모두 끌어내지 못한다면, 그것은 결정적 패배가 될 수 있고 그렇게 되고 말 것이다.

독일에서 파시즘은 진정한 위험이 됐다. 그것은 부르주아 체제의 무기력한 처지, 이 체제에서 사민당이 하는 보수적 구실, 이 체제를 폐지하지 못하는 공산당의 누적된 무기력을 뚜렷이 보여 준다. 이 사실을 부인하는 사람은 누구든지 장님 아니면 허풍쟁이다.

1923년에 브란들러는 우리의 온갖 경고에도 불구하고 파시즘의 힘을 엄청나게 과장했다. 그렇게 세력 관계를 잘못 평가해서 나온 정책이, 머뭇거리고 회피하는 수세적이고 소심한 정책이었다. 이 때문에 혁명은 패배했다. 그런 [역사적] 사건들은 모든 계급의 의식에 흔적을 남기기 마련이다. 공산당 지도부가 파시즘을 과대평가한 것 때문에 파시즘이 더 강해질 수 있는 조건이 형성됐다. 그 반대의 실수, 즉 현재의 공산당 지도부가 이번에는 파시즘을 매우 과소평가한 것 때문에 혁명은 앞으로 몇 년 동안 더 심각한 패배를 겪을 수 있다.

사태 전개의 속도라는 문제와 연결해서 보면 위험은 특히 더 심각하다. 사태 전개 속도는 우리에게만 달려 있지 않기 때문이다. 이번 선거로 정치적 부침이 마치 말라리아 같다는 것이 드러났다. 이것은 국가적 위기가 매우 빠른 속도로 발전할 수 있음을 보여 준다. 다시 말해, 독일에서는 매우 가까운 미래에 오래된 비극적 모순, 즉 한편으로 성숙한 혁명적 상황과 다른 한편으로 허약하고 전략적으로 무능한 혁명적 정당 사이의 모순이 새로운 역사적 국면에서 부활할 수 있다는 것이다. 이 점을 분명히, 공개적으로, 무엇보다도 때늦지 않게 말해야 한다.

5. 공산당과 노동계급

1917년 4월 레닌이 러시아로 귀국한 뒤 볼셰비키당이 처음으로 권력 장악을 준비하기 시작했을 때 당원 수가 8만 명이 채 안 됐고, 심지어 페트로그라드에서도 볼셰비키당을 지지하는 노동자가 3분의 1에 불과했고 병사들은 훨씬 적었다는 사실을 예로 들면서 스스로 위안을 삼는 것은 끔찍한 실수일 것이다. 당시 러시아의 상황은 [오늘날 독일과] 완전히 달랐다.

당시 러시아의 혁명적 정당들은 3월에야 비로소 지하에서 나올 수 있었는데, 그나마 과거의 억눌린 정치 활동조차 제1차세계대전으로 거의 3년 동안 중단된 뒤였다. 전쟁 기간에 노동계급의 약 40퍼센트가 새롭게 교체됐다. 프롤레타리아의 압도 다수는 볼셰비키를 알지 못했고 심지어 들어 본 적도 없었다. 3~6월에 멘셰비키와 사회혁명당이 얻은 표는 [노동자들이] 정치의식을 획득하고 나서 머뭇거리며 내딛는 첫걸음의 표현이었을 뿐이다. 볼셰비키당의 실수를 경험으로 확인한 대중이 실망하거나 불만이 쌓여서 그런 투표를 한 것이 결코 아니었다. 오히려 그 반대였다. 1917년에 대중은 날마다 혁명적 경험을 하면서 타협주의자들한테서 멀어져 볼셰비키 편으로 넘어왔다. 그 덕분에 당 대열이, 특히 당의 영향력이 폭발적으로 거침없이 성장할 수 있었다.

이 점뿐 아니라 다른 점들에서도 독일 상황은 근본적으로 성격이 다르다. 독일 공산당은 어제오늘 갑자기 무대에 등장하지 않았다. 1923년에 공산당은 노동계급 다수의 공개적이거나 반쯤 암묵적인 지지를 받고 있었다. 1년 후 지지 물결이 빠지고 있을 때도 공산당은 360만 표를 얻었는데, 노동계급 사이에서 득표율은 오히려 지금보다 더 높았다. 이것이 뜻하는 바는 여전히 사민당을 지지하는 노동자들이나 이번에 나치당에 투표한 노동자들은 단지 몰라서 그런 것도 아니고, 겨우 어제 정치에 눈을 떠서 그런 것도 아니며, 그동안 공산당을 알 수 있는 기회가 없어서 그런 것도 아니고, 지난 몇 년 동안 자신들의 경험에 비춰 볼 때 공산당을 신뢰할 수 없어서 그랬다는 것이다.

잊지 말아야 하는 사실은 1928년 2월 코민테른 집행위원회 9차 총회가 '사회파시즘'에 대항하는 비상한 투쟁을 강력하게 비타협적으로 전개하라는 신호를 보냈다는 것이다. 독일 사민당은 이 기간 거의 내내 집권당이었는데, 사사건건 범죄적이고 수치스러운 자신의 구실을 대중에게 고스란히 보여 줬다. 그리고 이 모든 것에 더해 엄청난 경제 위기가 닥쳤다. 사민당을 약화시키는데 이보다 더 유리한 상황을 생각해 내기도 힘들 것이다. 그런데도 사민당은 자신의 기본적 지위를 유지했다. 이 놀라운 사실을 어떻게 설명할 수 있는가? 오직 공산당 지도부가 모든 정책을 통해 왼쪽에서 사민당을 지원하고 도와줬다는 사실로만 설명할 수 있다.

그렇다고 해서 사민당에 투표한 500만~600만 명의 남녀 노동자들이 사민당을 무조건 한없이 신뢰한다는 말은 아니다. 노동자들이 맹목적으로 사민당을 지지한다고 생각해서는 안 된다. 그들은 그저 순진해서 자기 지도자들을 따르는 것이 아니라, 현재 상황에서 스스로 대안을 찾지 못하고 있을 뿐이다. 물론 여기서 우리는 노동귀족이나 관료 집단이 아니라 현장 노동자들에 관해 말하고 있다. 공산당의 정책이 그들에게 자신감을 불어넣지 못하는 이유는 공산당이 혁명적 정당이 아니어서가 아니다. 그들은 공산당이 혁명을 승리로 이끌 수 있다고 믿지 않기 때문이다. 그래서 헛되이 목숨을 걸고 싶지 않은 것이다. 이 노동자들이 마지못해 사민당에 투표하는 것은 사민당을 신뢰한다는 뜻이 아니라, 공산당을 신뢰하지 못하겠다는 뜻이다. 바로 이 점에서 독일 공산당의 현재 처지와 1917년 러시아 볼셰비키의 처지가 크게 다르다.

그러나 어려움은 거기서 끝나지 않는다. 공산당 내부에, 그리고 특히 당 지지자들과 당에 투표한 노동자들 사이에는 당 지도부에 대한 막연한 불신이 상당히 쌓여 있다. 바로 여기서 공산당의 일반적 영향력과 당원 수, 특히 노동조합에서 공산당이 하는 구실 사이의 이른바 '간극'이 생겨난다(독일에 그런 간극이 존재한다는 것은 의심의 여지가 없다). 그 간극에 대한 공산당의 공식적 설명은 그동안 조직적 영향력을 '강화하지' 못했다는 것이다. 여기서 대중은 순전히 수동적 재료로 취급되고 있다. 즉, 대중이 공산당에 가입하고 안 하고는 오로지 당 간부들이 모든 노동자의 멱살을 잡고 끌고 올 수 있는지 없는지에 달려 있다는 것이다. 공산당 관료들은 노동자들이 스스로 생각하고 경험도 있고 의지도 있으며 당에 대해 능동적으로 또는 수동적으로 대응한다는 사실을 이해하지 못한다. 노동자들은 공산당의 깃발, 10월 혁명, 자신들의 미래 혁명을 지지해서 당에 투표한다. 그러나 공산당에 가입하기를 거부하거나 노동조합 투쟁에서 공산당을 따르려 하지 않는 것은 공산당의 일상적 정책을 신뢰하지 않기 때문이다.

따라서 그 '간극'은, 따지고 보면 대중이 코민테른의 현 지도부를 신뢰하지 않는다는 사실의 표현이다. 그리고 이런 불신은 1923년부터 1930년까지 대중이 경험한 오류와 패배, 날조, 직접적 기만 때문에 형성됐고, 프롤레타리아 혁명의 승리로 가는 길을 가로막는 가장 큰 장애물 가운데 하나다.

공산당 내부에 자기 확신이 없으면, 당은 계급을 획득하지 못할 것이다. 프롤레타리아를 획득하지 못한다는 것은, 프티부르주아 대중을 파시즘에서 떼어 내지 못하게 된다는 것을 뜻한다. 이 두 가지 일은 서로 뗄 수 없게 맞물려 있다.

6. '제2기'로 돌아갈 것인가 아니면 다시 '제3기'를 향해 갈 것인가?

중간주의의* 공식적 용어들을 써서 말하자면, 문제를 다음과 같이 표현할 수 있을 것이다. '제2기'의 특징들이 가장 분명히 드러났을 때, 즉 부르주아지가 안정을 되찾고 혁명이 퇴조하고 있을 때(1928년에) 코민테른 지도부는 각국 지부에 '제3기' 전술, 즉 혁명적 고양기에나 적합한 전술을 강요했다는 것이다. 이 전술은 1930년에 바뀌었는데, 이것이 뜻하는 바는 '제3기' 전술을 포기하고 '제2기' 전술을 채택한다는 것이다. 한편, [코민테른의] 관료 기구가 이렇게 전술을 전환한 바로 그 순간 어쨌든 독일에서는 '제3기'가 정말로 도래하고 있음을 명백히 보여 주는 가장 중요한 징후들이 나타나기 시작했다. 그렇다면 이제 새로운 전술 전환이 필요한가? 즉, 최근 포기했던 '제3기' 전술로 돌아가야 하는가?

문제를 이런 식으로 표현한 이유는 중간주의 관료 집단의 방법론과 용어들에 사로잡혀 머리가 꽉 막힌 사람들이 이해하기 쉽게 하려는 것이다. 그러나 우리는 이런 용어들을 사용할 생각이 전혀 없다. 그 용어들은 스탈린파의 관료주의와 부하린파의 형이상학이 결합된 것을 은폐하고 있기 때문이다. 우리는 마치 종말론적으로 '제3기'를 최후의 시기처럼 표현하는 것을 거부한다. 프롤레타리아가 승리할 때까지 앞으로 얼마나 많은 시기가 있을지는 세력 관계와 상황 변화에 달려 있다. 이 모든 것은 오직 행동을 통해서만 검증될 수 있다. 우리는 이렇게 숫자를 붙여 시기를 구분하는 전략적 도식주의를 근본적으로 거부한다. '제2기'나 '제3기'에 맞게 미리 수립된 추상적 전술 따위는 존재하지 않는다.

무장봉기 없이는 프롤레타리아가 승리하고 권력을 장악할 수 없다는 것을 다들 알고 있다. 그러나 어떻게 해야 무장봉기까지 이를 수 있는가? 어떤 방법으로? 그리고 어떤 속도로 대중을 동원해야 하는가? 이것은 객관적 상황 일반에 달린 문제일 뿐 아니라, 무엇보다도 그 나라에 사회적 위기가 닥쳤을 때 프롤레타리아가 어떤 상태에 있는지, 또 공산당과 계급, 프롤레타리아와 프티부르주아지 등의 관계가 어떤지에도 달린 문제다. 한편, '제3기'가 시작될 때 프롤레타리아의 상태는 그 이전 시기에 공산당이 적용한 전술에 달려 있다.

현재의 독일 상황 변화에 맞는 자연스럽고 정상적인 전술 전환은 투쟁 속도를 높이고 구호와 투쟁 방법을 더 선명하게 하는 것이어야 했다. 이런 전술 전환은 어제의 투쟁 속도와 구호들이 당시 상황에 부합했을 경우에만 자연스럽고 정상적이었을 것이다. 그러나 실상은 결코 그렇지 않았다. 안정된 상황과 초좌파적 정책 사이의 첨예한 모순이 바로 전술 전환의 이유였다. 그 결과로, 객관적 상황이 변화하면서 정치 세력들에게 불리한 전반적 재편이 일어나 공산당의 득표가 크게 증가한 바로 그 순간 공산당은 어느 때보다 더 전략·전술적으로 혼란에 빠지고 마비되고 일탈해 버렸다.

독일 공산당이 코민테른의 다른 대다수 지부들과 마찬가지로, 그러나 훨씬 깊숙이 빠져 있는 모순을 더 분명히 이해하기 위해 아주 간단한 비유를 하나 들어 보자. 장애물을 뛰어넘으려면 미리 도움닫기를 해야 한다. 장애물이 높을수록 도움닫기가 중요하다. 너무 늦지도 너무 빠르지도 않게 도움닫기를 시작해서 정확한 타이밍에 있는 힘껏 뛰어올라야 한다. 그러나 1928년 2월부터, 특히 1929년 7월 이후 독일 공산당은 계속 도움닫기만 하고 있었다. 그래서 숨을 헐떡거리며 발을 질질 끌기 시작한 것도 당연했다. 결국 코민테른이 "천천히!" 하고 명령했다. 그러나 숨을 헐떡거리던 공산당이 보통 걸음으로 바꾸기 시작하자마자 진짜 장애물이 나타났다. 혁명적 점프를 해야 하는 상황이 된 것이다.

도움닫기를 할 수 있을 만큼 거리가 충분한가? 천천히 걷기로 바꾼 것을 다시 빨리 뛰기로 바꿔야 하는가? 바로 이것이 지금 독일 공산당이 직면한 아주 첨예한 전략·전술 문제다.

공산당의 주요 간부들이 이 문제의 올바른 답을 찾으려면, 지난 몇 년간의 전반적 전략과 그 결과들(이번 선거에서 드러났다)에 비춰서 [도움닫기를 하기에] 가장 유리한 구간을 판단해야 한다. 만약 이와 반대로 관료 집단이 승리의 함성이나 지르면서 정치적 자기비판의 목소리를 묻어 버린다면, 프롤레타리아는 필연적으로 1923년보다 더 끔찍한 재앙을 겪게 될 것이다.

7. 앞으로 나타날 수 있는 다양한 상황들

프롤레타리아가 당장 권력 장악이라는 문제에 직면하게 되는 혁명적 상황은 객관적 요인들과 주관적 요인들로 이뤄지는데, 이 요인들은 서로 맞물려 있을 뿐 아니라 매우 중대한 영향을 주고받는다. 그러나 이 상호 의존성은 상대적이다. 불균등 발전 법칙은 혁명적 상황의 요인들에도 완전히 적용된다. 그런 요인들 가운데 하나가 불충분하게 발전하면, 혁명적 상황이 폭발하지 않고 사그라지거나 폭발하더라도 혁명적 노동계급의 패배로 끝날 수 있다. 이 점과 관련해서 독일의 상황은 어떤가?

1. 심각한 국가적 위기(경제·국제 상황)가 임박했다는 것은 의심의 여지가 없다. 부르주아 의회 체제의 정상적 길을 따라가서는 이 위기의 해결책이 없는 것처럼 보인다.

2. 지배계급과 그들의 통치 체제가 정치적 위기에 빠져 있다는 것은 절대로 확실하다. 이것은 의회의 위기가 아니라 계급 지배

의 위기다.

3. 그러나 혁명적 계급은 여전히 내부 모순 때문에 심각하게 분열해 있다. 개혁주의자들이 무력해지고 혁명적 정당이 강력해지는 과정은 아직 시작 단계이고, 그래서 그 속도가 위기의 심각성을 따라가지 못하고 있다.

4. 프티부르주아지는 위기 초반에 이미 현재의 자본주의 지배체제에 적대적 태도를 취했지만, 그와 동시에 프롤레타리아 혁명에 대해서도 극도로 적대적이다.

요컨대, 프롤레타리아 혁명의 가장 중요한 객관적 조건들이 존재한다. 그 정치적 조건들 가운데 하나(지배계급의 상태)가 존재하고, 다른 정치적 조건(프롤레타리아의 상태)은 이제 막 혁명 쪽으로 바뀌기 시작했지만 과거의 유산 때문에 급격히 바뀔 수는 없다. 마지막으로, 셋째 정치적 조건(프티부르주아지의 상태)은 프롤레타리아 혁명이 아니라 부르주아 반혁명 쪽으로 향하고 있다. 이 마지막 조건이 유리하게 바뀌는 일은 프롤레타리아 자체의 급격한 변화가 없다면, 즉 사민당이 정치적으로 청산되지 않는다면 불가능할 것이다.

따라서 지금 독일의 상황은 심각한 모순에 빠져 있다. 그 요인들 가운데 일부는 프롤레타리아 혁명을 의제로 올려 놓고 있다. 그러나 다른 요인들은 다음 시기에 프롤레타리아 혁명이 승리할 가능성을 배제하고 있다. 정치적 세력 관계가 심대하게 바뀌지 않는다면 말이다.

이론적으로 말하면, 독일의 현재 상황은 공산당 자체의 행동뿐 아니라 적대계급들의 정책 등 객관적 요인들에 따라 이렇게 저렇게 바뀔 수 있다. 가능한 몇 가지 상황을 약간 도식적으로 살펴보자.

1. 공산당이 자신의 '제3기' 전략에 겁을 먹고 극도로 신중하게 더듬더듬 앞으로 나아간다. 그러나 위험한 행동과 투쟁을 회피하다가 혁명적 상황을 놓쳐 버리고 만다. 이것은 1921~1923년에 브란들러가 추진한 정책이 형태만 바뀐 채 되풀이되는 것이다. 사민당의 압력을 반영해서 공산당 안팎의 브란들러파와 반半브란들러파는 이 방향으로 나아갈 것이다.

2. 반대로, 선거 승리에 고무된 공산당이 다시 급격히 좌선회해서 곧장 권력 [장악] 투쟁의 길로 나아간다. 그러나 능동적 소수의 당이다 보니 재앙적 패배를 겪게 된다. [공산당을] 이 방향으로 몰아가는 요인은 두 가지다. 하나는 아무것도 따져 보지 않은 채 시끄럽게 분별없는 선동이나 하면서, 대중을 깨우치기는커녕 무지몽매하게 만드는 파시즘이다. 다른 하나는 노동계급의 일부, 특히 청년 실업자들의 절망과 조급성이다.

3. [공산당] 지도부가 아무것도 포기하지 않은 채 경험주의적으로 1번과 2번의 위험 사이에서 중간 노선을 찾으려 할 수도 있다. 그 과정에서 새로운 오류를 잇따라 저지르고, 대체로 프롤레타리아와 반半프롤레타리아 대중의 불신을 신뢰로 바꾸는 일이 너무 느리게 진행되는 바람에 객관적 상황이 혁명에 불리하게

바뀌고, 그래서 새로운 안정화 시기가 찾아온다. 주로 이 절충적 방향, 즉 일반적으로는 흐보스티즘과 특정 상황에서는 모험주의가 결합된 노선이 바로 소련의 스탈린파 수뇌부가 독일 공산당을 몰고 가는 방향이다. 그들은 분명한 태도를 취하기가 두려워서 미리 알리바이를 준비하고 있다. 즉, 결과에 따라 '실행자들'(당내 좌파나 우파)에게 [실패의] 책임을 뒤집어씌울 가능성을 확보해 두려는 것이다. 우리가 익히 알고 있는 이런 정책은 상층 관료 집단의 '위신'을 지키기 위해 프롤레타리아의 국제적·역사적 이익을 희생시킨다. 9월 16일 자 〈프라우다〉는 이미 그런 노선을 암시했다.

4. 마지막으로, 가장 좋은 상황, 더 정확히 말하면 유일하게 좋은 상황은 다음과 같은 것이다. 즉, 독일 공산당의 가장 뛰어나고 의식적인 부류들이 노력해서 당이 현재의 모순된 상황 전체를 신중하게 검토하는 것이다. 공산당이 현재 상황에 맞는 올바르고 대담하고 신축성 있는 정책을 사용해서, 프롤레타리아의 다수를 단결시키고 반프롤레타리아 대중과 가장 억압받는 프티부르주아 대중의 태도 변화를 이끌어 내는 것이다. 그래서 고되게 일하고 억압받는 국민의 지도자인 프롤레타리아의 전위가 혁명을 승리로 이끈다. 공산당이 정책을 바꿔서 이 길로 나아갈 수 있도록 도와주는 것이 바로 볼셰비키·레닌주의자들(좌익반대파)의 임무다.

이런 여러 시나리오 가운데 어떤 것이 앞으로 실현될 가능성이 높은지를 추측하는 것은 부질없는 일이다. 그것은 추측이 아니라 투쟁으로 결정될 문제이기 때문이다.

여기서 꼭 필요한 요소 하나는 코민테른의 중간주의 지도부에 대항하는 비타협적 이데올로기 투쟁이다. 이미 소련에서는 관료집단의 위신을 지키려는 정책의 신호가 흘러나왔다. 그들은 어제의 오류들을 은폐하고, 노선의 새로운 승리 운운하는 허장성세로 내일의 오류를 준비하고 있다. 〈프라우다〉는 독일 공산당의 [선거] 승리를 터무니없이 과장하고 어려움을 터무니없이 과소평가했고, 파시즘의 성공조차 프롤레타리아 혁명에 긍정적인 요인이라고 해석하면서도 "우리는 독일 공산당의 성공에 도취해서는 안 된다"고 짤막한 단서를 달았다. 스탈린파 지도부의 기만적 정책은 여기서도 여실히 드러난다. 그들은 무비판적 초좌파주의의 정신으로 상황을 분석하고, 이런 식으로 독일 공산당에 모험주의 노선을 의식적으로 강요하고 있는 것이다. 그와 동시에, 스탈린은 "도취" 운운하는 의례적 문구를 이용해 미리 자신의 알리바이를 준비하고 있다. 바로 이런 정책, 즉 근시안적이고 무원칙한 정책 때문에 독일 혁명은 파멸할 수 있다.

8. 출구는 어디에?

지금까지는 정치적·주체적 영역과 관련된 어려움과 위험을 얼버무리거나 꾸미지 않고 그대로 제시했다. 주로 에피고넨 지도부의[5] 오류와 범죄에서 비롯한 이 어려움과 위험이 지금은 바로 우리 눈앞에서 발전하고 있는 혁명적 상황을 분명히 파괴하려 하고 있다. 그 관료들은 우리의 분석에 눈을 감거나 아니면 비방을 늘어놓을 것이다. 그러나 문제는 가망 없는 관료들이 아니라 독일 프롤레타리아의 운명이다. 당과 당 기구에는 스스로 관찰하고 생각하는 사람들, 그래서 내일 상황이 급변하면 더욱더 치열하게 생각할 수밖에 없는 사람들이 적잖이 존재한다. 우리의 분석과 결론은 바로 그들을 겨냥하고 있다.

위태로운 상황에서는 항상 불확실성이 크기 마련이다. 적대적이거나 우호적인 분위기·견해·세력은 위기의 과정 자체에서 형성된다. 그것들을 수학적으로 예견할 수는 없다. 투쟁 과정에서, 투쟁을 통해 그것들을 측정해야 하고, 이런 생생한 측정을 바탕으로 정책을 수정해야 한다.

사민당을 지지하는 노동자들의 보수적 저항력을 미리 계산할 수 있는가? 결코 그럴 수 없다. 지난해의 사건들에 비춰 보면, 그 저항력은 어마어마한 듯하다. 그러나 사실은 사민당의 응집력에 가장 크게 기여한 것이 바로 공산당의 잘못된 정책이었다는 점이다. 그 잘못된 정책의 절정은 터무니없는 사회파시즘론이었다. 사민당을 지지하는 [노동자] 대열의 실제 저항력을 측정하려면, 다른 측정 수단이 필요하다. 즉, 공산당의 올바른 전술이 필요한 것이다. 이런 조건이 갖춰져야만(이것은 결코 사소한 조건이 아니다) 사민당의 내적 응집력이 어느 정도인지를 비교적 짧은 기간에 알 수 있을 것이다.

앞서 말한 것은 다른 형태로 파시즘에도 적용된다. 지금의 파시즘을 만들어 준 것은 현재의 다른 조건들 외에도 지노비에프와* 스탈린의 오락가락하는 전략이었다. 파시즘의 공격력은 어느 정도인가? 파시즘은 얼마나 안정돼 있는가? 직책상 낙관주의자들[인 관료들]이 장담하듯이 파시즘은 이미 절정에 이르렀는가 아니면 사다리를 이제 막 오르기 시작한 것에 불과한가? 이것은 기계적으로 예언할 수 없는 문제다. 그것은 오직 행동을 통해서만 결정될 수 있다. 파시즘은 [프롤레타리아의] 적대계급이 손에 쥐고 있는 면도칼이라 할 수 있다. 따라서 파시즘에 관한 코민테른의 잘못된 정책은 단기간에 치명적 결과를 낳을 수 있다. 반면에, 올바른 정책은 (사실, 그렇게 짧은 기간은 아니겠지만) 파시즘의 입지를 약화시킬 수 있다.

체제가 위기에 빠졌을 때 혁명적 정당은 의회주의의 틀 안보다는 의회 밖 대중투쟁에서 훨씬 강력하다. 그러나 여기에도 한 가지 조건이 있다. 즉, 혁명적 정당이 상황을 정확히 평가하고 실천 속에서 대중의 생생한 필요와 권력 장악이라는 과제를 연결시킬 수 있을 때만 그렇다. 지금 모든 것이 여기에 달려 있다. 그러므로 독일의 현재 상황에서 어려움과 위험만 보는 것은 가장 큰 실수일 것이다. 그래서는 안 된다. 독일의 현재 상황을 분명하고 철저하게 이해해서 올바르게 활용한다면 엄청난 가능성도 열려 있다.

이를 위해 필요한 것은 무엇인가?

1. 상황이 '좌선회'할 때 '우선회' 정책이 강요됐으므로, 모든 상황 요인들이 더 어떻게 변화하는지를 매우 주의 깊고 세심하게 관찰하고 이해해야 한다.

제2기와 제3기의 [투쟁] 방법을 추상적으로 대조하는 일을 당장 그만둬야 한다. 상황을 있는 그대로 봐야 한다. 즉, 상황의 온갖 모순과 생생하고 역동적인 발전을 함께 봐야 한다. 그리고 상황의 실제 변화를 면밀히 주시하고 사태의 실제 전개 방향에 영향을 미치려고 해야지 몰로토프와• 쿠시넨의• 도식을 따라서는 안 된다.

상황에 맞게 방향을 잡는 것이야말로 가장 중요하고 어려운 문제다. 관료적 방식으로는 결코 이 문제를 해결할 수 없다. 통계 자체는 중요하지만, 이 목적을 위해서는 불충분하다. 프롤레타리아 대중과 고되게 일하는 모든 사람들의 심금을 울려야 한다. 생생하고 호소력 있는 구호들을 제시해야 할 뿐 아니라, 그 구호들이 대중에게 어떤 영향을 미치는지도 추적해야 한다. 이런 일은 모든 곳에 수많은 촉수를 뻗치고 있는 능동적 정당만이 해낼 수 있다. 그런 정당은 대중의 증언을 모으고, 모든 문제를 고려하고, 대중의 집단적 견해를 능동적으로 파악한다.

2. 독일 공산당의 [운영] 체제 문제는 이 과제와 뗄 수 없게 연결돼 있다. 당의 신임을 받든 불신을 받든 소련이 임명한 사람들은 자본주의 사회를 공격하는 일에서 대중을 지도할 수 없을 것

이다. 현재의 [당 운영] 체제가 인위적일수록 결정적 순간에 위기는 더 심각해질 것이다. 모든 '전환' 가운데 가장 중요하고 시급한 것이 당 [운영] 체제의 전환이다. 그것은 생사가 걸린 문제다.

3. [공산당의 운영] 체제 변화는 노선 변화의 전제 조건이자 그 결과다. 둘은 서로 떼어 놓고 생각할 수 없다. 공산당은 기만하고, 은폐하고, 진정한 재앙에 침묵하고, 겉으로만 그럴싸한 가치들을 미화하는 분위기와 단절해야 한다. 한마디로, 스탈린주의의 형편없는 분위기와 단절해야 한다. 이런 분위기는 [스탈린주의의] 이데올로기적·정치적 영향력 때문에 생겨난 것이 아니다. 당 기구가 조야하게 물질에 의존하고 이를 바탕으로 명령을 내리는 방식에서 생겨났다.

독일 공산당이 관료적 속박에서 해방되기 위한 필수 조건 하나는 1923년 이후, 심지어 1921년 3월 사태 이후 [코민테른] 지도부가 추진한 '총노선'을 전반적으로 검토하는 것이다. 좌익반대파는 다양한 문서와 이론적 저작을 통해 코민테른의 유감스러운 공식 정책을 각 단계마다 평가해 왔다. 이런 비판은 공산당의 자산이 돼야 한다. 그런 비판을 회피하거나 비판에 침묵하는 일은 불가능할 것이다. 공산당이 자신의 과거에 비춰 현재를 자유롭게 평가하지 않으면 그 위대한 임무를 결코 달성하지 못할 것이다.

공산당은 대단히 유리한 상황에도 불구하고 '사회파시즘' 공식 때문에 사민당의 입지를 심각하게 흔들어 놓을 능력이 없다는 사실이 드러났다. 반면에, 지금 진짜 파시즘은 이른바 급진주의의 장황한 공식이 아니라 폭탄이라는 화학적 공식으로 사민당의 입지를 위협하고 있다. 사민당의 온갖 정책이 파시즘의 전성기를 준비해 줬다는 것이 아무리 사실이라고 해도, 파시즘이 바로 그 사민당에 치명적 위협이라는 것도 못지않게 사실이다. 사민당이 구축해 놓은 거창한 구조는 모두 의회 민주주의와 평화주의적 통치 방식이나 형태들과 뗄 수 없게 연결돼 있기 때문이다.

결정적 순간에 사민당 지도자들과 한 줌의 노동귀족들은 혁명적 프롤레타리아 독재보다는 파시즘의 승리를 선호할 것이라는 점은 의심의 여지가 없다. [그러나] 바로 그런 선택 때문에 사민당 지도자들은 자기네 노동자들 사이에서 엄청난 곤경에 처하게 된다. 파시즘에 대항하는 노동자들의 공동전선 정책은 바로 이런 상황에서 나온다. 그것은 공산당에 엄청난 가능성을 열어 준다. 그러나 그 정책이 성공하려면 '사회파시즘'의 이론과 실천을 거부해야 한다. '사회파시즘'론의 해악은 현재 상황에서 확실한 위협이 되고 있다.

사회적 위기 때문에 사민당 내부에서 심각한 분열이 일어나는 것은 불가피하다. 대중의 급진화는 사민당을 지지하는 노동자들이 지지를 철회하기 오래전부터 그들에게 영향을 미칠 것이다. 우리는 당연히 사민당의 다양한 조직이나 분파들과 반파시즘 협정을 맺어야 하고, 대중이 보는 앞에서 분명한 조건들을 사민당 지도자들에게 제시해야 한다. 오직 겁먹은 기회주의자들, 즉 어제까지만 해도 퍼셀,• 쿡,• 장제스,• 왕징웨이의• 동맹이었던 자들만이 미리 [사민당과 손잡아서는 안 된다는] 형식적 의무에 스스로 얽매여 반파시즘 협정에 반대할 것이다. 우리는 관료들의 공허한 공동전선 문구에서 벗어나 1917년 레닌이 정식화하고 볼셰비키가 계속 적용한 공동전선 정책으로 돌아가야 한다.

4. 실업 문제는 정치적 위기의 가장 중요한 요소들 가운데 하나다. 자본주의적 합리화에 반대하고 하루 7시간 노동을 요구하는 투쟁은 이제 시대의 풍조가 됐다. 그러나 이 투쟁을 혁명적 과제의 수준까지 끌어올릴 수 있는 것은 소련과의 포괄적·계획적 [경제]협력이라는 구호뿐이다. 독일 공산당 중앙위원회는 선거강령을 발표하면서, 권력을 장악한 뒤에 공산당은 소련과 경제협력 관계를 수립하겠다고 밝혔다. 당연한 말이다. 그러나 역사적 전망과 오늘의 정치적 과제를 대립시켜서는 안 된다. 노동자들, 무엇보다도 실업자들을 소비에트 공화국과의 포괄적 경제협력이라는 구호 아래 지금 당장 동원해야 한다. 소비에트사회주의공화국연방[소련]의 국가계획위원회는 독일 공산당원들과 노동조합원들이 참여할 수 있는 경제협력 계획을 수립해야 한다. 이 계획은 현재의 실업 문제에서 출발해 모든 경제 분야를 포괄하는 전면적 협력으로 발전할 것이다.

문제는 권력을 장악한 뒤에 경제를 재건하겠다고 약속하는 것이 아니다. 권력을 장악하는 것이 문제다. 문제는 소비에트 독일과 소련의 협력을 약속하는 것이 아니라, 이런 협력을 위해 오늘 노동 대중을 획득하는 것이고, 이 협력을 경제 위기나 실업과 밀접하게 연결시키는 것이고, 두 나라의 사회적 재건을 위한 원대한 계획으로 확대·발전시키는 것이다.

5. 독일의 정치 위기 때문에 유럽에서 베르사유체제가 도마에 올랐다. 독일 공산당 중앙위원회는 독일 프롤레타리아가 권력을 장악하면 베르사유조약을 폐기할 것이라고 선언했다. 그것이 전부인가? 베르사유조약의 폐기가 프롤레타리아 혁명의 최고 성과라니! 그것을 무엇으로 대체할 것인가? 이 점에 대해서는 한마디도 없다. 그렇게 부정적으로 문제를 제기해 보면, 공산당은 국가사회주의자들(파시스트들)과 비슷해 보인다. 소비에트 유럽 합중국이야말로 유럽의 해체를 막을 수 있는 유일하게 올바른 구호다. 유럽이 해체된다면 독일뿐 아니라 유럽 대륙 전체가 경제적·문화적으로 완전히 쇠퇴할 것이다.

유럽 프롤레타리아의 통합이라는 구호는 동시에 파시스트의 역겨운 국수주의, 프랑스의 괴롭힘 따위에 대항하는 투쟁에서 매우 중요한 무기이기도 하다. 가장 옳지 않고 가장 위험한 정책은 자신을 적과 같이 보이도록 색칠해서 적에게 수동적으로 적응하는 정책이다. 광기 어린 민족주의 구호들에는 국제주의적 해방의 구호들로 맞서야 한다. 이를 위해 독일 공산당은 국가사회주의를 청산해야 한다. 국가사회주의의 주요 요소는 일국사회주의론이다. …

지금까지 코민테른의 전술 전환 문제를 오직 독일 상황에만 비춰서 살펴봤다. 그 이유는 무엇보다도 독일의 위기로 말미암아 지금 전 세계 프롤레타리아의 전위가 다시 독일 공산당을 주목하고 있기 때문이고, 또 독일의 위기에 비춰 보면 [혁명의] 모든 문제가 선명하게 드러나기 때문이다. 그러나 여기서 독일에 관해 말한 내용은 다른 나라들에도 어느 정도 적용된다는 점을 이해하기는 어렵지 않을 것이다.

독일에 비하면 프랑스에서는 전후 모든 형태의 계급투쟁이 첨예하거나 결정적인 성격을 띠지 않았다. 그러나 사태 전개의 일반적 경향은 똑같고, 프랑스의 운명과 독일의 운명이 직결된다는 것은 말할 나위도 없다. 어쨌든 코민테른의 전술 전환은 보편적 성격을 띤다. 1928년에 이미 몰로토프는 프랑스 공산당이 가장 먼저 권력을 장악할 수 있다고 큰소리쳤지만, 지난 2년 동안 프랑스 공산당의 정책은 완전히 자멸적이었다. 그들은 특히 경제 위기를 간과했다. 산업의 부흥이 끝나고 경제 위기가 시작된 바로 그 순간에 프랑스 공산당은 [자본주의 안정기에나 적합한] 전술 전환을 선언했다. 따라서 지금까지 독일에 관해 말한 것과 똑같은 모순·어려움·과제는 프랑스에도 적용된다.

상황 변화와 맞물린 코민테른의 전술 전환으로 말미암아 공산주의좌익반대파는 새롭고 특별히 중요한 과제들에 직면해 있다. 우리의 세력은 크지 않다. 그러나 모든 [정치] 경향은 자신들의 과제가 성장하면서 함께 성장한다. 그 점을 분명히 이해하는 것이 승리를 보장하는 비결 가운데 하나다.

2부

1931년

배경

독일: 국제 정세의 열쇠

다음에는 무엇을 해야 하는가?
: 독일 프롤레타리아의 사활이 걸린 문제들

배경

크리스 하먼

1930년 [9월] 독일 총선에서는 정부를 구성할 수 있는 의회 다수당이 선출되지 못했다. 브뤼닝은 집권 기간[1930년 3월부터 1932년 5월까지] 거의 내내 의회의 동의가 필요 없는 대통령 긴급명령권으로 통치하면서 총리직을 겨우 유지할 수 있었다. 그러나 그는 위기의 해결책을 결코 내놓을 수 없었다. 외교 문제에서는 베르사유조약의 경제적 부담을 어느 정도 덜어 보려고 오스트리아와 관세동맹을 체결하려 했지만, 프랑스의 압력 때문에 포기해야 했다. 7월에는 주요 은행 두 개가 파산했다. 실업자는 계속 늘어났다. 위기를 해결할 수 없었던 정부는 임금을 깎고 사회보장 급여를 삭감하고 의회의 권한과 언론의 자유를 제한했다. 브뤼닝 정부는 국민 대중에게 "가장 미움받는 정부"였다. 나치와 공산당은 모두 브뤼닝을 두고 [사람들을] "굶주리게 만드는 총리"

라고 불렀다. 그러나 브뤼닝은 2년 동안 살아남을 수 있었다. 한편으로는 대기업과 군대의 주류 집단이 그를 지지하고, 다른 한편으로는 우파인 파시스트들의 반대와 좌파인 공산당의 반대가 상쇄 효과를 내면서 불안정한 균형을 이룬 덕분이었다.

나치를 지지하는 사람들은 계속 늘어났다. 1930년 말쯤 거리에서 전투를 벌이는 나치 무장 조직 돌격대SA에는 10만 명 넘는 대원이 있었다. 소수의 주요 기업인들(특히 석탄업계의 거물인 키르도르프와 철강 독점기업의 우두머리인 티센)은 전부터 히틀러를 지지했지만, 이제는 더 많은 기업인들이 나치를 지지하고 나섰다(물론 일부 유력 인사들은 여전히 망설이고 있었다).

사민당은 위험이 다가오고 있다는 것을 알고 있었지만, 적절한 대응을 거의 하지 못했다. 사민당도 독자적 무장 조직인 제국국기단을 거느리고 있었다. 또, 자신들이 지배하는 프로이센 주정부를 통해, 독일 인구의 3분의 2가 살고 있는 지역의 경찰도 통제하고 있었다. 프로이센 경찰 8만 명은 기관총과 장갑차, 최루탄, 수류탄 등으로 무장하고 있었다. 사민당의 의도는 만약 파시스트나 제국군대가• 쿠데타를 일으키면 프로이센 경찰을 이용해 제국국기단을 무장시킨다는 것이었다. 이것은 프로이센을 사민당의 요새로 삼는다는 방어 전략이었다. 그와 동시에 사민당은 브뤼닝 정부를 '용인'했다. 브뤼닝 정부가 아무리 인기가 없더라도 파시스트들에 비하면 '차악'이라고 사민당은 주장했다.

그러나 이런 전략은 물리적 방어 수단을 제공했을지 몰라도 수많은 사람들로 하여금 파시즘을 지지하게 만든 사회적·경제적 위기의 해결책을 제공하지는 못했다. 사민당 지도자들이 할 수 있는 일이라고는 위기가 저절로 끝나기를 바라고 기다리는 것뿐이었다. 이것은 사민당의 통제를 받는 거대한 관료 기구(사민당이나 자유노조의 기구 또는 사민당이 지배하는 지방정부 등)에서 일하는 약 3000~4000명의 관료들에게는 좋은 정책처럼 보였을 수 있지만, 실업과 빈곤에 시달리는 대중에게는 결코 해결책이 될 수 없었다.

사민당의 일부 당원들은 이렇게 가만히 앉아서 기다리는 태도를 점점 참을 수 없다고 느꼈다. 그래서 1931년 내내 그들은 당의 정책이 좌경화하도록 투쟁했지만, 결국은 국회의원 자이데비츠의 지도 아래 사민당을 탈당해서 좌파 사회[민주]주의 정당인 사회주의노동자당SAP을• 만들었다. 그러나 이 정당은 대중의 지지를 받지 못했다.

사민당이 위기에 제대로 대처하지 못하고 무능한 것은 공산당에게 엄청난 기회였다. 그러나 공산당도 그런 기회를 이용할 능력이 없는 것처럼 보였다. 소련이 강요한 노선 때문에 공산당은 상황에 제대로 대처할 수 없었다. 그 노선은 여전히 나치가 아니라 '사회파시스트들'을 주된 위험으로 규정하고 있었기 때문이다. 그래서 사민당을 지지하는 모든 노동자가 자기 지도자들의 정책을 심각하게 의심하기 시작했을 때, 텔만은 사민당과 공산당의 방어적 공동전선이 필요하다는 사민당 노동자들의 주장을 "사회파시즘의 최신 책략"일 뿐이라고 일축했다.[1] 그는 사민당에서 왼쪽으로 분열해 나온 사람들이야말로 최악의 "사회파시스트들"이라고 주장했다.

그러나 소련이 부추긴 이 치명적 종파주의의 가장 나쁜 사례는 이른바 '붉은 주민투표'였다.* ('하르츠부르크 전선'으로 뭉친) 나치와 극단적 민족주의자들은 자신들의 권력 장악을 가로막는 장애물이라고 여기던 (사민당이 지배하는) 프로이센 주정부를 무너뜨리려고 한동안 애썼다. [사민당 주정부가 해산되고] 새로 선거가 실시되면 나치가 주요 수혜자가 되리라는 것은 분명했다. 그러므로 나치는, 주민투표를 허용한 헌법 조항을 이용해서 프로이센 주정부를 제거하려 했다. 처음에 독일 공산당 지도부의 일치된 반응은 주민투표에 반대한다는 것이었다. 그들은 주민투표가 실시되기* 3주 전까지만 해도 그런 주장을 강력하게 내세웠다. 그런데 갑자기 코민테른의 명령을 받고 노선을 완전히 바꿨다. 이제 공산당은 주민투표를 지지하는 쪽으로 모든 노력을 쏟아부었다. 스탈린의 생각은 '사회파시스트들'과는 공동전선을 구축하면 안 되고 진짜 파시스트들과는 공동전선이 가능하다는 것인 듯했다. 그렇지만 주민투표는 노동자 대중의 지지를 받지 못해 결국 실패했다.

당시 공산당은 흔히 나치보다 더 민족주의적인 용어들을 사용

---

* 1931년 8월 9일.

해서 나치 지지자들을 획득하려고 애썼다. 그래서 "베르사유조약에 반대하는 민중 혁명" 운운하면서,* 슐레링거나 슈테른바흐페르모이 백작 같은 장교들과 친하게 지냈다.

그러나 공산당의 정책은 일관성이 거의 없었다. 그래서 1931년 7월에는 잠깐 사민당 지도자들에게 공동전선을 제안했지만, 그 제안이 거절당하자 곧바로 옛 노선으로 돌아가서 '위로부터 공동전선'을 맹비난하고 나섰다. 공산당은 오로지 '아래로부터 공동전선'만을 지지했는데, 이것은 사실상 사민당을 지지하는 노동자들이 공산당 깃발 아래 행진해야 한다고 강변하는 것이었다.

이 모든 정책을 정당화하고자 다양한 주장이 이용됐는데, 가장 악명 높은 주장은 나치의 승리가 오래가지 못할 것이고 사민당의 영향력도 파괴돼서 공산당의 집권에 도움이 되리라는 것이었다. 예컨대, 레멜레는 제국의회에서 다음과 같이 말했다.

> 일단 그들[나치 — 하먼]이 권력을 장악하게 되면 프롤레타리아의 공동전선이 등장해서 모든 것을 깨끗이 쓸어버릴 것입니다. … 우리는 파시스트 신사 양반들을 두려워하지 않습니다. 그들은 다른 어떤 정부보다 더 빨리 무너질 것입니다.[2]

---

* 파시스트인 슈트라서는 자신이 발행하는 신문에서 마르크스주의 구호인 계급 혁명에 반대하며 민중 혁명을 외치고 있었다.

공산당은 여전히 상황을 바꿀 수 있는 세력이었다. 공산당원들은 어떤 가상의 미래가 아닌 지금 당장 싸울 태세가 돼 있었다. 그러나 공산당은 분명한 방향 없이 계속 무능하게 싸웠다. 스탈린의 코민테른 기구가 내리는 명령에 따라 독일 공산당 지도자들은 계속 히틀러는 주된 위험이 아니라고 주장했다. 텔만은 "히틀러의 파시즘을 기회주의적으로 과장해서는 안 된다"고 경고했다.[3] 처음에는 룩셈부르크와 리프크네히트 등을 살해한 자들[사민당 지도자들]에 대한 자연스러운 증오심 때문에, 투쟁적인 공산당 지도자들이 코민테른의 노선을 쉽게 수용했다. 이 점은 분명했다. 그러나 이제는 다른 노선을 받아들였다가는 소련의 명령에 따라 자리에서 쫓겨날 것이라는 사실을 알고 있었다. 예컨대, 공산당의 주요 지도자 3인방 가운데 한 명인 하인츠 노이만은• 실제로 당의 정책을 수정하라고 요구했지만 즉시 코민테른 기구의 명령을 받고 독일을 떠나 스페인으로 가야 했다.

트로츠키는《독일: 국제 정세의 열쇠》를 1931년 11월에 썼다. 이 책에서는 지면 부족 때문에 앞부분을 생략할 수밖에 없었다. 생략된 부분의 내용은 당시의 전반적 국제 정세에 관한 것이다. 예컨대, 스페인 왕정의 전복, 프랑스와 영국의 사태 전개 속도, 소련이 직면한 문제 등을 다루고 있다. 이 글의 출처는 1944년에 [영국의] 혁명적공산당RCP이 영어로 펴낸 제2판이다.

《다음에는 무엇을 해야 하는가?》는 1932년 초에 쓰였다. 여기서 트로츠키는 주로 노동계급 운동 안에 존재하는 다양한 세력을 살펴보고, 그들이 올바른 전략을 받아들인다면 여전히 투쟁해서 승리할 수 있다고 주장한다. 그러면서 공동전선 문제를 길게 논하는데, 이 논의는 지금도 적절하다. 이 글은 요세프 반출러가 영어로 번역해서 1932년 미국에서 출판됐다.

독일: 국제 정세의 열쇠

레온 트로츠키

전혀 평화롭지 않은 듯한 세계정세 속에서도 독일의 상황은 특히 두드러져 보인다. 독일의 경제적·정치적 모순들은 전례 없이 첨예해졌다. 그 모순의 해결이 가까워지고 있다. 혁명 직전의 상황이 혁명적 상황이나 반혁명적 상황으로 바뀌는 순간이 다가올 것이다. 독일의 위기가 어느 방향으로 해결되는지에 따라 앞으로 몇 년 동안 독일 자체의 운명뿐 아니라 유럽의 운명과 전 세계의 운명도 결정될 것이다.

소련의 사회주의 건설, 스페인 혁명의 진로, 영국의 혁명 직전 상황의 전개, 프랑스 제국주의의 미래, 중국과 인도의 혁명적 운동의 운명 등 이 모든 것이 앞으로 몇 달 동안 독일에서 누가 승리할지, 즉 공산주의일지 아니면 파시즘일지에 달려 있다.

지난해 9월 실시된 제국의회 선거 후 독일 공산당 지도부는 파시즘이 정점을 찍었다고, 그래서 앞으로 파시즘은 급속하게 와해돼서 프롤레타리아 혁명으로 가는 길을 닦아 줄 것이라고 선언했다. 당시 공산주의좌익반대파(볼셰비키·레닌주의자들)는 이 경솔한 낙관론을 비웃었다. 파시즘은 두 가지 조건의 산물이다. 하나는 첨예한 사회적 위기이고, 다른 하나는 혁명적 독일 프롤레타리아의 허약성이다. 독일 프롤레타리아의 허약성 자체는 두 가지 요소로 이뤄져 있다. 하나는 사민당의 특정한 역사적 구실, 즉 사민당은 여전히 프롤레타리아 대열 안에서 자본가계급의 유력한 대리인 구실을 하고 있다는 점이다. 다른 하나는 공산당의 중간주의 지도부가 노동자들을 혁명의 깃발 아래 단결시키지 못하고 있다는 점이다.

우리에게 공산당은 주관적 요인이고, 사민당은 쓸어버려야 할 객관적 장애물이다. 파시즘은 사실 공산당이 노동계급을 단결시킬 수 있었다면 이미 산산조각 났을 것이다. 노동계급이 단결하기만 했어도 마치 강력한 자석처럼 모든 피억압 인민대중을 끌어당길 수 있었을 것이다. 그러나 9월 선거 이후 공산당의 정책은 비일관성이 더 심해지기만 했다. 즉, 공허한 '사회파시즘'론, 국수주의를 갖고 장난치기, 진짜 파시스트들과 경쟁하겠답시고 그들을 모방하기, '붉은 주민투표'라는 범죄적 모험주의 등. 이 모든 것 때문에 공산당은 프롤레타리아의 지도자, 민중의 지도자가 되지 못하고 있다. 지난 몇 달 동안 공산당이 자신의 깃발 아래로 불러 모은 새로운 부류들은 심각한 위기가 거의 강요하다시피 해서 공산당 대열로 넘어온 사람들뿐이었다.

사민당의 정치적 상황은 재앙적이지만, 공산당이 도와준 덕분에 그 지지층을 대부분 유지할 수 있었다. 또, 지금까지 상당한 손실을 입은 것은 분명하지만 그래도 부차적 손실에 그쳤고 재앙을 당하지는 않았다. 파시스트들로 말하자면, 텔만과 레멜레 등의 허풍에도 불구하고 볼셰비키·레닌주의자들이• 정확히 예상한 대로 지난해 9월 이후 새롭게 중요한 진전을 이룩했다. 코민테른 지도부는 이 결과를 예견하지도 못했고 예방하지도 못했다. 기껏해야 패배를 기록할 수 있을 뿐이다. 코민테른의 결의문을 비롯한 각종 문서들은 불행히도 역사적 과정의 꽁무니만 쫓아가며 짤막하게 묘사하는 것들뿐이다.

결정적 순간이 매우 가까워졌다. 그러나 코민테른은 현재 세계정세의 실제 성격을 설명하려 하지 않는다. 아니, 그러기를 두려워한다. 코민테른 수뇌부는 공허한 선동 문서 쪼가리에 의존하고 있다. 코민테른을 지도하고 있는 정당, 즉 소련 공산당은 어떤 태도도 취하지 않았다. 마치 '세계 프롤레타리아의 지도자들'이 입안 가득 물을 머금고 있는 듯했다! 그들은 침묵을 지키는 것을 더 좋아한다. 그들은 당분간 시간을 보내며 기다리기로 작정했다. 그들은 레닌의 정책을 … 타조의 정책, 즉 현실도피주의로 대체했다. 결정적인 역사적 순간이 가까워지고 있는 이때, 코민테른은 창립 이후 5년 동안 축적된 힘을 약화시키고 뒤흔들어 놓은 심각하지만 아직은 '부분적인' 실수들을 잇따라 저지른 뒤에 중대하고 치명적인 오류를 범할 위험에 처해 있다. 그 오류는 하나의 역사적 시기 동안 코민테른이라는 혁명적 요인을 정치적 지도에서 깨끗이 지워 버릴 수 있다.

맹목적인 자들과 겁쟁이들은 이 사실을 애써 외면하려 한다. 우리를 비방하는 자들과 곡학아세하는 기자들은 우리가 반혁명 세력과 한통속이라고 떠들어 댄다! [그러나 이들이 말하는] 반혁명 세력이란 세계 제국주의를 강화하는 세력이 아니라, 공산당 관료들의 심기를 불편하게 하는 세력이라는 사실은 이제 널리 알려지지 않았는가? 비방과 중상은 볼셰비키·레닌주의자들을 위협할 수도 없고 그들이 혁명적 임무를 완수하지 못하게 막을 수도 없다. 우리는 아무것도 은폐하거나 축소하지 말고 선진 노동자들에게 큰소리로 분명히 말해야 한다. 모험주의와 허장성세의 '제3기'가 끝나고, 공포와 굴복의 '제4기'가 시작됐다고.

현재 소련 공산당 지도자들의 침묵을 분명한 언어로 옮기면 "우리를 가만히 내버려 두라!"는 것이다. 소련 내부의 어려움은 엄청나게 심각하다. 통제할 수 없는 경제적·사회적 모순들이 점점 더 첨예해지고 있다. 거수기 체제의 불가피한 산물인 당 기구의 사기 저하는 정말로 무섭게 확산됐다. 정치적 관계들, 특히 당내 관계, 사기 저하한 당 기구와 뿔뿔이 흩어진 대중 사이의 관계는 팽팽하게 당겨진 밧줄처럼 긴장돼 있다. 관료들이 아는 것이라고는 그저 기다리는 것, 뒤로 미루는 것뿐이다. 지금 독일의 상황은 분명히 격변의 조짐을 보이고 있다. 그러나 스탈린주의 관료 기구가 가장 두려워하는 것이 바로 격변이다. "우리를 가만히 내버려 두라! 극도로 첨예한 우리 내부의 모순들부터 해결하고 난 다음에 … 일이 어찌 되는지 보자." 이것이 스탈린 분파 상층의 정서다. 바로 이런 정서가 '지도자들'의 침묵 뒤에 숨어 있다. 그러나 지금 이 순간 지도자들의 혁명적 의무 가운데 가장 기본적인 것은 바로 분명하고 확실하게 주장하는 것이다.

소련 지도부의 불성실한 침묵을 보며 독일 [공산당] 지도자들이 공황 상태에 빠진 것은 결코 놀라운 일이 아니다. 대중을 이끌고 결정적 투쟁을 준비해야 할 때인 지금 독일 공산당 지도부는 혼란에 빠져서 이 모든 것을 회피하며 변명만 늘어놓고 있다. 이 사람들은 독립적으로 책임을 지는 데 익숙하지 않다. 무엇보다 그들은 지금 '마르크스·레닌주의'가 투쟁 앞에서 후퇴를 요구한다는 것을 입증할 방법을 꿈꾸고 있다.

이와 관련해서 그들은 아직 완전한 이론을 만들어 내지 못했다. 그러나 이미 대충 알려져 있다. 입에서 입으로 전해지고, 말과 글에서 언뜻언뜻 드러나고 있다. 그 이론의 골자는 다음과 같다. 파시즘은 거침없이 성장하고 있다. 파시즘의 승리는 어쨌든 불가피하다. 우리가 '맹목적으로' 투쟁에 뛰어들었다가 분쇄당하기보다는 조심스럽게 후퇴해서 파시즘이 권력을 장악한 후 그들 스스로 신망을 잃게 만드는 것이 더 낫다. 그때 가서 — 진짜, 그때 가서! — 우리는 무엇을 할 수 있는지 보여 주겠다.

정치심리학의 법칙에 따르면, 모험주의와 경솔함은 굴복과 투항으로 바뀌기 마련이다. 1년 전까지만 해도 파시스트들의 승리는 불가능하다고 여기더니 이제는 확실하다고 생각한다. (라데크* 같은 자들이 막후에서 부추긴) 쿠시넨 같은 자들은 이미 스탈린을 위해 다음과 같이 기발한 전략 공식을 준비하고 있다. 제때 후퇴하라, 혁명적 군대를 최전선에서 끌고 나와라, 국가권력 형태의 덫을 놓아서 파시즘을 잡아라.

만약 이런 이론이 독일 공산당 안에 확실하게 자리 잡고 앞으로 몇 달 동안 공산당의 노선을 좌우하게 된다면, 그것은 1914년 8월 4일 사민당의 배신에[1] 못지않은 코민테른의 역사적 배신이 될 것이다. 게다가 그 결과는 훨씬 끔찍할 것이다.

좌익반대파의 의무는 다음과 같이 경고를 보내는 것이다. 지금 코민테른 지도부는 독일 프롤레타리아를 이끌고 엄청난 재앙을 향해 나아가고 있다. 가장 끔찍한 재앙은 공황 상태에 빠져서 파시즘 앞에 굴복하는 것이다!

국가사회주의자들이 집권하면 무엇보다 독일 프롤레타리아의 꽃은 뿌리째 뽑힐 것이고 그 조직들은 파괴될 것이고 프롤레타리아 자신의 힘과 미래에 대한 믿음도 끝장날 것이다. 독일의 사회적 모순이 [이탈리아보다] 훨씬 심각하고 첨예하다는 점을 감안할 때, 독일의 국가사회주의자들이 저지를 끔찍한 짓과 비교하면 이탈리아 파시즘의 흉악한 소행조차 십중팔구 빛이 바랠 것이고 거의 인도주의적인 실험처럼 보일 것이다.

후퇴하라고? 어제까지만 해도 '제3기'의 예언자였던 당신들이 지금은 후퇴하라고 말하는 것인가? 지도자들과 기구들은 후퇴할 수 있다. 개인들은 숨을 수 있다. 그러나 노동계급은 파시즘에 직면해서 후퇴할 곳도 숨을 곳도 없다. 도저히 말도 안 되고 일어날 법하지도 않은 일이 실제로 일어난다고 가정해 보자. 즉, 공산당이 정말로 투쟁을 회피해서 프롤레타리아를 철천지원수에게 넘겨준다고 가정해 보자. 이것이 의미하는 바는 단 하나일 것이다. 파시스트들이 권력을 장악하기 전이 아니라 후에, 즉 지금보다 10배나 더 파시즘에 유리한 상황에서 무시무시한 전투들이 벌어지리라는 것이다. 자신의 지도부에게 배신당하고 실망해서 방향감각을 상실하고 허를 찔린 프롤레타리아가 파시스트 정권에 대항해서 투쟁한다면 끔찍한 피바다에 빠질 것이고, 그 투쟁은 결국 부질없는 경련에 불과할 것이다. 누가 독일의 주인이 될 것인가 하는 문제가 곧 해결되려고 하는 바로 이 순간에 파시즘 앞에서 후퇴하는 것은, 10차례의 노동자 봉기가 잇따라 패배하는 것보다 더 독일 노동계급을 허약하고 무기력하게 만들 것이다.

파시즘은 아직 집권하지 않았다. 파시즘의 권력 장악으로 가는 길은 아직 열리지 않았다. 파시스트 지도자들은 여전히 위험을 무릅쓰고 권력 장악에 나서기를 두려워한다. 그들은 판돈이 너무 크다는 것과 자신의 목숨이 위험하다는 것을 알고 있다. 이런 상황에서 공산당 수뇌부의 굴복 분위기는 예기치 않게 파시스트 지도자들이 임무를 수행하기 쉽게 해 주기만 할 것이다.

지금 부르주아지의 유력한 집단들이 파시즘의 권력 장악이라는 실험을 두려워하고 있다면, 그 이유는 바로 그들이 격변, 장기간의 혹독한 내전을 결코 원하지 않기 때문이다. 이런 상황에서 공산당의 굴복 정책은 — 파시스트들의 권력 장악으로 가는 길을 닦아 주면서 — 중간계급과 아직 동요하고 있는 프티부르주아 집단들, 심지어 꽤 많은 일부 프롤레타리아까지 파시즘 편으로 완전히 넘어가게 만들어 버릴 것이다.

파시즘이 승리하더라도 언젠가는 객관적 모순 때문에 무능함이 드러나 파산할 것이라는 점은 말할 나위도 없다. 그러나 당장 가까운 미래에, 즉 앞으로 10~20년 동안 독일에서 파시즘이 승리한다면 혁명적 운동의 발전은 중단되고 코민테른은 붕괴하고 세계 제국주의는 더 악랄하고 잔인한 형태로 승리할 것이다.

독일에서 파시즘이 승리한다면, 소련을 상대로 한 전쟁은 불가피할 것이다.

사실 독일의 국가사회주의자들이 집권하고 나면 먼저 프랑스나 심지어 폴란드를 상대로 한 전쟁부터 시작할 것이라는 생각은 정말로 어리석기 짝이 없는 정치적 견해일 것이다. 독일 프롤레타리아를 상대로 한 불가피한 내전 때문에 파시즘의 집권 초기 외교정책은 손발이 묶일 것이다. 피우수트스키에게* 히틀러가 필요한 것만큼이나 히틀러에게도 피우수트스키가 필요할 것이다. 둘 다 프랑스의 도구가 될 것이다. 프랑스 부르주아지는 지금 독일 파시스트들의 권력 장악을 마치 까마득한 절벽에서 뛰어내리는 일처럼 두려워한다. 마찬가지로 프랑스의 반동 세력은 급진당이든 '민족주의자들'이든 독일에서 히틀러가 승리하는 날 모든 것을 파시즘에 거는 도박을 할 것이다.

현재 '정상적' 부르주아 의회 정부들 가운데 어떤 정부도 소련을 상대로 전쟁을 벌이는 모험을 감행할 수 없다. 그랬다가는 국내에서 무슨 일이 벌어질지 알 수 없기 때문이다. 그러나 일단 히틀러가 집권해 독일 노동자들의 전위를 계속 짓밟으면서 앞으로 몇 년 동안 프롤레타리아 전체를 분쇄하고 사기를 꺾고 나면, 오직 이 파시스트 정부만이 소련을 상대로 전쟁을 벌일 수 있는 유일한 정부가 될 것이다. 당연히 그 파시스트 정부는 폴란드와 루마니아를 비롯한 [소련] 접경 국가들이나 극동의 일본과 함께 전선을 구축한 상황에서 행동할 것이다. 이 일에서 히틀러 정부는 세계 자본주의 전체의 집행기관에 불과할 것이다. [러시아 혁명 직후에] 클레망소·밀랑·로이드조지·윌슨은 소비에트 정부를 상대로 직접 전쟁을 벌일 수 없었다. 그러나 3년 동안 콜차크·브란겔·데니킨의 군대들을 지원할 수는 있었다.[2] 만약 히틀러가 승리한다면, 그는 세계 부르주아지의 슈퍼브란겔이 될 것이다.

그런 거대한 싸움이 어떻게 끝날지를 지금 예측하는 것은 불필요하(고 불가능하)다는 것은 맞다. 그러나 절대로 분명한 사실은, 만약 독일에서 파시스트들이 권력을 장악한 뒤에 세계 부르주아지가 소련을 상대로 전쟁을 벌인다면 소련은 끔찍한 고립 상태에서 그리고 가장 힘들고 위험한 조건에서 목숨을 건 투쟁을 하게 되리라는 것이다. 파시스트들이 독일 프롤레타리아를 분쇄

한다면, 이미 소련의 붕괴는 절반 이상 진행된 것이나 다름없다.

그러나 이 문제는 유럽 차원의 전투로 옮겨지기 전에 먼저 독일에서 결정돼야 한다. 바로 그 때문에 세계정세의 열쇠가 독일에 있다고 말하는 것이다. 그 열쇠는 누구의 손에 있는가? 지금까지는 여전히 독일 공산당 손에 있다. 공산당은 아직 그것을 잃어버리지 않았지만, 얼마든지 그럴 수 있다. 공산당 지도부가 그 방향으로 몰아가고 있기 때문이다.

'전략적 후퇴', 즉 투항을 설교하는 사람은 누구든지, 또 그런 설교를 용인하는 사람은 누구든지 배신자다. 파시스트들 앞에서 후퇴해야 한다고 떠드는 자들은 프롤레타리아 대열 속으로 침투한 적의 첩자 노릇을 무의식적으로 하고 있는 셈이다.

독일 공산당의 혁명적 의무 가운데 가장 기본적 의무는 "파시즘은 어느 한쪽이 전멸하는 무자비한 내전이 완전히 끝난 뒤에야 권력을 장악할 수 있을 것"이라고 말하는 것이다. 무엇보다도 모든 노동자 공산당원들이 이 사실을 알아야 한다. 사민당을 지지하는 노동자들도 알아야 하고, 지지 정당이 없는 노동자들과 프롤레타리아 전체도 알아야 한다. 국제 프롤레타리아 전체가 알아야 한다. [소련의] 적군赤軍도 제때 그 사실을 알아야 한다.

그러나 그 투쟁은 정말로 가망 없지 않은가? 1923년에 브란들러는 파시즘의 힘을 엄청나게 과장해서 자신의 굴복을 은폐했다. 국제 노동운동은 그 전략의 결과 때문에 지금도 여전히 고통받고 있다. 1923년 독일 공산당과 코민테른의 역사적 굴복이 그 뒤 파시즘이 성장할 수 있는 토대가 됐다. 지금 독일의 파시즘은 8년 전보다 어마어마하게 큰 정치 세력이다. 우리는 파시즘의 위험을 과소평가하지 말라고 끊임없이 경고했고, 지금 그 위험의 존재를 부인하는 것은 우리가 아니다. 바로 이런 이유 때문에 우리는 지금 독일의 혁명적 노동자들에게 "여러분의 지도자들은 한쪽 극단에서 반대편 극단으로 널뛰기하고 있습니다" 하고 말할 수 있고 말해야 한다.

한편, 파시스트들의 주된 강점은 그들의 머릿수다. 그렇다, 그들은 많은 표를 얻었다. 그러나 사회적 투쟁에서 득표수는 결정적 요인이 아니다. 파시즘의 주요 부대는 여전히 프티부르주아지와 신중간계급으로 이뤄져 있다. 도시의 소규모 수공업자와 상점 주인, 하급 관리, 종업원, 기술자, 지식인, 가난한 농민 등이다. 선거 통계라는 저울에서는 파시스트들의 1000표와 공산당원들의 1000표는 무게가 똑같다. 그러나 혁명적 투쟁의 저울에서는 한 대공장의 노동자 1000명이 하급 관리, 점원, 그들의 부인과 장모 등을 합친 1000명보다 100배나 더 큰 힘을 발휘한다. 파시스트들의 대다수는 인간쓰레기다.

러시아 혁명 당시 사회혁명당은 당원 수가 가장 많은 정당이었다. [혁명] 초기에 의식적 부르주아나 의식적 노동자가 아닌 사람은 누구든지 사회혁명당에 투표했다. 심지어 10월 혁명 후 제헌의회에서도 다수당은 사회혁명당이었다. 그러므로 사회혁명당은 스스로 거대한 국민 정당이라고 생각했다. [그러나] 거대한 국민

허당이었음이 드러났다.

물론 러시아 사회혁명당과 독일 나치당이 똑같지는 않다. 그러나 지금 논하고 있는 문제를 명확히 하는 데서 매우 중요한 유사성이 둘 사이에 있다는 것은 분명하다. 사회혁명당은 확신 없는 민중의 희망을 표현한 정당이었다. 나치당은 국민의 절망을 표현하는 정당이다. 프티부르주아지는 프롤레타리아의 일부를 끌고 다니면서 희망에서 절망으로 건너뛰는 대단한 능력을 항상 보여줬다. 사회혁명당의 경우와 마찬가지로 나치당의 대다수는 인간 쓰레기다.

공황 상태에 빠져 괴로워하는 전략가들은 가장 중요한 사실, 즉 프롤레타리아의 커다란 사회적 장점과 투쟁의 강점을 망각하고 있다. 프롤레타리아의 힘은 아직 소진되지 않았다. 프롤레타리아는 투쟁뿐 아니라 승리도 할 수 있다. 공장의 의기소침한 분위기에 관한 이야기들은 대부분의 경우 관찰자들, 즉 분별력을 잃은 공산당 관료들의 의기소침한 분위기를 반영한다. 그러나 복잡한 상황과 지도부의 혼란이 노동자들을 불안하게 만들 수밖에 없다는 사실도 고려해야 한다. 대격전에는 확고한 지도부가 필요하다는 것을 노동자들은 알고 있다. 노동자들은 파시즘의 힘을 두려워하지 않고, 가차 없는 투쟁의 필요성 때문에 겁먹지도 않는다. 결정적 순간에 확신 없는 지도부가 머뭇거리며 동요하는 것에 불안해할 뿐이다. 공산당이 확고하고 분명하고 자신감 있는 목소리를 내기 시작하자마자 공장에서는 의기소침하고 낙담하는 분위기가 흔적도 없이 사라질 것이다.

분명히 파시스트들은 만만찮은 전투 능력을 지닌 간부들과 경험 많은 돌격대를 거느리고 있다. 이 점을 가벼이 여겨서는 안 된다. '장교들'은 내전의 군대에서도 중대한 구실을 한다. 그러나 결정적인 것은 장교들이 아니라 사병들이다. 프롤레타리아 군대의 사병들은 히틀러 군대의 사병보다 헤아릴 수 없이 우월하고 믿음직하고 확고하다.

권력을 장악한 뒤에 파시즘은 사병들을 쉽게 찾을 수 있을 것이다. 국가기구의 도움을 받아서 부르주아지의 자식들, 지식인, 가게 점원, 사기가 떨어진 노동자, 룸펜프롤레타리아 등으로 이뤄진 군대를 쉽게 만들어 낼 것이다. 이탈리아 파시즘의 사례가 그랬다. 물론 이탈리아 파시스트 민병대는 그 전투 능력을 평가하는 만만찮은 역사적 시험을 아직 통과하지 않았다. 그러나 독일의 파시즘은 아직 권력도 장악하지 못했다. 권력을 장악하려면 먼저 프롤레타리아와 싸워서 이겨야 한다. 공산당이 파시즘보다 더 열악한 군대를 거느리고 이 투쟁에 돌입할 것인가? 강력한 생산·운송 수단을 장악하고 있고, 노동조건에 의해 철·석탄·철도·전기의 군대로 조직돼 있는 독일 노동자들이 결정적 투쟁에서 히틀러의 인간쓰레기들보다 헤아릴 수 없이 우월하다는 점을 입증하지 못할 것이라고 단 한순간이라도 생각할 수 있는가?

정당이나 계급의 힘에서 중요한 또 다른 요소는 그 정당이나 계급이 나라의 세력 관계를 어떻게 평가하는지다. 모든 전쟁에서는 적군으로 하여금 아군의 힘을 과대평가하게 만들려고 애쓴다. 그것이 나폴레옹이 사용한 전략의 비결 가운데 하나였다. 거짓말이라면 히틀러도 나폴레옹에게 뒤지지 않을 것이다. 그러나 히틀러의 허장성세는 공산당이 그의 말을 믿기 시작해야 비로소 군사적 요인이 된다. 무엇보다도 현실주의적 세력 평가가 시급하다. 공장에서, 철도에서 국가사회주의자들의 힘은 어느 정도인가? 두 진영의 구성에 대한 분명한 사회적 분석과 꾸준하고 신중한 세력 평가, 이것이야말로 혁명적 낙관주의의 확실한 원천이다.

지금 국가사회주의자들의 힘은 그들 자신의 부대에서 나오는 것이 아니라, 그들의 철천지원수인 [노동계급] 부대의 내부 분열 덕분이다. 그러나 파시즘의 위험이 현실적인 데다 증대하고 가까워지고 있으므로, 무슨 수를 써서라도 이것을 막아야 한다는 생각 때문에 불가피하게 노동자들은 자기방어라는 이름으로 단결하게 될 것이다. 이 과정의 중심축인 공산당이 더 믿음직하다는 점이 입증될수록 프롤레타리아 세력의 결집은 훨씬 빠르게 성공적으로 진행될 것이다. 정세의 열쇠는 여전히 공산당이 쥐고 있다. 그 열쇠를 잃어버린다면 공산당은 재앙을 당할 것이다!

지난 몇 년 동안 코민테른 관료들은 소련을 위협하는 전쟁 위험이 임박했다고 걸핏하면, 흔히 정당한 근거 없이 외쳐 댔다. 지금 그 위험은 현실성을 띠면서 구체적 윤곽이 드러나고 있다. 모든 혁명적 노동자는 독일에서 파시스트들이 정권 장악을 기도하자마자 바로 [소련의] 적군이 동원될 수 있다는 말을 격언으로 삼아야 한다. 그것은 가장 직접적 의미에서 노동자 국가의 혁명적 자기방어 문제일 것이다. 독일은 단지 독일이 아니다. 독일은 유럽의 심장이다. 히틀러는 단지 히틀러가 아니다. 장차 슈퍼브란겔이 되려고 하는 자다. 그러나 적군도 그냥 적군이 아니다. 프롤레타리아 세계혁명의 무기다.

다음에는 무엇을 해야 하는가?
: 독일 프롤레타리아의 사활이 걸린 문제들

레온 트로츠키

러시아 자본주의는 제국주의 사슬의 가장 약한 고리였다. 극단적 후진성 때문이었다. 지금의 위기에서 독일 자본주의는 정반대 이유로, 즉 곤경에 처한 유럽에서 가장 선진적 자본주의 체제이기 때문에 가장 약한 고리임이 드러나고 있다. 독일의 생산력이 점점 더 발전하고 그 역동성이 높아질수록 독일의 생산력은 유럽의 국가 체계 속에서 질식사하고 있다(그 체계는 가난한 지방 동물원에 있는 축사들의 '체계'와 비슷하다). 사건의 국면이 바뀔 때마다 독일 자본주의는 과거에 전쟁으로 해결하려 했던 바로 그런 문제들에 부딪혔다. 호엔촐레른* 정부 시절 독일 부르

* 호엔촐레른은 1415년부터 1918년까지 존속한 독일의 왕가다.

주아지는 '유럽의 판을 짤' 준비를 했다. [그러나] 브뤼닝·쿠르티우스* 정권 시절에는[1] … [기껏해야] 오스트리아와 관세동맹을 체결하려 했다. 독일 부르주아지의 문제·잠재력·전망이 그렇게 한심한 수준까지 떨어진 것이다! 그러나 그 관세동맹조차 실패했다. 동화에 나오는 마녀의 집처럼 유럽의 국가 체계 전체가 암탉의 두 다리 위에 세워져 있다. 몇백만 명의 오스트리아인들이 독일과 단결한다면, 위대하고 건강한 프랑스 패권도 붕괴할 위험이 있다.

유럽 전체, 특히 독일은 자본주의의 길로 가면 결코 전진할 수 없다. 현재의 위기는 (노동자들의 시체 위에서) 자본주의의 힘들이 저절로 상호작용해서 일시적으로 해결될 수 있을지도 모른다. 그러나 다음 단계에서 온갖 모순이 훨씬 첨예하고 집중적인 형태로 되살아나는 일을 결코 피할 수 없을 것이다.

세계경제에서 유럽이 차지하는 비중은 줄어들 수밖에 없다. 이미 유럽의 이마에는 도스안,• 영안,• [미국 대통령] 후버의 [독일 전쟁배상금] 지급정지** 같은 미국의 딱지들이 들러붙어서 결코 떨어지지 않고 있다. 유럽은 철저하게 미국의 배급 식량에 의존하는 처지다.

---

* 율리우스 쿠르티우스는 1926~1929년에는 경제부 장관, 1929~1931년에는 외무부 장관을 지냈다.

** 후버모라토리엄으로 불린다.

자본주의의 쇠퇴는 사회적·문화적 해체를 낳고 있다. 그래서 정상적 계급 분화의 길이 막혀 있고, 중간계급이 감소하면서 프롤레타리아가 증가하는 과정도 중단돼 있다. 위기가 길어질수록 프티부르주아지는 빈곤해지고 점점 더 많은 노동자가 룸펜프롤레타리아로 전락할 것이다. 바로 이런 위협이 가장 첨예한 형태로 선진 자본주의 국가 독일의 목을 조르고 있다.

부패하고 있는 자본주의 유럽에서 가장 썩어 빠진 부분은 사민당 관료 집단이다. 그들이 역사적 여정을 시작했을 때는 마르크스와 엥겔스의 깃발을 들고 있었다. 당시 그들의 목표는 부르주아지의 지배를 전복하는 것이었다. [그러나] 강력하게 성장하는 자본주의가 그들을 사로잡고 질질 끌고 다녔다. 개혁이라는 미명 아래 그들은 혁명을 배신했다. 처음에는 행동으로 그랬고, 나중에는 말로도 그랬다. 카우츠키가 오랫동안 혁명이라는 말을 옹호한 것은 사실이다. 그러나 그는 혁명을 개혁주의의 부속물쯤으로 만들어 버렸다. 반대로 베른슈타인은• 혁명 포기를 요구했다. 자본주의가 위기도 없고 전쟁도 없는 평화적 발전의 시대로 접어들었다는 이유에서였다. 정말 대단한 예언이었다! 언뜻 보면 카우츠키와 베른슈타인 사이에는 해소할 수 없는 차이가 있는 듯했다. 그러나 실제로는 개혁주의의 왼쪽 신발과 오른쪽 신발이라는 대칭적 보완물이었을 뿐이다.

그러다 전쟁이 터졌다. 사민당은 미래의 번영이라는 이름으로 전쟁을 지지했다. [그러나] 번영이 아니라 쇠퇴가 시작됐다. 이제 사민당의 과제는 자본주의의 결함에서 혁명의 필요성을 추론하는 것도, 개혁을 이용해 노동자들이 자본주의를 받아들이게 만드는 것도 아니었다. 개혁을 희생시켜서 부르주아지에게 안전한 사회를 만드는 것이 새로운 과제였다.

그러나 이조차도 변질의 마지막 단계가 아니었다. 자본주의를 뒤흔들고 있는 현재의 위기 때문에 사민당은 오랜 경제·정치 투쟁 끝에 얻은 성과들을 희생시킬 수밖에 없었다. 그래서 지금 독일 노동자들은 아버지·할아버지·증조할아버지 대의 생활수준으로 후퇴하게 됐다. 개혁주의는 스스로 쟁취한 성과와 희망이 모두 파괴된 잔해 더미의 한복판에서 악취를 풍기며 썩어 들어가고 있다. 이것보다 더 비극적인 동시에 역겨운 역사적 광경도 없다. 그 극장은 현대극을 공연하기 위해 광분하고 있다. 그 극장에서 하웁트만의 〈직조공〉,* 즉 현대극 중에서도 가장 현대적인 이 작품을 더 자주 공연하게 해야 한다. 그리고 극장 감독은 관중석 맨 앞줄을 사민당 지도자들을 위해 따로 남겨 두는 것을 명심해야 한다.

그러나 이 지도자들은 연극을 볼 기분이 아니다. 그들의 적응능력이 극한에 이르렀기 때문이다. 독일 노동계급이 생활수준 하락을 더는 참을 수 없게 되는 한계가 있다. 부르주아 체제는 스스로 생존을 위해 투쟁하고 있기 때문에 그 한계를 인정할 기분이 아니다. 브뤼닝의 긴급명령은 형세 파악을 위한 촉수일 뿐이고 시작일 뿐이다. 브뤼닝 정권은 사민당 관료들의 비겁하고 믿을 수 없는 지지에 의존하고 있고, 또 사민당 관료들은 프롤레타리아 일부의 성의 없고 시무룩한 지지에 의존하고 있다. 관료적 법령에 기반을 둔 체제는 불안정하고 신뢰할 수 없고 일시적이다. 자본주의에는 더 결정적인 다른 정책이 필요하다. 자기네 노동자들을 의심하며 지켜보는 사민당의 지지는 자본주의를 유지하는 데 불충분할 뿐 아니라, 이미 귀찮은 것이 돼 버렸다. 어중간한 정책들의 시대는 지나갔다. 탈출구를 찾으려면 부르주아지는 노동자 조직들이 가하는 압력에서 무조건 벗어나야 한다. 따라서 노동자 조직들을 제거하고 파괴하고 완전히 분쇄해야 한다.

바로 이 시점에서 파시즘의 역사적 구실이 시작된다. 파시즘은 프롤레타리아의 바로 위에 있는 계급들, 그래서 프롤레타리아 대열로 전락하는 것을 늘 두려워하는 계급들이 들고일어나게 만든다. 파시즘은 공식 정부의 비호를 받으며 금융자본의 돈으로 그들을 조직하고 무장시킨다. 그들을 이끌고 프롤레타리아 조직들을 혁명적 조직이든 보수적 조직이든 가리지 않고 박멸하려 한다.

파시즘은 보복, 무자비한 폭력, 경찰 테러의 체제만은 아니다. 파시즘은 부르주아 사회 내의 프롤레타리아 민주주의 요소들을 모두 뿌리 뽑은 바탕 위에 수립된 독특한 지배 체제다. 파시즘의 임무는 공산주의의 전위를 파괴하는 것만이 아니다. 노동계급 전체를 강제로 원자화하는 것도 있다. 이 목적을 이루려면 가장 혁명적인 노동자 집단을 전멸시키는 것만으로는 부족하다. 독립적이고 자발적인 조직들도 죄다 분쇄해야 하고, 프롤레타리아의 방어 요새도 모두 파괴해야 하며, 사민당과 노동조합들이 지난 75년 동안 이룩한 성과도 완전히 뿌리 뽑아야 한다. 따지고 보면, 공산당도 바로 이런 성과에 기반을 두고 있기 때문이다.

사민당은 파시즘의 승리에 필요한 조건을 모두 준비해 줬다. 그러나 그로 말미암아 사민당 자신의 정치적 청산을 위한 단계도 준비했다. 브뤼닝의 긴급명령뿐 아니라 파시즘의 야만 행위라는 위험이 임박한 것도 모두 사민당의 책임이라는 말은 절대로 옳다. 그렇다고 해서 사민당과 파시즘이 똑같다는 말은 완전히 허튼소리다.

1848년 혁명기에 자유주의 부르주아지의 정책들이 반혁명의 승리를 위한 무대를 준비했고, 이 반혁명의 승리로 자유주의는 무력해졌다. 마르크스와 엥겔스는 라살만큼• 날카롭게 독일의 자유주의 부르주아지를 비판했고, 그 비판의 내용은 라살보다 더 심오했다. 그러나 라살 지지자들이 자유주의 부르주아지와 봉건적 반혁명 세력을 '반동적 한통속'이라며 싸잡아 비난했을 때, 마르크스와 엥겔스가 이 잘못된 초급진주의에 격분한 것은 옳았다. 라살 지지자들은 이런 잘못된 태도 때문에 본의 아니게 왕정을 도와주는 구실을 여러 차례 했다. 비록 그들의 활동은 대체로 진보적 성격이 있었고, 그래서 자유주의의 성과보다 한없이 더 중요하고 영향력도 컸지만 말이다.

'사회파시즘'론은 라살 지지자들의 기본적 오류를 새로운 역사적 맥락에서 되풀이하는 것이다. 스탈린주의 관료들은 국가사회주의자들과 사회민주주의자들을 '파시스트 한통속'으로 치부하고 나서, 히틀러의 [프로이센] 주민투표를 지지하는 따위의 활동으로 앞뒤 보지 않고 달려들었다. 이것은 라살과 비스마르크의 동맹보다 나은 점이 전혀 없다.

현재 국면에서 독일 공산당은 사민당에 맞서 투쟁할 때 다음과 같이 서로 다른 두 사실에 의지해야 한다. 첫째, 파시즘을 강화시킨 정치적 책임은 사민당에 있다. 둘째, 사민당 자체가 의존하고 있는 노동자 조직들과 파시즘은 절대로 양립할 수 없다.

지금 독일 자본주의의 내부 모순은 폭발을 피할 수 없을 만큼 긴장 상태가 극에 달했다. 사민당도 적응 능력이 한계에 달해서 자멸할 지경에 이르렀다. 스탈린주의 관료들의 오류도 한계에 달해서 재앙을 맞게 됐다. 독일 정세의 특징은 이 세 공식으로 표현할 수 있다. 지금은 모든 것이 면도날 위에 놓인 것처럼 첨예한 위기 상황이다.

나는 거의 일주일이나 늦게 도착하는 신문을 통해 독일 상황을 추적할 수밖에 없고, 내 원고가 콘스탄티노플에서 베를린까지 가는 데 또 일주일이 걸리고,[1] 그 원고가 소책자로 출판될 때까지 몇 주가 더 걸린다. 상황이 그렇다 보니 나는 본의 아니게 '모든 것이 너무 늦지 않을까?' 하고 자문하게 되고 그때마다 다음과 같이 자답한다. 아니다! 전투를 준비하고 있는 군대들이 어마어마하게 커서, 문제가 전광석화처럼 빠르게 해결될까 봐 두려워할 필요가 전혀 없다. 독일 프롤레타리아의 힘은 아직 소진되지 않았다. 그들의 능력도 아직 발휘되지 않았다. 사실의 논리는 날이 갈수록 더 확연히 드러날 것이다. 따라서 해야 할 말을 덧붙이려는 내 노력은 설사 몇 주, 즉 역사의 한 시기쯤 늦어지더라도 정당하다.

스탈린주의 관료들은 나를 프린키포섬에 가둬 두면 자신들이 일을 더 조용히 끝마칠 수 있으리라고 생각했다. 그들은 사민당의 헤르만 뮐러가 이끄는 정부한테서 '멘셰비크'에게 비자를 발급하지 않겠다는 약속을 받아 냈다. 이 경우에는 공동전선이 구축되는 데 동요나 지체가 전혀 없었다. 오늘날 소련의 공식 출판물에서 스탈린주의 관료들이 퍼뜨리는 뉴스는 내가 사민당과 맺은 협정에 따라 브뤼닝 정부를 '방어하고' 그 대가로 사민당은 나의 독일 입국이 허용되도록 영향력을 행사하고 있다는 것이다. 나는 그런 악랄한 중상모략에 분노하기는커녕 오히려 그 어리석음을 비웃을 뿐이다. 그러나 계속 웃고 있을 수만은 없다. 시간이 별로 없기 때문이다.

사태 전개는 우리의 입장이 옳았음을 입증해 줄 것이라는 점은 추호도 의심할 수 없다. 그러나 역사는 어떤 식으로 우리의 올바름을 입증해 줄 것인가? 스탈린주의 분파의 재앙을 통해? 아니면 마르크스주의 정책의 승리를 통해?

지금 모든 문제의 핵심이 바로 여기에 있다. 이것은 독일 국민의 운명이 걸린 문제지만, 단지 독일 국민의 운명만이 걸린 것은 아니다.

이 소책자에서 분석하고 있는 문제들은 어제오늘 생겨난 것이 아니다. 지금까지 9년 동안 코민테른 지도부가 열심히 한 일은 이른바 '총노선'에 따른 온갖 전술적 소동을 통해 [혁명적] 가치들을 쓸모없는 것으로 만들고 국제 프롤레타리아의 전위를 혼란에 빠뜨리는 것이었다. 소련에서 좌익반대파(볼셰비키·레닌주의자들)가 결성된 것은 소련의 국내 문제 때문만이 아니라 국제 문제 때문이기도 했다. 그중에서도 독일의 혁명적 상황에 관한 문제들은 결코 하찮은 것이 아니었다. 이 주제에 관한 날카로운 견해 차이는 1923년까지 거슬러 올라간다. 이후 나는 이 논쟁적 문제들에 관해 여러 차례 이야기했다. 내가 쓴 비판적 저작들 가운데 상당수가 독일에서 출판됐다. 이 소책자는 결국 좌익반대파의 이론적·정치적 활동에 기여하는 것이다. 이 소책자에서 그저 지나가듯이 언급한 많은 문제들은 내가 전에 이미 자세히 분석한 바 있다. 따라서 이 문제들을 더 자세히 알고 싶은 독자들은 내가 쓴 《레닌 이후의 제3인터내셔널》, 《연속혁명》 등을 참고하기 바란다. 그런데 이런 견해 차이의 기원을 훨씬 더 분명하고 철저하게 평가하려면 그것들을 중대한 역사적 문제로 다뤄야 한다. 진지한 혁명가, 진정한 마르크스주의자에게는 그런 탐구가 절대로 필요하다. 절충주의자들은 사건들의 영향을 받아 생겨난 단편적·즉흥적 생각들로 살아간다. 프롤레타리아 혁명을 지도할 수 있는 마르크스주의자 간부들은 문제나 논쟁들을 끊임없이 계속 연구하는 것을 통해서만 훈련된다.

1. 사민당

'무쇠전선'은 본질적으로 수많은 사회민주주의 노동조합과, 민중의 지지를 완전히 잃어버렸고 자신감도 전혀 없는 무기력한 부르주아 '공화파' 집단들의 연합이다. 시체는 싸울 때는 쓸모없지만, 살아 있는 사람들이 싸우지 못하게 막는 데는 유용하다. 사민당 지도자들과 동맹을 맺은 부르주아지는 노동자 조직들의 목을 죄는 올가미 구실을 하고 있다. 우리는 싸워야 한다! 우리는 싸워야 한다! … 는 [사민당 지도자들의] 말은 공허한 외침이다. [그들은 다음과 같이 생각한다.] 어쨌든 모든 문제는 신의 도움으로 피 한 방울 흘리지 않고 해결될 것이다. 파시스트들은 실제로 말을 행동에 옮기기로 작정할 것인가? 우리 사회민주주의자들은 결코 그렇게 해 본 적이 없지만, 우리 사회민주주의자들은 적어도 다른 사람들보다 더 나쁘지는 않다.

실제 위험이 닥치면 사민당은 '무쇠전선'이 아니라 프로이센주 경찰에 의지한다. 그들은 오판하고 있다! 원래 사민당을 지지하는 노동자들 사이에서 경찰의 다수가 모집됐다는 사실은 완전히 무의미하다. 이 경우에도 의식을 결정하는 것은 환경이다. 자본주의 국가에 봉사하는 경찰이 된 노동자는 노동자가 아니라 부르주아 경찰이다. 최근 이 경찰들은 나치 학생들보다 혁명적 노동자들과 훨씬 더 많이 싸워야 했다. 그런 훈련은 반드시 그 영향을 남기기 마련이다. 그리고 무엇보다도 모든 경찰은 정부가 바뀌어도 경찰은 그대로 남아 있다는 사실을 알고 있다.

사민당의 이론지 《프라이에 보르트*》(정말 형편없는 잡지다!) 신년 호에는 가장 높은 의미의 '용인' 정책을 자세히 설명하는 글이 실려 있다. 그 글의 주장인즉, 히틀러는 경찰과 군대에 대항해서는 결코 집권할 수 없다는 것이다. 그런데 헌법에 따르면, 군대는 공화국 대통령의 지휘를 받게 돼 있다. 여기서 나오는 결론은 그러므로 헌법에 충실한 대통령이 정부 수반으로 남아 있는 한 파시즘은 위험하지 않다는 것이다. 대통령 선거 때까지는 브뤼닝 정권을 지지해야 한다. 그러면 의회 내 부르주아지와의 동맹을 통해 헌법에 충실한 대통령이 선출될 수 있고, 히틀러의 집권은 향후 7년 동안 봉쇄될 것이다. 이상이 이 글의 기본적 내용이다. 토대 자체가 흔들리고 있는 현재의 독일에서 어느 계급이 집권할 것인가 하는 문제는 독일 프롤레타리아의 투쟁 능력에 달려 있지 않고, 파시즘의 돌격대한테 달려 있지도 않으며, 심지어 군부에 달려 있지도 않고, (장뇌와 나프탈렌의 필요량과 함께) 바이마르헌법의 순수한 정신이 대통령궁에 자리 잡을 수 있는지에 달려 있다는 것이 수백만 대중을 (사회주의로!) 이끌고 있다는 대중정당의 주장이다. 그러나 만약 특정 상황에서 바이마르의 정신이 베트만홀베크와• 함께 "필요 앞에 법률은 없다"는 것

---

* 자유로운 말 또는 언론이라는 뜻이다.

을 인정해 버린다면 어찌 될 것인가?* 또는 죽기 쉬운 바이마르 정신의 실체가** 장뇌와 나프탈렌에도 불구하고 가장 뜻밖의 순간에 산산조각 난다면 어찌 될 것인가? 그리고 또 만약에 … 그러나 이런 질문은 한없이 이어질 수 있다.

개혁주의 정치인들, 즉 이 교묘한 배후 조종자들, 교활한 음모가들과 출세주의자들, 의회와 행정부의 노회한 책략가들은 익숙한 일상적 영역의 바깥 세계로 상황에 떠밀려 나오자마자, 그래서 중대한 사태들에 직면하자마자, 자신들이 완전하고 완벽한 바보(이보다 더 부드러운 표현은 없다)라는 사실을 보여 준다.

대통령에게 의존하는 것은 '국가'에 의존하는 것이다! 프롤레타리아와 파시스트 프티부르주아지의 임박한 충돌에 직면하자(이 두 진영은 독일 국민의 압도 다수를 이루고 있다) 〈포어베르츠〉의• 이 마르크스주의자들은 야경꾼[국가]에게 도와 달라고 비명을 지른다. 그들은 국가를 보고 '도와줘! 개입해 줘!' 하고 말한다. 이 말은 다음과 같은 뜻이다. '브뤼닝 총리, 제발 우리가 노동자 조직들의 힘으로 자기방어에 나서도록 만들지는 말아 주십시오. 그랬다가는 프롤레타리아 전체가 들고일어날 것이고, 그러면 운동이 우리 당 지도부의 대머리 위로 올라설 것이고, 반파시

---

* 베트만홀베크는 1909~1917년 독일 총리를 지냈고, 1914년 8월 4일 독일 의회에서 연설할 때 "필요 앞에 법률은 없다"(사흘 굶어 도둑질 안 할 놈 없다는 뜻)며 제국주의 전쟁을 옹호했다.

** 85세의 늙은 대통령 힌덴부르크를 말한다.

즘 운동으로 시작된 것이 공산주의 운동으로 끝날 것이기 때문입니다.'

이에 브뤼닝은 침묵하고 싶지 않다면 다음과 같이 대답할 것이다. '경찰력으로는 내가 원한다 해도 파시즘을 처리할 수 없을 것이오. 또 내가 할 수 있다 해도 그렇게 하지는 않을 것이오. 군대를 동원하면 군대가 분열하거나 아니면 군대 전체가 우리를 공격할 것이오. 그러나 가장 중요한 사실은, [국가] 관료 기구를 파시스트들과 대결시키게 되면 노동자들의 손을 풀어 주고 노동자들에게 완전한 행동의 자유를 주게 될 것이라는 점이오. 그러면 바로 여러분 사민당이 그토록 두려워하고 나 자신은 여러분보다 갑절이나 두려워하는 사태가 벌어질 것이오.'

사민당의 호소는 국가기구·사법부·군대·경찰에서 사민당의 의도와 정반대 효과를 낼 수밖에 없다. 가장 '충성스러운' 관리, 즉 가장 '중립적'이고 사민당과 관계없는 관리는 다음과 같이 생각할 수밖에 없다. '수많은 사람들이 사민당을 지지한다. 언론·의회·지방자치단체 등 수많은 자원이 사민당의 수중에 있다. 지금 그들 자신의 목숨이 위태롭다. 그들은 반파시스트 투쟁에서 공산당의 지지를 받을 것이 틀림없다. 그런데도 이 강력한 신사 양반들이 일개 관리에 불과한 나에게 자신들을 구해 달라고 간청하고 있다. 한편 사민당을 공격하는 나치당도 마찬가지로 수많은 사람들의 지지를 받고 있으며 그 지도자들은 장차 내 윗사람이 될지도 모른다. 사민당의 신사 양반들 사정이 매우 나쁜 것이 틀림없다. 십중팔구 아주 가망이 없는 것 같다. … 이제는 내 목숨을 생각할 때다.' 그래서 어제까지만 해도 동요하던 '충성스럽고' '중립적인' 관리가 이제는 국가사회주의자들 편에 붙어서 자신의 미래를 보장받으려 할 것이다. 수명을 다하고도 아직 살아남은 개혁주의자들은 이런 식으로 관료들과 비슷하게 파시스트들에게 좋은 일을 해 주고 있다.

부르주아지의 식객 노릇을 하는 사민당은 이데올로기적으로도 식객 노릇을 해야 하는 가련한 운명에서 벗어날 수 없다. 그래서 이럴 때는 부르주아 경제학자들의 사상에 의지하고, 저럴 때는 마르크스주의를 슬그머니 이용한다. 힐퍼딩은 공산당이 히틀러의 주민투표 운동에 참가해서는 안 되는 이유들을 내 소책자에서 인용한 뒤에 다음과 같이 결론짓는다. "정말이지, 브뤼닝 정부에 대한 사민당의 전술을 설명하기 위해서는 여기에 단 한 마디도 덧붙일 것이 없다."

그러자 레멜레와 탈하이머가 나서서 "저것 보십시오, 힐퍼딩이 트로츠키에게 의존하고 있습니다" 하고 말한다. 그러자 이번에는 파시스트들의 황색 언론이 나서서 "트로츠키는 그 일을 하는 대가로 [독일 입국] 비자를 약속받았다"고 떠든다. 그다음에는 스탈린주의 언론사 기자가 파시스트 신문의 기사를 모스크바로 타전한다. 그러면 불운한 라데크도 포함된 《이즈베스티야》(소식)의 편집부가 이 전보를 싣는다. 이런 연쇄반응 이야기는 이쯤에서 그만하고 다시 더 심각한 문제들로 돌아가자.

히틀러가 브뤼닝에 대항하는 여유를 부릴 수 있다면, 그것은 오직 부르주아 체제 전체가 (힐퍼딩과 그 동료들이 지도하고 있는) 노동계급 절반의 지지에 의존하고 있기 때문이다. 만약 사민당이 계급을 배신하는 정책을 실행해 오지 않았다면, 히틀러는 결코 지금 같은 힘을 얻지 못했을 것이고 브뤼닝 정부를 생명줄처럼 꽉 붙잡고 있었을 것이다. 만약 공산당과 사민당이 힘을 합쳐 브뤼닝 정부를 전복했다면, 그것이야말로 가장 중대한 정치적 사건이었을 것이다. 어쨌든 그 결과 사민당 지도자들이 감당할 수 없는 사태가 벌어졌을 것이다. 힐퍼딩은 자신의 배신을 정당화할 근거를 [공산당을] 비판하는 우리의 주장에서 찾으려 한다. 따라서 공산당은 힐퍼딩의 배신을 기정사실로 여겨야 한다.

비록 힐퍼딩은 트로츠키의 말에 "단 한마디도 덧붙일 것이 없다"고 했지만, 실제로는 다음과 같이 뭔가를 덧붙이고 있다. 즉, 현재의 세력 관계상 사민당과 공산당 노동자들이 공동 행동을 하더라도 "적에게 싸움을 강요해서 거꾸러뜨리고 권력을 장악할" 가능성은 전혀 없다는 것이다. 아무 근거도 없이 지나가듯 얼버무리며 한 이 말 속에 바로 문제의 핵심이 들어 있다. 힐퍼딩의 말대로라면, 프롤레타리아가 인구의 다수이자 사회의 결정적 생산력을 이루고 있는 오늘날 독일에서 사민당과 공산당의 공동전선으로도 프롤레타리아는 권력을 장악할 수 없다는 것이다!

그렇다면 권력이 프롤레타리아 수중으로 넘어올 수 있는 순간은 정확히 언제인가? 제1차세계대전 전에는 자본주의가 저절로 성장하면서 프롤레타리아도 성장하고 마찬가지로 사민당도 성장한다는 전망이 있었다. 이런 성장 과정은 전쟁으로 갑자기 중단됐고, 세상의 어떤 힘도 이 과정을 복원하지는 못할 것이다. 자본주의의 쇠퇴 때문에 권력 문제는 지금 존재하는 생산력을 바탕으로 결정돼야 한다. 죽어 가는 자본주의 체제의 극심한 고통을 연장시키면서, 사민당은 오직 경제 문화의 쇠퇴, 프롤레타리아의 해체, 사회적 부패만을 가져다주고 있다. 다른 어떤 전망도 앞에 놓여 있지 않다. 내일은 오늘보다 더 나쁠 것이고, 모레는 내일보다 더 나쁠 것이다. 그러나 사민당 지도자들은 더는 감히 미래를 내다보려 하지 않는다. 지배계급의 온갖 해악은 파멸할 운명이다. 사민당 지도자들의 운명도 마찬가지다. 그들은 경박하고 의지가 마비돼 있다. 그래서 큰일이 벌어지면 그저 흐느껴 울면서 기적이 일어나기만을 바란다. 그러고 보니, 타르노프의 경제 연구는 한때 라스푸틴의 계시가 [러시아 황제를] 위로하는 구실을 했던 것과 똑같은 기능을 지금 하고 있다. …

사민당은 공산당과 힘을 합쳐도 권력을 장악할 수 없을 것이[라고 힐퍼딩은 주장한]다. 그러나 그는 교육받은 속물적 프티부르주아, 완전한 겁쟁이, 철두철미하게 대중을 불신하고 경멸하는 인간이다. 사민당과 공산당의 득표율을 합치면 40퍼센트다. 사민당의 배신과 공산당의 실수 때문에 수많은 사람들이 정치적 무관심층이 되고 심지어 국가사회주의 지지자가 됐는데도 그렇다. 사민당과 공산당이 공동 행동만 해도 대중 앞에 새로운 전망이 열리면서 프롤레타리아의 힘은 비할 바 없이 강해질 것이다. 그러나 우리 편의 득표율이 40퍼센트밖에 안 된다고 치자. 그렇다면, 브뤼닝이나 히틀러의 득표율은 더 높은가? 지금 독일을 통치할 수 있는 집단은 프롤레타리아, 가톨릭중앙당, 파시스트, 이 셋뿐이다. 그러나 교육받은 프티부르주아의 머릿속에는 다음과 같은 생각이 확고하게 박혀 있다. 자본의 대표자들은 20퍼센트의 득표율만으로도 충분히 통치할 수 있다. 왜냐하면 다들 알다시피 부르주아지는 은행·트러스트·신디케이트·철도 등을 갖고 있기 때문이다. 우리의 교육받은 프티부르주아가 12년 전에 이 모든 것을 '사회화'하려고 했다는 것은 맞다. 그러나 바로 거기까지다! 사회화 강령은 좋지만, 수탈자들을 수탈하는 것은 안 된다. 왜냐하면 그것은 이미 볼셰비즘이기 때문이다.

지금까지는 의회의 단면을 통해 세력 관계를 살펴봤다. 그러나 이것은 실상을 왜곡해서 보여 주는 거울과 비슷하다. 의회 대표제에서 피억압 계급의 힘은 실제보다 훨씬 약한 것으로 보이고 지배계급의 힘은 그 반대로 보인다. 그래서 부르주아지가 몰락하기 하루 전날에도 의회에서는 부르주아지의 힘이 여전히 강력해 보일 것이다. 오직 혁명적 투쟁만이 실제 세력 관계를 흐리는 가림막들을 모두 벗겨 버릴 것이다. 직접적 권력투쟁 기간에 프롤레타리아는 내부의 사보타주나 오스트리아 마르크스주의나• 그 밖의 온갖 배신 때문에 마비되지만 않는다면, 의회에서 대표된 것보다 비할 바 없이 강력한 힘을 발휘할 것이다.

다시 한 번 귀중한 역사적 교훈을 떠올려 보자. 볼셰비키는 권력을 장악하고 나서도, 심지어 확고하게 권력을 장악한 뒤에도 제헌의회에서 의석이 3분의 1도 안 됐다. 좌파사회혁명당과 합쳐도 40퍼센트가 채 안 됐다. 그러나 끔찍한 경제 붕괴에도 불구하고, 내전에도 불구하고, 유럽 사회민주주의 정당, 특히 독일 사민당의 배신에도 불구하고, 전후 [대중]의 피로감에도 불구하고, 테르미도르 반동 경향의 성장에도 불구하고 최초의 노동자 정부는 14년 동안 버텨 왔다. 그렇다면 독일에 관해서는 뭐라고 말할 수 있는가? 사민당 노동자와 공산당 노동자가 함께 들고일어나 권력을 장악하는 순간 그 임무는 10분의 9가 완수된 것이나 다름없을 것이다.

그렇지만 힐퍼딩은 사민당이 [의회에서] 브뤼닝 정부에 반대하는 투표를 해서 정부를 무너뜨렸다면 결국 파시스트들이 집권했을 것이라고 말한다. 의회 차원에서 보면 맞는 말이고 문제가 그렇게 보일 수 있다. 그러나 문제 자체가 의회 차원에서 결정되지 않는다. 사민당은 혁명적 투쟁의 길에 나서기로 결정한 경우에만 브뤼닝 정부를 반대할 수 있었을 것이다. 브뤼닝 정부를 지지하든지 아니면 프롤레타리아 독재를 위해 투쟁하든지 둘 중 하나뿐이고 제3의 길은 없다. 사민당이 브뤼닝 정부에 반대하는 투표를 했다면, 즉시 세력 관계가 바뀌었을 것이다. 단, 체스의 말들이 판 아래 숨어 있는 의회라는 체스 판의 세력 관계가 아니라 혁명적 계급투쟁이라는 무대의 세력 관계가 바뀌었을 것이다.

그렇게 세력 관계가 돌변했다면 노동계급의 힘은 2배가 아니라 10배로 커졌을 것이다. 왜냐하면 도덕적 요인은 계급투쟁에서 결코 하찮은 요인이 아니기 때문이다. 특히 거대한 역사적 격변기에는 더욱 그렇다. 그래서 이런 도덕적 힘의 영향으로 인민대중의 다양한 집단은 잇따라 막강해졌을 것이다. 프롤레타리아는 이 위대한 국민의 삶에 더 숭고한 대안을 제시해 달라고 요청받은 것은 오직 자신들뿐이라고 확신에 차서 말했을 것이다. 결정적 전투가 벌어지기도 전에 이미 히틀러의 군대는 와해되고 붕괴되기 시작했을 것이다. 물론 전투는 피할 수 없었을 것이다. 그러나 싸워서 이기겠다는 굳은 결의로 대담하게 공격했다면, 지금 가장 낙관적인 혁명가가 생각하는 것보다도 한없이 더 쉽게 승리할 수 있었을 것이다.

여기서 빠진 것은 오직 사소한 요인뿐이다. 그것은 사민당의 180도 전환, 즉 사민당이 혁명의 길로 나아가는 것이다. 1914~1922년의 경험을 돌이켜 보면 사민당 지도자들이 자발적으로 방향을 바꾸기를 기대하는 것은 완전히 터무니없는 환상일 것이다. 그러나 사민당 노동자들의 다수는 다르다. 그들은 전환할 수 있고 전환할 것이다. 그들을 도와주기만 하면 된다. 그리고 이 전환은 부르주아 정부뿐 아니라 사민당 지도부에도 반대하는 전환일 것이다.

이 지점에서, 내 말에 "단 한마디도 덧붙일 것이 없다"던 우리의 오스트리아 마르크스주의자 힐퍼딩은 다시 한 번 우리 책에서 인용한 말로 우리를 반박하려 할 것이다. 전에 우리가 스탈린주의 관료들의 정책은 오류의 연속이라고 단언하지 않았느냐고, 공산당이 히틀러의 주민투표 운동에 참가한 것도 비난하지 않았느냐고 말이다. 우리가 그렇게 말하고 비난한 것은 사실이다. 그러나 우리가 코민테른의 스탈린주의 지도부에 맞서 싸우는 이유는 바로 그들이 사민당을 파괴할 능력이 없기 때문이다. 즉, 대중을 사민당의 영향에서 떼어 내지 못하고 역사의 기관차에서 그 녹슨 브레이크를 분리하지 못하기 때문이다. 스탈린주의 관료들의 오락가락, 실수, 관료적 최후통첩주의 때문에 사민당이 유지되고 그 기반이 번번이 복구되는 것이다.

비록 지도부의 오류에도 불구하고 공산당은 프롤레타리아 정당이고 반反부르주아 정당이다. 반면에 사민당은 비록 노동자들로 구성돼 있지만 완전히 부르주아적인 정당이다. 그래서 '정상적 상황'에서는 부르주아지의 목표라는 관점에 따라 매우 능숙하게 운영되지만, 사회적 위기 상황에서는 아무짝에도 쓸모가 없다. 사민당 지도자들은 (비록 마지못해서 한 것이지만) 당의 부르주아적 성격을 스스로 인정할 수밖에 없었다. 경제 위기나 실업 상황과 관련해서 타르노프는 "자본주의 문명의 수치" 운운하며 낡아 빠진 문구나 늘어놓는다. 마치 부富는 사악하다고 설교하는 개신교 목사 같다. 타르노프는 사회주의와 관련해서도 사람이 죽은 뒤 하늘나라에서 보상받는다고 설교하는 개신교 목사처럼 이야기한다. 그러나 구체적 문제들에 관해서는 어투가 다르다. "[1930년 — 트로츠키] 9월 14일 이 유령[실업 — 트로츠키]이 투표함 위를 배회하지 않았다면, 이날은 독일의 역사에서 다르게 기록됐을 것입니다"(라이프치히 당대회에서 한 말이다). 사민당이 선거에서 표와 의석을 잃은 것은 경제 위기로 말미암아 자본주의의 민낯이 드러났기 때문이다.

경제 위기는 그 '사회주의' 정당을 강화시키기는커녕 오히려 약화시켰다. 마치 경제 위기로 무역 규모, 은행의 재원, 후버와 포드의 자신감, 모나코 공작의 이윤 등이 하락한 것처럼 말이다. 오늘날 이 위기에 관한 가장 낙관적인 평가는 부르주아 신문이 아니라 사민당의 언론에서 찾아볼 수 있다. 이 정당의 부르주아적 성격을 보여 주는 증거로 이보다 더 명백한 것이 있겠는가? 자본주의가 쇠퇴할 때 사민당도 쇠퇴한다면, 자본주의의 죽음이 임박했다는 것은 사민당도 머지않아 죽게 된다는 뜻이다. 노동자들에게 의존하면서도 부르주아지에게 봉사하는 정당은 가장 첨예한 계급투쟁의 시기에는 자신을 기다리는 무덤의 냄새를 맡지 않을 수 없다.

2. 민주주의와 파시즘

코민테른 집행위원회 11차 총회에서는 "파시즘, 부르주아 민주주의, 노골적 파시즘 사이의 모순에 대한 자유주의적 해석"에서 비롯하는 잘못된 견해들을 반드시 청산해야 한다고 결정했다.

이 스탈린주의 철학의 요점은 아주 명백하다. 마르크스주의는 절대적 모순을 부정하므로 모순 일반을, 심지어 상대적 모순도 부정해야 한다는 것이다. 이런 오류는 속류 급진주의에서 전형적으로 나타난다. 그러나 [부르주아] 민주주의와 파시즘 사이에 어떤 모순도 없다면(심지어 부르주아지의 지배 형태라는 영역에서조차) 이 두 체제는 분명히 똑같은 것이어야 한다. 여기서 나오는 결론은 사회민주주의와 파시즘은 똑같다는 것이다. 그러나 어떤 이유에서인지 스탈린주의자들은 사회민주주의를 사회파시즘이라고 부른다. 그리고 여기서 '사회'라는 수식어가 왜 붙었는지는 지금 이 순간까지도 설명되지 않고 있다.*

그렇지만 코민테른 집행위원회 총회의 결정에 따라 사물의 본성이 바뀌는 것은 아니다. 민주주의와 파시즘 사이에는 모순이

---

* 형이상학자들(변증법적으로 사고하지 않는 사람들)은 하나의 똑같은 추상적 개념에 완전히 모순되는 둘 이상의 명칭을 부여하는 경우가 흔하다. 그래서 '민주주의' 일반과 '파시즘' 일반은 결코 구별되지 않는다고 한다. 또 (중국·인도·스페인에) '노동자·농민의 독재'가 수립돼야 한다고도 한다. 프롤레타리아 독재인가? 아니다! 그럼, 자본가 독재인가? 아니다! 그렇다면 무엇인가? 민주주의 독재다! 우주 어딘가에는 계급 없는 순수한 민주주의가 존재하는 모양이다. 그러나 코민테른 집행위원회 11차 총회에 따르면, 민주주의는 결코 파시즘과 다르지 않다. 그렇다면 '민주주의 독재'와 … 파시스트 독재의 차이는 어디에 있는가?
완전히 순진한 사람만이 이 근본적 물음에 스탈린주의자들이 진지하고 정직하게 답변하리라고 기대할 것이다. 아마 스탈린주의자들은 세심하게 고른 수식어를 몇 개 더 내놓을 것이다. 그리고 그게 다일 것이다. 그런데 동양 혁명의 운명이 바로 이 문제와 결부돼 있다 — 트로츠키.

실제로 있다. 그것은 결코 '절대적' 모순이 아니다. 마르크스주의의 언어로 표현하면, 그것은 서로 양립할 수 없는 두 계급의 지배를 가리키는 것이 아니다. 동일한 계급의 서로 다른 지배 체제를 가리킬 뿐이다. 이 두 체제, 즉 의회 민주주의와 파시즘은 서로 다른 피억압·피착취 계급의 지지를 받는다. 그리고 이 두 체제는 서로 날카롭게 충돌할 수밖에 없다.

오늘날 부르주아 의회 체제의 주요 대변자인 사민당은 노동자들의 지지를 받는다. 파시즘은 프티부르주아지의 지지를 받는다. 노동자 대중조직들이 없는 사민당은 아무 영향력도 없다. 파시즘은 노동자 조직들을 전멸시키지 않으면 자기 권력을 확고하게 만들 수 없다. 의회는 사민당의 주요 활동 무대다. 파시즘 체제는 의회가 파괴된 폐허 위에서 수립된다. 독점 부르주아지에게 의회 체제와 파시즘 체제는 다른 지배 수단일 뿐이다. 그들은 역사적 상황에 따라 둘 중 하나에 의지한다. 그러나 사민당과 파시스트들에게는 어느 수단을 선택할지가 그 자체로 중요하다. 아니 그 이상이다. 왜냐하면 그들에게 그것은 정치적 삶과 죽음의 문제이기 때문이다.

부르주아 독재가 의회라는 연막과 함께 '정상적' 경찰력과 군대로도 더는 사회의 균형 상태를 유지할 수 없게 되는 순간 그것은 파시즘 체제로 전환한다. 자본주의는 파시즘이라는 대리인을 통해, 미쳐 날뛰는 프티부르주아 대중과 탈계급화하고 사기 저하한 룸펜프롤레타리아 무리들이 활개 치도록 만든다. 그 수

많은 인간들은 모두 금융자본 때문에 절망에 빠져 미쳐 날뛴다. 부르주아지는 파시즘이 임무를 완벽하게 수행할 것을 요구한다. 일단 내전이라는 방식에 의존했으니 한동안 평화가 유지돼야 한다고 생각한다. 그리고 파시즘이라는 대리인은 프티부르주아지를 공성攻城 망치로 활용해서 길에 놓인 장애물을 모두 제거하고 임무를 완수한다.

파시즘이 승리한 후 금융자본은 즉시 국가의 모든 통치·행정·교육 기관, 국가기구 전체와 함께 군대·지방자치단체·대학·학교·언론·노동조합·협동조합 등을 직접 확고하게 장악한다. 국가가 파시즘 체제로 바뀐다는 것은 단지 통치 형태와 방식이 무솔리니식으로 바뀐다는 것만을 의미하지 않는다(이 분야의 변화는 근본적으로 사소한 구실을 한다). 그것이 뜻하는 바는 일차적으로 그리고 무엇보다도 노동자 조직들이 전멸한다는 것, 프롤레타리아가 원자화해서 무정형의 상태로 된다는 것, 대중 속으로 깊숙이 침투한 행정 체계가 만들어져서 프롤레타리아의 독립적 조직 건설을 가로막는다는 것이다. 바로 그것이 파시즘의 본질이다.

지금까지 설명한 내용은, 일시적으로 민주주의와 파시즘의 특징이 결합된 과도 체제가 수립될 수 있다는 사실과 결코 모순되지 않는다. 일반적으로는 그것이 한 사회체제가 다른 사회체제로 교체되는 과정의 법칙이다. 서로 화해할 수 없을 만큼 적대적인 두 체제가 교체될 때도 그렇다. 부르주아지가 사민당과 파시즘에 모두 의존하는 시기도 있다. 즉, 부르주아지가 선거 기구와 테러 기구를 동시에 조종하는 시기도 있는 것이다. 어떤 의미에서는 케렌스키 정부의 마지막 몇 달간이 바로 그런 경우였다고 할 수 있다. 당시 케렌스키 정부는 소비에트에 의존하는 동시에 코르닐로프와 [쿠데타를] 공모하기도 했다. 지금 서로 화해할 수 없는 두 진영 사이에서 줄타기 곡예를 하고 있는 브뤼닝 정부도 그런 경우다. 단, 브뤼닝 정부는 긴 막대기가 아니라 긴급명령권으로 균형을 잡으려고 할 뿐이다. 그러나 국가와 행정부가 그런 상태에 있는 것은 성격상 일시적이다. 그것은 과도기의 특징인 것이다. 즉, 사민당이 그 사명을 다하기 직전이지만 공산당도 파시즘도 아직 권력을 장악할 준비가 돼 있지 않은 그런 시기의 특징이다.

파시즘 문제를 오랫동안 연구해야 했던 이탈리아 공산주의자들은 파시즘 개념이 광범하게 남용되는 것에 거듭거듭 항의했다. 전에 코민테른 6차 세계 대회에서 에르콜리가* 파시즘에 관해 표명한 견해는 지금 '트로츠키주의'로 여겨진다. 당시 에르콜리는 파시즘을 가장 철저하고 비타협적인 반동 체제로 규정하고, 다음과 같이 설명했다.

> 이 행정부는 잔인한 테러 행위, 수많은 노동자와 농민 살해, 야만적 고문 방법의 대대적 사용, 가혹한 법정에 의존하는 것이 아니라, 모든 형태의 독립적 대중조직을 체계적으로 전멸시키는 것에 의존한다.

이 점에서 에르콜리는 절대로 옳다. 파시즘의 본질과 임무는 모든 노동자 조직을 철저히 탄압해서 되살아나지 못하게 막는 것이다. 발달한 자본주의 사회에서 이 목적은 경찰력만으로는 달성할 수 없다. 그럴 수 있는 방법은 단 하나뿐이다. (프롤레타리아가 약해진 순간) 프롤레타리아의 압력에 절망한 프티부르주아 대중의 압력으로 대항하는 것이다. 파시즘이라는 이름으로 역사에 등장한 것이 바로 이 독특한 반동 체제다.

에르콜리는 다음과 같이 썼다.

> 파시즘과 사회민주주의의 관계라는 문제도 똑같은 영역[노동자 조직의 존재와 파시즘은 양립할 수 없다는 것 — 트로츠키]에 속한다. 바로 이 점에서 파시즘은 지금까지 현대 자본주의 세계에서 수립된 다른 모든 반동적 체제들과 분명히 구별된다. 파시즘은 사회민주주의와 타협하기를 일절 거부한다. 즉, 파시즘은 사회민주주의를 무자비하게 박해하고, 사회민주주의자들의 합법적 활동 가능성을 완전히 박탈하고, 그들이 외국으로 망명하도록 강요한다.

이것이 코민테른 기관지에 실린 글의 내용이었다! 그 뒤에 마누일스키는• 몰로토프의 귀에 대고 '제3기'라는 거창한 사상을 속삭였다. 그래서 프랑스·독일·폴란드는 '혁명적 공세의 최전선'에 배치됐다. 권력 장악이 당면 과제로 선포됐다. 그리고 프롤레타리아의 무장봉기 때는 공산당을 제외한 모든 정당이 반혁명 세력이므로 파시즘과 사회민주주의 정당을 더는 구별할 필요가 없게 됐다. 사회파시즘론이 정립됐다. 코민테른 관료들은 지체 없이 사회파시즘론으로 재무장했다. 에르콜리는 진리도 소중하지만 몰로토프는 더 소중하다는 사실을 서둘러 입증했다. 그리고 사회파시즘론을 옹호하는 보고서를 썼다. 1930년 2월 에르콜리는 "이탈리아 사회민주주의자들은 서슴없이 파시스트로 변신했다"고 선언했다. 유감스럽게도, 공산당 관료들은 훨씬 더 서슴없이 아첨꾼으로 변신했다.

예상대로, '제3기' 이론과 그 이론의 적용을 비판하는 우리의 주장은 반혁명적이라고 선포됐다. 그렇지만 프롤레타리아의 전위가 값비싼 대가를 치른 혹독한 경험 때문에 [코민테른은] 이 분야에서도 180도 전환을 할 수밖에 없었다. '제3기' 이론은 '명예퇴직'했고 몰로토프 자신도 코민테른에서 '명예퇴직'했다. 그러나 사회파시즘론은 제3기의 유일하게 잘 익은 과일로 남아 있었다. 여기서는 어떤 변화도 일어날 수 없었다. 제3기와 결부된 사람은 몰로토프뿐이고, 사회파시즘[론]에는 스탈린 자신이 얽혀 있었기 때문이다.

〈로테 파네〉가 사회파시즘을 연구하는 출발점은 다음과 같은 스탈린의 말이다.

> 파시즘은 부르주아지의 군사조직이고, 부르주아지는 사회민주주의의 적극적 지지에 의존한다. 사회민주주의는 객관적으로 말해서 파시즘의 온건파다.

객관적으로 말해서, 스탈린은 일반화를 시도할 때 앞 문장을 뒤 문장으로 반박하고 앞 문장에서 결코 도출되지 않는 뒤 문장에서 결론을 내리는 버릇이 있다. 부르주아지가 사회민주주의에 의존하고 파시즘이 부르주아지의 군사조직이라는 것은 이론의 여지가 없고, 이 견해는 오래전에 표명됐다. 여기서 나오는 유일한 결론은 파시즘뿐 아니라 사회민주주의도 대부르주아지의 도구라는 것이다. 그런데 어떻게 해서 사회민주주의가 파시즘의 한 '분파'도 된다는 것인지는 도저히 이해할 수 없다. 똑같은 저자의 다음과 같은 말도 심오하기는 마찬가지다. "파시즘과 사회민주주의는 서로 적이 아니라 쌍둥이다." 그런데 쌍둥이도 가장 격렬하게 싸우는 적일 수 있고, 동맹 세력들이 반드시 한날한시에 한 부모한테서 태어날 필요도 없다. 스탈린의 주장에는 변증법은 말할 것도 없고 형식논리도 없다. 그의 주장이 힘이 있는 이유는 단지 아무도 이견을 내놓을 수 없기 때문이다.

스탈린을 따라서 베르너 히르슈도• "민주주의와 파시즘 사이에는 '계급적 내용'의 차이가 전혀 없다"고 설교한다.[2] 그래서 민주주의에서 파시즘으로 전환하는 것은 '유기적 과정'의 성격을 띨 수 있다고 한다. 즉, '점진적으로' 그리고 '유혈 사태 없이' 전환할 수 있다는 것이다. 이런 주장을 들으면 누구나 말문이 막히기 마련이지만, 이 아류들 때문에 우리는 할 말을 잃어버리는 데 익숙해졌다.

민주주의와 파시즘 사이에는 '계급적 차이'가 없다. 분명히 이 말은 파시즘뿐 아니라 민주주의도 부르주아적 성격이 있다는 뜻이다. 우리는 [히르슈가 위의 글을 쓴] 1932년 1월 이전에도 이미 그렇게 생각했다. 그러나 지배계급은 진공 속에서 살지 않는다. 그들은 다른 계급들과 일정한 관계를 맺고 있다. 발달한 자본주의 사회에서 '민주주의' 체제가 유지되는 동안 부르주아지는 주로 노동계급의 지지에 의존하고 개혁주의자들은 노동계급을 억제한다. 이런 체제는 영국의 보수당 집권기뿐 아니라 노동당 집권기에도 완전한 형태로 나타난다. 파시즘 체제에서, 적어도 그 초기 단계에서는 자본이 프티부르주아지에게 의존하고 프티부르주아지는 프롤레타리아의 조직들을 파괴한다. 이탈리아가 바로 그런 사례였다! 이 두 체제의 '계급적 내용'에 차이가 있는가? 지배계급과 관련해서만 이 물음을 던진다면 차이는 없다. 만약 프롤레타리아의 관점에서 모든 계급의 지위와 상호 관계를 감안하면 그 차이는 엄청나게 커 보인다.

수십 년 동안 노동자들은 부르주아 민주주의 안에서 그것을 이용하고 그것에 맞서 싸우면서 자신들의 근거지와 프롤레타리아 민주주의의 기반들, 즉 노동조합, 정당, 교육기관과 스포츠 클럽, 협동조합 등을 건설했다. 프롤레타리아는 부르주아 민주주의라는 형식적 틀 안에서는 권력을 장악할 수 없다. 오직 혁명의 길로 나아가야만 그럴 수 있다. 이 점은 이론과 경험으로 모두 입증됐다. 그리고 부르주아 국가 내의 이 노동자 민주주의 요새들은 혁명의 길로 나아가는 데 절대로 필요하다. 제2인터내셔널의 성과는 그들이 여전히 진보적인 역사적 구실을 하고 있던 시기에 바로 그런 요새들을 구축했다는 것이다.

파시즘의 기본적이고 유일한 임무는 프롤레타리아 민주주의의 기관들을 모두 그 토대까지 완전히 파괴하는 것이다. 이것은 프롤레타리아에게 '계급적 의미'가 있는가, 없는가? 고상한 이론가들은 이 문제를 곰곰이 생각해 보는 게 좋을 것이다. [파시즘] 체제가 부르주아적 성격이 있다고(이 점을 의심하는 사람은 아무도 없다) 선언한 뒤에 히르슈는 자기 스승[스탈린]과 마찬가지로 지엽적 문제 하나를 간과한다. 파시즘 체제에서 프롤레타리아의 지위라는 문제다. 히르슈 등은 역사적 과정을 공허하고 추상적인 사회학 개념으로 대체하고 있다. 그러나 계급 전쟁은 사회학이라는 성층권이 아니라 역사라는 땅 위에서 벌어진다. 반파시즘 투쟁에서 출발점은 추상적인 민주주의 국가가 아니라 살아 있는 프롤레타리아 조직들이다. 프롤레타리아는 과거의 경험을 모두 그 조직들로 집중해서 자신의 미래를 준비한다.

민주주의에서 파시즘으로 전환하는 과정이 '유기적'이고 '점진적' 성격을 띨 수 있다는 말의 의미는 하나뿐이다. 프롤레타리아가 그동안의 물질적 성과들(일정한 생활수준, 사회입법, 시민적·정치적 권리 등)뿐 아니라 이런 성과를 쟁취하는 데 사용한 기본적 무기, 즉 노동자 조직들도 박탈당하는 과정에서 어떤 동요나 투쟁도 없을 수 있다는 것이다. '유혈 사태 없이' 파시즘으로 전환한다는 말의 함의는, 상상할 수 있는 가장 끔찍한 형태로 프롤레타리아가 굴복하게 된다는 것이다.

베르너 히르슈의 이론적 논의는 우연이 아니다. 그의 논의는 스탈린의 이론적 예언을 더욱 발전시키는 데 기여할 뿐 아니라, 공산당의 현재 선동 내용 전체를 일반화하는 데도 도움이 된다. 공산당의 주요 자원들은 사실상 브뤼닝 정권과 히틀러 정권 사이에 아무 차이도 없다는 것을 입증하는 데만 소모되고 있다. 텔만과 레멜레는 바로 그것이 볼셰비키 정책의 정수라고 생각한다.

문제는 독일에만 국한되지 않는다. 파시스트들이 승리하더라도 달라질 것은 전혀 없다는 생각은 지금 코민테른의 모든 지부가 열심히 선전하고 있다. 프랑스의 정기간행물 《카예 뒤 볼슈비슴》* 1월 호에는 다음과 같은 글이 실렸다.

> 트로츠키주의자들은 사실상 브라이트샤이트처럼• 행동한다. 그들은 사민당이 주장하는 유명한 '차악'론을 받아들인다. '차악'론에 따르면, 브뤼닝은 히틀러만큼 나쁘지 않다. 또, 히틀러 치하보다 브뤼닝 치하에서 굶주리는 것도 그리 나쁘지 않고, 프리크보다는• 그뢰너에게• 총살당하는 것이 한없이 더 낫다고 한다.

이것은 가장 어리석은 말은 아니지만 (공정하게 평가하자면) 꽤 어리석은 말이다. 그러나 불행히도 코민테른 지도자들의 정치

---

* '볼셰비즘 연구'라는 뜻의 프랑스 공산당 이론지.

철학이 어떤 것인지를 아주 잘 보여 준다.

문제는 스탈린주의자들이 속류 민주주의의 관점에서 두 체제를 비교한다는 것이다. 실제로 누군가가 '형식적' 민주주의를 기준으로 브뤼닝 정권을 판단한다면, 이제 자랑스러운 바이마르헌법에 남아 있는 것은 뼈다귀와 껍데기뿐이라는 명백한 결론에 도달할 것이다. 그러나 우리가 보기에는 이것으로 문제가 해결되지 않는다. 문제를 프롤레타리아 민주주의라는 시각에서 접근해야 한다. 프롤레타리아 민주주의라는 기준은, 쇠퇴하는 자본주의에서 '정상적' 경찰력이라는 대응 방식이 언제 어디서 파시즘 체제로 대체되는가 하는 문제를 살펴볼 때 신뢰할 수 있는 유일한 기준이기도 하다.

브뤼닝이 히틀러보다 '더 나은지'(어쩌면 더 마음에 드는지) 아닌지는 우리의 관심사가 전혀 아니다. 그러나 지금 존재하는 노동자 조직들의 명단을 대충 훑어보기만 해도 파시즘이 아직 독일에서 승리하지 못했다고 단언할 수 있다. 파시즘의 승리로 가는 길에는 엄청나게 큰 장애물과 세력들이 여전히 남아 있다.

현재의 브뤼닝 정권은 관료적 독재 정권, 더 분명히 말하면 군대와 경찰로 강요되는 부르주아 독재다. 파시스트 프티부르주아지와 프롤레타리아 조직들이 대등하게 맞서면서 균형을 잡아 주고 있는 듯하다. 노동자들이 소비에트로 단결해 있다면, 그리고 공장위원회들이 생산을 통제하기 위해 투쟁하고 있다면, 현재 상황을 두고 이중[이원]권력이라고 말할 수 있을 것이다. 프롤레타리아 내부의 분열 때문에, 프롤레타리아 전위의 전술적 무기력 때문에, 이중권력은 아직 존재하지 않는다. 그러나 특정 상황에서는 가차 없이 파시즘을 격퇴할 수 있는 강력한 노동자 조직들이 존재한다는 바로 그 사실 때문에 히틀러는 권력을 장악하지 못하고 있고 관료 기구는 일정한 '독립성'을 누리고 있는 것이다.

브뤼닝의 독재는 보나파르트 체제의 우스꽝스러운 형태다. 그의 독재는 불안정하고 신뢰할 수 없으며 오래가지 못할 것이다. 그것은 새로운 사회적 안정의 시작이 아니라, 오래된 사회적 안정이 붕괴하는 초기 국면을 나타낸다. 브뤼닝을 직접 지지하는 부르주아지는 극소수뿐이고, 사민당은 노동자들의 의지를 거슬러서 브뤼닝을 용인하고 있고, 파시즘은 브뤼닝을 위협하고 있다. 그래서 브뤼닝은 종이 쪼가리에 적은 긴급명령을 벼락 치듯 내려보낼 수는 있어도 진짜 벼락은 내려치지 못한다. 그는 의회의 동의가 있어야 의회를 해산할 수 있다. 그는 노동자들에게 불리한 법령을 몇 개 공포하고, 크리스마스 휴전을 선언하고 그 틈을 타서 몇 건의 협상을 시도하고, 100여 개의 집회를 해산하고 10여 종의 신문을 폐간하고 시골 약장수 같은 히틀러와 편지를 주고받을 것이다. 그게 전부다. 더 큰 일을 벌이기에는 그의 팔이 너무 짧다.

브뤼닝이 노동자 조직들의 존재를 용인할 수밖에 없는 이유는 지금 이 순간까지도 권력을 히틀러에게 넘겨주기로 결정하지 않았기 때문이고, 그에게는 노동자 조직들을 청산할 독자적 수단이 없기 때문이다. 브뤼닝이 파시스트들을 용인하고 후원할 수밖에 없는 이유는 노동자들의 승리를 극도로 두려워하기 때문이다. 브뤼닝 정권은 오래가지 못할 과도적 체제이고, 재앙의 전조다. 현 정부가 유지되는 이유는 오직 주요 진영들이 아직 서로 힘을 겨루지 않았기 때문이다. 진짜 전투는 시작되지 않았고 앞으로 벌어질 것이다. 전투가 시작되기 전에, 세력들이 공공연히 격돌하기 전에, 일시적 소강상태에서 등장한 무기력한 관료적 독재가 바로 브뤼닝 정권이다.

되게 아는 체하면서, '브뤼닝과 히틀러는' 아무 차이도 없다고 떠들어 대는 사람들은 실제로 다음과 같이 말하는 셈이다. 우리의 [노동자] 조직들이 존재하든 안 하든 또는 이미 파괴됐든 안 됐든 아무 차이가 없다는 것이다. 이런 사이비 급진적 언사 뒤에는 가장 추악한 수동성이 숨어 있다. 어쨌든 우리는 패배를 피할 수 없다! 프랑스 스탈린주의자들의 정기간행물에서 인용한 구절을 주의 깊게 읽어 보라. 그들은 문제를 히틀러와 브뤼닝 가운데 누구 치하에서 굶주리는 것이 더 나은지로 환원한다. 그들에게는 누구 치하에서 굶주리는지가 문제다. 반대로 우리에게는 어떤 상황에서 죽는 것이 더 나은지가 문제가 아니다. 우리가 제기하는 문제는 어떻게 싸워서 이길 것인지다. 그리고 우리가 내린 결론은 다음과 같다. 관료적 독재가 파시즘 체제로 교체되기 전에, 즉 노동자 조직들이 분쇄되기 전에 주요 공세를 시작해야 한다. 부분적 투쟁들을 전개하고 확대하고 강화해서 총공세를 준비해야 한다. 그러나 이를 위해서는 올바른 전망이 있어야 하고, 무엇보다 아직 승리하지도 않은 적의 승리를 미리 선언해서는 안 된다.

바로 여기에 문제의 핵심이 있고, 전략적 열쇠가 있고, 전투를 준비할 작전기지가 있다. 분별력이 있는 노동자는 모두, 모든 공산주의자는 더욱더, 브뤼닝과 히틀러가 똑같다는 스탈린주의 관료들의 공허하고 썩어 빠진 주장을 철저히 간파해야 한다. 우리는 [스탈린주의 관료들에게] 다음과 같이 대답한다. 당신들은 혼란을 부추기고 있다! 당신들이 수치스럽게 혼란을 부추기고 있는 이유는 앞에 놓인 난관들을 두려워하기 때문이고, 앞에 놓여 있는 커다란 문제들에 겁을 먹었기 때문이다. 그래서 당신들은 싸움이 시작되기도 전에 패배를 시인하고 '우리는 이미 패배했다'고 선언한다. 당신들은 거짓말을 하고 있다! 노동계급이 분열해 있는 것은 사실이다. 개혁주의자들 때문에 약해졌고, 전위의 동요 때문에 방향감각을 상실했다. 그러나 아직 전멸하지 않았고, 그 힘도 아직 소진되지 않았다. 그렇다. 독일 프롤레타리아는 강력하다. 그들의 혁명적 에너지가 행동으로 표출되기만 하면 가장 낙관적인 예상조차 훨씬 뛰어넘는 엄청난 힘을 발휘할 것이다.

브뤼닝 정권은 미래를 준비하는 정권이다. 어떤 미래를 준비하는가? 파시즘의 승리 아니면 프롤레타리아의 승리다. 이 두 진영이 모두 결정적 전투를 준비하고 있기 때문에 브뤼닝 정권은 준비하는 정권이다. 그런데 브뤼닝과 히틀러를 동일시한다면, 전투

전의 상황과 패배 후의 상황을 동일시하는 것이다. 즉, 미리 패배를 인정한다는 뜻이다. 싸우지 말고 항복하자고 호소한다는 뜻이다.

노동자들, 특히 공산주의자들의 압도 다수는 이것을 원하지 않는다. 물론 스탈린주의 관료들도 이것을 원하지 않는다. 그러나 그들의 좋은 의도를 근거로 판단해서는 안 된다. 히틀러도 좋은 의도를 갖고 지옥으로 가는 길을 닦을 것이다. 정책의 객관적 의미, 정책의 방향과 경향을 판단 기준으로 삼아야 한다. 스탈린·마누일스키·텔만·레멜레의 정책이 모두 수동적이고 소심하게 머뭇거리고 굴복하고 허세를 부리는 성격이 있다는 것을 폭로해야 한다. 상황의 열쇠는 공산당이 쥐고 있지만, 스탈린주의 관료들은 혁명적 행동으로 가는 문을 잠그는 데 그 열쇠를 사용하려 한다는 사실을 혁명적 노동자들에게 알려야 한다.

3. 관료적 최후통첩주의

신생 정당인 사회주의노동자당SAP의 신문은 사민당과 공산당의 '정당 이기주의'를 비판하고, [SAP의 지도자인] 자이데비츠는* '계급의 이익이 정당의 이익에 우선한다'고 큰소리친다. 그러나 그들은 정치적 감상주의에 빠져 있을 뿐이다. 게다가, 그들은 이 감상적 문구 뒤에 자기네 정당의 이익을 숨기고 있다. 이런 짓은 아무 쓸모가 없다. 반동 세력은 '국민'의 이익이 계급의 이익에 우선해야 한다고 주장한다. 그럴 때마다 우리 마르크스주의자들은 반동 세력이 '전 국민'의 외피 아래 추구하는 것은 착취계급의 이익일 뿐이라고 끈질기게 설명한다. 국민의 이익은 오직 지배계급이나 통치권을 장악하고 싶어 하는 계급의 관점에서만 표현될 수 있다. [그러나] 계급의 이익은 오직 강령의 형태로만 표현될 수 있고, 강령을 옹호하는 길은 오직 정당을 건설하는 것뿐이다.

계급은 그 자체로 보면 착취의 재료에 불과하다. 프롤레타리아는 사회적인 즉자적 계급에서 정치적인 대자적 계급으로 변모할 때만 독립적 구실을 할 수 있다. 이런 일은 오직 정당이라는 매개를 통해서만 일어날 수 있다. 정당이라는 역사적 기관을 통해 노동계급은 계급의식을 획득하는 것이다. '계급이 정당보다 우위에 있다'고 말하는 것은, 즉자적 계급이 계급의식을 획득하는 과정에 있는 계급보다 우위에 있다고 주장하는 것이다. 이 말은 틀렸을 뿐 아니라 반동적이다. 이 오만하고 피상적인 이론은 공동전선의 필요성을 밝히는 데 전혀 필요하지 않다.

노동계급이 계급의식을 획득하는 과정, 즉 프롤레타리아를 지도하는 혁명적 정당을 건설하는 과정은 복잡하고 모순된 과정이다. 계급 자체는 결코 동질적이지 않다. 계급의 다양한 부문들은 서로 다른 경로와 속도로 계급의식에 도달한다. 또, 부르주아지가 이 과정에 적극 개입한다. 부르주아지는 노동자들을 이간질하기 위해 노동계급 안에 부르주아 기구들을 만들거나 이미 존재하는 기구들을 활용한다. 그러므로 프롤레타리아는 그 역사적 여정의 대부분 동안 정치적으로 분열해 있다. (특정 시기에 매우 날카롭게 제기되는) 공동전선의 문제는 바로 여기에서 비롯한다.

공산당은 (그 정책이 올바르다면) 프롤레타리아의 역사적 이익을 표현한다. 공산당의 임무는 프롤레타리아의 다수를 설득해서 자기편으로 만드는 것이다. 그래야만 사회주의 혁명은 가능하다. 공산당은 노동계급 안팎에 있는 다른 정당이나 조직들한테서 정치적·조직적 독립성을 완전히 그리고 무조건 지켜야만 자신의 임무를 완수할 수 있다.

마르크스주의 정치의 이 기본 원칙에서 벗어나는 것은 곧 프롤레타리아 계급의 이익을 침해하는 가장 악랄한 범죄를 저지르는 것이다. 1925~1927년의 중국 혁명이 실패한 이유는 바로 스탈린과 부하린이 지도한 코민테른이 중국 공산당으로 하여금 부르주아 정당인 국민당에 입당해서 그 규율을 따르도록 강요했기 때문이다. 국민당에 관한 스탈린주의 정책의 경험은 혁명의 지도자들이 어떻게 혁명을 방해하고 파괴하는지를 보여 주는 사례로 역사에 영원히 기록될 것이다. 동양에서는 '노동자·농민의 두 계급 정당'을 건설해야 한다는 스탈린주의 이론은 중국 국민당에 대한 경험을 일반화하고 정당화한 것일 뿐이다. 이 이론을 일본·인도·인도네시아·조선에 적용한 결과로 코민테른의 권위는 약화했고 각국 혁명운동의 발전은 오랫동안 지체됐다. (본질적으로 신뢰할 수 없는) 이 똑같은 정책은 [중국 등지에서처럼] 아주 냉소적으로는 아니더라도 1928년까지 미국과 영국, 모든 유럽 나라에도 적용됐다.

좌익반대파는 공산당과 공산당의 정책이 모든 역사적 상황과 프롤레타리아의 모든 발전 단계에서 독립성을 완전히 그리고 무조건 유지하도록 투쟁해 왔다. 이 투쟁 때문에 좌익반대파와 스탈린 분파의 관계는 스탈린이 장제스·왕징웨이·퍼셀·라디치*·라폴레트* 등과 연합한 시기에 파탄 났다. 텔만과 레멜레뿐 아니라 브란들러와 탈하이머도 이 시기에 볼셰비키·레닌주의자들에게 대항해서 완전히 스탈린 편으로 넘어갔다는 사실은 다시 떠올릴 필요도 없다. 그러므로 스탈린과 텔만의 학교에 가서 공산당의 독립적 정책에 관해 배워야 할 사람들은 결코 우리가 아니다!

그러나 프롤레타리아가 혁명적 의식을 획득하게 되는 것은 학년이 높아지면서가 아니라 끊임없는 계급투쟁을 통해서다. 투쟁하려면 프롤레타리아 대열이 단결해야 한다. 이 점은 파시즘을 물리치는 일 같은 '국가적' 정치투쟁뿐 아니라, 한 공장의 담벼락 안에서 벌어지는 부분적 경제투쟁에서도 진실이다. 따라서 공동전선 전술은 우연적이고 인위적인 어떤 것, 즉 교활한 책략이 결코 아니다. 공동전선 전술은 오로지 프롤레타리아의 발전을 좌우하는 객관적 상황에서 비롯한다. 《공산당 선언》에 나오는 말, 즉 공산주의자들은 프롤레타리아와 대립하지 않으며, 프롤레타리아 전체의 이해관계와 다른 별개의 이해관계를 갖지 않는다는 말은, 계급의 다수를 설득하고자 하는 정당의 투쟁은 노동자들의 투쟁 대열이 단결할 필요성과 결코 충돌해서는 안 된다는 뜻이다.

〈로테 파네〉가 '계급의 이익이 정당의 이익에 우선해야 한다'는 주장을 비난하는 것은 완전히 옳다. 사실, 계급의 이익을 올바르게 이해하는 것은 정당의 임무를 올바르게 표현하는 것과 동일하다. 문제가 이런 역사적·철학적 주장에 그친다면, 〈로테 파네〉의 견해는 이론의 여지가 없다. 그러나 이런 주장에서 〈로테 파네〉가 끌어내는 정치적 결론은 엉터리 마르크스주의다.

프롤레타리아의 이해관계와 공산당의 목표가 원칙적으로 같다는 말은, 오늘날에도 프롤레타리아 전체가 자신의 계급 이익을 의식하고 있다거나 공산당이 모든 상황에서 프롤레타리아의 이해관계를 올바르게 표현하고 있다는 뜻이 아니다. 공산당의 필요성 자체가, 프롤레타리아는 태어날 때부터 자신의 역사적 이해관계를 알고 있는 것은 아니라는 명백한 사실에서 비롯한다. 공산당의 임무는 자신의 지도력을 프롤레타리아에게 입증할 방법을 투쟁 경험에서 배우는 것이다. 그러나 스탈린주의 관료들은 오히려 코민테른의 도장이 찍힌 당원증만으로도 프롤레타리아에게 완전한 복종을 요구할 수 있다는 견해를 고수하고 있다.

처음부터 공산당의 지도를 따르지 않는 공동전선은 모두 프롤레타리아의 이익에 반하는 것이라고 〈로테 파네〉는 되풀이한다. 공산당의 지도를 인정하지 않는 사람은 누구든지 '반혁명 분자'라는 것이다. 처음부터 노동자는 공산주의 조직을 무조건 신뢰해야 한다. 공산당의 목표와 노동계급의 목표가 원칙적으로 같다는 사실에서 관료들이 끌어내는 결론은 계급에게 명령을 내릴 권리가 자신들에게 있다는 것이다. 공산당이 아직 해결하지 못한 역사적 문제, 즉 노동자들의 압도 다수를 공산당의 깃발 아래 단결시켜야 하는 과제를 관료들은 최후통첩, 즉 노동계급의 관자놀이를 겨누는 권총으로 바꿔치기했다. 형식적·행정적·관료적 사고가 변증법을 대체하고 있다.

[관료들은] 해결돼야 할 역사적 문제가 이미 해결됐다고 선포한다. 아직 얻어야 할 신뢰를 이미 얻었다고 선언한다. 그렇게 하는 것이 가장 쉬운 해결책이라는 사실은 말할 필요도 없다. 그러나 그런 방법으로 얻을 수 있는 것은 거의 없다. 정치는 현실에서 출발해야지 희망 사항이나 예상되는 최종 결과에서 출발해서는 안 된다. 스탈린주의 관료들이 결론으로 채택한 입장은 실제로는 공산당을 부정否定하는 것으로 이어진다. 프롤레타리아가 텔만과 레멜레의 지도를 미리 받아들여야 한다면, 공산당의 역사적 노고가 왜 필요하겠는가?

공산주의자 대열에 합류하고 싶어 하는 노동자에게 공산당은 다음과 같이 요구할 권리가 있다. 즉, 우리의 강령을 받아들이고, 규율을 지키고, 선출된 기구의 권위를 인정해야 한다고. 그러나 일정한 투쟁 목표를 위한 공동 행동이 문제 될 때 노동자 조직들의 노동 대중에게 선험적으로 그와 똑같은 요구를 하거나 심지어 그런 요구의 일부라도 주장하는 것은 터무니없고 범죄적이다. 그랬다가는 공산당의 토대 자체가 약해질 것이다. 왜냐하면 공산당은 대중과 올바른 관계를 유지해야만 자기 임무를 완수할 수 있기 때문이다. 공산당은 노동자들을 짜증 나게 하고 모욕하는 일방적 최후통첩을 보낼 것이 아니라, 공동 행동을 위한 분명한 강령을 제출해야 한다. 바로 그것이 현실에서 지도력을 획득하는 가장 확실한 방법이다.

최후통첩주의는 노동계급을 설득하려다 실패하자 강간하려고 덤비는 것이나 마찬가지다. 즉, '만약 노동자 여러분이 텔만·레멜레·노이만의 지도력을 받아들이지 않는다면 우리는 여러분이 공동전선을 구축하는 것을 허용하지 않겠다'고 강변하는 것이다. [노동계급을] 가장 증오하는 적이라 해도 지금 공산당 지도자들이 스스로 만든 상황보다 더 불리한 처지를 생각해 낼 수는 없을 것이다. 그것은 파멸로 가는 가장 확실한 길이다.

독일 공산당 지도부는 다음과 같이 에둘러 말하는 단서를 붙이면서 최후통첩주의를 훨씬 더 분명히 강조한다. '[노동자] 여러분에게 [프롤레타리아 계급투쟁의 근본적 문제들에 관한] 우리 공산당의 견해를 미리 받아들이라고 요구하는 것은 아니다.' 이것은 마치 잘못한 것이 없는 정책에 대해 잘못했다고 사과하는 말처럼 들린다. 공산당이 다른 조직들과 어떤 협상도 하지 않겠다고 선언하면서도, 사민당과 결별하기를 원하지만 자신을 공산주의자라고 부르고 싶지는 않은 노동자들에게 공산당의 지도를 받아들이라고 하는 것은 순전히 최후통첩주의다.

'우리 공산당의 견해'를 받아들이라고 요구하는 것은 아니라는 단서는 완전히 터무니없는 말이다. 지금 이 순간 자기 당[사민당]과 결별하고 공산당이 지도하는 투쟁에 참가할 태세가 돼 있는 노동자는 자신을 공산주의자라고 불러야 한다는 사실 때문에 단념하지는 않을 것이다. 외교적 언사와 이름표로 사기 치는 것은 그런 노동자와 맞지 않는 일이다. 정치와 조직을 있는 그대로 받아들이는 노동자는 공산당 지도부를 신뢰하지 않는 한 계속 사민당에 남아 있을 것이다. 우리가 자신 있게 말할 수 있는 것은, 사민당 노동자들의 다수가 여전히 사민당에 남아 있는 이유는 개혁주의 지도부를 신뢰하기 때문이 아니라 공산당 지도부를 아직 신뢰하지 못하기 때문이라는 것이다. 그러나 그들은 지금도 파시즘에 맞서 싸우기를 바라고 있다. 누군가가 공동 투쟁을 향해 첫걸음을 내딛는 것을 본다면 그들은 자기 조직에도 그렇게 하라고 요구할 것이다. 자기 조직이 멈칫거리며 앞으로 나가지 않는다면, 그들은 마침내 그 조직과 결별할 것이다.

공산당 중앙집행위원회는 사민당 노동자들이 경험을 통해 [올바른] 길을 찾을 수 있도록 도와주기는커녕 그 노동자들에 맞서 사민당 지도부를 도와주고 있다. 벨스나 힐퍼딩 같은 작자들은 공산당이 공동 투쟁에 참여하기를 극도로 싫어한다고 떠들어 대면서, 실제로는 자신들이 싸우기를 싫어하고 투쟁을 두려워하며 투쟁할 능력도 없다는 사실을 은폐하는 데 성공하고 있다. 공산당이 공동전선 정책을 완고하고 멍청하고 무감각하게 거부하는 것이야말로 현재 상황에서 사민당의 가장 중요한 정치적 무기가 되고 있다. 바로 그런 이유 때문에 사민당이 (기생충 같은 본성에 따라) 스탈린과 텔만의 최후통첩주의 정책들에 대한 우리의 비판을 덥석 물고 이용하는 것이다.

지금 코민테른의 공식 지도자들은 심오한 척하면서, 공산당의 이론적 수준을 높이고 '볼셰비즘의 역사'를 연구해야 한다는 장황한 설명을 늘어놓고 있다. 사실 [공산당의 이론적] '수준'은 끊임없이 떨어지고 있고, 볼셰비즘의 교훈은 잊히고 왜곡되고 짓밟히고 있다. 한편, 지금 독일 공산당 중앙집행위원회가 추진하는 정책의 선구자 격을 러시아 공산당의 역사에서 찾는 것은 결코 어려운 일이 아니다. 최후통첩주의의 창시자인 고故 보그다노프가* 바로 그 선구자다. 이미 1905년에 보그다노프는 페트로그라드 소비에트가 먼저 볼셰비키의 지도력을 인정하지 않는다면 볼셰비키는 소비에트에 참여할 수 없다고 생각했다. 보그다노프의 영향을 받은 (볼셰비키) 중앙집행위원회 산하 페트로그라드국은 1905년 10월에 다음과 같은 내용의 결의안을 통과시켰다. 즉, 페트로그라드 소비에트에 [볼셰비키]당의 지도력을 인정하라고 요구하고 만약 요구가 거부당하면 소비에트에서 철수한다는 것이었다. 그래서 당시 (볼셰비키) 중앙집행위원회의 일원이었던 청년 변호사 크라시코프가 소비에트 총회에서 이 최후통첩을 낭독했다. 그러자 볼셰비키도 포함된 노동자 대의원들은 놀란 표정으로 서로 쳐다보고 나서 다시 의사일정에 따라 안건을 처리했다. 단 한 사람도 소비에트에서 철수하지 않았다. 그 직후에 망명지에서 러시아로 귀국한 레닌은 최후통첩파를 가차 없이 질책했다. 그는 "여러분은, 그리고 어느 누구도 최후통첩이라는 수단으로 대중이 반드시 거쳐야 할 정치 발전 단계들을 건너뛰도록 강요할 수 없습니다" 하고 훈계했다.

그러나 보그다노프는 자신의 방법론을 포기하지 않고 결국 '최후통첩파'나 '소환파'라는 분파를 따로 결성했다. 그들이 이런 이름을 얻게 된 이유는 '먼저 우리의 지도력을 인정하라'는 상부의 최후통첩을 받아들이지 않는 모든 조직에서 볼셰비키를 소환하라고 요구했기 때문이다. 최후통첩파는 그 정책을 소비에트뿐 아니라 의회 영역과 노동조합에도, 요컨대 노동계급의 모든 합법·반半합법 조직에 적용했다.

최후통첩파에 맞선 레닌의 투쟁은 정당과 계급의 올바른 상호관계를 위한 투쟁이었다. 당시 볼셰비키 당내에서 최후통첩파는 전혀 중요한 구실을 하지 못했다. 만약 그랬다면 볼셰비즘의 승리는 불가능했을 것이다. 볼셰비즘의 강점은 노동계급과 빈틈없는 세심한 관계를 맺고 있었다는 것이다. 레닌은 최고 지도자가 된 뒤에도 최후통첩파에 맞선 투쟁을 계속했다. 특히 노동조합을 대하는 태도 문제와 관련해서 더욱 그랬다.

예컨대, 레닌은 다음과 같이 썼다.

> 정말이지, 러시아와 연합국의 부르주아지를 상대로 전례 없는 승리를 거둔 지 2년 반이 지난 오늘날의 러시아에서 노동조합이 '[프롤레타리아] 독재를 인정해야'만 우리와 함께할 수 있다는 조건을 내건다면 우리는 매우 어리석은 짓을 저지르고, 대중에게 미치는 우리의 영향력을 손상시키고, 멘셰비키를 도와주는 꼴이 될 것이다. 왜냐하면 공산주의자들의 임무는 후진적인 사람들을 설득하는 것이고 그들 사이에서 어떻게 활동할지를 아는 것이지, 억지로 지어낸 유치한 '좌파적' 구호들로 우리와 그들을 분리시키는 것이 아니기 때문이다.[3]

이것은 서유럽 각국의 공산당에 훨씬 더 들어맞는 말이다. 그들은 노동계급의 소수만을 포괄하고 있기 때문이다.

그러나 지난 몇 년 동안 소련의 상황은 급격하게 변했다. 공산당이 통치권으로 무장했다는 것이 뜻하는 바는 전위와 계급의 상호 관계에 새로운 요소, 즉 강제력이라는 요소가 도입됐다는 것이다. 공산당과 소비에트의 관료 집단에 대항하는 레닌의 투쟁은 본질적으로 잘못된 부서 조직이나 부서의 관료적 형식주의와 비효율성에 맞서는 투쟁이 아니라, 계급에게 강압적으로 명령하는 기구에 대항하는 투쟁, 공산당 관료들이 새로운 '지배' 파벌로 변모하는 것에 대항하는 투쟁이었다. 레닌이 죽기 직전 침상에서 한 조언은 노동자들로 보강된 중앙통제위원회를 중앙집행위원회에서 독립적인 기구로 만들어야 하고 스탈린과 그의 분파를 공산당 기구에서 배제해야 한다는 것이었다. 이 조언의 목적은 공산당의 관료적 변질을 막으려는 것이었다. [그러나] (이 소책자에서는 다룰 수 없는) 다양한 이유들 때문에 공산당은 레닌의 조언을 무시했다. 최근에 공산당의 관료적 변질은 극한에 이르렀다. 스탈린의 기구는 단지 강압적으로 명령할 뿐이다. 명령의 언어는 최후통첩주의 언어다. 모든 노동자는 중앙집행위원회의 과거·현재·미래의 결정이 모두 무오류라는 것을 무조건 인정해야 한다. 정책이 잘못된 것일수록 무오류라는 허세는 더 심해진다.

스탈린 분파는 코민테른의 기구를 장악한 뒤에 자연스럽게 외국 지부들에, 즉 자본주의 나라들의 공산당에 자신의 방법을 이전했다. 독일 지도부의 정책은 소련 지도부의 정책과 꼭 닮았다. 텔만은 스탈린의 관료들이 자신들의 무오류를 인정하지 않는 사람들을 죄다 반혁명 분자라고 비난해서 지배권을 장악하는 과정을 지켜보고 있다. 텔만이 스탈린보다 더 나쁜 점은 무엇인가? [다음과 같이 주장한다는 점이다.] 노동계급이 기꺼이 텔만의 지도를 받지 않는다면, 그것은 오직 노동계급이 반혁명 세력이기 때문이다. 최후통첩주의가 해롭다고 지적하는 사람들은 극악한 반혁명 분자들이다. 레닌 전집은 가장 반혁명적인 출판물이다. 스탈린이 레닌 전집을 그토록 엄격하게 검열해야 하는(실제로 그렇게 하고 있다) 충분한 이유가 있다. 특히, 외국어로 번역해서 출판하는 경우에는 더욱 그렇다.

[그러나] 최후통첩주의는 모든 상황에서 해롭다. 최후통첩주의가 소련에서는 공산당의 도덕적 자산을 낭비한다면, 서유럽 공

산당들에는 이중의 재앙을 가져다준다. 그들은 도덕적 자산을 이제 막 축적하기 시작했기 때문이다. 적어도 소련 내에서는 승리한 혁명이 억압 기구 형태로 관료적 최후통첩주의의 물질적 근거를 창출한 반면, 독일을 포함한 자본주의 나라들에서는 최후통첩주의가 무능하고 우스꽝스러운 모조품으로 전락하고 공산당의 권력 장악을 방해하고 있다. 무엇보다도, 텔만과 레멜레의 최후통첩주의는 우스꽝스럽다. 특히 혁명적 정당에 관한 문제들에서 이렇게 우스꽝스러운 것은 모두 치명적이다.

잠시 눈을 돌려서 영국을 살펴보자. 영국에서는 (스탈린주의 관료들의 파멸적 잘못 때문에) 공산당이 여전히 소수의 프롤레타리아로 이뤄져 있다. 모든 형태의 공동전선(공산당이 주도하는 것만 빼고)이 '반혁명적'이라는 이론을 받아들인다면, 분명히 영국 프롤레타리아는 공산당이 전면에 나설 수 있을 때까지 혁명적 투쟁을 연기해야 한다. 그러나 공산당은 스스로 혁명적 경험을 쌓지 않는다면, 계급의 전면에 나설 수 없다. 그러나 공산당의 경험은 수많은 대중을 투쟁에 끌어들이는 것이어야만 혁명적 성격을 띨 수 있다. 그러나 공산주의자가 아닌 대중, 특히 조직된 노동자들은 더더욱 공동전선 이외의 방식으로는 투쟁에 끌어들일 수 없다.

그래서 악순환에 빠진다. 관료적 최후통첩주의로는 이 악순환에서 결코 빠져나올 수 없다. 그러나 혁명적 변증법은 그 악순환에서 빠져나올 수 있는 길을 이미 오래전에 제시했고, 아주 다양한 영역에서 수많은 사례들을 통해 그것을 입증했다. 즉, 권력 장악을 위한 투쟁과 개혁을 위한 투쟁을 서로 연결시키고, 공산당의 완전한 독립성을 지키면서도 노동조합의 단결을 유지하고, 부르주아 체제에 맞서 투쟁하면서도 그 기구들을 활용하고, 의회 연단에서 의회주의를 가차 없이 비판하고, 개혁주의에 맞서 무자비하게 전쟁을 벌이면서도 부분적 투쟁들에서는 개혁주의자들과 실천적 협정을 맺었다.

영국에서 최후통첩주의의 무능력이 두드러져 보이는 이유는 공산당이 극도로 허약하기 때문이다. 독일에서는 최후통첩주의의 해악이 어느 정도 은폐돼 있다. 왜냐하면 공산당이 당원 수도 많고 또 성장하고 있기 때문이다. 그러나 독일 공산당이 성장하고 있는 것은 사태의 압력 때문이지 지도부의 정책 덕분이 아니다. 최후통첩주의 덕분이 아니라 최후통첩주의에도 불구하고 성장하고 있는 것이다. 더욱이, 당원 수의 증가는 결정적 구실을 하지 못한다. 결정적 요인은 공산당과 노동계급의 정치적 상호 관계다. 이 근본적 문제에서는 상황이 개선되지 않고 있다. 왜냐하면 독일 공산당이 자신과 노동계급 사이에 최후통첩주의라는 가시울타리를 쳐 놨기 때문이다.

4. 공동전선 문제에서 우왕좌왕하는 스탈린주의자들

(뒤셀도르프 출신의) 사민당원 아델하이트 토르호르스트는

[1931년 9월] 공산당으로 전향했고, [1932년] 1월 중순 프랑크푸르트에서 공산당 대표로 공식 발언할 때 다음과 같이 말했다. "사민당 지도자들은 충분히 폭로됐다. 따라서 우리가 위로부터 단결을 추구하는 이 방향으로 계속 노력하는 것은 순전히 역량 낭비일 뿐이다." 이것은 그 발언을 높이 평가하며 칭찬한 프랑크푸르트 공산당 신문에서 인용한 것이다. "사민당 지도자들은 충분히 폭로됐다." 사민당에서 공산당으로 전향한(물론 이것 자체는 훌륭한 일이다) 그 여성 대변인에게는 충분히 폭로됐다. 그러나 아직도 선거에서 사민당에 투표하고 개혁주의 노조 관료들을 참고 견디는 수많은 노동자들에게는 충분히 폭로되지 않았다.

그런 발언이 그것 하나뿐이었다면 굳이 인용할 필요가 없었을 것이다. 최근에 나에게 도착한 (1932년 1월 28일 자) 〈로테 파네〉는 다시 한 번 다음과 같이 주장했다. 공동전선은 사민당 지도자들을 배제하고 반대하는 것을 통해서만 수립될 수 있다. "지난 18년 동안 이 '지도자들'의 소행을 직접 체험한 사람이라면 아무도 그들을 믿지 않을 것이기 때문이다." 증명 끝. 그렇다면 우리는 다음과 같이 물을 수 있을 것이다. 정치 활동에 참여한 지 18년이 안 됐거나 심지어 18개월도 안 된 사람들은 어떻게 할 것인가? 제1차세계대전 발발 이후 여러 세대가 정치적으로 성숙해졌다. 그러나 이들은 구세대의 경험을 훨씬 짧은 기간에 압축적으로 이해해야 한다. 레닌은 초좌파주의자들에게 다음과 같이 가르쳤다. "우리에게 쓸모없어졌다고 해서 계급에게도, 대중에게도 쓸모없어졌다고 생각해서는 안 된다. 이 점이 핵심이다."

더욱이, 18년 동안 [사민당 지도부의 소행을] 직접 경험한 구세대조차 그 지도자들과 결별하지 않았다. 오히려 여전히 많은 '고참들'을 보유하고 있는 것은 바로 사민당이다. 그 고참들은 오랜 전통으로 사민당과 묶여 있다. 대중이 그토록 느리게 배운다는 것은 분명히 애석한 일이다. 그러나 이 때문에 비난받아야 할 사람들이 있다면, 개혁주의의 범죄적 성격을 폭로하는 데 너무나 무능한 공산당 '선생님들'이다. 지금은 [새로운] 상황을 활용하는 동시에, [파시즘의] 치명적 위험 때문에 대중의 관심이 최고조에 달했을 때 이 개혁주의자들을 새로운 시험대에, 어쩌면 정말로 결정적인 시험대에 세워야 한다. 적어도 그 일만큼은 해내야 한다.

우리는 사민당 지도자들에 대한 우리의 견해를 조금도 숨기거나 누그러뜨리지 말고 사민당 노동자들에게 다음과 같이 말할 수 있고 말해야 한다. "여러분은 한편으로는 기꺼이 우리와 함께 투쟁하기를 원하고 다른 한편으로는 여러분의 지도자들과 결별하기를 꺼리고 있습니다. 그렇다면 우리는 여러분에게 다음과 같이 제안합니다. 여러분의 지도자들이 이런저런 실천적 목표를 위해 이런저런 방식으로 우리와 함께 공동 투쟁에 나서도록 그들을 압박하십시오. 우리 공산주의자들은 공동 투쟁에 나설 준비가 다 돼 있습니다." 이보다 더 분명하고 뚜렷하고 설득력 있는 제안이 과연 있겠는가?

바로 이런 의미에서 나는 (얼간이들의 진정한 공포와 사기꾼들의 거짓 분노를 불러일으킬 의도로) 파시즘에 대항하는 전쟁에서 우리는 악마나 악마의 할머니, 심지어 노스케나• 최르기벨과도 실천적 군사동맹을 맺을 준비가 돼 있다고 썼던 것이다.*

[그러나] 공산당 자체는 자신의 실패한 정책을 모든 단계에서 스스로 위반하고 있다. 공산당은 (자신과) '붉은 공동전선'을 건설하자고 호소하면서 끊임없이 "프롤레타리아의 무조건적 언론 자유와 시위·집회·조직할 권리"를 요구한다. 이 구호는 완전히 옳다. 그러나 공산당이 단지 자신들만의 신문과 집회가 아니라 프롤레타리아 전체의 신문과 집회 등을 이야기한다면, 그것은 사실 사민당과 공동전선을 건설하자는 구호를 내놓고 있는 것이다. 왜냐하면 바로 그 사민당이 노동자들의 신문을 발행하고 집회를 주최하는 등의 일을 하고 있기 때문이다. 사민당과 함께 공동전선을 건설한다는 생각이 포함된 정치 구호를 제기하면서도 그 구호에 맞는 투쟁을 위한 실천적 협정을 거부하는 것은 완전히 터무니없는 짓이다.

뮌첸베르크의• 실천적 상식은 가끔 [코민테른의] '총노선'과 충

---

* 스탈린주의 출판물 가운데 가장 몰상식하고 무식한 프랑스 정기간행물 《카예 뒤 볼슈비슴》은 이 악마의 할머니라는 말에 게거품을 물고 덤벼들었다. 물론 그들은 악마의 할머니가 마르크스주의 언론에 오래전부터 등장했다는 사실을 전혀 몰랐다. 혁명적 노동자들이 이 무지하고 부도덕한 선생님들을 악마의 할머니에게 보내서 도제 수업을 받게 할 날이 머지않았기를 바란다 ― 트로츠키.

돌했는데, 그는 〈로테 아우프바우〉(붉은 건축) 11월 호에서 다음과 같이 썼다. "독일의 파시즘 운동에서 가장 반동적이고 가장 국수주의적이며 가장 야만적인 분파가 국가사회주의라는 것은 사실이다. 그리고 모든 진정한 좌파 집단들(!)은 이 독일 파시즘 분파의 영향력과 세력 확장을 저지하는 데 극도로 관심이 많다는 것도 사실이다." 히틀러의 정당이 "가장 반동적이고 가장 야만적인 분파"라면 브뤼닝 정권은 적어도 덜 야만적이고 덜 반동적이다. 여기서 뮌첸베르크는 '차악'론을 슬그머니 받아들이고 있다. 그는 [공산당 노선에] 충실한 외관을 유지하기 위해 파시즘을 여러 종류로, 즉 온건파·중간파·강경파로 구분한다. 마치 터키 담배를 구분하는 듯하다. 그러나 모든 "좌파 집단들"(그런데 이들은 이름이 없는가?)이 파시즘을 물리치는 데 관심이 있다면, 이 "좌파 집단들"을 실천적 시험대에 세우는 것이 긴급한 과제 아니겠는가?

브라이트샤이트의 외교적이고 모호한 제안을 쌍수를 들어 환영하고, 우리 쪽에서는 반파시즘 공동 투쟁을 위한 구체적이고 상세한 실천적 강령을 제출하는 한편 자유노조 집행부도 참여하는 사민당·공산당 집행부 합동 회의를 요구했어야 한다는 것이 자명하지 않은가? 그와 동시에, 이 강령을 두 정당의 각급 조직과 대중 전체에게 있는 힘껏 알렸어야 한다. [공동 투쟁을 위한] 협상은 전 국민이 보는 앞에서 공개적으로 진행됐어야 한다. 협상 내용이 왜곡되거나 터무니없이 날조되지 않고 언론에 날마다 실렸어야 한다. 그렇게 직접적이고 예리한 선동이 끊임없는 '사회 파시즘'론 선동보다 노동자들에게는 훨씬 효과적이었을 것이다. 그런 상황에서는 사민당이 '무쇠전선'이라는 가장행렬 뒤에 단 하루도 숨어 있지 못했을 것이다.

모든 사람이 《좌파 공산주의: 유치증》을 읽어야 한다. 지금이야말로 그 책을 읽어야 할 때다. 바로 지금의 독일 같은 상황을 염두에 두고 레닌은 다음과 같이 썼다(그의 말을 그대로 인용하겠다).

> 프롤레타리아의 전위, 즉 프롤레타리아의 계급의식적 부위인 공산당에 절대로 필요한 것은 유연하게 대응하며 방침을 변경하는 것, 다양한 프롤레타리아 집단들, 노동자와 소小소유자의 다양한 정당들과 합의하고 타협하는 것이다. … 프롤레타리아의 계급의식, 혁명적 정신, 싸워 이길 능력의 수준을 낮추는 것이 아니라 높이기 위해 이 전술을 적용할 줄 아는 것이 문제의 핵심이다.

그러나 공산당은 어떤 조치들을 취하고 있는가? 날마다 공산당 신문은 자신들이 받아들일 수 있는 공동전선은 오직 "브뤼닝·제버링·라이파르트•·히틀러 따위에 대항하는 공동전선"뿐이라는 주장을 되풀이하고 있다. 프롤레타리아가 무장봉기하는 상황에서는 브뤼닝·제버링·라이파르트·히틀러 사이에 아무 차이도 없을 것이라는 점은 결코 부정할 수 없다. 볼셰비키의 10월

봉기에 반대해서 사회혁명당과 멘셰비키는 입헌민주당·코르닐로프와 단결했다. 케렌스키는 검은백인단과 크라스노프 장군의 카자크 부대를 이끌고 페트로그라드에 대항했다. 멘셰비키는 그런 케렌스키와 크라스노프를 지지했다. 사회혁명당은 왕당파 장교들이 이끄는 사관생도들의 봉기를 획책했다.

그러나 그렇다고 해서 브뤼닝·제버링·라이파르트·히틀러가 항상 모든 상황에서 같은 편이라는 말은 아니다. 바로 지금 그들의 이해관계는 엇갈려 있다. 지금 이 순간 사민당의 과제는 프롤레타리아 혁명에 대항해서 자본주의 사회의 토대를 방어하는 것이 아니라, 파시즘에 대항해서 반半의회주의적 부르주아 체제를 방어하는 것이다. 이 적대 관계를 이용하지 않는다면 완전히 어리석은 짓일 것이다.

레닌은 《좌파 공산주의: 유치증》에서 다음과 같이 썼다.

> 국제 부르주아지를 타도하기 위한 전쟁을 벌이면서 … 처음부터 미리 일체의 방침 변경을 거부하거나, 적들 사이의 이익 다툼(**비록 일시적이라도**)을 이용하지 않거나, 동맹할 수 있는 세력들(**비록 일시적이고 불안정하고 우연적이고 동요하는 동맹 세력이라도**)과의 화해나 타협을 거부하는 것은 정말로 웃기는 일 아닌가?

다시 레닌의 말을 그대로 인용했다(괄호 안의 말은 레닌 자신이 강조한 것이다).

레닌은 또 다음과 같이 썼다.

> 더 강력한 적을 이기려면 자신의 온 힘을 쏟아부어야만 한다. 그리고 적들 사이의 '틈'이 아무리 사소하더라도 그 틈을 세심하고 신중하고 노련하게 이용하려고 애써야 한다.

그러나 텔만과 레멜레가 마누일스키의 지도에 따라 하고 있는 일은 무엇인가? 그들은 사회파시즘이라는 이론과 공동전선을 방해하는 실천을 통해, 사민당과 파시즘 사이의 틈(정말 커다란 틈이다)을 봉합하려고 온 힘을 다해 노력하고 있다.

레닌은 "아무리 일시적이고 동요하고 믿을 수 없고 우연적인 동맹이라도 대중적 동맹을 얻을 수 있는 기회라면 모두" 이용해야 한다고 주장했다. 그리고 "이 점을 이해하지 못하는 사람은 누구든지 마르크스주의와 현대의 과학적 사회주의 일반을 전혀 이해하지 못한다"고 말했다. 새로운 스탈린주의 학교의 예언자들이여, 귀를 쫑긋 세우고 들어라. 당신들은 마르크스주의를 전혀 이해하지 못한다고 여기에 분명히 쓰여 있다. 레닌이 말한 사람이 바로 당신들이다. 이제 당신들이 답변할 차례다.

그러나 사민당을 이기지 못하면 파시즘도 이길 수 없다고 스탈린주의자들은 대답한다. 이것은 참말인가? 어떤 의미에서는 그렇다. 그러나 그 역도 참이다. 이탈리아에서는 파시즘을 이기지 못하면 사회민주주의도 이길 수 없다. 파시즘과 사회민주주의는 모두 부르주아지의 도구다. 자본이 지배하는 한, 파시즘과 사회민주주의는 다양한 조합을 이루면서 계속 존재할 것이다. 그러므로 모든 문제는 똑같은 공통분모로 환원된다. 즉, 프롤레타리아는 부르주아 체제를 전복해야 한다는 것이다.

그러나 독일에서 부르주아 체제가 비틀거리고 있는 바로 지금 파시즘이 이 체제를 수호하겠다고 나섰다. 이 수호자를 때려눕히려면 먼저 사민당을 끝장내야 한다고 공산당은 주장한다. … 여기서 우리는 생명 없는 도식주의 때문에 악순환에 빠진다. 이 악순환에서 벗어날 수 있는 길은 오직 행동의 영역에 있다. 그리고 이 행동의 성격을 좌우하는 것은 장난감 같은 추상적 범주들이 아니라 살아 있는 역사적 세력들 사이의 현실적 관계다.

"아니다, 결코 그렇지 않다!"고 공산당 관료들은 계속 떠들어댄다. "우리는 '먼저' 사민당부터 청산할 것이다. 어떻게? 아주 간단하다. 언제 언제까지 신입 당원 10만 명을 가입시키라고 우리 당 조직들에 명령을 내리면 된다." 이것은 정치투쟁을 한낱 선전으로, 변증법적 전략을 관료적 계획으로 대체하는 것이다. 그렇다면 계급투쟁의 실제 상황 때문에 지금 이 순간 파시즘의 문제가 노동계급에게 사느냐 죽느냐 하는 문제로 제기된다면 어찌할 것인가? [공산당 관료들은 다음과 같이 말할 것이다.] 그렇다면 노동계급이 이 문제에 등을 돌리게 만들어야 한다. 반파시즘 투쟁은 부차적 임무라고 노동계급을 설득해서 진정시켜야 한다. 그 임무는 참고 기다리면 저절로 해결될 것이다. 파시즘은 사실 이미 지배하고 있다. 히틀러가 새롭게 덧붙일 것은 아무것도 없다. 히틀러를 두려워할 이유가 전혀 없다. 히틀러는 공산당이 집권할 수 있도록 길을 닦아 줄 뿐이다.

혹시 내가 지금 과장하고 있는 것 아닌가? 아니다. 바로 이런 생각에 따라 공산당 지도자들은 행동하고 있다. 그들이 항상 그 논리를 끝까지 추구하는 것은 아니다. 대중과 접촉하게 되면 그들은 흔히 움찔해서 그 최종 결론에서 후퇴한다. 그래서 다양한 정책을 뒤죽박죽 섞어서 자신들과 노동자들을 혼란에 빠뜨린다. 그러나 수입과 지출을 맞추려고 할 때는 항상 파시즘의 승리가 불가피하다고 전제한다.

1931년 10월 14일 공산당의 공식 지도자 3인방 가운데 한 명인 레멜레는 제국의회에서 다음과 같이 말했다.

> 브뤼닝 씨가 매우 분명하게 말했듯이, 일단 그들[파시스트들 — 트로츠키]이 권력을 장악하게 되면 프롤레타리아의 공동전선이 등장해서 모든 것을 깨끗이 쓸어버릴 것입니다.(공산주의자들의 폭풍 같은 박수)

브뤼닝은 그런 전망을 제시하며 부르주아지와 사민당을 위협하고 있다. 이 점은 이해할 수 있다. 그렇게 해서 브뤼닝은 자신의 권력을 지키고 있는 것이다. 그런데 레멜레는 그런 전망을 제시하며 노동자들을 위로하고 있다. 이것은 수치스러운 짓이다. 그렇게 해서 레멜레는 히틀러가 집권할 수 있도록 길을 닦아 주고 있는 것이다. 그 전망 자체는 완전히 틀렸을 뿐 아니라, 대중심리와 혁명적 투쟁의 변증법을 완전히 오해하고 있음을 보여 준다.

독일 프롤레타리아가 지금 눈앞에서 공공연히 벌어지고 있는 사건들을 목격하면서도 파시즘의 집권을 허용한다면, 즉 가장 치명적인 맹목성과 수동성을 고스란히 드러낸다면, 과연 이 똑같은 프롤레타리아가 파시스트들의 집권 후에는 즉시 그 수동성을 떨쳐 버리고 "모든 것을 깨끗이 쓸어버릴" 것인가? 그렇게 생각할 근거는 어디에도 없다. 그런 일은, 예컨대 이탈리아에서도 결코 일어나지 않았다. 레멜레의 사고방식은 19세기 프랑스에서 미사여구나 늘어놓던 프티부르주아들과 똑같다. 그들은 대중을 지도할 능력이 없음을 스스로 입증하는 한편, 루이 보나파르트가 집권해서 공화국 위에 군림하면 민중이 즉시 들고일어나서 자신들을 방어해 주고 "모든 것을 깨끗이 쓸어버릴" 것이라고 굳게 확신했다. 그러나 모험가 루이 보나파르트가 권력을 장악하도록 허용한 민중은 나중에도 그를 쓸어버릴 능력이 없음을 확실히 입증했다. 새로운 중대 사건과 역사적 격변, [프랑스·프로이센] 전쟁이 일어난 뒤에야 루이 보나파르트는 몰락했다.

히틀러가 권력을 장악한 뒤에야 비로소 프롤레타리아의 공동전선은 수립될 수 있다(고 레멜레는 말했다). 이보다 더 한심한 말로 자신의 무능을 고백할 수 있을까? [레멜레의 말은 다음과 같은 뜻이다.] 우리, 즉 레멜레와 그 동료들은 프롤레타리아를 단결시킬 능력이 없기 때문에 이 임무를 히틀러에게 맡겼다. 히틀러가 우리를 위해 프롤레타리아를 단결시켜 주고 나면 그때 우리의 진면목을 보여 주겠다. 이런 말을 하고 나서 레멜레는 다음과 같이 허장성세를 부린다.

> 미래의 승자는 우리입니다. 그리고 문제는 이제 누가 누구를 완파할 것인지가 아닙니다. 이 문제는 이미 해결됐습니다.(공산주의자들의 박수) 이제 문제는 "어느 순간에 우리는 부르주아지를 전복해야 하는가?" 하는 것뿐입니다.

간단명료하다! 우리 러시아 속담을 빌려 말하자면, 하늘에 대고 손가락질하는 격이다. 미래의 승자는 우리다. 현재 우리에게 없는 것은 공동전선뿐이다. 장차 히틀러 씨가 권력을 장악하면 우리에게 그 공동전선을 선사할 것이다. 아무리 봐도 이 말은 미래의 승자는 레멜레가 아니라 히틀러라는 뜻이다. 그렇다면 이 사실을 코에 새겨 놓는 편이 나을 것이다. 공산당이 승리하는 순간은 그리 빨리 오지 않을 것이기 때문이다.

레멜레는 자신의 낙관론이 좌파적 관점에서는 빈약하다고 느꼈는지 다음과 같이 보강하려 했다. "우리는 파시스트 신사 양반들을 두려워하지 않습니다. 그들은 다른 어떤 정부보다 더 빨리 무너질 것입니다.(공산주의자들이 "옳소!" 하고 외침)" 파시스트들은 지폐 인플레이션을* 원하는데, 그러면 국민 대중의 삶은 파탄 날 것이고, 결국 모든 것이 우리에게 유리해질 것이다. 증명 끝. 그래서 레멜레의 말 인플레이션 때문에 독일 노동자들만 길을 잃고 헤매게 된다.

이것이 공산당의 공식 지도자가 한 강령적 발언이다. 공산당은 이 발언을 엄청나게 많이 인쇄해서 당원 배가 사업에 이용했다. 이 발언과 공산당 가입 원서를 함께 인쇄해서 대량으로 배포한 것이다. 그런데 바로 이 강령적 발언의 바탕에는 본질적으로 파시즘에 굴복하는 태도가 깔려 있다. 히틀러의 권력 장악을 "우리는 두려워하지 않는다." 이것이, "우리"는 히틀러의 권력 장악을 막을 수 있다고 생각하지 않는다는 비겁한 태도를 뒤집어 놓은 것이 아니라면 무엇이란 말인가! 이보다 더 나쁜 것은, 공산당 관료들이 히틀러에 대항하는 투쟁을 진지하게 고려하지 않을 만큼 심각하게 퇴보했다는 것이다. 그들은 "우리는 두려워하지 않는다"고 떠든다. 무엇을 두려워하지 않는다는 말인가? 히틀러에 대항하는 투쟁을? 아니다! 그들이 두려워하지 않는 것은 … 히틀러의 승리다. 그들은 투쟁을 거부하기를 두려워하지 않는다. 자신들이 비겁하다는 사실을 고백하는 것도 두려워하지 않는다. 정말 수치스럽기 짝이 없다!

---

* 금본위제 등이 시행되던 시대에, 금화 따위와 바꿀 수 없는 불환지폐가 많아져서 생기는 인플레이션.

나는 전에 펴낸 소책자에서 스탈린주의 관료들이 히틀러를 잡으려고 덫을 놓고 있다고 썼다(그 덫은 국가권력으로 위장돼 있다). 그러자 공산당 기자들이 즉시 "트로츠키가 공산당을 비방한다"고 떠들어 댔다(그 기자들은 뮌첸베르크에서 울슈타인으로, 모세에서 뮌첸베르크로[4] 언론사를 옮겨 다닌 자들이다). 트로츠키, 즉 공산주의를 혐오하고 독일 프롤레타리아를 증오하고 독일 자본주의를 구하고 싶어 안달이 난 바로 그 트로츠키가 파시즘에 굴복할 계획을 스탈린주의 관료들 탓으로 돌리고 있다는 것이 자명하지 않느냐는 것이었다. 그러나 사실 내가 한 일은 레멜레의 강령적 발언과 텔만의 이론을 짧게 요약한 것뿐이다. 도대체 어디에 비방이 있는가?

더욱이 텔만과 레멜레는 모두 스탈린의 신조를 확고하게 따르고 있을 뿐이다. 1923년 가을, 즉 (바로 지금처럼) 독일에서 모든 것이 면도날 위에 놓인 것처럼 위태로웠을 때 스탈린이 뭐라고 말했는지 다시 한 번 떠올려 보자. 당시 스탈린은 지노비예프와 부하린에게 보낸 편지에서 다음과 같이 썼다.

> 독일 공산당이 (지금 단계에서) 사민당 없이도 권력을 장악하려고 분투해야 할까요? 공산당이 그만큼 충분히 성숙했을까요? 그것이 문제라고 저는 생각합니다. … 당장 독일에서 권력이, 말하자면 붕괴하고 공산당이 권력을 잡게 되더라도 공산당은 곧 무너지고 말 것입니다. 그것도 '잘해야' 그렇습니다. 최악의 경우에는 격퇴당해 산산조각

나고 말 것입니다. … 물론 파시스트들도 낮잠 자고 있지는 않을 것이므로 파시스트들이 먼저 공격하게 하는 것이 우리에게는 유리합니다. 그러면 노동계급 전체가 공산당 주위로 결집할 것입니다. … 제 생각에는 독일 공산당을 부추겨서는 안 되고 자제시켜야 합니다.

랑너는《대중 파업》이라는 소책자에서 다음과 같이 썼다.

[1923년 — 트로츠키] 10월에 [권력 장악] 투쟁에 나섰다면 "결정적 패배"만 당했을 것이라는 [브란들러의 — 트로츠키] 주장은, 기회주의적 오류들과 투쟁 한 번 하지 않고 굴복해 버린 기회주의적 작태를 얼버무리고 넘어가려는 시도일 뿐이다.

이 말은 절대로 옳다. 그러나 "투쟁 한 번 하지 않고 굴복"하도록 부추긴 사람이 누구였는가? [독일 공산당을] "부추기지" 않고 "자제시킨" 사람이 누구였는가? 1931년에 스탈린은 자신의 1923년 공식을 더 확장했을 뿐이다. 즉, 파시스트들이 권력을 장악하게 놔두면 그들이 우리를 위해 길을 닦아 주리라는 것이다. 당연히 스탈린보다는 브란들러를 공격하는 것이 훨씬 더 안전하다. 랑너 같은 자들은 이 점을 아주 잘 알고 있다. …

사실 지난 두 달 동안 어떤 변화가 일어났다(여기에는 좌파의 강력한 항의도 영향을 미쳤다). 이제 공산당은 히틀러가 빨리 무너지게 하려면 그가 정권을 장악하도록 놔둬야 한다고 더는 말하지 않는다. 지금 공산당은 문제의 반대 측면을 더 강조한다. 히틀러가 정권을 장악할 때까지 반파시즘 투쟁을 연기해서는 안 된다고, 노동자들이 브뤼닝의 긴급명령에 저항하도록 독려하고 경제투쟁과 정치투쟁을 확대·심화해서 지금 당장 반파시즘 투쟁을 전개해야 한다고 주장한다. 이 주장은 절대로 옳다. 이 분야에서 공산당 대표들이 하는 말은 결코 반박할 수 없다. 여기서 우리는 이견이 전혀 없다. 그러나 가장 중요한 문제가 아직 남아 있다. 어떻게 말을 행동으로 옮길 것인가?

공산당원의 압도 다수뿐 아니라 많은 간부들도 진심으로 투쟁을 원한다(우리는 이 점을 추호도 의심하지 않는다). 그러나 사실을 직시해야 한다. 지금 어떤 투쟁도 벌어지고 있지 않다. 투쟁의 조짐도 전혀 보이지 않는다. 브뤼닝의 긴급명령은 무사 통과되고 있다. 크리스마스의 휴전은 깨지지 않았다. 공산당 자신의 설명에 따라 판단하더라도 부문별 파업과 즉흥적 파업을 벌이는 정책은 지금까지 이렇다 할 성공을 거두지 못했다. 노동자들은 이 사실을 알고 있다. 고함치는 것만으로는 노동자들에게 확신을 줄 수 없다.

공산당은 대중의 수동성을 사민당 탓으로 돌리고 있다. 역사적 의미에서는 의심의 여지가 없는 말이다. 그러나 우리는 역사학자가 아니라 혁명적 정치가다. 우리의 임무는 역사를 연구하는 것이 아니라 해결책을 찾는 것이다.

사회주의노동자당SAP은 창당 직후에는 (특히 로젠펠트와• 자이데비츠가 쓴 글들에서) 반파시즘 투쟁 문제를 공식적으로 제기하고 히틀러가 정권을 장악하는 순간 반격을 가하자고 주장했는데, 한 걸음 전진했다. 지금 SAP의 신문은 노동자들이 굶주림과 경찰 탄압에 저항하도록 독려해서 반파시즘 투쟁을 즉시 시작하자고 요구하고 있다. 우리는 SAP의 정책 변화가 공산당의 비판을 받은 결과라는 것을 기꺼이 인정한다. 공산당의 임무 하나는 바로 중간주의의 이중적 경향을 비판해서 중간주의자들이 앞으로 나아가도록 만드는 것이다. 그러나 그것만으로는 부족하다. 공산당은 비판의 성과를 정치적으로 이용해야 한다. 즉, 말을 행동으로 옮길 것을 SAP에 제안해야 한다. SAP를 공개적 시험대에 분명히 세워야 한다. 그러려면 SAP의 이런저런 주장들을 분석하는 데 그치지 말고(그것만으로는 부족하다), 적을 공격하기 위한 구체적·실천적 조치들을 취할 수 있는 협정을 맺자고 제안해야 한다. SAP의 무능이 드러난다면, 공산당의 권위는 더 높아질 것이고, 그 중간주의 정당은 더 빨리 청산될 것이다. 무엇을 두려워할 것인가?

그러나 SAP가 투쟁을 진지하게 원하지 않는다는 말은 사실이 아니다. SAP 안에는 다양한 경향이 있다. 지금은 문제가 공동전선을 위한 추상적 선전으로 환원돼 있어서 SAP의 내부 모순들이 잠복해 있다. 그러나 일단 투쟁이 시작되면 그 모순들이 겉으로 드러날 것이다. 공산당은 거기서 이득을 얻기만 할 것이다.

그러나 사민당에 관한 가장 중요한 문제가 아직 남아 있다. 공산당의 실천적 제안들을 SAP는 받아들이고 사민당은 거부한다면, 새로운 상황이 펼쳐질 것이다. 중간주의자들은 공산당과 사민당 사이에서 양다리를 걸치고 처음에는 공산당에 대해 불평하고 다음에는 사민당에 대해 불평을 늘어놓으면서 두 당을 모두 희생시켜 자신의 힘을 강화하고자 한다(우르반스가• 그런 철학을 발전시켰다). 그러나 앞서 말한 상황이 전개된다면, 이 중간주의자들은 공중에 붕 뜨게 될 것이다. 왜냐하면 사민당이 혁명적 투쟁을 방해하고 있다는 사실이 즉시 분명해질 것이기 때문이다. 그것은 [공산당에게] 중요한 성과가 아닌가? 그때부터 SAP의 노동자 당원들은 분명히 공산당 쪽으로 기울 것이다.

더욱이, SAP가 동의한 공동 행동 강령을 [사민당 지도부인] 벨스와 그 동료들이 거부한다면 사민당도 무사하기 힘들 것이다. 〈포어베르츠〉는 공산당이 수동적이라고 불평할 기회를 즉시 잃어버릴 것이다. 사민당 노동자들의 무게중심은 즉시 공동전선 쪽으로 쏠릴 것이다. 그것은 공산당 쪽으로 무게중심이 쏠린다는 것을 뜻한다. 뻔하지 않겠는가?

이런 우여곡절을 겪을 때마다 공산당은 새로운 [정치적] 자원을 이용할 수 있을 것이다. 이미 만들어져 있는 똑같은 공식을 똑같은 청중 앞에서 단조롭게 되풀이하지 않고, 새로운 집단을 움직이게 만들고 실제 경험을 통해 그들을 가르치고 단련시키며, 노동계급 사이에서 공산당의 헤게모니를 강화할 수 있게 될 것이다.

그것을 위해 공산당은 파업과 시위, 정치 운동에 대한 독립적 지도력을 포기해야 한다는 주장이나 논의는 단 한순간도 허용돼서는 안 된다. 공산당은 완전한 행동의 자유를 가져야 한다. 아무도 기다려서는 안 된다. 자신의 새로운 활동들을 바탕으로, 다른 노동자 조직들과의 관계에서 정치적 전략을 적극적으로 구사해야 한다. 노동자들 사이를 가로막고 있는 보수적 장벽들을 무너뜨려야 한다. 개혁주의와 중간주의의 모순들을 공공연히 드러내야 한다. 그래서 프롤레타리아의 혁명적 단결을 촉진해야 한다.

5. 역사적으로 살펴본 공동전선

공동전선 정책은 계급 대 계급의 투쟁이라는 근본적이고 냉엄한 현실에서 비롯한다(여기서 계급 대 계급의 투쟁은 스탈린주의 관료들이 말하는 의미가 아니라 마르크스주의적 의미다). 그래서 공동전선을 반박하는 스탈린주의 관료들의 글을 읽다 보면 수치심과 함께 분노가 치민다. 가장 후진적이고 무지몽매한 노동자나 농민에게 가장 기본적인 사상을 날마다 설명하면서도 피로감을 전혀 못 느낄 수 있다. 그것은 새로운 계층의 정치의식을 일깨우는 일이기 때문이다. 그러나 관료들의 강압에 짓눌려 머리가 납작해진 사람들에게 가장 기본적인 사상을 설명하고 입증하는 일을 해야 한다면 정말 괴로울 것이다. 논리적 주장은 전혀 없고 국제 욕설 사전으로 논리를 대신하는 '지도자들'을 어찌할 것인가? 그들이 마르크스주의의 기본 원칙들을 반박할 때 사용하는 욕설이 바로 '반혁명적'이라는 말이다! 이 말은 혁명을 성공시킬 능력을 입증한 적이 전혀 없는 자들이 마구 떠들어 대는 바람에 그 가치가 완전히 땅에 떨어져 버렸다. 그렇다면 코민테른 1~4차 대회에서 채택된 결정문들은 어떤가? 스탈린주의 관료들은 이 결정문들을 인정하는가 안 하는가?

그 문서들은 아직 남아 있고 지금도 의미를 지니고 있다. 나는 그 많은 문서들 가운데 3차 대회와 4차 대회 사이에 프랑스 공산당과 관련해서 내가 작성한 테제들을 살펴보려 한다. 그 테제들은 당시 소련 공산당 정치국과 코민테른 집행위원회의 승인을 받았고, 각국 공산당에 의해 출판됐다. 아래는 공동전선 정책을 정식화하고 옹호한 부분을 그대로 인용한 것이다.

> 이렇게 혁명을 준비하는 시기에도 프롤레타리아의 계급투쟁은 중단되지 않을 것이다. 이 사실은 아주 자명하다. 기업주·부르주아지·국가권력과 프롤레타리아의 충돌은 어느 쪽이 먼저 시작하든 벌어지기 마련이다.
>
> 이런 충돌이 노동계급 전체나 다수 또는 이런저런 부문의 필수적 이익과 관련된다면, 노동자들은 행동을 통일할 필요를 깨닫게 된다. … 그것을 기계적으로 반대하는 정당은 … 반드시 노동자들의 비난을 받을 것이다. …

공동전선 문제는 (이 시대에는 노동계급에 기반을 둔 다양한 정치조직들의 분열을 피할 수 없다는 사실에도 불구하고) 노동계급이 자본주의에 맞선 투쟁에서 공동전선을 구축할 긴급한 필요에서 비롯한다.

이 과제를 이해하지 못하는 사람들에게 [공산]당은 대중행동을 위한 조직이 아니라 선전 단체일 뿐이다. …

공산당이 사민당과 철저히 그리고 돌이킬 수 없게 갈라서지 않았다면 프롤레타리아 혁명의 정당이 되지 못했을 것이다. …

공산당이 모든 상황에서 공산당과 비공산당(사민당을 포함한) 노동자 대중의 공동 행동을 위한 조직적 방안을 모색하지 않았다면, 공산당은 (대중행동을 바탕으로) 노동계급의 다수를 설득할 능력이 없다는 것이 드러나고 말았을 것이다. …

공산주의자들이 개혁주의자들과 갈라서고 나서 조직 규율에 따라 결속을 강화하는 것만으로는 부족하다. 공산주의자들의 조직은 프롤레타리아의 모든 일상 투쟁 분야에서 집단적 행동을 지도하는 법을 배워야 한다.

이것이 공산주의의 기초에서 둘째 항목이다.

공동전선은 노동자 대중만 포함하는가 아니면 기회주의적 지도자들도 포함하는가?

이런 물음 자체가 오해에서 비롯한 것이다.

우리 자신의 깃발 … 주위로 노동자 대중을 단결시키고 개혁주의 조직들을(정당이든 노동조합이든) 그냥 건너뛸 수 있다면 가장 좋을 것이다. 그러나 그렇다면 공동전선 문제 자체가 지금 같은 형태로 존재하지도 않을 것이다. …

다른 모든 고려 사항 외에도 우리의 관심사는 개혁주의자들을 그들의 은신처에서 끌어내, 투쟁하는 대중이 보는 앞에서 우리 곁에 세우는 것이다.

우리의 전술이 올바르다면, 우리가 그렇게 해서 손해 볼 것은 없다. 이 점을 의심하거나 두려워하는 공산주의자는 최상의 수영 방법을 알면서도 감히 물에 뛰어들지는 못하는 사람과 비슷하다. …

물론 다른 조직들과 협정을 체결하면 우리도 일정한 행동 규율을 지켜야 한다. 그러나 이런 규율이 절대적인 것은 아니다. 개혁주의자들이 투쟁에 제동을 걸면서 운동에 분명한 손실을 끼치고 상황과 대중 정서에 맞지 않게 행동한다면, 우리는 항상 독립적 조직으로서 투쟁을 끝까지 지도할 권리가 있다. 우리의 일시적 동맹 세력들이 없더라도 그래야 한다. …

이런 정책을 개혁주의자들과 화해하는 것이라고 보는 사람은, 편집실에 틀어박혀 개혁주의를 의례적으로 비판하면 개혁주의를 떨쳐 낼 수 있다고 믿는 언론인뿐일 것이다. 그들이 두려워하는 것은 노동자 대중이 보는 앞에서 개혁주의자들과 맞붙는 것, 그래서 노동자 대중이 공산주의자와 개혁주의자를 대중투쟁이라는 동등한 잣대로 평가할 기회를 얻게 되는 것이다. 이렇게 '화해'를 두려워하는, 언뜻 보면 혁명적인 듯한 태도의 이면에 숨어 있는 것은 현 상태를 유지하려는 정치적 수동성이다. 다시 말해, 공산주의자들과 개혁주의자들이 서로 엄격히 분리된 각자의 세력권, 집회 청중, 간행물을 그대로 유지하는 상황, 그래서 이것들이 모두 만만찮은 정치투쟁이라는 환상을 만들어 내는 상황을 존속시키려 한다는 것이다. …

공동전선 문제에서는 말로만 비타협적인 태도 뒤에 수동적이고 우유부단한 경향이 숨어 있다. 그래서 언뜻 보면, 다음과 같은 역설적 상황이 문득 생각난다. [노동운동 내] 우파적 부류들과 함께 중간주의·평화주의 경향들이 가장 비타협적으로 공동전선을 반대하고 나선 … 반면에, 가장 어려울 때 제3인터내셔널의 [혁명적] 입장을 굳게 지킨 부류들은 … 오늘날 공동전선 전술을 지지하고 있다.

그러나 사실은 지금 사이비 혁명적 비타협성의 가면을 쓰고 있는 자들이야말로 기다리고 보자는 수동적 전술을 열렬히 지지하는 자들이다.[5]

이 글들은 마치 스탈린·마누일스키·텔만·노이만을 비판하려고 지금 쓴 것처럼 보이지만, 사실은 10년 전에 프로사르, 카생, 샤를 라포포르, 다니엘 르누를 비롯한 프랑스 기회주의자들을 비판하려고 쓴 것들이다. 당시 그 기회주의자들은 초좌파주의로 자신들의 정치를 가리고 있었다. 이제 스탈린주의 관료들에게 단도직입적으로 묻겠다. 앞서 인용한 테제들은 당시 레닌이 이끌던 러시아 [공산당] 정치국의 정책이자 코민테른의 정책이었는데, 그렇다면 그때도 이 테제들은 '반혁명적'이었는가? 경고하건대, 그때 이후 상황이 바뀌었다고 대답하려 들지 말라. 문제는 상황이 아니라 글 자체에서 드러나듯이 마르크스주의의 기본 원칙이다.

따라서 10년 전에 코민테른은 공동전선 정책의 요점을 다음과 같이 설명했다. 공산당은 투쟁 목표가 아무리 온건하더라도 그것이 프롤레타리아의 역사적 발전에 도움이 된다면 대중(조직들)과 함께 투쟁할 태세가 돼 있다는 것을 그 대중(조직들)에게 입증해 보인다. 그 투쟁에서 공산당은 항상 계급의 실제 상황을 고려한다. 대중뿐 아니라 대중에게 인정받는 지도부가 이끄는 조직들에도 의지한다. 대중이 보는 앞에서 계급투쟁의 실제 문제들을 갖고 개혁주의 조직들과 맞붙는다. 공동전선 정책은 공동 투쟁을 약화시키는 것이 공산당의 분열 책동이 아니라 사민당 지도부의 의식적 방해라는 사실을 공공연히 드러내서 노동계급의 혁명적 발전을 촉진한다. 공동전선에 관한 이런 견해들은 결코 낡아 빠진 쓸모없는 것이 아니라는 점은 절대로 분명하다.

그렇다면 코민테른이 공동전선 정책을 거부하고 있는 것은 어떻게 설명할 것인가? 과거에 이 정책이 거듭거듭 실패했기 때문이다. 이런 실패의 원인은 공동전선 정책 자체에 있는 것이 아니라 그 정책을 실행한 정치인들에게 있었다. 만약 독일 공산당이 그런 실패를 그때그때 검토하고 분석하고 연구했다면, 전략적·전술적으로 현재 상황에 훌륭하게 대비할 수 있었을 것이다. 그러나 스탈린주의 관료들은 우화에 나오는 시력 나쁜 원숭이처럼 행동하기로 작정했다. 그 원숭이는 꼬리에 안경을 걸치고는 혀로 핥으며 깨끗이 닦았지만 그래도 눈이 잘 안 보이자 안경이 아무 쓸모도 없다고 결론짓고는 바위에 던져서 박살 내 버렸다. 안경을 어디에 걸치든 원숭이 맘이지만, 안경 자체는 잘못이 없다.

공동전선 정책의 실패는 두 종류가 있었다. 대부분의 경우에 공산당의 지도적 기관들은 상황에 맞지 않고 대중의 호응도 없는 급진적 구호들을 내걸고 개혁주의자들에게 공동 투쟁을 제안했다. 이런 제안들은 공포탄과 비슷했다. 대중은 계속 관심이 없었고, 개혁주의 지도자들은 공산당의 제안을 사민당 파괴 공작으로 여겼다. 어느 경우든 공동전선 정책은 순전히 형식적이고 선언적으로만 적용됐다. 그러나 공동전선 정책은 본질적으로 정세와 대중의 상황을 현실적으로 평가한 바탕 위에서만 성과를 거둘 수 있다. '공개서한'이라는 무기는 너무 흔히, 따라서 잘못 사용되는 바람에 무뎌졌고, 그래서 결국 포기해야만 했다.

실패의 둘째 유형은 훨씬 더 치명적이었다. 스탈린주의 관료들의 손에서 공동전선은 공산당의 독립성을 희생시킨 채 동맹 세력들의 꽁무니나 쫓는 정책으로 변질됐다. 소련의 후원 덕분에 스스로 전능하다고 착각하게 된 코민테른 관료들은 자신들이 노동계급에게 명령을 내리고 언제, 어떻게 전진할지를 지시할 수 있다고 진지하게 생각했다. 그들은 중국의 농민운동과 노동자 파업운동을 중단시킬 수 있다고, 코민테른의 독립적 정책을 희생시킨 대가로 장제스를 매수해서 동맹 세력으로 만들 수 있다고 생각했다. 영국 제국주의의 주요 방어벽인 노동조합 관료들을 런던의 연회장이나 캅카스의 휴양지에서 재교육할 수 있다고 생각했다.

라디치 같은 크로아티아 부르주아들을 공산주의자로 변모시킬 수 있다고 생각했다. 물론 이 모든 일들은 최고의 선의로, 즉 대중이 아직 성숙하지 못해서 스스로 해낼 수 없는 일을 대리해서 혁명운동의 발전을 촉진하겠다는 좋은 의도로 실행됐다.

또 하나 중요한 사실은 전에 많은 나라에서, 특히 오스트리아에서 코민테른 관료들이 공산주의로 가는 다리를 놓겠다며 인위적으로 '위로부터' '좌파' 사회민주주의 정당을 만들려고 했다는 것이다. 그러나 이 어리석은 정책도 실패만 낳았을 뿐이다. 이런 실험과 훼방 놓기는 언제나 재앙으로 끝났다. 그 결과 전 세계의 혁명운동은 오랫동안 후퇴하고 말았다.

그러자 마누일스키는 [우화에 나오는 원숭이처럼] 안경을 박살 내기로 작정했고, 쿠시넨은 더 많은 오류를 피하기 위해 자신과 친구들 빼고는 모두 파시스트라고 선언했다. 그래서 문제는 간단명료해졌다. 오류를 저지르는 것도 불가능해졌다. 국가[사회주의] 파시스트들에 대항해서 '사회파시스트들'과 무슨 공동전선이 가능하겠는가? 또는 '우파 사회파시스트들'에 대항해서 '좌파 사회파시스트들'과 무슨 공동전선을 구축할 수 있겠는가? 이렇게 우리가 이해하기 힘든 180도 전환을 감행하고 나서 스탈린주의 관료들은 코민테른 1~4차 대회의 결정문들은 반혁명적이라고 선언할 수밖에 없었다.

6. 러시아 경험의 교훈

우리는 전에 펴낸 소책자에서 코르닐로프 쿠데타에 대항한 볼셰비키의 투쟁 경험을 이야기했다. 그러자 [코민테른의] 공식적 지도자들은 거짓말이라고 소리를 지르며 부정했다. 우리가 여기서 문제의 요점을 다시 한 번 정리하는 것은, 스탈린파가 과거에서 어떻게 교훈을 끌어내는지를 더 분명하고 자세하게 보여 주기 위해서다.

1917년 7~8월에 [임시]정부 수반이던 케렌스키는 실제로는 군 총사령관 코르닐로프의 정치 강령을 실행하고 있었다. 그래서 전선에서 군사법원과 사형제를 부활시켰다. 정당하게 선출된 소비에트가 정부 정책에 영향을 미치는 것을 일절 금지했다. 농민들을 탄압했고, 빵 가격을 두 배로 올렸다(당시는 국가가 식량 거래를 독점하고 있었다). 혁명의 수도 페트로그라드를 떠날 준비를 했다. 코르닐로프의 동의를 얻어서 반혁명적 군대를 수도로 이동시켰다. 전선에서 새로운 공세를 시작하겠다고 연합국 측에 약속했다. 기타 등등. 이것이 당시의 전반적 정치 상황이었다.

[그런데] 8월 26일 코르닐로프는 케렌스키의 동요를 핑계로 그와 결별하고 자신의 군대를 페트로그라드로 진격시켰다. 당시 볼셰비키당은 반쯤 불법 상태였다. 레닌을 비롯한 당 지도자들은 지하에 숨어 있거나 독일군 총사령부의 첩자라는 혐의로 기소돼 감옥에 갇혀 있었다. 볼셰비키당의 신문들은 탄압받았다. 이

런 박해를 주도한 것은 케렌스키의 정부였고, 사회혁명당과 멘셰비키 같은 좌파들이 그 정부를 지지하고 있었다.

볼셰비키당의 방침은 무엇이었는가? 자신을 탄압한 자들, 즉 케렌스키·체레텔리·단 등과 서슴없이 실천적 동맹을 맺고 코르닐로프에 맞서 싸운다는 것이었다. 모든 곳에서 혁명 방어 위원회들이 조직됐는데, 여기에 볼셰비키는 소수파로 참여했다. 그렇다고 해서 볼셰비키가 주도적 구실을 하지 않은 것은 아니었다. 혁명적 대중행동을 위한 협정이 체결되면, 가장 철저하고 대담한 혁명적 정당이 항상 득을 보기 마련이다. 볼셰비키는 늘 투쟁의 선두에 섰다. 그래서 자신들과 멘셰비키 노동자들, 특히 사회혁명당 병사들의 사이를 갈라놓고 있던 장벽을 무너뜨리고 그들을 이끌고 다녔다.

볼셰비키는 단지 사태에 깜짝 놀라서 그렇게 행동한 것 아닌가? 아니다. 이미 몇 달 전부터 볼셰비키는 반혁명 세력이 고개를 쳐드는 것에 맞서 공동 투쟁을 전개하자고 멘셰비키에게 수십, 수백 번 요구했다. 5월 27일에도 체레텔리가 볼셰비키 수병들을 탄압해야 한다고 소리 높여 주장하고 있을 때 트로츠키는 페트로그라드 소비에트 회의에서 다음과 같이 단언했다.

> 때가 돼서 반혁명적 장군이 혁명의 목에 올가미를 씌우려 한다면, 입헌민주당은 그 올가미에 비누 거품을 칠하느라 바쁘겠지만 크론시타트 수병들은 달려와서 우리와 함께 싸우다 죽을 것입니다.

이 말은 완전히 옳았음이 입증됐다. 코르닐로프 쿠데타가 한창일 때 케렌스키는 순양함 아브로라호의 수병들에게 동궁을 방어해 달라고 간청했다. 이 수병들은 모두 볼셰비키였다. 그들은 케렌스키를 증오했지만 동궁을 물샐틈없이 방어했다. 그들의 대표단이 당시 크레스티 감옥에 갇혀 있던 트로츠키를 면회해서 다음과 같이 물었다. "케렌스키를 체포하는 것은 어떻습니까?" 그러나 이 질문은 농반진반이었다. 수병들은 먼저 코르닐로프를 쳐부수고 난 다음에 케렌스키를 처리해야 한다는 것을 이해하고 있었다. 올바른 정치적 지도부 덕분에 아브로라호의 수병들은 텔만의 [독일 공산당] 중앙위원회보다 더 많은 것을 이해하고 있었다.

〈로테 파네〉는 우리의 이런 역사적 평가를 두고 "사기 치고 있다"고 비난한다. 왜? 물론 부질없는 질문이다. 이런 인간들한테서 어떻게 이성적 반박을 기대할 수 있겠는가? 말 안 들으면 해고해 버리겠다는 소련의 위협 때문에 그저 시키는 대로 하는 그들은 트로츠키라는 이름만 들어도 사납게 짖어 댄다. 그들은 최선을 다해 [소련의] 명령을 따른다. 그들은 다음과 같이 주장한다. 트로츠키는 [터무니없는 역사적] "비교를 하면서 사기 치고 있다." 다시 말해, 1917년 9월 초에 볼셰비키가 코르닐로프의 반동적 쿠데타에 맞서 투쟁한 것(당시 볼셰비키는 첨예하게 혁명적인 상황 직전에 소비에트 안에서 다수파가 되기 위해 멘셰비키에 맞서 싸우고 있었고, 코르닐로프에 대항하는 무장투쟁을 전개하는 동시에 케렌스키에 대한 측면공격도 감행하고 있었다)을 지금 브뤼닝이 히틀러에 '맞서 투쟁하는' 것과 비교했다는 것이다. "이런 식으로 트로츠키는 브뤼닝과 프로이센 정부에 대한 지지를 '차악'으로 묘사하고 있다."*

이런 말 폭탄을 반박하기는 힘들다. 〈로테 파네〉는 내가 코르닐로프에 맞선 볼셰비키의 투쟁을 히틀러에 맞선 브뤼닝의 투쟁과 비교한다고 주장한다. 나는 〈로테 파네〉 편집자들의 지적 능력을 과대평가하지 않는다. 그러나 이 신사 양반들이 내 말뜻을 이해하지 못할 만큼 어리석지는 않을 것이다. 내가 히틀러에 맞선 브뤼닝의 투쟁과 비교한 것은 코르닐로프에 맞선 케렌스키의 투쟁이었다. 나는 코르닐로프에 맞선 볼셰비키의 투쟁을 히틀러에 맞선 독일 공산당의 투쟁과 비교했다. 도대체 이 비교의 어디에 "사기 치는" 부분이 있는가? 〈로테 파네〉는 다음과 같이 말한다. 당시 볼셰비키는 소비에트 안에서 다수파가 되기 위해 멘셰비키와 싸우고 있었다. 그러나 독일 공산당도 노동계급의 다수파가 되기 위해 사민당에 맞서 싸우고 있다. 당시 러시아는 "첨예하게 혁명적인 상황"에 직면해 있었다. 아주 맞는 말이다! 그러나 1917년 8월에 볼셰비키가 지금의 텔만 같은 태도를 취했다면 혁명적 상황이 아니라 반혁명적 상황이 뒤따랐을 것이다.

8월의 마지막 며칠 동안 코르닐로프를 실제로 물리친 것은 무

---

* 〈로테 파네〉 1931년 12월 22일 자.

력 때문이 아니라 대중의 충만한 의지가 일치했기 때문이다. [쿠데타 진압] 직후인 9월 3일 레닌은 언론을 통해 사회혁명당과 멘셰비키에 타협을 제안했다. 그들이 소비에트의 다수파를 구성해 국가권력을 장악하면, 볼셰비키는 부르주아지에 맞서 그들을 도와주겠다는 것이었다. 또 볼셰비키에게 완전한 선동의 자유를 보장하면, 볼셰비키는 소비에트의 다수파가 되기 위한 평화적 투쟁을 약속하겠다는 것이었다. 아니, 레닌이 이런 기회주의자였다니! [그러나] 멘셰비키와 사회혁명당은 그 타협안을 거부했다. 즉, 부르주아지에 맞서 공동전선을 구축하자는 새로운 제안을 거부한 것이다. 이 거부는 볼셰비키가 무장봉기를 준비하는 데 강력한 무기가 됐다. 그리고 7주 뒤에 그 무장봉기는 멘셰비키와 사회혁명당을 쓸어버렸다.

지금까지 전 세계에서 승리한 프롤레타리아 혁명은 단 하나뿐이었다. 그 승리의 과정에서 우리가 아무런 오류도 저지르지 않았다고는 생각하지 않는다. 그렇지만 우리의 경험이 독일 공산당에 어떤 의미와 가치가 있다고는 생각한다. 그래서 가장 밀접하고 가장 적절한 역사적 비유를 들었다. 그런데 독일 공산당 지도자들은 뭐라고 대답했는가? 그저 중상모략과 비방을 늘어놓고 있을 뿐이다.

오직 '로테 켐퍼'[붉은 투사]라는 초좌파 그룹만이 있는 지식 없는 지식 다 동원해서 우리의 비교를 '진지하게' 반박하려고 노력했을 뿐이다. 그들은 [1917년] 8월에 볼셰비키가 올바르게 행동했다며 다음과 같이 주장한다.

> 코르닐로프는 차르 체제를 지지하는 반혁명의 지도자였다. 이것이 뜻하는 바는 코르닐로프 쿠데타가 부르주아 혁명에 반대하는 봉건 반동의 투쟁이었다는 것이다. 그런 상황에서 노동자들이 부르주아지와, 또 부르주아지의 하수인 구실을 한 사회혁명당·멘셰비키와 전술적으로 연합한 것은 옳았을 뿐 아니라 필요하고 불가피하기도 했다. 왜냐하면 봉건적 반혁명을 물리치는 문제에서는 두 계급의 이해관계가 일치했기 때문이다.

그러나 히틀러는 봉건적 반혁명이 아니라 부르주아 반혁명을 나타내기 때문에 부르주아지를 지지하는 사민당은 히틀러에 대항할 수 없다는 것이다. 바로 그 때문에 독일에서는 공동전선이 존재하지 않는 것이고, 바로 그 때문에 트로츠키의 비교가 틀렸다는 것이다.

이 모든 말은 매우 그럴듯한 주장처럼 들린다. 그러나 사실들을 따져 보면, 이 주장에는 맞는 말이 하나도 없다. 1917년 8월에 러시아 부르주아지는 결코 봉건 반동에 반대하지 않았다. 지주들은 모두 입헌민주당을 지지했다. 입헌민주당이 지주의 토지를 몰수하는 것에 반대해서 투쟁하고 있었기 때문이다. 코르닐로프는 자신이 공화주의자이자 '농민의 아들'로서 토지개혁과 제헌의회를 지지한다고 선언했다. 그래서 부르주아지 전체가 코르닐로프를 지지했다. 볼셰비키와 사회혁명당·멘셰비키의 동맹이 가능했던 이유는 오직 그 타협주의자들이 일시적으로 부르주아지와 결별했기 때문이다. 그들은 코르닐로프가 무서워서 그럴 수밖에 없었다. 사회혁명당과 멘셰비키의 대표들은 코르닐로프가 승리하는 순간 부르주아지에게 더는 자신들이 필요 없을 것이고, 그래서 부르주아지는 코르닐로프가 자신들을 죽이도록 허용할 것임을 알고 있었다. 앞서 봤듯이, 여기까지는 사민당과 파시즘의 상호 관계와 완전히 비슷하다.

차이는 '로테 켐퍼'의 이론가들이 생각하는 것과 다르다. 러시아에서는 프티부르주아 대중, 특히 농민이 오른쪽으로 이끌린 것이 아니라 왼쪽으로 이끌렸다. 코르닐로프는 프티부르주아지에게 의존하지 않았다. 바로 그것 때문에 코르닐로프의 운동이 파시즘이 아니었던 것이다. 반혁명은 (봉건적 반혁명이 아니라) 장군들과 공모한 부르주아지의 반혁명이었다. 바로 그것이 그들의 약점이었다. 코르닐로프는 부르주아지 전체의 도의적 지지와 장교들과 사관생도들, 즉 차세대 부르주아지의 군사적 지지에 의존했다. 그래도 역부족이었음이 드러났다. 그러나 볼셰비키가 잘못된 정책을 택했다면, 코르닐로프가 얼마든지 승리할 수도 있었다.

앞서 봤듯이, 독일에서 공동전선을 반대하는 '로테 켐퍼'의 주장들은, 그 이론가들이 러시아 상황도 독일 상황도 이해하지 못한다는 사실에 바탕을 두고 있다.*

[한편] 〈로테 파네〉는 러시아 역사라는 미끄러운 얼음이 불안해서, 문제를 정반대 방향에서 다루려 한다.

> 트로츠키에게는 국가사회주의자들만이 파시스트다. 비상사태 선포, 폭압적 임금 삭감, 파업의 사실상 금지 … 이 모든 것은 트로츠키에게 파시즘이 아니다. 그래서 이 모든 것을 우리 당이 참아야 한다는 것이다.

이 사람들의 무기력한 분노는 다른 사람들을 맥 빠지게 만든다. 도대체 내가 언제, 어디서 브뤼닝 정부를 '참으라'고 누군가에게 제안했는가? 또, 이 '참아야 한다'는 말은 도대체 무슨 뜻인가? 만약 그것이 의회 안이나 밖에서 브뤼닝 정권을 지지하는 문제라면, 공산주의자들이 그런 주제를 논한다는 것 자체가 부끄러운 일이다. 그러나 더 광범한 역사적 의미에서는, 시끄럽게

---

* 이 그룹의 다른 견해들도 모두 똑같은 수준이고, 스탈린주의 관료들의 가장 큰 실수들을 거의 그대로 되풀이하고 있다. 다만 훨씬 더 꼴사나운 초좌파적 결함을 드러내고 있을 뿐이다. 파시즘은 이미 집권했다거나 히틀러가 특별히 더 위험할 것은 없다거나 심지어 노동자들도 [반파시즘] 투쟁을 원하지 않는다는 주장들이 그렇다. 만약 그런 주장들이 사실이라면, 그리고 아직 시간이 많이 남아 있다면, '로테 켐퍼'의 이론가들은 여가 시간을 뭔가 유용한 데 쓰는 편이 나을 것이다. 그리고 형편없는 글이나 끄적거리지 말고 좋은 책을 몇 권 읽는 게 더 나을 것이다. 마르크스가 이미 오래전에 바이틀링에게 설명했듯이, 무지는 결코 아무에게도 도움이 되지 않는다 — 트로츠키.

투덜대는 당신네 신사 양반들은 브뤼닝 정부를 '참을' 수밖에 없다. 왜냐하면 당신들은 브뤼닝 정부를 전복할 힘이 없기 때문이다.

〈로테 파네〉가 독일 상황과 관련해서 나를 비판하며 제기한 주장들은 모두 1917년의 볼셰비키를 비판하는 논거로도 사용될 수 있을 것이다. 즉, 〈로테 파네〉의 주장대로라면 다음과 같이 말할 수도 있을 것이다. "볼셰비키가 보기에, 코르닐로프 쿠데타를 시작한 사람은 오직 코르닐로프 자신이다. 그러나 케렌스키도 코르닐로프파가 아닌가? 그의 정책들도 혁명을 교살하는 것이 목적 아닌가? 케렌스키 역시 토벌대를 파견해서 농민들을 진압하지 않는가? 공장폐쇄도 강행하고 있지 않은가? 그래서 레닌은 지하로 숨어야 하지 않았는가? 그리고 우리는 이 모든 것을 참아야 하지 않는가?"

내 기억으로는 감히 그런 식으로 주장할 만한 볼셰비크는 단 한 명도 없었다. 만에 하나 그런 볼셰비크가 있었다면, 그는 다음과 같은 답변을 들었을 것이다. "우리는 케렌스키가 코르닐로프의 집권을 준비하고 촉진하고 있다고 비난한다. 그런다고 해서 코르닐로프의 공격을 물리쳐야 할 우리의 의무가 없어지는가? 우리는 강도가 침입할 수 있도록 문을 약간 열어 둔 문지기를 비난한다. 그런다고 해서 문이 열린 것을 무시하고 내버려 둬야 하는가?" 사민당의 용인 덕분에 브뤼닝 정부는 프롤레타리아가 파시즘* 앞에 무릎을 꿇도록 강요할 수 있었다. 그렇다고 해서, 무릎을 꿇는 것과 허리를 숙이는 것과 머리를 땅에 조아리는 것이 모두 똑같다는 결론을 내려야 하는가? 결코 그렇지 않다. 약간 차이가 있다. 수렁에 무릎까지 빠진 사람은 어떻게든 빠져나올 수 있다. 그러나 머리까지 푹 빠진 사람이 빠져나올 길은 없다.

레닌은 초좌파들에 관해 다음과 같이 썼다.

> 그들은 우리 볼셰비키에 관해 많은 찬사를 늘어놓고 있다. 그래서 가끔은 다음과 같이 말해 주고 싶은 생각이 든다. "제발 우리를 조금 덜 칭찬하고, 볼셰비키의 전술을 더 많이 연구해서 잘 이해하기 바랍니다."

7. 이탈리아 경험의 교훈

이탈리아 파시즘은 개혁주의자들이 이탈리아 프롤레타리아의 봉기를 배신한 직접적 결과였다. 제1차세계대전이 끝난 뒤에 고양된 이탈리아 혁명운동은 1920년 9월 노동자들의 공장점거로 절정에 달했다. 프롤레타리아 독재는 현실이 됐다. 그것을 실제로

---

* 독일어판에는 자본주의로 돼 있다.

조직하고, 거기서 필요한 결론만 끌어내면 되는 상황이었다. [그러나] 사회민주주의 정당인 이탈리아 사회당은 겁을 집어먹고 뒷걸음쳤다. 프롤레타리아는 대담하고 영웅적인 노력을 했지만, 결국 아무것도 얻지 못했다. 혁명운동이 붕괴한 것이 파시즘의 성장에서 가장 중요한 요인이었다. 9월에 [프롤레타리아의] 혁명적 공세는 멈췄고, 11월에는 이미 최초의 중요한 파시스트 시위가 벌어졌다(파시스트들이 볼로냐를 점령한 것이다).

9월의 재앙 후에도 프롤레타리아가 방어적 투쟁들을 벌일 수 있었다는 것은 사실이다. 그러나 사회당의 관심사는 단 하나뿐이었다. 그것은 이런저런 양보를 계속하면서 노동자들을 전선에서 철수시키는 것이었다. 사회당은 노동자들이 고분고분하게 행동하면 부르주아지의 반파시즘 '여론'이 되살아날 것이라고 기대했다. 더욱이, 이 개혁주의자들은 [이탈리아 국왕] 비토리오 에마누엘레• [3세]가 도와주기를 간절히 바라기도 했다. 마지막 순간까지 그들은 노동자들이 무솔리니 집단에 맞서 싸우지 못하도록 온 힘을 다해 막았다. 그러나 아무 도움도 되지 않았다. 국왕은 부르주아지의 상층부와 함께 파시즘 편으로 넘어가 버렸다. 복종한다고 해서 파시즘을 막을 수 있는 것은 아니라는 사실을 최후의 순간에 깨달은 사회당은 노동자들에게 총파업을 촉구했지만, 그들의 호소는 대실패로 끝났다. 그 개혁주의자들은 화약이 폭발할까 봐 두려워서 너무 오랫동안 화약에 물을 적시다가 마침내 떨리는 손으로 도화선을 연결하고 불을 붙였을 때는 아무 소용이 없었던 것이다.

파시즘은 등장한 지 2년 만에[1922년] 집권했다. 그러나 파시즘의 입지가 굳어질 수 있었던 것은 집권 초기의 경제 상황이 좋았기 때문이다(1921~1922년의 불황 뒤에 경제가 호전된 것이다). 파시스트들은 프티부르주아지를 동원해서, 후퇴하는 프롤레타리아를 공격하고 짓밟았다. 그러나 이것은 단 한 차례의 기습 공격으로 이룬 성과가 아니었다. 심지어 권력을 잡은 뒤에도 무솔리니는 매우 조심스럽게 행동했다. 본받을 만한 과거의 모델이 없었던 것이다. 그래서 처음 2년간은 헌법 개정조차 하지 않았다. 파시즘 정권은 연립정부의 성격을 띠었다. 그사이에 파시스트 무리들은 곤봉·칼·권총을 들고 마구 날뛰었다. 독립적 대중조직을 모조리 파괴하는 파시즘 정부는 이렇게 서서히 만들어졌다.

이렇게 하는 과정에서 무솔리니는 파시스트 정당 자체의 관료화라는 대가를 치렀다. 파시즘은 프티부르주아지의 공격력을 이용해 먹은 뒤에 그들을 부르주아 국가의 틀에 끼워 넣어 박살내 버렸다. 무솔리니로서도 달리 어쩔 수가 없었다. 왜냐하면 그가 동원한 [프티부르주아] 대중의 실망과 환멸이 자신을 직접 위협하는 요인으로 바뀌고 있었기 때문이다. 관료화한 파시즘은 다른 형태의 군사·경찰 독재와 아주 비슷해진다. 그러면 과거의 사회적 지지를 더는 받지 못하게 된다. 파시즘의 주요 예비군인 프티부르주아지가 소진된 탓이다. 파시즘 정부가 프롤레타리아의 고립 분산적이고 무기력한 상태를 계속 유지할 수 있는 것은 오직 역사적 관성 덕분이다. 세력 관계는 프롤레타리아에 유리하게 자동으로 바뀌고 있다. 이런 변화는 틀림없이 혁명으로 이어질 것이다. 파시즘의 몰락은 유럽 역사에서 대격변 가운데 하나일 것이다. 그러나 사실들이 증명하듯이, 이 모든 과정은 시간이 필요하다. 파시즘 정부는 이미 10년간 존재했다. 얼마나 더 존속할 것인가? 언제까지라고 콕 집어 이야기하는 것은 무모한 짓이다. 그래도 확실히 말할 수 있는 것은, 독일에서 히틀러가 승리한다면 무솔리니의 정치적 수명은 새롭게 더 연장되리라는 것이다. 반대로 히틀러가 몰락한다면 무솔리니의 종말이 시작될 것이다.

히틀러에 관한 정책에서 독일 사민당이 덧붙인 것은 한마디도 없었다. 이탈리아 개혁주의자들이 가볍게 실행한 일을 독일 사민당은 더 무겁게 되풀이하고 있을 뿐이다. 이탈리아 개혁주의자들은 파시즘을 전후의 정신병으로 설명했다. 독일 사민당은 '베르사유' 정신병이나 [사회적] 위기의 정신병으로 본다. 두 경우 모두 개혁주의자들은 자본주의의 붕괴에서 생겨나는 대중운동인 파시즘의 유기적 성격에 눈을 감고 있다.

노동자들의 혁명적 동원을 두려워한 이탈리아 개혁주의자들은 모든 희망을 '국가'에 걸었다. 그들의 구호는 '비토리오 에마누엘레 폐하! 도와주십시오! 개입해 주십시오!'였다. 독일 사민당은 그렇게 헌법에 충실한 국왕 같은 민주주의의 보루가 없다. 그래서 대통령으로 만족해야 하는 사민당의 구호는 '힌덴부르크 대통령! 도와주시오! 개입해 주시오!'다.

무솔리니에 맞서 투쟁할 때, 즉 무솔리니 앞에서 퇴각할 때 투라티는• "겁쟁이가 되려면 용기가 있어야 한다"는 기발한 표어를 만들어 냈다. 독일 개혁주의자들의 구호는 그보다 덜 재미있다. 그들은 "인기에 연연하지 않을 용기"를 요구한다. 그러나 사실은 둘 다 똑같은 말이다. 비겁하게 적한테 순응하는 바람에 인기가 떨어졌으므로 인기 없는 것을 두려워해서는 안 되는 것이다.

원인이 같으면 결과도 같은 법이다. 따라서 사태 전개가 사민당 지도부에 달려 있다면, 히틀러의 성공은 보장된 셈이다.

그러나 우리는 독일 공산당도 이탈리아의 경험에서 배운 것이 거의 없다는 사실을 인정해야만 한다.

이탈리아 공산당은 파시즘과 거의 동시에 등장했다. 그러나 혁명의 썰물이라는 똑같은 상황이 파시스트들을 집권하게 만든 반면 공산당의 발전은 가로막았다. 공산당은 파시즘이 얼마나 위험한지를 제대로 알지 못한 채 혁명적 환상에 사로잡혀 있었고 공동전선 정책을 비타협적으로 반대했다. 요컨대, 공산당은 온갖 유치증에 시달리고 있었다. 창당한 지 겨우 2년밖에 안 된 정당이었으므로 당연했다! 공산당이 보기에 파시즘은 '자본주의적 반동'이었을 뿐이다. 프티부르주아지를 동원해서 프롤레타리아에 대항하는 파시즘의 특수성을 공산당은 파악할 수 없었다. 단 한 명, 즉 그람시를 제외한 공산당 [지도자들]은 파시즘의 권력 장악 가능성을 생각조차 하지 않았다고 이탈리아 동지들이 나에게 알려 줬다. 일단 프롤레타리아 혁명이 패배하고 자본주의의 기반이 확고해지고 반혁명이 승리했다면, 과연 어떤 반혁명적 격변이 더 일어날 수 있겠는가? 부르주아지는 자신을 타도하겠다고 봉기할 수 없다! 바로 이것이 이탈리아 공산당이 추구한 정치 노선의 핵심이었다. 더욱이, 우리가 잊지 말아야 하는 사실은 당시 이탈리아 파시즘은 새로운 현상이었고 이제 막 형성되는 과정에 있었다는 것이다. 더 경험 많은 정당이라 해도 파시즘의 특수성을 파악하기는 쉽지 않았을 것이다.

독일 공산당 지도부는 지금 이탈리아 공산당의 창당 초기 입장을 거의 그대로 답습하고 있다. 즉, 파시즘은 자본주의적 반동일 뿐이고 프롤레타리아의 관점에서 보면 자본주의적 반동의 여러 형태 사이의 차이는 의미가 없다는 것이다. 이런 속류 급진주의를 더 용서할 수 없는 이유는 독일 공산당이 이탈리아 공산당보다 훨씬 오래됐기 때문이다. 게다가, 이탈리아의 비극적 경험으로 마르크스주의는 지금 훨씬 풍부해졌다. 파시즘이 이미 집권했다고 주장하는 것과 파시즘의 집권 가능성 자체를 부인하는 것은 정치적으로는 똑같은 태도다. 파시즘의 특수성을 파악하지 못하면, 파시즘에 대항하는 투쟁 의지도 마비될 수밖에 없다.

물론 비난을 집중적으로 받아야 할 사람들은 코민테른 지도자들이다. 다른 누구보다도 이탈리아 공산주의자들은 소리 높여 경고해야 할 의무가 있었다. 그러나 마누일스키와 함께 스탈린은 이탈리아 공산주의자들이 자신들의 패배에서 배운 가장 중요한 교훈을 부인하도록 강요했다. 그래서 에르콜리가 아주 재빠르게 사회파시즘론으로, 즉 독일에서 파시즘의 승리를 수동적으로 기다리는 입장으로 돌아선 것을 우리는 이미 봤다.

오랫동안 국제 사회민주주의는 오직 후진국에서만 볼셰비즘이 가능하다고 생각하며 스스로 위안을 삼아 왔다. 나중에는 파시즘에 관해서도 똑같이 주장하며 위안을 삼았다. 지금 독일 사민당은 이 편안한 생각이 틀렸음을 자신의 경험으로 확인하고 있다. 사민당을 지지하던 프티부르주아지는 파시즘 진영으로 넘어갔거나 넘어가고 있다. 노동자들은 사민당을 떠나 공산당으로 가고 있다. 지금 독일에서는 오직 이 두 경향, 즉 파시즘과 볼셰비즘만이 성장하고 있다. 비록 러시아와 이탈리아는 모두 독일에 비할 바 없이 후진국이지만 이 두 나라는 제국주의적 자본주의에 고유한 정치 운동이 발전하는 무대가 됐다. 선진국 독일은 러시아와 이탈리아에서 완전히 실현된 과정들을 되풀이할 수밖에 없다. 지금 독일 상황의 근본적 문제는 다음과 같이 정식화할 수 있다. 러시아의 길과 이탈리아의 길 중에서 어느 길로 갈 것인가?

물론 그렇다고 해서, 고도로 발전한 [독일의] 사회구조가 볼셰비즘과 파시즘의 운명에 아무 의미도 없다는 말은 아니다. 이탈리아는 프티부르주아지와 농민이 독일보다 훨씬 더 많은 나라다. 이 점은 다음 사실만 떠올려 봐도 분명히 알 수 있다. 독일에서는 농림업에 고용된 사람이 980만 명이지만 상공업에 고용된 사람은 1850만 명이나 된다. 즉, 거의 갑절이나 많다. 그러나 이탈리아에서는 1030만 명이 농림업에 고용돼 있고 640만 명이 상공업에 고용돼 있다. 이 기본적 통계 수치는 프롤레타리아가 상대적으로 독일 국민의 삶에서 우세한 비중을 차지하고 있다는 사실을 충분히 보여 주지 않는다. 심지어 엄청나게 많은 실업자들조차 독일 프롤레타리아의 사회적 힘을 거꾸로 보여 주는 증거일 뿐이다. 이 힘을 어떻게 혁명적 정치의 언어로 옮길 것인지가 문제의 핵심이다.

[1920년] 9월 사태 당시 이탈리아 공산당이 패배한 것과 같은 심각한 역사적 패배를 독일 공산당이 마지막으로 겪은 때가 1923년이었다. 그 뒤 8년의 세월이 흐르는 동안 패배의 상처는 많이 치유됐고 새로운 세대가 성장하기도 했다. 지금 독일 공산당은 1922년의 이탈리아 공산당보다 비할 바 없이 강력하다. 프롤레타리아의 상대적 비중이 크다는 것, 마지막 패배 후 꽤 많은 시간이 흘렀다는 것, 공산당의 힘이 상당히 강력하다는 것, 이 세 가지 장점은 전반적 상황을 평가하고 전망을 수립하는 데 매우 중요하다.

그러나 자신의 장점을 최대한 활용하려면 그 장점을 잘 알아야 한다. 그런데 이것이 빠져 있다. 1932년의 텔만은 1922년 보르디가의 입장을 고스란히 되풀이하고 있다. 이 점이 특히 위험하다. 그러나 여기서도 10년 전에는 존재하지 않았던 장점 하나가 보완하고 있다. 독일의 혁명적 대열 안에는 마르크스주의 반대파가 있다는 것이다. 지난 10년간의 경험에 의지하고 있는 이 반대파는 비록 수는 적지만, 사태가 진전될수록 그 목소리에 힘이 실리고 있다. 특정 상황에서는 약간의 충격만 있어도 눈사태나 산

사태가 일어날 수 있다. 좌익반대파의 비판은 프롤레타리아 전위의 정치가 때맞춰 전환되도록 영향을 미칠 수 있다. 바로 이것이 지금 우리의 임무다.

8. 공동전선을 통해 — 공동전선의 최고 기관인 소비에트로

'좌파' 서클들 사이에서는 말로만 소비에트에 충성 서약을 하는 것과 마찬가지로 소비에트의 역사적 기능을 오해하는 것도 유행하고 있다. 소비에트에 관한 가장 흔한 정의는 권력 장악을 위한 투쟁 기관, 무장봉기의 기관, [프롤레타리아] 독재의 기관이라는 것이다. 형식적으로 이런 정의는 옳다. 그러나 소비에트의 역사적 기능은 그것이 다가 아니다. 무엇보다도 그런 정의들은 왜 권력 장악을 위한 투쟁에서 다름 아닌 소비에트가 필요한지를 설명해 주지 않는다. 이 물음의 답은 다음과 같다. 경제투쟁에서 공동전선의 기본 형태가 노동조합인 것과 마찬가지로, 프롤레타리아가 권력 장악을 위한 투쟁에 돌입한 시기에 공동전선의 최고 형태가 바로 소비에트라는 것이다.

소비에트 자체는 기적을 만들어 낼 힘이 없다. 소비에트는 프롤레타리아의 강점과 약점을 모두 반영하는, 프롤레타리아의 계급 대표 기구다. 그러나 바로 이 때문에 그리고 오직 그 점 때문에만 소비에트는 다양한 정치 경향의 노동자들이 혁명적 권력투쟁에서 단결할 수 있는 조직적 기회를 제공한다. 지금 같은 혁명 직전의 상황에서 가장 선진적인 독일 노동자들의 의무는 공동전선 기관인 소비에트의 역사적 기능을 가장 분명히 이해하는 것이다.

만약 공산당이 [혁명의] 준비기에 다른 정당들을 모두 노동자 대열에서 몰아내고 압도 다수의 노동자들을 공산당 깃발 아래 단결시키는 데 성공한다면, 소비에트는 결코 필요하지 않을 것이다. 그러나 역사적 경험이 보여 주듯이, 어떤 선진국에서도(오래된 자본주의 문화가 훨씬 부족한 후진국들은 말할 것도 없다) 공산당이 프롤레타리아 혁명 전에 노동자 대열에서 명백하고 절대적인 우위를 차지할 수 있으리라고 예상할 근거는 전혀 없다.

오늘날 독일에서 우리가 목격하고 있는 것은 공산당 깃발 아래 프롤레타리아가 완전히 단결하기 한참 전에 직접적·즉각적 권력 장악 투쟁의 임무가 프롤레타리아에게 제기됐다는 것이다. 정치적 수준에서 보면, 혁명적 상황이란 프롤레타리아의 모든 집단과 부위, 적어도 그 압도 다수가 기존 체제를 변화시키기 위해 단결해서 투쟁하려는 열망에 사로잡혀 있을 때다. 그러나 이 말은 그럴 수 있는 방법을 모든 노동자가 알고 있다는 의미는 아니다. 노동자들이 자신이 지지하는 정당과 지금 당장 결별하고 공산당 대열로 합류할 태세가 돼 있다는 의미는 더더욱 아니다. 노동계급의 정치의식은 그렇게 체계적이고 균등하게 성숙하지 않는다. 모든 [정치]과정이 급속히 발전하는 혁명적 시기에도 [노동계급] 내부의 심각한 차이는 여전히 남아 있다.

그러나 그와 동시에, 정당의 차이를 뛰어넘어 계급 전체를 포괄하는 조직의 필요성도 극히 절실해진다. 이 필요성을 구체적 형태로 실현하는 것이 바로 소비에트의 역사적 사명이다. 그것이 소비에트의 중요한 기능이다. 혁명적 상황이라는 조건에서 소비에트는 프롤레타리아의 단결을 표현하는 최고의 조직적 형태로서 등장한다. 이 점을 이해하지 못하는 사람은 소비에트에 관한 문제에서 아무것도 이해하지 못한다. 텔만·노이만·레멜레는 미래의 '소비에트 독일'에 관해 수많은 글을 쓰고 말을 할 수 있을 것이다. 그러나 지금 그들의 정책은 독일에서 소비에트의 출현을 방해하고 있다.

[나처럼] 실제 투쟁 현장에서 멀리 떨어져 있고, 대중의 정서를 직접 느끼거나 노동계급의 활력을 일상적으로 가늠할 수도 없는 처지에서는 독일의 소비에트 창설이 어떤 과도적 형태를 거칠지 예측하기가 매우 힘들다. 다른 맥락에서 나는 공장위원회가 확대된 형태로 독일 소비에트가 등장할 수 있다는 가설을 제시한 바 있다. 이 가설은 주로 1923년의 경험에 의거한 것이었다. 그러나 물론 이것이 유일한 길은 아니다. 한편으로는 가난과 실업의 압력, 다른 한편으로는 파시스트들의 공세 때문에, 혁명적 단결의 필요성이 공장위원회를 건너뛰어 소비에트 형태로 갑자기 표출될 수 있다. 그러나 어떤 경로로 소비에트가 등장하든 간에 그것은 프롤레타리아의 강점과 약점, 내적 모순, 그것들을 극복하

려는 전반적 열망이 조직적으로 표현된 것, 요컨대 공동전선의 기관이 될 수밖에 없다.

독일 노동계급에 대한 영향력은 사민당과 공산당이 나눠 갖고 있다. 사민당 지도부는 노동자들을 사민당에서 쫓아 버리는 일에 최선을 다하고 있다. 공산당 지도부는 노동자들이 당에 들어오지 못하도록 온 힘을 다해 막고 있다. 그 결과 제3의 정당이 만들어졌고, 세력 관계가 공산당에 유리한 쪽으로 바뀌는 속도가 꽤나 느리다. 그러나 공산당의 정책이 모두 옳다고 하더라도, 노동계급 안에서 공산당이 우위를 차지하는 속도보다 노동계급의 혁명적 단결 필요성이 증대하는 속도가 비할 바 없이 빠를 것이다. 따라서 소비에트를 창설할 필요성은 여전히 절실하다.

소비에트 창설의 전제 조건은, 노동계급 내의 다양한 정당과 조직들이 공장에서 시작해서 소비에트의 필요성에 대해, 그리고 소비에트 건설의 시기와 방법에 대해 합의해야 한다는 것이다. 이것이 뜻하는 바는 소비에트 자체가 혁명적 시기에 공동전선의 최고 형태이므로 혁명의 준비기에 공동전선 정책이 미리 존재해야 소비에트가 등장할 수 있다는 것이다.

1917년 러시아에서 타협주의자들인 사회혁명당과 멘셰비키가 6개월 동안 소비에트의 다수파였다는 사실을 다시 떠올릴 필요가 있겠는가? 당시 볼셰비키당은 혁명적 정당으로서 자신의 독립성을 단 한순간도 포기하지 않은 채 소비에트 안에서 소수파로서 규율을 지켰다. 독일에서 처음으로 소비에트가 건설된다면 그 첫날부터 공산당이 1917년 3월의 [러시아] 소비에트에서 볼셰비키가 차지했던 것보다 훨씬 더 중요한 지위를 차지할 것이라는 점은 추호도 의심할 수 없다. 독일 공산당이 소비에트에서 순식간에 다수파가 될 가능성도 배제할 수 없다. 그렇다고 해서 공동전선 기구라는 소비에트의 의의가 사라지는 것은 결코 아니다. 왜냐하면 [소비에트의] 소수파, 즉 사민당·무소속·가톨릭 노동자들이 여전히 수백만 명이나 될 것이고, 그런 소수파를 건너뛰려는 시도는 모두 가장 혁명적인 상황에서조차 자기 목을 부러뜨리는 행위나 다름없을 것이기 때문이다. 그러나 이 모든 것은 아직 미래의 듣기 좋은 소리나 즐거운 상상일 뿐이다. 지금 독일 공산당은 소수파다. 그리고 우리는 이 사실에서 출발해야 한다.

물론 이렇게 말한다고 해서, 벨스·힐퍼딩·브라이트샤이트 등과 사전 합의를 보지 않으면 소비에트를 건설할 수 없다는 뜻은 아니다. 1918년에 힐퍼딩은 바이마르헌법을 손상시키지 않은 채 소비에트를 헌법에 포함시키는 방법을 찾느라 골치가 아팠다면, 지금은 사민당을 위태롭게 하지 않은 채 파시스트 막사를 바이마르헌법에 포함시키는 방법을 찾느라 골치가 아플 것이다. … 프롤레타리아의 전반적 상황이 소비에트 창설을 허용하는 순간 우리는 심지어 사민당 지도부의 의지를 거슬러서라도 소비에트를 건설하기 시작해야 한다. 그러나 그렇게 하려면 사민당의 기층 대중과 그 지도부를 분리해야 한다. 그런 분리가 이미 이뤄진 것처럼 행동해서는 실제로 그들을 분리할 수 없다. 사민당 노동자 수백만 명과 그들의 반동적 지도부를 분리하려면, 우리가 그런 '지도자들'과도 소비에트를 건설할 태세가 돼 있다는 것을 그 노동자들에게 보여 줘야 한다.

그러나 사민당 지도부가 소비에트의 열렬한 분위기 속으로 뛰어들어서 1918~1919년에 에베르트•·샤이데만•·하제• 등이 부린 책략을 되풀이할 가능성을 처음부터 완전히 배제해서는 안 된다. 여기서 결과를 좌우하는 것은 이 신사 양반들의 나쁜 의도가 아니라, 역사가 그들을 얼마나 그리고 어떻게 옴짝달싹 못 하게 만드는지다.

공산당 노동자들과 사민당 노동자들이 개인이 아니라 조직으로서 참여하는 중요한 지역 소비에트들이 처음으로 건설된다면, 독일 노동계급 전체가 엄청난 영향을 받을 것이다. 사민당 노동자들이나 무소속 노동자들뿐 아니라, 가톨릭 노동자들과 자유주의적 노동자들도 [소비에트의] 구심력에 오래 저항하지는 못할 것이다. 조직 활동의 능력과 열의가 뛰어난 독일 프롤레타리아의 모든 부문이 철 가루가 자석에 달라붙듯이 소비에트로 끌려올 것이다. 소비에트 안에서 공산당은 프롤레타리아 혁명을 지도하기 위한 투쟁에 극히 유리한 고지를 점령하게 될 것이다. 사민당 지도자들이 대중의 압력을 마비시키는 것을 공산당 지도부가 열심히 도와주지만 않았다면, 사민당 노동자들의 압도 다수와 심지어 사민당 기구의 상당한 부분조차 지금 소비에트의 틀 안에 포함돼 있을 것이라고 확실히 말할 수 있다.

공산당이 사민당, 노동조합, 그 밖의 조직들과 분명한 실천적 강령에 관한 협정을 맺는 것을 결코 용납할 수 없다고 주장한다면, 그것은 사민당과 함께 소비에트를 건설하는 것을 결코 용납할 수 없다는 뜻이다. 그리고 순전히 공산당만의 소비에트는 존재할 수도 없고 아무 소용도 없을 것이므로, 공산당이 노동계급 내의 다른 정당들과 합의하거나 공동 행동을 하기를 거부한다는 것은 곧 소비에트 건설을 거부한다는 것을 의미한다.

이런 추론에 대해 〈로테 파네〉는 온갖 악담을 퍼부으며 대응할 것이다. 내가 브뤼닝의 첩자이고 벨스의 모사꾼이라는 것은 2 곱하기 2가 4인 것과 마찬가지[로 자명한 진리]임을 증명하려 들 것이다. 나는 이 모든 비난을 기꺼이 받아들일 용의가 있지만, 조건이 하나 있다. 다른 노동자 조직들과 공동전선을 구축하는 정책 없이도 독일에서 소비에트가 언제, 어떻게 조직될 수 있는지를 〈로테 파네〉가 독일 노동자들에게 설명해야 한다는 것이 그 조건이다.

소비에트가 공동전선 기관이라는 문제를 명확히 하기 위해, 할레·메르제부르크 지방에서 발행되는 공산당 신문 〈클라센캄프〉(계급투쟁)가 이 주제에 관해 뭐라고 주장하는지를 살펴보는 것도 아주 유익할 듯하다. 얄궂게도 이 신문은 다음과 같이 말한다.

> 지금 모든 노동자 조직들은 온갖 오류와 약점에도 불구하고 반파시즘 방어 연합으로 크게 뭉쳐야 한다. 이 말은 무슨 뜻인가? 장황한

이론적 설명은 생략하겠다. 이 문제에서는 역사 자체가 독일 노동계급의 엄한 선생이었다. 독일 노동계급은 1918~1919년에 모든 노동자 조직들이 뚜렷한 형태 없이 뒤죽박죽 섞인 공동전선 때문에 혁명의 패배라는 대가를 치러야 했다.

정말로 피상적 허튼소리의 극치가 아닐 수 없다!

1918~1919년에 공동전선은 주로 소비에트 형태로 실현됐다. 당시 스파르타쿠스동맹은 이 소비에트에 참여해야 했는가 하지 말아야 했는가? 앞서 인용한 신문 기사의 논조는 스파르타쿠스동맹이 소비에트에 들어가지 말았어야 한다는 것이다. 그러나 당시 스파르타쿠스동맹은 노동계급의 극소수파에 불과했고, 사민당이 주도하는 소비에트를 자신들의 소비에트로 결코 대체할 수 없었다. 따라서 그들이 소비에트에 참여하지 않았다면 혁명 자체에서 고립되고 말았을 것이다. 당시 [소비에트라는] 공동전선이 "뚜렷한 형태 없이 뒤죽박죽 섞인" 것처럼 보였다면, 그것은 공동전선 기관인 소비에트 탓이 아니라 노동계급 자체의 정치적 상황, 허약한 스파르타쿠스동맹, 엄청나게 강력한 사민당 때문이었다. 일반적으로 공동전선은 강력한 혁명적 정당을 결코 대체할 수 없다. 혁명적 정당이 더 강력해지도록 도와줄 수 있을 뿐이다. 이 점은 소비에트도 마찬가지다. 허약한 스파르타쿠스동맹은 절호의 기회를 놓칠까 봐 두려워서 초좌파 노선을 취하며 때 이른 무장봉기로 나아갔다. 만약 스파르타쿠스동맹이 공동전선, 즉 소비에트

에 참여하지 않았다면, 이 부정적 특징들은 분명히 훨씬 두드러지기만 했을 것이다.

〈클라센캄프〉의 이 인간들은 1918~1919년의 독일 혁명 경험에서 아무것도 배우지 못했는가? 적어도 《좌파 공산주의: 유치증》 정도는 읽어 봤을 텐데? 정말로 스탈린 체제는 그들의 머리를 끔찍하게 파괴해 버렸다! [레닌의] 아류들은 소련의 소비에트를 관료화한 뒤에 소비에트를 그저 당 기구의 기술적 도구쯤으로 여기고 있다. 소비에트가 노동자들의 의회로 창설됐고, 정당의 차이를 떠나 프롤레타리아의 모든 부문을 단결시킬 기회를 제공했기 때문에 대중이 소비에트로 결집했다는 사실은 잊혔다. 그리고 소비에트의 엄청난 교육적·혁명적 힘이 바로 거기에 있다는 사실도 잊혔다. 모든 것이 잊혔고, 모든 것이 마구 뒤섞이고 왜곡됐다. 저주받아 마땅한 아류들 같으니!

정당과 소비에트의 관계 문제는 혁명적 정치에서 결정적으로 중요하다. 공산당의 현재 노선은 사실상 정당이 소비에트를 대신하는 것이라면, 혼란을 부추길 기회를 놓치기 싫어하는 후고 우르반스는 소비에트가 정당을 대신하게 만들려고 한다. 〈조치알리스티셰 아르바이터 차이퉁〉(사회주의 노동자 신문)의 긴급 보도를 보면, 지난 1월 베를린 집회에서 우르반스는 공산당이 노동계급의 지도부라는 주장을 반박하면서 다음과 같이 말했다. "지도력은 대중이 스스로 선출한 소비에트의 수중에 있을 것이고, 소비에트는 어느 한 정당의 뜻과 의지를 따르지 않을 것입니다.(우레 같은 박수)" 공산당의 최후통첩주의에 화가 난 노동자들이 관료들의 오만한 태도를 비판하는 사람에게 박수갈채를 보낸다는 것은 쉽게 이해할 수 있다. 그렇다고 해서 우르반스가 이 문제에서도 마르크스주의와 공통점이 전혀 없다는 사실이 바뀌는 것은 아니다. 노동자들이 "스스로" 소비에트를 선출할 것이라는 점은 아무도 부정하지 않을 것이다. 그러나 문제의 핵심은 노동자들이 누구를 선출할 것이냐다. 우리는 다른 모든 조직들의 "오류와 약점에도 불구하고" 그런 변변찮은 조직들과 함께 소비에트에 들어가야 한다. 그러나 소비에트 '자체'가 프롤레타리아의 권력 장악 투쟁을 지도할 수 있다고 공언하는 것은 조야한 소비에트 만능주의 사상을 퍼뜨리는 것일 뿐이다. 모든 것은 소비에트를 지도하는 정당에 달려 있다. 그러므로 우르반스와 달리 볼셰비키·레닌주의자들은 공산당이 소비에트를 지도할 권리가 있다는 것을 결코 부정하지 않는다. 오히려 다음과 같이 주장한다. "오직 공동전선이라는 토대 위에서만, 오직 대중조직들을 통해서만 독일 공산당은 미래의 소비에트 안에서 지도적 지위를 차지할 수 있고 프롤레타리아를 권력 장악으로 이끌 수 있다."

9. 독일 사회주의노동자당SAP

자신들은 무슨 일이든 할 수 있다고 확신하는 정신 나간 관료들이나, 의미도 모르는 욕설을 계속 되풀이하는 어리석은 앵무새들만이 SAP에 '사회파시스트'나 '반혁명적' 정당이라는 딱지를 붙일 수 있을 것이다. 그러나 사민당과 결별한 후 개혁주의와 공산주의 사이에서 헤매고 있는 정당, 지도부가 공산주의보다 개혁주의에 더 가까운 정당을 처음부터 신뢰하는 것은 결코 용납할 수 없는 경솔하고 천박한 낙관주의적 행동일 것이다. 이 문제에서도 좌익반대파는 우르반스의 정치에 책임이 전혀 없다.

SAP에는 강령이 없다. 형식적 문서로 된 강령을 말하는 것이 아니다. 강령은 그 정당의 혁명적 경험과, 또 간부들의 피와 살이 된 투쟁 교훈과 결부돼 있는 경우에만 의미가 있다. 이런 의미의 강령이 SAP에는 없는 것이다. 러시아 혁명, 이 혁명의 각 단계들, 그 과정에서 벌어진 분파 투쟁, 1923년 독일의 [혁명적] 위기, 불가리아 내전, 중국 혁명의 사건들, (1926년) 영국 프롤레타리아의 투쟁[총파업], 스페인의 혁명적 위기, 이 모든 사건들은 혁명가의 의식 속에서 선명한 정치적 이정표 구실을 해야 한다. 그러나 SAP의 간부들에게는 신문에서 긁어모은 흐릿한 기억일 뿐, 생생하게 체험하고 흡수한 혁명적 경험이 결코 아니다.

노동자 정당이 공동전선 정책을 추구해야 한다는 것은 결코 부정할 수 없다. 그러나 공동전선 정책에도 위험은 따른다. 오직 경험 많고 단련된 혁명적 정당만이 공동전선 정책을 성공적으로 실행할 수 있다. 어쨌든 공동전선 정책은 혁명적 정당의 강령 구실을 할 수 없다. 그러나 지금 SAP의 모든 활동은 공동전선 정책을 바탕으로 이뤄지고 있다. 그 결과, 공동전선 정책이 당내에서도 실행되고 있다. 즉, 당내 다양한 경향들 사이의 모순을 흐리는 데 기여하고 있다. 그런데 바로 이것이 중간주의의 근본적 기능이다.

SAP의 일간지에는 어중간한 정신이 깊이 스며들어 있다. 그 신문은 슈트뢰벨의• 이탈에도 불구하고 여전히 마르크스주의 신문이 아니라 반半평화주의 신문이다. 산발적으로 실리는 혁명적 기사들은 그 신문의 특징을 바꾸기는커녕 오히려 더 두드러지게 할 뿐이다. SAP 신문은 [유명한 평화주의자인] 퀴스터가 군국주의에 관해 브뤼닝에게 보낸 편지를 열렬히 지지한다. 그러나 그 편지는 무미건조하고 철저하게 프티부르주아적이다. 그 신문은 덴마크 정부 각료를 지낸 '사회주의자'가 [외국에 파견되는] 정부 대표단에 참여하기를 거부한 행동에 박수갈채를 보내지만, 그가 거부한 이유는 조건이 너무 굴욕적이라는 것 때문이었다. 중간주의는 사소한 것에 만족한다. 그러나 혁명은 매우 많은 것을 요구한다. 혁명은 모든 것을 통째로 요구한다.

SAP는 공산당의 노동조합 정책을 비난한다. 공산당이 노동조합을 분열시키고 혁명적노조반대파RGO를 만들었다는 것이다. 노동조합 분야에서도 공산당의 정책이 완전히 틀렸다는 것은 분명하다. 로좁스키의 지도 때문에 국제 프롤레타리아의 전위는 값비싼 대가를 치르고 있다. 그러나 SAP의 비판도 틀렸기는 마찬가지다. 공산당의 잘못은 프롤레타리아 대열을 '분열시키고' 사민당 노조들을 '약화시킨' 것에 있지 않다. 그런 것은 혁명적 기준이 아니다. 왜냐하면 현 지도부 아래서 노동조합은 노동자들이 아니라 자본가에게 봉사하고 있기 때문이다. 공산당의 범죄는 라이파르트의 조직이 아니라 자기 조직을 '약화시킨다'는 것이다. 공산주의자들이 반동적 노동조합에 참여해야 하는 이유는 단결이라는 추상적 원칙 때문이 아니라, 노동조합에서 자본의 앞잡이들을 몰아내려고 투쟁해야 한다는 구체적 필요 때문이다. 그런데 SAP는 이 정책의 능동적·혁명적·공세적 요소를, 자본의 앞잡이들이 지도하는 노동조합의 단결이라는 추상적 원칙에 종속시키고 있다.

SAP는 공산당이 쿠데타 노선으로 기울고 있다고 비난한다. [공산당의 활동] 방식과 이런저런 사실들을 보면 그런 비난이 옳다는 것도 알 수 있다. 그러나 그런 비난을 퍼부을 권리를 내세우기 전에 SAP는 프롤레타리아 혁명의 근본적 문제들에 대한 태도를 확실히 표명하고 행동으로 입증해야 한다. 멘셰비키도 볼셰비키가 블랑키즘과 모험주의, 즉 쿠데타 노선을 추구한다고 끊임없이 비난했다. 그러나 레닌의 전략과 쿠데타 노선은 하늘과 땅 차이다. 그래도 레닌 자신은 프롤레타리아의 투쟁에서 '무장봉기라는 기예'가 중요하다는 것을 알고 있었고, 다른 사람들에게도 그렇게 가르쳤다.

이 점에서 SAP의 비판은 그들이 파울 레비의[•] 권위에 의지할수록 훨씬 더 의심스러워진다. 공산당의 유치증에 경악한 레비는 노쇠한 사민당의 합병증을 선호했다. 레닌은 독일의 1921년 3월 사태에 관한 회의 도중 레비를 두고 "이 사람 완전히 머리가 돌았군" 하고 말했다. 그러나 즉시 다음과 같이 장난스럽게 덧붙였다. "그래도 이 사람은 돌아 버릴 머리라도 있지만, 다른 사람들에 관해서는 그런 말도 못하겠군." 레닌이 말한 "다른 사람들"은 바로 벨러 쿤,• 탈하이머 등이다. 파울 레비의 어깨 위에 머리가 있었다는 사실은 아무도 부정할 수 없다. 그러나 머리가 돌아 버려서 공산당 대열에서 개혁주의자 대열로 넘어간 사람이 프롤레타리아 정당을 가르칠 자격이 있다고 말하기는 힘들 것이다. 레비의 비극적 최후, 즉 정신이상 상태에서 창문 밖으로 뛰어내려 죽은 것은 그의 정치적 궤적을 상징하는 듯하다.

대중에게 중간주의는 한 단계에서 다음 단계로 넘어가는 과도기일 뿐이지만, 개별 정치인들에게 중간주의는 제2의 천성이 될 수 있다. SAP의 수뇌부에는 사민당에 절망해서 뛰쳐나온 관료·변호사·언론인 등이 있다. 이들은 모두 정치적 교육이 이미 끝났다고 봐야 하는 연령대의 사람들이다. 절망한 사회민주주의자가 곧 혁명가가 되는 것은 아니다.

그런 유형을 대표하는 최고의 사회민주주의자가 게오르크 레데부어다. 얼마 전에 나는 우연히 그의 1919년 재판 기록을 읽었다. 읽는 도중 이 노老투사의 정직함, 열정, 고귀한 천성에 마음속으로 여러 번 박수를 보냈다. 그러나 레데부어• 역시 중간주의의 한계를 넘어서지 못했다. 계급투쟁의 최고 형태인 대중행동이 문제가 될 때마다, 즉 대중행동을 준비하는 문제, 정당이 대중투쟁을 지도하는 명백한 책임 문제가 제기될 때마다 레데부어는 중간주의의 가장 뛰어난 대표자일 뿐이었다. 이 점 때문에 그는 리프크네히트나 로자 룩셈부르크와 달랐다. 그리고 오늘날 우리와도 다르다.

옛 독일 사민당 급진파가 피억압 민족들의 투쟁에 소극적 태도를 취한다는 스탈린의 비난에 분개한 레데부어는 자신이 항상 대단한 주도력을 발휘한 분야가 바로 이 민족문제였다고 반박한다. 개인적으로 레데부어는 항상 옛 독일 사민당의 국수주의 분위기를 열렬히 반대했다. 그러면서 자신의 강력한 민족 감정도 결코 숨기지 않았다. 레데부어는 항상 러시아와 폴란드 등 외국에서 망명해 온 혁명가들의 가장 좋은 친구였고, 그들 중에 많은 사람들은 지금도 이 노혁명가에 관한 소중한 추억을 간직하고 있다. 그래서 독일 사민당의 관료들은 레데부어를 '레데부로프'나 '레데부르스키'라고 부르며 빈정댔다.

그렇지만 스탈린이 당시의 사실관계나 문헌을 잘 모른다 해도 이 문제에서는 옳다. 적어도 그가 레닌의 일반적 견해를 되풀이하는 한 그렇다. 레데부어는 레닌의 견해를 반박하려 하지만, 오히려 레닌이 옳았다는 것을 입증할 뿐이다. 레데부어는 제2인터내셔널의 정당들이 동료 정당의 소행을 자기만족적으로 지켜보는 것에 대해 자신의 글에서 여러 번 분통을 터뜨렸다는 사실을 내세운다. 예컨대, 램지 맥도널드가• 폭격기의 도움을 받아 인도의 민족문제를 해결하는 것에 분노했다는 것이다. 이런 분노와 항의는 레데부어가 힐퍼딩이나 벨스는 말할 것도 없고 오토 바우어와도• 다르다는 것을 보여 주는 분명하고 명예로운 사실이다. 이 신사 양반들도 만약 인도 [같은 식민지]가 있었다면 민주주의적 폭격을 서슴지 않았을 것이기 때문이다.

그렇지만 이 문제에서도 레데부어의 입장은 중간주의의 한계를 넘어서지 못한다. 레데부어는 식민지 억압에 반대하는 투쟁을 요구한다. 또, 의회에서 기꺼이 식민지 공채에 반대하는 투표를 할 태세가 돼 있다. 진압당한 식민지 봉기의 희생자들을 용감하게 방어하고 나설 태세도 돼 있다. 그러나 레데부어가 식민지 봉기를 준비하는 일에 참여하지는 않을 것이다. 그런 일을 쿠데타 노선, 모험주의, 볼셰비즘이라고 여기기 때문이다. 그리고 바로 여기에 문제의 핵심이 있다.

민족문제에서 볼셰비즘의 특징은 피억압 민족들을, 심지어 가장 후진국의 민족들조차 정치의 객체뿐 아니라 주체로도 여긴다는 것이다. 볼셰비즘은 피억압 민족의 '자결권'을 인정하는 데 만족하지 않는다. 또, 그 '자결권'이 짓밟히는 것을 의회에서 항의하는 데 만족하지도 않는다. 볼셰비즘은 피억압 민족들[의 투쟁] 속으로 침투해서 그들이 억압 민족에 맞서 싸우도록 고무하고, 그들의 투쟁과 자본주의 선진국 프롤레타리아의 투쟁을 결합한다. 또, 억압받는 중국인·인도인·아랍인들에게 무장봉기의 기예를 가르친다. 그리고 문명국을 자처하는 사형집행인들 앞에서 이런 활동의 모든 책임을 진다. 오직 여기서만 진정한 볼셰비즘, 즉 행동하는 혁명적 마르크스주의는 시작된다. 이 한계를 넘어서지 못하는 것은 모두 중간주의다.

프롤레타리아 정당의 정책을 단지 민족문제만으로 평가할 수는 없다. 마르크스주의자에게 이것은 하나의 원칙일 뿐이다. 그렇다면 SAP가 국제적으로 연관 맺고 있고 지지하는 세력들은 누구인가? 노르웨이·스웨덴·네덜란드의 중간주의 조직들·집단들·개인들이다. 그들은 수동적이고 [편협한] 지역주의적 성격 덕분에 개혁주의와 공산주의 사이에서 양다리를 걸칠 수 있다. 바로 그들이 SAP의 절친들이다. 안젤리카 발라바노프는• 국제적으로 SAP를 지지하는 세력들의 상징적 인물이다. 지금도 그녀는 이 신생 정당을 2.5인터내셔널의• 파편들과 융합하려 애쓰고 있다!

레옹 블룸은• [독일의] 전쟁배상금 지급을 지지하고 [프랑스] 은행업자 우스트리크의 뒤를 봐주는 사회주의자인데, 자이데비츠의 신문은 그런 블룸을 '동지'라고 부른다. 이것은 무엇인가? 정중한 예의인가? 아니다. 원칙이 없고, 기개가 없고, 줏대가 없는 것일 뿐이다! 이렇게 말하면, 되게 아는 체하는 일부 관료들은 '쩨쩨한 트집 잡기'라고 응수할 것이다. 그러나 그렇지 않다. 이런 '하찮은' 일들이 소비에트를 추상적으로 인정하는 것보다 근본적 정치 성향을 훨씬 더 정확하고 숨김없이 보여 준다. 소비에트를 추상적으로 인정하는 것과 혁명적 경험은 무관하기 때문이다. 블룸을 '파시스트'라고 부르는 것은 어리석기 짝이 없는 짓이다. 그러나 이런 유형의 정치인을 경멸하고 혐오하지 않는 사람은 결코 혁명가가 아니다.

SAP는 막스 아들러가• 하듯이 오토 바우어 '동지'와 갈라선다. 로젠펠트와 자이데비츠에게 바우어는 이데올로기적 적대자, 그것도 일시적 적대자일 뿐이다. 그러나 우리에게 바우어는 결코 화해할 수 없는 적이다. 왜냐하면 그는 오스트리아 프롤레타리아를 끔찍한 수렁에 빠뜨렸기 때문이다.

막스 아들러는 중간주의의 예민한 기압계 같은 존재다. 기압계가 유용하다는 것은 부정할 수 없다. 그러나 기압계가 날씨의 변화를 기록할 수는 있지만 날씨 자체에 영향을 미칠 수는 없다는 사실도 분명하다. 자본주의가 막다른 골목에 이르자, 막스 아들러는 커다란 철학적 슬픔을 느끼며 혁명의 불가피성을 다시 한 번 인정할 태세가 돼 있다. 그러나 그것이 과연 인정인가? 한숨을 내쉬며 [그 불가피성을] 의심하고 조건을 달고 있지 않은가! [아들러에게] 가장 좋은 일은 제2인터내셔널과 제3인터내셔널이 통합하는 것이다. 가장 바람직한 일은 민주적 방식으로 사회주의가 건설되는 것이다. 그러나 안타깝게도 이 방법은 불가능한 것처럼 보인다. 미개한 나라들뿐 아니라 문명국들에서도 노동자들은 (오, 이런!) 혁명을 일으켜야 할 듯하다. 그러나 이렇게 우울하게 혁명을 인정하는 것조차 여전히 문학적 사실일 뿐이다. 막스 아들러가 "드디어 때가 왔다"고 말할 수 있는 [혁명적] 상황은 역사에서 결코 없었고 앞으로도 없을 것이다.

아들러 같은 사람들은 과거의 혁명을 정당화하고 미래 혁명의 불가피성을 인정할 수 있지만, 지금 당장 혁명을 촉구할 수는 없다. 우리는 이 나이 든 좌파 사회민주주의자들 전체가 가망 없다는 것을 인정해야만 한다. 그들은 제국주의 전쟁으로도 바뀌지 않았고 러시아 혁명으로도 바뀌지 않았다. 그들은 기압계는 될 수 있을지언정 혁명의 지도자는 결코 될 수 없다.

9월* 말에 SAP는 모든 노동자 조직들에 호소문을 보내서, 모든 [정치] 경향의 연사들에게 똑같은 발언 시간이 보장되는 집회를 전국에서 개최하자고 제안했다. 그런 식으로 해서 이룰 수 있는 것은 아무것도 없다는 점은 분명하다. 사실, 공산당이나 사민당이 브란들러나 우르반스 또는 ([노동자] 운동에서 특별한 지위를 주장하기에는 너무 하찮은) 여러 조직이나 집단의 대변인들과 똑같은 조건으로 연단에 서는 것이 과연 무슨 의미가 있겠는가? 공동전선은 공산당과 사민당의 노동자 대중을 단결시키는 것이지, 대중도 없는 정치집단들과 합의를 성사시키는 것이 결코 아니다.

저들은 로젠펠트·브란들러·우르반스 연합이 공동전선을 위한 선전 연합일 뿐이라고 주장할 것이다. 그러나 연합을 해서는 안 되는 분야가 바로 이 선전 영역이다. 선전은 분명한 원칙과 확실한 강령에 바탕을 둬야 한다. 따로따로 행진해서 함께 공격하는

---

* 독일어판에는 12월로 돼 있다.

것[이 공동전선]이다. 단지 실천적 대중행동을 위해서만 연합을 해야 한다. 기본적 원칙도 없이 상층에서 이뤄지는 합의는 혼란만 낳을 것이다.

노동자 공동전선이 대통령 후보를 지명한다는 생각은 근본적으로 잘못된 것이다. 대통령 후보는 명확한 강령을 근거로 해서만 지명할 수 있다. 공산당은 선거기간에 자기 지지자들을 동원하고 자신의 힘을 가늠해 볼 기회를 포기할 권리가 없다. 공산당이 다른 정당의 후보들에 대항하는 후보를 출마시키는 것은, 당면 투쟁 목표를 위해 다른 조직들과 협정을 맺는 것과 결코 충돌하지 않는다. 공산주의자들은 공식 당원이든 아니든 텔만의 출마를 최대한 지지할 것이다. [그러나] 우리의 관심사는 텔만이 아니라 공산주의 깃발이다. 우리는 다른 모든 정당에 대항해서 공산주의 깃발을 지킬 것이다. 좌익반대파는 스탈린주의 관료들이 기층 공산당원들에게 주입한 편견을 깨뜨려서, 그들이 대자적 [계급]의식에 이르도록 도와줄 것이다.*

개혁주의 좌파나 중간주의에서 공산주의로 발전하는 노동자 조직들에 대해 볼셰비키는 어떤 정책을 취했는가?

1917년에 페트로그라드의 '지구 간 조직'이라는• 단체에는 약 4000명의 노동자가 속해 있었다. 당시 페트로그라드의 볼셰비키

---

* 불행히도 〈페르마넨테 레볼루치온〉(연속혁명)에• 실린 글이 단일한 노동자 후보를 옹호하는 주장을 했지만, 당연히 그 글은 사설이 아니었다. 독일의 볼셰비키·레닌주의자들이 그런 주장을 비난하리라는 것은 의심의 여지가 없다 — 트로츠키.

조직에는 수만 명의 노동자가 속해 있었다. 그렇지만 볼셰비키의 페트로그라드 위원회는 모든 문제에서 '지구 간 조직'과 협정을 맺고 모든 계획을 조언했다. 이런 식으로 두 조직의 완전한 통합을 촉진한 것이다.

'지구 간 조직'의 노동자들이 정치적으로 볼셰비키와 가까웠다고 주장할 수도 있다. 그러나 볼셰비키의 이런 정책은 '지구 간 조직' 노동자들에게만 적용되지 않았다. 멘셰비키 국제주의파(마르토프 그룹)가 사회(주의적) 애국주의자들에 반대하고 나섰을 때, 볼셰비키는 이 마르토프 지지자들과 공동 행동을 하고자 모든 노력을 다했다. 그리고 이런 공동 행동이 대체로 이뤄지지 않았다면, 그것은 볼셰비키 탓이 아니었다. 또, 멘셰비키 국제주의파가 공식적으로는 체레텔리·단 등과 함께 멘셰비키당의 틀 안에 남아 있었다는 사실도 덧붙여야 한다.

볼셰비키는 똑같은 전술을 좌파사회혁명당에도, 그러나 훨씬 더 광범하게 사용했다. 심지어 좌파사회혁명당의 일부를 무장봉기 기관인 혁명전쟁위원회에* 끌어들이기도 했다. 당시 좌파사회혁명당은 여전히 케렌스키와 같은 정당에 속해 있었는데, 무장봉기로 전복하려 한 임시정부의 수반이 바로 케렌스키였다. 당연히 이것[혁명전쟁위원회에 참여한 것]은 좌파사회혁명당의 처지에서는 별로 사리에 맞지 않는 일이었고, 따라서 그들의 머릿속에서 모

* 군사혁명위원회라고도 한다.

든 것이 논리 정연하지는 않았음을 보여 준다. 그러나 모든 사람이 모든 것을 논리 정연하게 생각하고 행동할 때까지 기다렸다면 이 세상에서 승리한 혁명은 결코 없었을 것이다. 나중에 볼셰비키는 좌파사회혁명당과 연립정부를 구성했다(오늘날 [독일 공산당의] 어법에 따르면, 좌파사회혁명당은 좌파 '코르닐로프주의자들'이나 좌파 '파시스트들'로 불렸을 것이다). 이 정부는 몇 달 동안 지속되다가 좌파사회혁명당이 [반反볼셰비키] 무장봉기를 감행한 뒤에야 깨졌다.

레닌은 좌경화하는 중간주의자들에 대한 볼셰비키의 경험을 다음과 같이 요약했다.

> 공산주의자들의 올바른 전술은 중간주의자들의 동요를 무시하는 것이 아니라 이용하는 것이어야 한다. 그들의 동요를 이용하려면, 프롤레타리아 쪽으로 돌아서는 부류에는 양보하는 동시에 부르주아지 쪽으로 돌아서는 부류에는 맞서 싸워야 한다. … '어떤 타협도 없을 것이고, 우리의 노선을 바꾸거나 수정하는 일도 결코 없을 것이다' 하고 성급하게 결정하는 것은 혁명적 프롤레타리아의 힘을 강화하는 데 해로울 뿐이다.

이 문제에서도 볼셰비키의 전술은 관료적 최후통첩주의와 아무런 공통점이 없다.

텔만과 레멜레 자신들이 [독립사민당이라는] 독립적 정당에 몸

담은 지가 그리 오래되지 않았다. 스스로 기억을 더듬어 본다면, 그들은 사민당과 결별한 후 독립적 정당에 가입해서 그 정당을 좌경화시키려고 애쓰던 당시 자신들의 정치적 감정을 떠올릴 수 있을 것이다. 그때 만약 누군가가 그들을 두고 '왕당파 반혁명 세력의 좌파'에 불과하다고 말했다면 어땠겠는가! 십중팔구 그들은 그런 비난을 하는 사람이 술에 취했거나 미쳤다고 결론지었을 것이다. 그런데 지금 그들 자신이 바로 그렇게 SAP를 규정하고 있다!

레닌이 독립적 정당의 출현에 관해 어떻게 생각했는지를 떠올려 보자.

> 왜 독일에서는 [1917년 러시아와 달리 — 트로츠키] 노동자들이 바로 그렇게, 완전히 똑같이 좌경화했는데도 곧바로 공산주의자들의 힘이 강해진 것이 아니라 '독립'사민당이라는 어중간한 정당이 먼저 강해졌는가? … 분명히 그 이유 하나는 독일 공산주의자들의 전술이 잘못됐기 때문이다. 그들은 용감하고 솔직하게 자신들의 잘못을 인정하고 그것을 바로잡는 법을 배워야 한다. … 그들의 잘못은 이미 여러 번 나타난 '좌파적' 유치증에서 비롯했다. 이제 그 유치증이 공공연히 드러났으니 그만큼 더 잘, 더 빠르게 치유될 것이고, 유기(적 조직)체에 가장 이롭게 치유될 것이다.

이 글은 정말이지 바로 지금 상황을 염두에 두고 쓰인 것 같다!

현재의 독일 공산당은 당시의 스파르타쿠스동맹보다 훨씬 강력하다. 따라서 만약 지금 독립적 정당이 또다시 나타난다면(부분적으로 똑같은 지도부가 이끄는), 공산당의 책임은 훨씬 더 무거울 것이다.

SAP의 출현은 모순된 현상이다. 물론 노동자들이 곧장 공산당에 가입했다면 가장 좋았을 것이다. 그러나 그러려면 공산당의 정책과 지도부가 [지금과] 달랐어야 할 것이다. SAP를 평가할 때 출발점은 이상적 공산당이 아니라 실제로 존재하는 공산당이어야 한다. 공산당이 관료적 최후통첩주의를 벗어나지 못한 채 사민당의 해체를 막아 주는 한, SAP의 출현은 불가피하고 진보적인 현상이다.

그러나 이 현상의 진보적 성격은 [SAP의] 중간주의 지도부 때문에 대단히 약해졌다. 그 지도부의 입지가 확고해진다면, SAP는 망할 것이다. SAP가 일반적으로 진보적 구실을 한다는 점 때문에 SAP의 중간주의와 타협한다면, 오히려 그 진보적 구실을 청산하게 될 것이다.

SAP의 수뇌부에 있는 화해주의자들과 타협주의자들은 노회한 책략가들이어서 [당내] 모순을 흐리거나 얼버무리고 위기를 질질 끌 것이다. 그러나 이런 책략은 사태가 진짜로 심각해지기 전까지만 효과가 있을 것이다. 혁명적 위기가 폭발하는 순간 SAP는 위기에 빠질 것이고, 그러면 SAP의 노동자들은 마비될 것이다.

공산주의자들의 임무는 SAP의 노동자들이 때가 되면 그 대열에서 중간주의를 청산하고 중간주의 지도부도 제거할 수 있도록 도와주는 것이다. 이 임무를 완수하려면 결코 침묵해서도 안 되고, 좋은 의도를 좋은 행동으로 받아들여서도 안 되고, 모든 사물을 그 이름대로 불러야 한다. 그러나 지어낸 이름이 아니라 그 진짜 이름으로 불러야 한다. 그리고 비방하지 말고 비판해야 한다. 주먹다짐하려 들지 말고, 함께 뭉칠 방법을 찾아야 한다.

독립적 [중간주의] 정당의 좌파에 관해 레닌은 다음과 같이 썼다.

> 그 정당[독일 독립사민당]의 이 분파[좌파]와 타협하기를 두려워하는 것은 완전히 웃기는 일이다. 반대로, 그들과 적절하게 타협할 수 있는 방법을 찾고 알아내는 것이 공산주의자들의 의무다. 즉, 한편으로는 그 분파와의 최종 통합을 용이하게 하고 촉진하면서도, 다른 한편으로는 그 정당의 우파에 대항하는 공산주의자들의 이데올로기 투쟁과 정치 투쟁을 결코 방해하지 않을 그런 타협 방법을 찾고 알아내야 하는 것이다.

이 전술 노선에 덧붙일 말은 지금도 전혀 없다.

SAP의 좌파에게 우리는 다음과 같이 말한다. "혁명가들은 파업과 거리 투쟁뿐 아니라 무엇보다 자기 정당의 올바른 정책을 위해 투쟁하는 과정에서 단련됩니다. 코민테른 초창기에 신생 정당들의 가입 조건으로 작성된 '21개 조항'을 보십시오. 지난 8년간의 정치 상황에 이 '21개 조항'을 적용한 좌익반대파의 활동을 보십시오. 이 '조항들'에 비춰서 여러분 자신의 대열 내에 있는 중간주의 경향을 계획적으로 공격하십시오. 그리고 그 투쟁을 끝까지 밀고 나가십시오. 그러지 않으면 여러분은 결코 명예롭지 않은 구실, 즉 중간주의를 좌파적으로 포장해 주는 구실만 하게 될 것입니다."

그다음은 무엇인가? 그다음에는 공산당 쪽을 봐야 한다. 혁명가들은 로젠펠트나 자이데비츠처럼 사민당과 공산당 사이에서 양다리를 걸치지 않는다. 사민당 지도자들은 프롤레타리아 대열 안에 있는 적대계급의 첩자들이다. 공산당 지도자들은 비록 혼란스럽고 형편없고 무능하지만 그래도 옳은 길을 따라온 혁명가나 반半혁명가들이다. 사민당과 공산당은 똑같지 않다. 사민당은 파괴해야 하지만 공산당은 교정해야 한다. 이것이 불가능하다고 말하고 싶은가? 그러나 과연 그렇게 하려고 진지하게 노력해 본 적이라도 있는가?

공산당이 사태의 압력을 받고 있는 지금 이 순간 우리는 비판의 압력을 가해서 그 사태를 촉진해야 한다. 우리는 '제3의' 정당을 추구하는 것이 아니라, 공산당 노동자들이 현재의 공산당을 노동계급의 진정한 지도부로 변모시킬 수 있도록 도와주려고 진심으로 애쓰고 있다. 이 사실을 공산당 노동자들이 행동을 통해 더 빨리 확신할수록 우리의 말에 훨씬 더 귀를 기울일 것이다.

그런데 우리가 그 일을 해내지 못한다면 어찌 될 것인가?

그러면 현재의 역사적 상황에서는 파시즘의 승리가 거의 확실할 것이다. 그러나 중대한 전투 직전에 혁명가는 만약 실패하면 어찌할 것인가 하고 묻지 않는다. 성공하려면 무엇을 해야 하는가 하고 물을 뿐이다. 그것이 가능한 일이라면 우리는 그 일을 해낼 수 있고, 따라서 반드시 해내야 한다.

10. '일반적' 중간주의와 스탈린주의 관료들의 중간주의

코민테른 지도부의 오류, 따라서 독일 공산당의 오류는 레닌의 낯익은 어법에 따르면 '초좌파적 어리석음'이라는 범주에 속한다. 현명한 사람들도 어리석은 짓을 할 수 있다. 특히 청소년기에는 더욱 그렇다. 그러나 하이네가 조언했듯이, 이 특권을 남용해서는 안 된다. 그렇지만 특정한 유형의 정치적 어리석음이 오랫동안 체계적으로 반복된다면, 그것도 가장 중요한 문제들에서 그런다면, 그것은 단지 어리석은 행동에 그치지 않고 하나의 경향이 된다. 이것은 어떤 종류의 경향인가? 이 경향은 어떤 역사적 필요를 충족시키는가? 그것의 사회적 뿌리는 무엇인가?

초좌파주의는 나라마다, 시대마다 그 사회적 토대가 다르다. 초좌파주의의 가장 철저한 표현은 아나키즘과 블랑키즘에서 찾아볼 수 있고, 특히 최근에는 이 둘이 다양하게 결합된 아나코신디컬리즘에서 찾아볼 수 있다.

주로 라틴계 나라들[프랑스·이탈리아·스페인 등]에 퍼져 있는 이 경향의 사회적 토양은 파리의 낡고 전형적인 소규모 공업들에서 찾아볼 수 있었다. 그들의 안정성은 프랑스의 다양한 초급진주의에 의심의 여지 없는 중요성을 부여했고, 프랑스의 초급진주의가 어느 정도는 다른 나라들의 노동운동에도 이데올로기적 영향력을 미칠 수 있게 해 줬다. [그러나] 프랑스 대공업의 발전, 제1차세계대전, 러시아 혁명은 아나코신디컬리즘의 등뼈를 부러뜨렸다. 퇴보한 아나코신디컬리즘은 천박한 기회주의로 변모했다. 프랑스 신디컬리즘의 이 두 단계를 모두 대표하는 인물이 레옹 주오다.• 시간이 흐르면 사람도 함께 변한다는 것을 잘 보여 주는 사례다.

스페인의 아나코신디컬리즘은 오직 정치적 침체기에만 외관상의 혁명적 성격을 유지했다. 혁명기에는 모든 문제가 단도직입적으로 제기되기 때문에, 아나코신디컬리즘의 지도자들은 초급진주의를 내팽개치고 기회주의적 성격을 드러낼 수밖에 없었다. 스페인 혁명은 신디컬리즘의 편견을 그 마지막 라틴계 은신처에서 몰아낼 것이라고 확실히 말할 수 있다.

아나키즘과 블랑키즘을 추종하는 무리들은 온갖 종류의 다른 초좌파주의 경향이나 집단과 결합한다. 위대한 혁명적 운동의 주변에는 항상 쿠데타 노선과 모험주의가 나타나기 마련이다. 이런 경향의 지도자들은 후진적이고 반쯤은 수공업자인 노동자층 출신이거나 이들을 지지하는 지식인 출신이다. 그러나 그런 유형의 초좌파주의는 역사적으로 중요한 독립적 세력이 되지 못하고 대부분의 경우에 일시적 현상으로 그칠 뿐이다.

역사적 후진국의 부르주아 혁명은 세계 노동자 운동이 이미 완전히 발달한 상황에서 일어난다. 그런 나라에서는 흔히 프티부르주아 대중이 압도적인 약간 초보적인 운동에 좌파 지식인들이 가장 극단적인 구호와 방법들을 도입한다. 쿠데타 노선과 개인적 테러리즘 등의 경향을 보인 러시아 사회혁명당이 바로 그런 유형의 프티부르주아 정당이었다. 서구 여러 나라에는 공산당이 존재하기 때문에, 독립적인 모험주의 집단들이 러시아 사회혁명당만큼 중요한 세력이 되지 못할 것이다. 그러나 바로 이 점 때문에 서구의 신생 공산당들 안에서 모험주의 요소들이 생겨날 수 있다. 러시아 사회혁명당은 부르주아 사회가 진화하는 것의 영향을 받아서 제국주의적 프티부르주아 정당으로 변모했고 10월 혁명에 대해 반혁명적 태도를 취했다.

현재 코민테른의 초좌파주의는 앞서 말한 역사적 유형 가운데 어떤 것에도 해당하지 않는다는 사실은 완전히 자명하다. 코민테른의 핵심 정당인 소련 공산당은 잘 알려져 있다시피 산업 프롤레타리아에 기반을 두고 있으며, 잘하든 못하든 볼셰비즘의 혁명적 전통을 이어받았다. 코민테른의 다른 지부들도 대부분 프롤레타리아 조직이다. 상황이 매우 다른 여러 나라에서 공식 공산당의 초좌파 정책이 동시에 똑같은 정도로 급속히 번지고 있다는 것은, 이 초좌파 경향에 공통의 [사회적] 뿌리가 없다는 사실을 보여 주지 않는가? 사실, '원칙적' 성격이 똑같은 초좌파 노선이 중국과 영국에서 추진되고 있다. 그렇다면 우리는 이 새로운 초좌파주의의 사회적 뿌리를 어디서 찾아야 하는가?

문제는 복잡하지만, 극히 중요한 다른 상황에 의해 분명해지기도 한다. 즉, 초좌파주의는 현재 코민테른 지도부의 변함없는 근본적 특징이 결코 아니라는 것이다. 기본적 구성이 똑같은 바로 그 기구가 1928년까지는 공공연히 기회주의적인 정책을 고수했고, 가장 중요한 많은 문제들에서 멘셰비즘 노선으로 완전히 넘어가 버렸다. 1924~1927년에는 개혁주의자들과 합의하는 것이 의무로 여겨졌을 뿐 아니라, 심지어 그런 합의를 위해 공산당이 자신의 독립성, 비판의 자유, 프롤레타리아 [계급] 기반조차 포기할 정도였다.* 그러므로 지금 우리가 논하고 있는 것은 특수한 초좌파 경향이 아니라, 장기적인 초좌파적 지그재그다. 그 경향은 이미 과거에 극심한 초우파적 지그재그를 할 수 있는 능력을 보여 준 바 있다. 이런 외형적 징후들조차 지금 우리의 논의 주제가 중간주의라는 사실을 암시한다.

형식적으로 그리고 묘사하듯이 말하자면, 중간주의는 프롤레타리아 안팎에 있는 개혁주의와 마르크스주의 사이의 온갖 경향들, 즉 흔히 개혁주의에서 마르크스주의로(또는 그 반대로) 진화하는 다양한 단계의 경향들로 이뤄진다. 마르크스주의와 개혁

---

* 우리는 《레닌 이후의 제3인터내셔널》, 《연속혁명》, 《누가 오늘날 코민테른을 이끌고 있는가?》 등의 저작에서 코민테른의 이 기회주의적 노선이 지속된 시기를 자세히 분석한 바 있다 — 트로츠키.

주의는 모두 확고한 사회적 지지 기반이 있다. 마르크스주의는 프롤레타리아의 역사적 이해관계를 표현한다. 개혁주의는 자본주의 국가 안에서 프롤레타리아 관료들과 노동귀족층의 특권적 지위를 대변한다. 중간주의는 과거의 경험에 비춰 보면 독립적인 사회적 기반이 없었고 있을 수도 없었다. 프롤레타리아의 다양한 부위는 서로 다른 시기에 서로 다른 길을 거쳐 혁명적 방향으로 나아간다. 산업이 오랫동안 성장하는 시기나 [투쟁] 패배 후의 정치적 퇴조기에 프롤레타리아의 다양한 부위는 정치적으로 우경화하면서, 이제 막 좌경화하기 시작하는 다른 부위들과 충돌한다. 각각의 발전 단계에서 지체되는 다양한 집단은 저마다 일시적 지도부를 발견하고 강령과 조직도 만들어 낸다. 이 다양한 경향을 '중간주의'라는 개념에 포함시키는 것은 당연하다! 이 다양한 집단은 그 기원, 사회적 구성, 발전 방향[의 차이]에 따라 서로 격렬하게 싸울 수도 있지만, 그렇다고 해서 다양한 중간주의라는 성격을 잃는 것은 아니다.

일반적 중간주의가 대체로 개혁주의를 가려 주는 좌파적 포장 구실을 한다면, 특정한 중간주의가 개혁주의와 마르크스주의라는 두 기본 진영의 어느 쪽에 속하는가 하는 문제는 기존 공식으로 단번에 해결되지 않는다. 여기서 절실히 필요한 것은 그 중간주의 경향이 발전하는 과정의 구체적 내용과 내적 추세를 매번 분석하는 작업이다. 따라서 로자 룩셈부르크의 정치적 오류 가운데 일부는 좌파 중간주의의 특징이 있다고 보는 것은 이론적으로 정당하다. 더 나아가 로자 룩셈부르크와 레닌의 견해 차이는 대부분 더 강하거나 약한 중간주의 경향을 나타낸다고 말할 수도 있을 것이다. 그러나 오직 코민테른 관료 집단의 바보들, 무식쟁이들, 사기꾼들만이 룩셈부르크 노선을 하나의 역사적 경향으로서 중간주의 범주에 집어넣을 수 있을 것이다. 스탈린을 필두로 한 코민테른의 현재 '지도자들'이 정치적·이론적·도덕적으로 그 위대한 여성 혁명가의 무르팍에도 미치지 못한다는 것은 말할 나위도 없다.

문제의 핵심을 심사숙고하지 않고 비판하는 사람들은 내가 '중간주의'라는 단어를 남용해서 노동자 운동 내의 너무 다양한 경향과 집단을 이 범주에 포함시켰다고 최근에 여러 번 나를 비난했다. 사실 중간주의의 유형이 다양한 것은 중간주의라는 현상 자체의 본질에서 비롯하는 것이지 용어의 남용 탓이 아니다. 이 점은 마르크스주의자들이 가장 다양하고 모순된 현상들을 프티부르주아지 탓으로 돌린다고 자주 비난받았다는 사실만 떠올려 봐도 알 수 있을 것이다. 그리고 실제로 '프티부르주아'라는 범주에는 언뜻 보기에 완전히 양립할 수 없는 듯한 사실·사상·경향을 포함시켜야 한다. 프티부르주아적 성격은 농민운동에도 있고 도시의 급진적 개혁주의 경향들에도 있다. 프랑스 자코뱅과 러시아 나로드니키는 모두 프티부르주아적이었다. 프루동주의자들과 블랑키주의자들도 프티부르주아적이었다. 오늘날의 사회민주주의도 프티부르주아적이지만, 파시즘도 마찬가지다. 프랑스의 아나코신디컬리스트들, '구세군', 인도의 간디 운동 등도 프티부르주아적이다. 철학과 예술 분야로 눈을 돌리면, 훨씬 다채로운 그림을 볼 수 있다.

이것은 마르크스주의가 말장난을 즐긴다는 뜻인가? 결코 그렇지 않다. 다만 프티부르주아지의 특징은 그 사회적 성격이 극도로 이질적이라는 것을 뜻할 뿐이다. 프티부르주아지의 밑바닥은 프롤레타리아와 겹치고 룸펜프롤레타리아까지 넓어진다. 그 꼭대기는 자본가 부르주아지와 겹친다. 프티부르주아지는 낡은 생산형태에 의지하지만, 가장 현대적인 공업의 토대 위에서도 급속히 발전할 수 있다(신'중간계급'). 이데올로기적으로 프티부르주아지가 일곱 빛깔 무지개처럼 온갖 색조를 띠는 것은 아주 당연하다.

노동자 운동 내부의 중간주의는 어떤 의미에서 온갖 종류의 프티부르주아 이데올로기가 부르주아 사회 전체에서 하는 것과 똑같은 구실을 한다. 중간주의는 프롤레타리아의 발전 과정을 반영한다. 즉, 프롤레타리아의 정치적 성장도 반영하지만, 다른 모든 사회 계급들이 프롤레타리아에게 가하는 압력에 따른 프롤레타리아의 혁명적 쇠퇴도 반영하는 것이다. 따라서 중간주의라는 팔레트의 특징이 무지갯빛이라는 것은 당연하다! 그러나 그렇다고 해서 중간주의를 이해하려는 노력을 포기해서는 안 된다. 특정한 중간주의의 진정한 성격을 규명하기 위해 각각의 개별적 사례를 구체적·역사적으로 분석해야 한다.

코민테른의 지배 분파는 '일반적' 중간주의가 아니라 역사적으로 매우 독특한 형태의 중간주의를 나타낸다. 그 사회적 뿌리는 최근에 생겨났지만 강력하다. 그것은 무엇보다도 소련 관료 집단과 관계있다. 스탈린주의 이론가들의 저작을 보면, 이 사회계층은 결코 존재하지 않는다. 기껏해야 '레닌주의', 실체 없는 지도부, 이데올로기 전통, 볼셰비즘 정신, 가늠하기 힘든 '총노선' 따위만이 거론되고, 소방관이 호스를 다루듯이 그 총노선을 조종하는 관료 집단, 뼈와 살이 있고 살아 움직이는 관료들에 대해서는 일언반구도 없다.

그러나 이 관료들은 육체 없는 정신이 결코 아니다. 그들은 먹고 마시고, 자식을 낳아 기르고, 배가 불룩 튀어나온 사람들이다. 또, 낭랑한 목소리로 명령을 내리고, 자신에게 충성하는 부하 직원을 선발하고, 상관에게는 충성을 바치고, 남들이 자신을 비판하지 못하게 억누른다. 그러면서 이 모든 것이 총노선의 핵심이라고 여긴다. 그런 관료가 수백만 명이나 있다. 수백만 명이다! 그들은 10월 혁명 때의 산업 노동자 수보다 더 많다.

이 관료들의 다수는 희생·극기·위험을 수반하는 계급투쟁에 결코 참여하지 않았다. 이 사람들의 압도 다수는 이미 지배 계층의 일원으로서 정치 경력을 시작했다. 그들은 국가권력의 후원을 받는다. 즉, 국가권력 덕분에 생계가 보장되고 대중 위에 군림할 수 있다. 부동자세를 취할 능력만 있다면 실업의 위험 따위는 몰라도 된다. 필요한 순간에 기꺼이 희생양이 돼 직속상관의 책임을 면제해 주기만 한다면, 아무리 중대한 잘못을 저지르더라도 용서받을 수 있다. 그렇다면 수백만 명이나 되는 이 지배 계층은 그 나라의 삶에서 사회적 비중과 정치적 영향력을 어느 정도 갖고 있는 것 아닌가? 그런가, 안 그런가?

옛날 책들을 읽어 보면, 노동관료와 노동귀족이 기회주의의 사회적 토대라고 나온다. [그런데] 러시아에서 이 현상은 새로운 형태로 나타났다. (자본주의에 포위된 후진국의) 프롤레타리아 독재라는 토대 위에서 처음으로 강력한 관료 기구가 노동자들의 상층에서 형성됐다. 그 관료들은 대중 위에 군림하면서, 대중에게 명령을 내리고, 엄청난 자원을 마음대로 처분하고, 내부적 상호 책임으로 결속돼 있고, 자신들의 이해관계·방식·절차를 노동자 정부의 정책에 강요한다.

우리는 아나키스트가 아니다. 우리는 노동자 정부가 필요하다는 것을 이해하고, 따라서 [자본주의에서 사회주의로] 이행하는 시기에 역사적으로 관료 집단이 불가피하다는 것도 이해한다. 그러나 마찬가지로 우리는 이 사실에 내재하는 위험도, 특히 고립된 후진국에서 나타날 수 있는 위험도 이해한다. 소련 관료 집단을 이상화하는 것은 마르크스주의자가 저지를 수 있는 가장 수치스러운 오류다. 레닌은 노동계급의 능동적 전위인 공산당을 정부 기구 위로 끌어올리려고 온 힘을 다해 노력했다. 그래서 공산당이 정부 기구를 통제하고 점검하고 지휘하고 숙청하게 하려고, 프롤레타리아의 역사적 이해관계가(일국적 이해관계뿐 아니라 국제적 이해관계도) 지배 관료의 이해관계보다 우선하게 하려고 정말 애를 썼다. 공산당이 정부를 통제하기 위한 첫째 조건으로 레닌이 처방한 조치는 기층 당원들이 당 기구를 통제하는 것이었다. 소비에트 시대, 특히 레닌 생애 마지막 2년간의 글과 편지, 발언 등을 주의 깊게 읽어 보면, 그가 얼마나 걱정하는 마음으로 이 절박한 문제에 거듭거듭 매달렸는지를 알 수 있다.

그러나 레닌이 죽은 뒤에 무슨 일이 일어났는가? 혁명과 내전 기간에 당과 정부를 책임졌던 지도층 전체가 교체되고 제거되고 분쇄됐다. 그들의 자리는 이름 없는 관료들이 차지했다. 그와 동시에, 레닌이 살아 있을 때 매우 격렬하게 전개했던 반反관료 투쟁은(당시 관료 집단은 아직 유아기를 벗어나지 못하고 있었는데도 그랬다) 이제 완전히 중단됐고, 관료 기구가 오히려 하늘을 찌를 듯이 성장했다.

그렇다면 지금은 과연 누가 이 반관료 투쟁을 전개할 수 있는가? 프롤레타리아의 자율적 전위인 공산당은 이제 더는 존재하지 않는다. 당 기구는 국가행정 기구와 융합돼 버렸다. 당내에서 총노선을 집행하는 가장 중요한 수단은 국가정치보안부, 즉 게페우GPU다. 관료 집단은 아래에서 올라오는 비판의 말을 철저히 금지할 뿐 아니라, 심지어 당 이론가들이 관료 집단에 대해 말하고 논평하는 것조차 금지한다. 관료들이 좌익반대파를 미친 듯이 증오하는 것은, 무엇보다도 좌익반대파가 관료 집단의 특수한 구실과 이해관계를 공공연히 거론하고 새로운 소련 지배층(이들은 결코 프롤레타리아와 동일하지 않다)의 육신과 총노선이 서로 분리되지 않는다는 비밀을 폭로하기 때문이다.

소련이 노동자 국가라는 사실에서 관료 집단이 끌어내는 결론은 자신들이 결코 오류를 저지를 수 없다는 것이다. 노동자 국가의 관료들은 절대로 변질될 수 없다는 것이다. 이렇게 그들은 국가와 관료 집단을 역사적 과정으로 보지 않고 영구불변의 범주로 여긴다. 신성한 교회와 신의 영감을 받은 사제들은 절대로 죄를 지을 수 없다는 투다. 그러나 자본주의 사회에서 투쟁하는 프롤레타리아 위에 군림하게 된 노동관료들이 노스케·샤이데만·에베르트·벨스의 정당[독일 사민당]으로 변질될 수 있었다면, 혁명에서 승리한 프롤레타리아 위에 군림하게 된 그들이 변질되지 못할 이유가 있겠는가?

지배할 뿐 통제받지 않는 처지에 있는 소련 관료의 심리는 여러모로 프롤레타리아 혁명가의 심리와 정반대다. 국내외 정치에서 관료 집단 자신의 목표와 단합이 대중을 혁명적으로 교육하는 것보다 우선시되고 국제 혁명의 임무는 무시된다. 여러 해 동안 스탈린 분파는 미숙련 노동자, 빈농, 봉기한 중국 민중, 영국의 파업 노동자 등의 심리와 필요보다는 부농, 엔지니어, 행정 관리, 중국의 부르주아 지식인, 영국 노조 관료의 이해관계와 심리가 자신들과 더 가깝고 이해하기 쉽다는 것을 증명해 왔다.

그러나 왜 그렇다면 스탈린 분파는 민족주의적 기회주의 노선을 끝까지 밀어붙이지 않았는가? 왜냐하면 그들이 노동자 국가의 관료이기 때문이다. 국제 사회민주주의 세력은 부르주아 지배의 토대를 방어하는 반면, 소련 관료 집단은 [쿠데타로] 정부를 전복하지 않는 한 10월 혁명으로 구축된 사회적 토대에 적응할 수밖에 없다. 스탈린주의 관료 집단의 이중적 심리와 정치는 바로 여기서 비롯한다. 이런 이중성은 오직 중간주의로만 나타날 수 있다. 그러나 그것은 노동자 국가를 토대로 한 중간주의다.

자본주의 나라의 여러 중간주의 집단은 대부분 특정한 노동자층의 좌경화나 우경화를 반영하므로 일시적이거나 과도적이다. 그러나 소비에트 공화국이라는 조건에서는 중간주의의 조직적 기반이 수백만 명의 관료 집단이라는 형태로 훨씬 더 확고하다. 소련 관료 집단은 기회주의적·민족주의적 경향들의 자연 환경을 대변하면서도, 쿨라크[부농 — 하먼]에 맞선 투쟁에서는 자기 패권의 토대를 유지하고 세계 [노동자] 운동에서는 자신의 '볼셰비키적' 명성을 신경 쓰지 않을 수 없다. 소련 관료들은 여러모로 자신들과 정신적으로 가까운 중국 국민당이나 암스테르담인터내셔널[7] 관료들의 꽁무니를 쫓으려고 시도하고 나서는 매번 사회민주주의 세력과 날카롭게 충돌했다. 이것은 소련 국가에 대한 세계 부르주아지의 적대감을 보여 준다. 바로 그것이 현재 좌파적 지그재그의 근원이다.

이런 기이한 상황이 벌어진 것은 소련 관료 집단이 기회주의와 민족주의에 감염되지 않는 독특한 능력이 있어서가 아니다. 그들은 철저한 민족주의적 개혁주의 입장을 취할 수 없기 때문에, 민족주의적 개혁주의와 마르크스주의 사이에서 지그재그를 할 수밖에 없는 것이다. 관료 집단의 힘, 자원, 첨예하게 모순된 입장 때문에 이 관료적 중간주의의 동요는 완전히 전례 없는 수준에 이르렀다. 그래서 불가리아와 에스토니아에서는 초좌파적 모험주의로 기울었다가 [중국·크로아티아·영국에서는] 장제스·라디치·퍼셀과 동맹을 맺었다. 또, 수치스럽게도 영국의 파업 파괴자들과 친하게 지내더니 이제는 대중조직들과 공동전선을 건설하는 정책을 완전히 포기하고 있다.

스탈린주의 관료 집단은 당 기구를 통해 코민테른을 지도할 뿐 아니라 명령도 내리면서, 자신들의 방식과 지그재그를 다른 나라들로 이전하고 있다. 그래서 스탈린이 중국 국민당을 지지하자 텔만도 지지했다. 1926년 가을 코민테른 집행위원회 7차 총회에서 국민당 대표이자 장제스의 대사인 사오리치는 텔만·세마르·레멜레 등과 우애를 과시하며 한목소리로 '트로츠키주의'를 비판했다. 그때 사오리치 '동지'는 다음과 같이 말했다고 한다. "우리는 모두 중국 국민당이 코민테른의 지도 아래 자신의 역사적 임무를 완수할 것이라고 확신합니다."[8] 이것은 [지어낸 말이 아니라] 역사적 사실이다!

1926년에 발행된 〈로테 파네〉를 들춰 보면, 트로츠키가 파업 파괴자들인 영국노총TUC 중앙집행위원회와 결별할 것을 요구함으로써 자신의 … 멘셰비즘을 입증했다고 지겹게 떠들어 대는 기사들을 수없이 발견할 수 있을 것이다! 그런데 오늘날에는 대중조직들과 공동전선을 건설하자는 노선이 멘셰비즘이다. 즉, 레닌이 지도하던 코민테른 3·4차 세계 대회에서 (텔만, 탈하이머, 벨러 쿤, 프로사르 같은 자들을 모두 비판하며) 정식화한 바로 그 정책을 [현재 상황에] 적용한 것이 지금은 멘셰비즘이 돼 있는 것이다.

코민테른의 각국 지부 안에 [기층 당원들의 통제를 받지 않고] 당에서 독립적인 자급자족적 관료 집단이 형성되지 않았다면, 이렇게 파괴적인 지그재그는 불가능했을 것이다. 바로 여기에 모든 악의 뿌리가 있다!

혁명적 정당의 힘은 그 전위의 독립성에 있다. 그런 정당은 간부들을 점검하고 선발하며, 지도자들을 교육해서 자신감을 고취하고 그들을 서서히 위로 끌어올린다. 그러면 간부들과 대중, 지도부와 간부들 사이에 결코 끊을 수 없는 유대가 형성되고, 지도부 전체가 내적 자기 확신을 갖게 된다. [그러나] 오늘날 각국 공산당에는 이런 것이 전혀 없다! 당 지도부는 임명된다. 그들은 측근들을 선발한다. 기층 당원 대중은 임명된 지도부를 인정하도록 강요받고, 지도부 주위에는 인위적인 선전 분위기가 형성된다. 당 간부들은 기층 당원 대중이 아니라 상층 지도부에 의존한다. 따라서 그들은 대개 자신의 생계와 영향력의 원천을 당원 대중 밖에서 찾는다. 그들의 정치 구호는 투쟁 경험에서 나오는 것이 아니라 전보로 하달된다. 한편, 스탈린은 만일의 사태를 대비해서 각국 공산당 지도자들에게 범죄 혐의를 뒤집어씌울 수 있는 문서들을 몰래 보관하고 있다. 이들은 모두 자신이 어느 순간

헌신짝처럼 버려질 수 있다는 것을 알고 있다.

이와 같이 코민테른 전체에서 폐쇄적 관료층이 형성되고 있고, 이들이 중간주의라는 세균의 온상이 되고 있다. 텔만과 레멜레 일당의 중간주의는 소련 국가 관료 집단의 후원을 받고 있어서 조직적으로는 매우 안정되고 견고하지만 정치적으로는 극도로 불안정하다는 것이 특징이다. 오직 대중과의 유기적 연관을 통해서만 보장되는 [정치적] 확신이 없다 보니 무오류의 [공산당] 중앙집행위원회가 어처구니없는 지그재그만 하고 있다. 진지한 이데올로기 투쟁을 위한 준비가 부족할수록 욕설·암시·중상을 마구 늘어놓는 법이다. 레닌은 스탈린이 '거칠고' '불충실하다'고 묘사한 적 있는데, 그런 스탈린의 이미지야말로 이 [관료] 계층의 인간성을 표현해 준다.

좌익반대파가 스탈린주의 관료 집단을 대하는 태도는 지금까지 설명한 관료적 중간주의의 특징에 따라 결정된다. 즉, 관료 집단이 소비에트 공화국의 국경과 10월 혁명의 [사회적] 토대를 수호하는 한 그들을 완전히 무조건 지지한다. 그들이 행정적 지그재그를 일삼으며 혁명 방어와 사회주의 건설을 방해한다면 그들을 공공연히 비판한다. 그들이 관료적 명령과 지배를 통해 국제 프롤레타리아 투쟁을 혼란에 빠뜨린다면 그들에 맞서 가차 없이 투쟁한다.

11. 소련의 경제적 성공과 체제의 관료화 사이의 모순

혁명적 정책의 토대는 '일국적으로' 형성되지 않는다. 지금 독일 혁명의 문제는 소련의 정치적 지도부라는 문제와 뗄 수 없게 연결돼 있다. 이 연관을 아주 잘 이해해야 한다.

프롤레타리아 독재는 유산계급의 저항에 대한 대응이다. 자유를 제한하는 조치는 혁명의 군사적 상황, 즉 계급 전쟁이라는 조건에서 비롯한다. 이런 관점에서 보면, 소비에트 공화국이 내부적으로 안정되고 그 경제가 성장하고 부르주아지의 저항이 약해지고 특히 최후의 자본가계급인 쿨라크를 '청산'하는 데 성공했으니 공산당·노동조합·소비에트의 민주주의가 활짝 꽃피어야 한다는 것은 자명한 사실이다.

스탈린주의자들은 "우리는 이미 사회주의로 진입했다", 현재의 집산화는 그 자체로 쿨라크 계급의 청산을 의미한다, 다음 5개년계획은 이 과정을 완성할 것이다 따위의 말을 한도 끝도 없이 되풀이한다. 그렇다면 왜 이 똑같은 과정의 결과로 관료 기구가 공산당·노동조합·소비에트를 완전히 억압하고 관료 기구 자체는 보나파르티즘이라는• 거수기 체제로 전락했는가? 왜 [혁명 직후] 기근과 내전의 시기에 당은 생기가 넘쳤는가? 왜 당시에는 레닌이나 중앙집행위원회를 모두 비판해도 되는지 안 되는지를 물어볼 생각조차 하지 않았는가? 그런데 왜 지금은 스탈린과 조금만 의견이 달라도 당에서 제명되고 행정적 탄압을 받게 되는가?

제국주의 국가들의 전쟁 위협은 관료 독재 체제의 성장을 정당화해 주지도 않고 설명해 줄 수도 없다. 한 나라의 사회주의 사회에서 계급들이 어느 정도 청산됐다면, 그것은 국가의 사멸이 시작됐다는 의미일 것이다. 사회주의 사회가 외적에 맞서 싸워 승리할 수 있는 것은 사회주의 사회이기 때문이지 프롤레타리아 독재 국가나 관료적 독재 체제 덕분이 아니다.

그러나 우리는 지금 프롤레타리아 독재의 사멸에 관해 말하고 있는 것이 아니다. 그러기에는 너무 이르고, 아직 우리는 "사회주의로 진입"하지 않았다. 우리는 지금 다른 이야기를 하고 있는 것이다. 우리가 알고 싶은 것은 프롤레타리아 독재의 관료적 변질을 어떻게 설명할 것인지다. 나라를 지배하는 계급의 목을 조르고 있고 비인간적 [관료] 기구에 의지하고 있는 개인 독재 체제가 사회주의 건설에 성공했다고 주장하는, 이 터무니없고 지독하고 날카로운 모순은 어디서 비롯했는가?

소련의 경제적 성공은 엄청나다. 경제적으로 10월 혁명은 이미 완전히 정당성이 입증됐다. 높은 경제성장률은 사회주의 방식이 생산의 문제들을 해결하는 데서도 서유럽의 자본주의 방식보다 헤아릴 수 없이 우월하다는 사실을 논박할 수 없게 입증한다. 선진국들에서 사회주의 경제가 건설된다면 얼마나 더 우월할 것인가!

그렇지만 10월 혁명이 제기한 문제는 아직 개괄적으로도 해결되지 않았다.

스탈린주의 관료들은 소련 경제의 기본 원리와 경향을 근거로 '사회주의' 경제가 건설됐다고 말한다. 그러나 이것만으로는 부족하다. 소련의 경제적 성공에도 불구하고 경제적 수준은 여전히 낮다. 국유 산업은 선진 자본주의 나라들이 이미 오래전에 통과한 단계들을 거치고 있다. 상점 앞에 줄을 서 있는 여성 노동자는 나름대로 사회주의의 기준을 갖고 있다. 관료들이 경멸적으로 부르는 이 '소비자'의 기준이 이 문제에서는 결정적으로 중요하다. 여성 노동자의 견해와 관료의 견해가 충돌할 때, 우리 좌익반대파는 관료에 맞서 여성 노동자의 편을 든다. 관료들은 [경제적] 성과를 과장하고, 모순을 대충 얼버무리고, 여성 노동자의 목을 졸라서 감히 비판하지 못하게 만든다.

지난해에는 평등한 임금체계가 차등적(성과급) 임금체계로 갑자기 전환됐다. [소련처럼] 생산력 수준이 낮고 따라서 일반적 문화 수준도 낮은 상황에서는 노동에 대해 평등하게 임금을 지급할 수 없다는 것은 절대로 자명하다. 그러나 이것 자체는 사회주의를 건설하는 문제가 사회적 소유 형태만으로는 해결되지 않고 사회의 일정한 기술적 능력을 전제로 한다는 것을 의미할 뿐이다. 한편, 기술적 능력이 성장하면 생산력은 자동으로 국경을 뛰어넘게 된다.

너무 일찍 폐기했던 성과급 임금체계로 되돌아간 뒤에 관료집단은 평등한 임금체계를 '쿨라크' 원칙이라고 부른다. 이것은 완전히 터무니없는 소리이고, 스탈린주의자들의 위선과 거짓이

극에 달했다는 것을 여실히 보여 준다. 사실 그들은 다음과 같이 말했어야 한다. "우리는 평등한 임금 방식으로 너무 빨리 앞서 나갔다. 사회주의까지는 아직 한참 멀었다. 우리는 여전히 가난하기 때문에, 반쯤 자본주의적인 방식, 즉 쿨라크 방식의 임금체계로 되돌아갈 필요가 있다." 거듭 말하지만, 여기에는 사회주의의 목표와 모순되는 것이 전혀 없다. 다만 관료들의 현실 왜곡과 결코 화해할 수 없는 모순이 있을 뿐이다.

성과급 임금체계로의 후퇴가 필요해진 것은 후진적 경제의 저항 때문이었다. 그런 후퇴는 앞으로도 많이 있을 것이다. 특히 농촌 경제 분야에서 그럴 것이다. 왜냐하면 농촌 경제에서는 너무 거대한 행정적 약진이 이뤄졌기 때문이다.

공업화와 집산화는 관료 집단이 누구의 통제도 받지 않은 채 일방적으로 노동 대중에게 명령을 내리는 방식으로 실행되고 있다. 노동조합은 소비와 축적의 상호 관계에 영향을 미칠 수 있는 수단을 완전히 박탈당했다. 농민의 [계급] 분화는 여전히 경제적으로가 아니라 행정적으로 정리되고 있다. 관료 집단이 계급을 폐지하겠답시고 실시한 사회적 조치들은 생산력 발전이라는 근본적 과정보다 너무 앞서 나가고 있다.

이 때문에 생산비가 증가하고 품질이 떨어지고 물가가 오르고 소비재가 부족해지고 있고, 실업이 되살아날 조짐도 보이고 있다.

극도로 긴장된 정치적 분위기는 관료들의 경제정책과 소련의 경제성장이 모순된 탓이다. 관료들은 경제적 필요에 엄청나게 뒤

처지더니(1923~1928년), 그렇게 뒤처진 것에 스스로 겁을 먹고 그동안 허비한 시간을 만회하겠답시고 순전히 행정적 조치들로 도약을 시도하고 있다(1928~1932년). 여기서도 우파적 지그재그 뒤에 좌파적 지그재그를 하고 있다. 우파적이든 좌파적이든 지그재그를 하는 동안 관료 집단은 경제 현실과, 따라서 노동자들의 정서와 자신들 사이에 모순이 빚어지고 있다는 것을 발견한다. 그래서 뒤처질 때든 아니면 너무 앞서 나갈 때든 자신들에 대한 비판을 결코 용납하려 하지 않는다.

관료 집단이 노동자·농민에게 압력을 가할 수 있는 방법은 오직 노동자·농민이 자신의 노동과 미래가 걸린 문제들을 결정하는 데 참여할 기회를 완전히 박탈하는 것뿐이다. 여기에 가장 큰 위험이 있다! 대중의 저항에 대한 끊임없는 두려움 때문에, 정치에서 관료적·개인적 독재라는 '이중의 폐쇄적 대열'이 형성되고 있다.

이것이 뜻하는 바는 공업화와 집산화의 속도를 늦춰야 한다는 것인가? 일정 기간에는 의심의 여지 없이 그렇다. 그러나 이 기간은 길지 않을 수도 있다. 노동자들이 스스로 나라를 지도하는 일에 참여하고, 나라의 정치·경제 활동에 참여하고, 관료 집단을 실제로 통제하고, 그래서 대중에 대한 상층의 책임감이 커진다면, 그것이 생산 자체에도 유리할 것이라는 점은 명백하다. 즉, 내부 마찰이 줄어들 것이고, 낭비적인 경제적 지그재그도 마찬가지로 최소화할 것이고, 자원과 설비가 더 효율적으로 분배

될 것이고, 그래서 결국 경제성장률이 높아질 것이다. 무엇보다 소비에트 민주주의는 나라 경제 자체에 필수적 요인이다. 반대로 관료주의 안에는 경제적 비극이 숨어 있다.

소련의 발전 과정에서 [레닌의] 아류들이 득세한 시기 전체를 살펴보면, 어렵지 않게 다음과 같은 결론을 내릴 수 있다. 즉, 체제의 관료화를 위한 근본적인 정치적 전제 조건은 혁명과 내전의 격변 후 대중이 느낀 피로와 싫증이었다는 것이다. 당시 기근과 유행병이 나라에 만연했다. 정치적 문제들은 뒷전으로 밀려났다. 사람들의 생각은 온통 빵 한 조각에 쏠려 있었다. 전시공산주의 시절에는 모든 사람이 굶어 죽지 않을 만큼의 식량을 똑같이 배급받았다. 신경제정책NEP으로 전환하면서 처음으로 경제적 성공을 거뒀다. 배급량은 더 풍부해졌지만, 모든 사람이 다 받지는 못했다. 상품경제가 복원되자, 비용가격 계산과 초보적 합리화가 이뤄지고 공장에서 잉여 노동자들이 제거됐다. 오랫동안 경제적 성공은 실업 증대를 수반했다.

여기서 단 한순간도 잊어서는 안 되는 사실은 관료 기구의 권력 강화가 실업을 바탕으로 하고 있었다는 점이다. 여러 해 동안 굶주린 뒤에 공장노동자들은 저마다 산업예비군으로 전락할까 봐 두려움에 떨었다. 독립적이고 비판적인 노동자들은 공장에서 해고됐고, 반대파 [노동자들]의 블랙리스트가 작성됐다. 그것은 스탈린주의 관료들에게 가장 중요하고 효과적인 무기 가운데 하나가 됐다. 상황이 이렇지 않았다면, 관료들은 결코 레닌주의 정당을 목 졸라 죽이지 못했을 것이다.

그 뒤의 경제적 성공은 점차 산업예비군의 청산으로 이어졌다([그러나] 집산화로 말미암아 은폐된 농촌의 과잉인구는 여전히 그대로 남아 있다). 산업 노동자는 이제 더는 공장에서 쫓겨날까 봐 두려워하지 않는다. 그는 일상적 경험을 통해, 관료들의 통찰력 부족과 자의적 일 처리가 자신의 업무 수행을 엄청나게 방해한다는 사실을 알고 있다. 소련 언론은 개별 작업장과 공장에서 자유가 충분히 허용되지 않아서 노동자들의 창의성과 주도력이 억압되는 사례들을 폭로한다. 마치 프롤레타리아의 창의성과 주도력이 공장에 국한될 수 있다는 듯이, 그리고 공산당·소비에트·노동조합에서 프롤레타리아가 완전히 예속돼 있는데도 마치 공장은 산업민주주의의 오아시스가 될 수 있다는 듯이 말이다!

지금 프롤레타리아의 일반적 정신 상태는 1922~1923년과 다르다. 프롤레타리아의 수도 늘어나고 문화도 성장했다. 나라 경제를 회복시키고 향상시키는 엄청난 과업을 완수한 노동자들은 이제 자신감의 회복과 향상을 경험하고 있다. 이런 내적 자신감의 증대는 관료 체제에 대한 불만으로 바뀌기 시작하고 있다.

당이 교살되고 개인 [독재] 체제와 개인의 전횡이 극에 달한 것을 보면서 언뜻 소비에트 체제가 약화하고 있다는 생각을 하기 쉽다. 그러나 사실은 그렇지 않다. 소비에트 체제는 훨씬 더 강력해졌다. 그러나 그와 동시에 소비에트 관료 집단의 철권통치와 소비에트 체제 사이의 모순도 극도로 첨예해졌다. 스탈린주의 관료 기구는 경제적 성공으로 자신들의 지배력이 강해진 것이 아니라 약해진 것을 보면서 놀라고 있다. 자신들의 입지를 강화하기 위해 분투하면서 그들은 나사를 훨씬 단단히 조일 수밖에 없고, 지도자들에게 바치는 현란한 아첨 말고는 '자기비판'을 모조리 금지할 수밖에 없다.

경제 발전의 틀이 된 정치적 조건들과 그 경제 발전이 서로 충돌하는 경우는 역사에서 여러 번 있었다. 그러나 그런 정치적 조건들 가운데 정확히 어떤 것이 불만을 자아내는지를 분명히 알아야 한다. 다가오는 저항 물결은 사회주의 과업이나 소비에트 형태나 공산당을 반대하는 것이 결코 아니다. 그 불만은 관료 기구와 그것의 인격화인 스탈린을 겨냥하고 있다. 바로 그래서 이른바 '트로츠키주의라는 밀수품'에 대항하는 격렬한 투쟁 국면이 새롭게 시작된 것이다.

관료 기구의 적은 모든 곳에 있으면서도 어디에도 있지 않아서 결코 처부술 수 없을 듯하다. 그 적은 공장과 학교에서 불쑥 나타나고, 역사 잡지와 모든 교과서로도 침투한다. 이것이 뜻하는 바는 사실과 문서들이 관료 집단의 동요와 잘못을 들춰내면서 그들에게 유죄를 선고한다는 것이다. 관료들은 지난날을 조용히 객관적으로 회상할 수 없고, 과거를 개조해야 하고, 관료 기구와 그 우두머리의 무오류성에 의심이 파고들 수 있는 틈을 모조리 틀어막아야 한다. 지금 우리는 머리가 돌아 버린 지배 계층의 온갖 특징을 목격하고 있다. 야로슬랍스키• 자신이 신뢰할 수 없는 자로 밝혀졌다! 이것은 우연한 일시적 사건도 아니고 하찮은 일도 아니며 개인적 다툼도 아니다. 문제의 뿌리는 경제적 성공이 처음에는 관료 집단을 강화시켜 줬지만 이제는 사태 전개의 변증법에 의해 관료 집단을 위협하게 됐다는 사실에 있다. 바로 그 때문에 지난번 당대회, 즉 스탈린주의 관료 기구의 회의에서 세 번, 네 번 절멸되고 매장당한 '트로츠키주의'가 [다시] '부르주아 반혁명의 전위'로 규정된 것이다.

이 어리석고 정치적으로 무기력한 결정은 개인적 보복의 영역에서 스탈린이 갖고 있는 매우 '실천적인' 계획들 가운데 일부의 진상을 밝혀 준다. 스탈린을 공산당 서기장으로 임명하는 데 레닌이 반대하며 "이 요리사는 오직 매운 음식만 내놓을 것"이라고 경고한 것도 충분한 이유가 있었다. 그 요리사는 아직 자신의 요리 솜씨를 완전히 발휘하지 않았다.

그러나 모든 이론적·행정적 나사를 단단히 조였는데도 스탈린의 개인 독재는 분명히 퇴색하고 있다. 관료 기구에는 온통 금이 가고 있다. 야로슬랍스키라는 틈은 이름 없는 수백 개의 틈 가운데 하나일 뿐이다. 소련 경제가 의심의 여지 없이 명백한 성공을 거두고 프롤레타리아의 수가 늘어나고 농업 집산화가 초기부터 성공을 거둔 바탕 위에서 새로운 정치 위기가 준비되고 있다는 사실은, 관료의 절대적 지배 체제가 청산되면 소비에트 체제가 붕괴하는 것이 아니라(사실 3~4년 전만 해도 그럴 위험이 있었다) 오히려 해방되고 발전하고 번영하리라는 것을 충분히 보증한다.

그러나 바로 이 점 때문에 스탈린주의 관료 집단의 말기에는 더 많은 해악이 양산될 수 있다. 지금 관료들에게 가장 중요한 정치적 문제는 위신을 유지하는 것이다. 비정치적 역사가들이 1917년 당시 스탈린의 위업을 미화하지 못했다는 이유만으로 공산당에서 제명되는 마당에 과연 거수기 체제가 1931~1932년에 자신이 저지른 잘못들을 인정할 수 있겠는가? 자신의 사회파시즘 이론을 폐기할 수 있겠는가? 스탈린이 오늘날 독일 상황의 핵심을 "파시즘이 집권한 직후에 우리가 집권할 것"이라는 식으로 표현한 오류를 거수기 체제가 눈가림으로 속일 수 있겠는가?

독일의 객관적 상황은 그 자체로도 너무 절박해서 독일 공산당 지도부에게 행동의 자유가 있었다면 분명히 오래전에 우리 편으로 넘어왔을 것이다. 그러나 그들에게는 자유가 없다. 좌익반대파가 1917년의 승리로 검증된 사상과 구호들을 제기하자 스탈린 패거리는 사람들의 주의를 딴 데로 돌리려고 [코민테른 각국 지부에] 전보를 보내서 '트로츠키주의'에 반대하는 국제적 공세를 시작하라고 명령했다. 그 공세는 독일 혁명의 문제들, 즉 세계 프롤레타리아의 생사가 걸린 문제들을 근거로 시작된 것이 아니다. 볼셰비즘의 역사를 다룬 스탈린의 형편없고 날조된 글을 근거로 하고 있다. 한편으로 [국제 프롤레타리아 혁명이라는] 시대적 과제와 다른 한편으로 공식 [공산당] 지도부의 하찮은 이데올로기적 자원 사이에는 상상하기도 힘들 만큼 커다란 간극이 있다. 코민테른의 입장은 그만큼 저열하고 하찮은 동시에 심각하게 비극적이다.

스탈린 체제의 문제와 독일 혁명의 문제는 결코 풀 수 없는 매듭으로 서로 묶여 있다. 다가오는 사건들은 그 매듭을 풀거나 끊어 버릴 것이다. 그것은 독일 혁명뿐 아니라 러시아 혁명에도 이로울 것이다.

12. 브란들러파 KPO와* 스탈린주의 관료 집단

소련 국가의 이해관계와 국제 프롤레타리아의 이해관계 사이에는 모순이 있지도 않고 있을 수도 없다. 그러나 이 법칙을 스탈린주의 관료 집단에게 적용하는 것은 근본적으로 틀렸다. 스탈린주의 관료 체제는 세계혁명뿐 아니라 소련의 이익과도 갈수록 모순되고 있다.

후고 우르반스는** 소련 관료 집단 때문에 프롤레타리아 국가의 사회적 토대를 못 본다. 오토 바우어와 함께 우르반스는 계급을 초월한 국가 개념을 구상하지만, 바우어와 달리 오스트리아가 아니라 현재의 소련 공화국이 그런 사례라고 생각한다.

---

* KPO 또는 KPD(O)는 부하린을 지지하던 브란들러와 탈하이머 등 독일 공산당 내 우익반대파가 1928년 말과 1929년 초에 당에서 제명당한 뒤 만든 '독일 공산당(반대파)'의 머리글자다.

** 우르반스는 지노비예프를 지지하던 독일 공산당 내 '좌파'였는데 1926년 말 당에서 제명당한 뒤에 피셔·마슬로프 등과 함께 레닌동맹이라는 조직을 만들었다.

반면에, 탈하이머는 "소련에 관한 트로츠키의 견해, 즉 소련 국가의 프롤레타리아적 성격(?)과 경제구조의 사회주의적 성격을 의심하는(?) 견해"는 "중간주의"의 성격이 있다고 주장한다.[9] 탈하이머의 이런 주장은 그가 노동자 정부와 소련 관료 집단을 동일시한다는 것을 보여 줄 뿐이다. 그는 국제 프롤레타리아의 눈이 아니라 오로지 스탈린 분파의 안경을 통해서만 소련을 바라볼 것을 요구한다. 다시 말해, 그는 프롤레타리아 혁명의 이론가가 아니라 스탈린주의 관료 집단의 아첨꾼으로서 판단하고 생각한다. 모욕과 망신을 당했지만 여전히 아첨꾼인 그는 [스탈린의] 용서를 바라고 있다. 그런 이유로, 심지어 '반대파'가 된 뒤에도 탈하이머는 감히 관료 집단을 그 이름대로 부르지 못한다. 왜냐하면 여호와가 "내 이름을 함부로 부르지 말라"고 한 것처럼 관료 집단은 그런 짓을 용서하지 않기 때문이다.

이것이 독일의 소규모 공산주의 집단들 내부의 양극단이다. 하나는 나무만 보고 숲은 못 본다. 다른 하나는 숲은 보고 나무는 못 본다. 그러나 탈하이머와 우르반스가 서로 생각이 같다는 사실을 알고 (소련 국가에 대한 마르크스주의적 평가에 반대하는) 동맹을 형성한 것은 전혀 놀라운 일이 아니다.

'러시아의 실험'을 옆에서 구경하며 형식적으로 지지하더라도 뭔가를 해야 할 의무가 있는 것은 아니다. 그래서 이런 의례적 '지지'가 최근에 값싼 상품처럼 널리 유행하고 있다. 전 세계에는 급진적이거나 반쯤 급진적인, 인도주의적이고 평화주의적인 '나도 사회주의자', 기자, 관광객, 예술가 등이 널려 있다. 그들은 브란들러파와 마찬가지로 소련과 스탈린을 무조건 지지한다. 한때 레닌과 나를 격렬하게 비판했던 버나드 쇼는 지금 스탈린의 정책들을 진심으로 지지한다. 레닌이 살아 있을 때 공산당에 반대하던 막심 고리키도 지금 스탈린을 진심으로 지지한다. 바르뷔스는* 전에 프랑스의 사회민주주의자들과 보조를 같이했는데, 지금은 스탈린을 지지한다. 미국의 이류 프티부르주아 급진주의자들이 발행하는 월간지 《뉴 매시스》(새로운 대중)는 스탈린을 옹호하며 라콥스키를• 비판한다. 독일에서 오시에츠키는** 파시즘을 다룬 내 글을 지지하고 인용하면서도 내가 부당하게 스탈린을 비판한다는 말을 반드시 덧붙여야 한다고 생각한다. 노투사 레데부어는 다음과 같이 말한다.

> 스탈린과 트로츠키 사이의 논쟁에서 핵심 문제, 즉 사회[주의]화가 일국에서 시작돼 만족스러운 결말을 맺을 수 있는지에 관해서 나는 완전히 스탈린 편이다.

이런 사례는 한없이 나열할 수 있다. 이 소련의 '친구들'은 모두 옆에서 구경하는 방관자이자 동조자, 때로는 한량으로서 소련

---

* 스탈린의 전기를 쓴 프랑스 소설가이자 공산당원.

** 1935년 노벨 평화상을 받은 독일의 급진적 평화주의자·언론인·작가.

국가 문제에 접근한다. 물론 뉴욕 주식시장의 친구가 되는 것보다는 소련의 5개년계획을 지지하는 친구가 되는 것이 더 명예로운 일이다. 그러나 이렇게 수동적이고 중간계급적인 좌파적 동조는 볼셰비즘과 거리가 너무 멀다. 이들의 다수는 소련이 큰 낭패를 보는 순간 바람 앞의 먼지처럼 순식간에 사라지고 말 것이다.

그렇다면 소련 국가에 대한 브란들러파의 견해는 이 모든 '친구들'의 견해와 얼마나 다른가? 아마 진정성이 더 없다는 점만 다를 것이다. 그런 식으로 소련 국가를 지지하는 태도는 이도 저도 아니다. 따라서 탈하이머가 우리, 좌익반대파, 러시아 볼셰비키·레닌주의자들에게 소련에 대해 이런저런 태도를 취해야 한다고 훈계를 늘어놓는 것을 보면 그저 역겨울 뿐이다.

라콥스키는 소비에트 혁명의 국경을 방어하는 일을 직접 담당했다. 그는 소비에트 경제의 첫 조치들에 참여했고 농민 정책을 다듬는 일에도 참여했다. 우크라이나에서는 무토지 농민(빈농) 위원회들을 주도했다. 신경제정책을 우크라이나의 특수한 상황에 적용하는 일도 책임졌다. 이 정책의 모든 우여곡절을 알고 있고, 지금도 바르나울에서* 날마다 열정과 관심을 갖고 정책을 추적하면서 잘못된 점을 경고하고 올바른 길을 제안하고 있다. 역전의 용사 코테 친차제는 유배지에서 죽었고, 무랄로프, 카를 그륀시테인, 카스파로바, 소스놉스키, 코시오르, 아우셈, 아버지 옐

---

* 라콥스키의 유배지였던 시베리아 알타이 지방의 중심 도시.

친과 아들 옐친, 딘겔시테트, 슙스카야, 솔른체프, 스토팔로프, 포즈난스키, 세르무크스는 [투옥되거나 유배당해] 있고, 블륨킨은 스탈린에게 총살당했고, 부토프는 스탈린의 감옥에서 고문받다 죽었고, 그 밖에도 투옥되고 유배당한 수십·수백·수천 명의 사람들이 있다. 그렇다, 이들은 모두 10월 무장봉기와 내전에서 싸운 역전의 용사들이다. 이들은 모두 어떤 어려움에도 낙담하지 않고 사회주의 건설에 참여하고, 신호만 떨어지면 기꺼이 전선으로 달려가서 자기 위치를 사수하는 사람들이다. 그들이 과연 탈하이머의 학교에 가서 노동자 국가에 대한 올바른 태도를 배워야 한다는 말인가?

스탈린의 정책에서 진보적인 것은 모두 좌익반대파가 주장했으나 관료 집단에게 무시당한 것들이다. 좌익반대파는 계획경제 시작, [공업] 발전 가속화, 쿨라크에 대항하는 투쟁, 집산화 확대를 주창했다는 이유로 여러 해 동안 투옥되고 유배되는 대가를 치렀고 지금도 치르고 있다. 브란들러파를 비롯해서 [스탈린을] 무조건 지지하고 [그에게] 동조하는 이 모든 '친구들'이 소련의 경제정책에 기여한 것은 무엇인가? 전혀 없다! 그들이 지금 소련에서 벌어지는 모든 일을 막연하게 무조건 지지하는 이면에는 국제주의적 열정 따위는 전혀 없고 미적지근한 동조만이 있을 뿐이다. 왜냐하면 자기 조국의 국경선 밖에서 벌어지는 일들이기 때문이다. 브란들러와 탈하이머는 가끔 대놓고 다음과 같이 말한다. "우리 독일인들에게 스탈린 정권은 당연히 거의 쓸모가 없다. 그러나 러시아인들에게는 아주 좋다!"

개혁주의자는 국제 상황을 각국 상황의 총합으로 본다. 그러나 마르크스주의자는 일국의 정치를 국제정치의 함수로 본다. 이 핵심 문제에서 KPO(브란들러파)는 일국적 개혁주의 태도를 취한다. 즉, 말로는 부정하지 않지만 행동으로는 일국 정치의 국제주의 원칙과 기준을 부정한다.

탈하이머의 가장 가까운 지지자이자 동료는 로이였다. 인도와 중국에 관한 로이의 정치 강령은 모두 동양의 '노동자·농민' 정당이라는 스탈린주의 사상에 바탕을 두고 있었다. 로이는 인도의 민족·민주 정당을 주창하는 선전가로 나섰다. 다시 말해, 프롤레타리아 혁명가가 아니라 프티부르주아 민족 민주주의자로 나선 것이다. 그래도 로이는 브란들러파의 중앙 기구에 적극 참여하는 데 아무 문제가 없었다.*

브란들러파의 일국적[민족적] 기회주의는 소련을 대하는 태도에서 가장 노골적으로 드러난다. 그들의 말을 곧이곧대로 받아들이면, 스탈린주의 관료 집단은 소련 국내에서는 절대로 오류를 범하지 않는다. 그러나 무슨 이유에서인지 똑같은 스탈린주의 분파인 [독일 공산당] 지도부는 독일에서 치명적 오류를 저지르고

---

* 최근에 [영국의] 맥도널드 정부는 로이에게 장기 징역형을 선고했다. 코민테른의 신문들은 이 조치에 항의할 생각이 전혀 없다. 장제스와 긴밀한 동맹을 맺을 수는 있어도 제국주의 도살자들에 대항해서 인도의 브란들러파인 로이를 방어할 수는 결코 없다고 생각하는 듯하다 — 트로츠키.

있다. 어떻게 그럴 수 있는가? 이 문제는 스탈린의 개인적 오류와 관련된 것이 아니다. 즉, 그가 다른 나라 사정을 잘 몰라서 오류를 저지르고 있는 것이 아니다. 문제는 오류의 분명한 흐름, 즉 전반적 추세다. 스탈린이 소련을 잘 알고, 카생·세마르르•·토레즈가• 프랑스를 잘 알고 있듯이 텔만과 레멜레도 독일을 잘 알고 있다. 그들은 함께 국제적 분파를 형성해서 각국의 정책들을 수립한다. 그러나 브란들러파가 보기에 소련에서는 흠잡을 데 없는 스탈린주의 정책이 다른 나라들에서는 혁명을 파멸시키고 있다.

브란들러의 입장이 소련에 적용되면 특히 나빠진다. 소련에서는 브란들러파가 스탈린을 무조건 지지해야 하기 때문이다. 라데크는 실제로는 좌익반대파보다 브란들러와 항상 더 가까웠는데, 라데크가 스탈린에게 투항했을 때 브란들러는 그것을 승인할 수밖에 없었을 것이다. 그러나 스탈린은 라데크가 투항하자마자 그에게 브란들러와 탈하이머는 '사회파시스트'라고 선언하도록 강요했다. 스탈린 체제를 정신적으로 사랑하는 독일인들은 이 모멸적 모순에서 벗어나려는 시도조차 하지 않는다. 그러나 그들의 실천적 목표는 아주 자명해서 논평할 가치조차 없다. 브란들러는 스탈린에게 다음과 같이 말한다. "나를 독일 공산당 지도부 자리에 앉혀 주면, 소련에서 당신이 결코 틀리지 않았음을 인정해 주겠소. 단, 독일에서는 내 정책이 관철되도록 허용해 주시오." 이 따위 '혁명가들'을 과연 존중할 수 있겠는가?

그러나 브란들러파는 스탈린주의 관료 집단의 코민테른 정책을 지극히 일면적으로, 또 이론적으로 부정직하게 비판하기도 한다. [그들의 말대로라면] 코민테른 정책의 유일한 결함은 '초좌파주의'뿐인 듯하다. 그러나 스탈린이 4년 동안 장제스와 연합한 것을 과연 '초좌파주의'라고 비난할 수 있는가? 농민 인터내셔널 창설을 과연 초좌파주의라고 말할 수 있는가? [영국노총] 중앙집행위원회의 파업 파괴자들과 연합한 것을 과연 쿠데타 노선 탓으로 돌릴 수 있는가? 아시아에서 노동자·농민 정당을, 미국에서 농민노동당을 창설한 것도?

더욱이, 스탈린의 초좌파주의 노선의 사회적 성격은 무엇인가? 일시적 기분인가? 질병의 발작인가? 이론가 탈하이머가 이 물음에 대답해 주기를 바라는 것은 부질없는 일이다.

그러나 좌익반대파는 그 수수께끼를 오래전에 이미 풀었다. 즉, 그것은 중간주의의 초좌파적 지그재그라는 것이다. 그러나 바로 이 규정, 즉 지난 9년간의 사태 전개로 입증된 바로 이 규정을 브란들러파는 받아들일 수 없다. 왜냐하면 그랬다가는 그들 자신도 끝장날 것이기 때문이다. 그들은 스탈린 분파와 함께 온갖 우파적 지그재그를 계속해 왔으면서도 좌파적 지그재그에는 반발했다. 그럼으로써 자신들이 중간주의의 우파임을 입증했다. 그들은 마치 아름드리나무에서 떨어져 나온 마른 나뭇가지 같다. 그것은 사물의 본성이다. 중간주의가 날카롭게 진화하는 과정에서 여러 집단과 경향이 오른쪽이나 왼쪽으로 떨어져 나가는 것은 불가피하다.

그렇다고 해서 브란들러파가 모든 점에서 틀렸다는 말은 아니다. 결코 그렇지 않다. 텔만과 레멜레를 비판할 때 그들은 많은 점에서 옳았고 지금도 여전히 옳다. 이것은 전혀 놀라운 일이 아니다. 기회주의자들이 모험주의에 맞서 투쟁할 때는 올바른 입장을 취할 수 있다. 반대로, 초좌파 경향도 대중을 획득하는 투쟁에서 권력 장악 투쟁으로 전환해야 할 때를 정확히 포착할 수 있다. 1923년 말에 초좌파들은 브란들러를 비판하면서 옳은 주장을 많이 했지만, 그렇다고 해서 그들이 1924~1925년에 엄청난 실수를 저지르지 않은 것은 아니었다. 브란들러파가 '제3기'라는 사기극을 비판하면서, 새롭지는 않지만 올바른 주장을 많이 되풀이한다는 사실이 곧 그들의 일반적 입장이 옳다는 것을 보증해 주지는 않는다. 모든 그룹의 정책들은 각 단계마다, 즉 방어적 투쟁의 시기와 공세적 투쟁의 시기, [투쟁의] 고조기와 퇴조기, 대중을 획득하는 투쟁 상황과 직접적 권력 장악 투쟁 상황 등에 따라 각각 분석돼야 한다.

공격이나 방어 문제, 공동전선 문제나 총파업 문제만을 전문적으로 다루는 마르크스주의 지도부는 존재할 수 없다. 이 모든 방법들을 올바로 적용하는 것은 오직 상황 전체를 종합적으로 평가할 수 있는 능력, 즉 살아 움직이는 세력들을 분석하고 각각의 단계와 전환점을 규명하고 이런 분석을 바탕으로 현재 상황에 맞고 다음 단계를 준비하는 행동 체계를 구축하는 능력이 있을 때만 가능하다.

브란들러와 탈하이머는 자신들이 '대중을 획득하는 투쟁'을 거의 독점적으로 다루는 전문가라고 생각한다. 자못 진지하고 심각한 표정으로 이 신사 양반들은 좌익반대파의 공동전선 정책이 … 자신들(브란들러파)의 견해를 표절한 것이라고 주장한다. 누구나 야심을 품을 특권은 있다! 다음과 같은 상상을 해 보자. 당신이 하인츠 노이만에게 구구단을 틀렸다고 설명해 주고 있는데, 어느 뛰어난 산수 선생이 나타나서 그것은 자신을 표절한 것이라고 지적한다. 왜냐하면 자신이 해마다 똑같은 방식으로 산수의 비결을 가르쳐 왔기 때문이라는 것이다.

브란들러파의 허세 덕분에 나는 지금처럼 재미없는 상황에서 그나마 유쾌한 순간을 즐길 수 있었다. 이 신사 양반들의 전략적 지혜는 이미 코민테른 3차 세계 대회에서 나온 것들이다. 당시 나는 대중을 획득하는 투쟁의 기본 원칙을 옹호하면서 이른바 '좌파들'을 비판했다. 그때 내가 공동전선 정책을 대중적으로 설명한 《신노선》이라는 책을 코민테른은 여러 나라 말로 번역해서 출판하기도 했다. 《신노선》에서 나는 이 책에서 제기된 기본적 사상들을 모든 방법으로 강조했다. 그래서, 예컨대 독일어판 《신노선》 70쪽에는 다음과 같이 쓰여 있다. "지금까지 말한 내용은 진지한 혁명적 경험의 관점에서 보면 가장 기본적인 진실에 불과하다. 그러나 이 대회에 참가한 일부 '좌파들'은 이 전술이 우경화라고 생각했다." … 이 좌파들 중에는 지노비에프·부하린·라데크·마슬로프·텔만과 함께 탈하이머도 있었다.

비난은 내가 표절했다는 것에서 그치지 않는다. [브란들러파의 말을 들어 보면] 좌익반대파는 탈하이머의 정신적 재산을 훔친 뒤에 그것을 기회주의적으로 해석하는 짓까지 저지른 듯하다. 이 특이한 현상은 주목할 가치가 있다. 왜냐하면 이 문제를 논의하는 과정에서 파시즘의 정책이라는 문제가 더 선명하게 드러날 것이기 때문이다.

나는 전에 쓴 소책자에서 히틀러는 의회적 절차를 통해서는 권력을 장악할 수 없을 것이라는 생각을 피력했다. 히틀러가 선거에서 51퍼센트를 득표하더라도 경제적 모순의 심화와 정치적 모순의 격화가 히틀러의 정권 장악 전에 폭발하고 말 것이기 때문이다. 내가 그렇게 주장했더니 브란들러파는 "노동자들의 의회 밖 대중행동이 없어도" 국가사회주의자들이 후퇴할 것이라는 생각을 내가 퍼뜨린다고 비난했다. 이것은 과연 어떤 점에서 〈로테 파네〉의 거짓말보다 더 나은가?

국가사회주의자들이 '평화적으로' 집권할 수 없다는 사실에서 내가 끌어낸 결론은 국가사회주의자들이 다른 방법으로 권력을 장악하는 것이 불가피하다는 것이었다. 즉, 직접 정부를 전복하고 권력을 장악하거나 아니면 연립정부를 구성한 뒤에 [권력기관의 요직을 이용해서] 정부를 전복하리라는 것이었다. 파시즘이 고통 없이 스스로 청산되는 일은 오직 한 가지 경우에만, 즉 1923년에 브란들러가 추진한 정책을 1932년에 히틀러가 추진하는 경우에만 가능할 것이다. 국가사회주의자들의 전략을 과대평가하는 것은 아니지만, 내가 보기에는 그들이 브란들러와 그 동료들보다 더 선견지명이 있고 의지가 굳세다.

탈하이머의 둘째 반박은 훨씬 더 심오하다. [그는 다음과 같이 주장한다.] 히틀러가 의회적 방법으로 권력을 장악할지 아니면 다른 방법으로 그럴지는 전혀 중요한 문제가 아니다. 왜냐하면 파시즘의 '본질', 즉 노동자 조직들이 파괴된 폐허 위에서만 파시즘의 지배는 확립될 수 있다는 점은 결코 변함없기 때문이라는 것이다.

> 노동자들은 조용히 물러나서, 히틀러의 합헌적 집권과 초헌법적 집권의 차이를 연구하는 과제를 〈포어베르츠〉의 편집자들에게 맡겨 둘 수 있다.[10]

가장 선진적인 노동자들이 탈하이머의 말을 듣고 그대로 따른다면 틀림없이 히틀러에게 목이 잘릴 것이다. 우리의 현명한 선생에게는 오직 파시즘의 '본질'이 중요하다. 그래서 그 '본질'이 어떻게 현실이 될지를 판단하는 과제는 〈포어베르츠〉의 편집자들에게 맡겨 둔다. 그러나 집단 학살을 자행하는 파시즘의 '본질'은 오직 집권한 뒤에야 감지할 수 있다는 사실이 문제의 핵심이다. 따라서 파시즘이 권력을 장악하도록 허용하지 않는 것이 바로 우리의 과제다. 이를 위해서는 적의 전략을 이해하고 노동자들에게 설명해야 한다.

히틀러는 합헌적 경로로 [파시즘] 운동을 전개하는 것처럼 보이려고 최선을 다하고 있다. 자신을 '유물론자'로 여기는 현학자만이 히틀러의 그런 행동은 대중의 정치의식에 아무 영향도 미치지 못한다고 생각할 수 있을 것이다. 히틀러의 합헌 노선은 중도파와 연합할 여지를 남겨 두는 데 도움이 될 뿐 아니라 사민당을 속이는 데도, 더 정확히 말하면 사민당 지도부가 노동자들을 더 쉽게 속일 수 있도록 하는 데도 도움이 된다. 히틀러가 오직 합헌적 수단을 통해서만 권력을 장악하겠다고 맹세한다면, 지금 파시즘의 위험이 그리 크지 않다는 것은 분명하다. 어쨌든 각종 선거기간에 세력 관계를 몇 번 더 확인할 시간이 충분히 남아 있을 것이기 때문이다. 히틀러는 자신의 적들을 안심시키는 합헌적 전망을 내놓으면서, 편리한 순간에 타격을 가할 수 있는 기회를 노리고 있다. 이런 군사적 술수 자체는 아주 단순하지만, 그 속에는 엄청난 힘이 숨어 있다. 왜냐하면 이 술수는 문제를 평화적·합법적으로 해결하고자 하는 어중간한 정당들의 심리를 이용할 뿐 아니라, 잘 속아 넘어가는 국민 대중의 약점도 이용하기 때문이다. 사실 이 점이 더 위험하다.

여기서 덧붙여야 하는 말은 히틀러의 책략이 양날의 칼과 같다는 것이다. 그는 자신의 적들뿐 아니라 자기 지지자들도 속이고 있기 때문이다. 그러나 투쟁, 특히 공세적 투쟁에는 전투적 정신이 필수적이다. 전투적 정신은 공공연한 전투가 불가피하다는 점을 군대가 잘 알고 있을 때만 유지될 수 있다. 이 점에 비춰 보면, 히틀러가 바이마르헌법과 너무 오래 연애질할 수 없다는 것은 분명하다. 그랬다가는 히틀러 지지자 대열의 사기가 떨어질 것이기 때문이다. [따라서] 히틀러는 때가 되면 [갈색] 셔츠 속에서 칼을 꺼내 들어야 한다.

파시즘의 '본질'을 이해하는 것만으로는 부족하다. 파시즘을 살아 있는 정치 현상으로, 의식적이고 교활한 적으로 파악하고 평가할 줄도 알아야 한다. 우리의 선생은 너무 '사회학적'이어서 혁명가답지 못하다. 실제로 히틀러는 탈하이머의 심오함을 유리한 상황으로서 계산에 넣고 있다는 것이 분명하지 않은가? 왜냐하면 〈포어베르츠〉가 헌법에 관한 환상을 널리 퍼뜨리는 것과 [좌익반대파가] 그런 환상 위에 구축된 적의 군사적 술수를 폭로하는 것을 한 묶음으로 취급하는 사람[탈하이머]은 바로 그 적을 도와주는 사람이기 때문이다.

어떤 조직이 중요한 이유는 그 조직이 포괄하는 대중 때문일 수도 있고 그 조직이 노동자 운동에 도입할 수 있는 사상의 내용 때문일 수도 있다. 브란들러파는 전자도 아니고 후자도 아니다. 그런데도 브란들러와 탈하이머는 SAP를 중간주의의 늪이라고 부르며 터무니없이 경멸하고 있다! 사실 이 두 조직 SAP와 KPO를 나란히 놓고 비교하면 장점은 모두 SAP에 있다. SAP는 늪이 아니라, 물이 계속 흐르는 개울이다. 그 물은 지금 오른쪽에서 왼쪽으로, 즉 공산주의 쪽으로 흐르고 있다. 물론 SAP라는 개울은 깨끗하지 않고 쓰레기와 진흙이 많이 섞여 있지만, 그래도 늪은 아니다. '늪'이라는 말은 브란들러와 탈하이머의 조직에 훨씬 더 적합하다. 이데올로기의 완전한 정체가 그 조직의 특징이기 때문이다.

KPO 안에는 오랫동안 반대파가 존재했다. 그들의 주된 불만은 KPO 지도부가 객관적 상황에 맞는 정책들이 아니라 소련의 스탈린주의 참모본부 분위기에나 어울리는 정책들을 추진한다는 것이었다.

발허와• 프뢸리히• 등이 이끄는 이 반대파는 오랫동안 브란들러와 탈하이머의 정책들을 용인해 왔다. 그 정책들, 특히 소련에 관한 정책은 잘못됐을 뿐 아니라 의식적으로 위선적이고 정치적으로 부정직한 것이었다. 물론 그렇다고 해서 분열해 나온 집단[발허와 프뢸리히 등의 반대파]이 더 훌륭하다는 말은 아니다. 그러나 [브란들러와 탈하이머의] 조직이 완전히 가망 없다는 것을 발허·프뢸리히 집단이 마침내 인정했다는 것은 분명히 사실이다. 그 조직의 지도부는 [소련의] 상관들이 시키는 대로 움직이기 때문이다. 소수파는 독립적이고 능동적인 정책이 필요하다고 생각한다. 그러나 그 정책은 불운한 레멜레가 아니라 소련과 코민테른의 스탈린주의 관료 집단의 노선과 체제에 대항하는 것이어야 한다고 여긴다. 지극히 불충분한 자료를 바탕으로 우리가 올바르게 해석한다면, 발허·프뢸리히의 입장은 이 문제에서 일보 전진을 의미한다. 그러나 그 소수파는 분명히 죽어 버린 집단에서 분열해 나온 후 이제서야 일국적 노선뿐 아니라, 특히 국제적 노선의 방향 전환이라는 문제에 직면해 있다.

우리가 판단하건대, 분열해 나온 소수파는 당장은 SAP의 좌파에 집중하는 활동을 주된 과제로 여기고 있다. 그렇게 해서 이 신생 정당을 공산주의로 설득한 뒤 이를 이용해서 독일 공산당의 관료적 보수성을 깨뜨리려고 하는 듯하다. 일반적이고 막연한 형태의 이 계획에 관해서 논평하기는 불가능하다. 왜냐하면 소수파가 주장하는 기본 원칙들이 여전히 모호하고, 그런 원칙들을 실현하기 위한 투쟁 방법들도 불분명하기 때문이다. 강령이 필요하다! 우리가 말하는 강령은 상투적인 공산주의 교리문답을 요약해 놓은 문서가 아니다. 프롤레타리아 혁명의 문제들은 지난 9년 동안 공산주의 대열을 분열시켰고 지금도 여전히 매우 중요한데, 바로 이 문제들에 관한 분명하고도 구체적인 해답들이 바로 강령이다. 이런 강령이 없다면 소수파는 SAP 안에서 그냥 용해될 것이고, SAP가 공산주의로 발전하는 과정을 촉진하기는 커녕 오히려 방해할 것이다.

좌익반대파는 소수파의 진화 과정을 주의 깊게 아무 편견 없이 지켜볼 것이다. 죽어 버린 조직의 분열에 자극을 받아서 그 내부의 생존 가능한 부위가 진보적으로 발전한 경우가 역사에서는 여러 번 있었다. 이 법칙이 소수파의 운명에서 다시 한 번 입증된다면 우리는 정말 기뻐할 것이다. 그러나 이 문제의 답은 오직 미래만이 알고 있다.

13. 파업 전략

노동조합 분야에서 공산당 지도부는 당을 완전히 혼란에 빠뜨렸다. '제3기'의 일반적 노선은 독자적 노조를 지향하는 것이었다. 대중운동이 고양돼서 기존의 노조 조직들을 쓸어버릴 것이고 혁명적노조반대파RGO의 기관들이 경제투쟁을 주도하는 위원회가 될 것이라고 [공산당 지도부는] 예상했다. 그런데 사소한 것 하나가 없어서 이 예상은 빗나갔다. 그것은 바로 대중운동의 고양이었다. 봄에 홍수가 나면 많은 울타리가 물결에 떠내려간다. 그래서 로좁스키는 먼저 울타리를 제거하기로 작정했다. 그러면 봄에 홍수가 날 것이라고 생각한 것이다!

개혁주의 노조들은 살아남았다. 공산당은 공장에서 스스로 쫓겨나는 데 성공했다. 그러자 곧 노동조합 정책이 부분적으로 수정되기 시작했다. 그동안 공산당은 미조직노동자들에게 개혁주의 노조에 가입하라고 호소하기를 거부해 왔다. 그러나 노동자들이 노조를 탈퇴하는 것에도 마찬가지로 반대해 왔다. 이제 공산당은 독자적 노조를 만들면서도 개혁주의 노조 안에서 영향력을 확대하기 위해 투쟁하자는 구호를 부활시켰다. 이 모든 과정은 자멸적 정책의 모범이라 할 만하다.

〈로테 파네〉는 많은 공산당원이 개혁주의 노조에 참여하는 것을 무의미하게 여긴다고 불평한다. 그들은 "왜 우리가 낡은 손수레를 되살려야 하는가?"라고 말한다는 것이다. 그것은 맞는 말이다. 왜 그래야 하는가? 만약 기존 노조를 장악하기 위해 진지하게 투쟁할 의향이 있다면, 미조직노동자들에게 기존 노조에 가입하라고 호소해야 한다. 좌파에게 지지를 보낼 수 있는 것은 바로 이 새로운 노동자층이기 때문이다. 그러나 그리되면 [공산당의] 독자적 노조를 건설할 수 없게 된다. 즉, 기존 노조와 경쟁하는 조직을 만들어서 노동자들을 가입시키는 활동을 해서는 안 되는 것이다.

개혁주의 노조 안에서 활동할 것을 권고하는 공산당 지도부의 정책은 다른 분야의 정책들과 똑같이 절망적이고 엉망진창이다. 1월 28일 자 〈로테 파네〉는 뒤셀도르프의 금속노조 조합원인 공산당원들을 비난했다. 그들이 브뤼닝 정부를 지지하는 데 '참여한 노조 지도자들에 맞서 무자비하게 투쟁하자'는 구호를 내걸었기 때문이다. 그것은 마치 개혁주의자들이 브뤼닝과 그의 긴급명령을 지지하지 않을 수 있다는 듯이 가정하기(!) 때문에 용납할 수 없는 "기회주의적" 요구라는 것이다. 이것은 정말로 형편없는 농담 비슷하다! 〈로테 파네〉는 자신이 [개혁주의] 지도자들을 모욕하는 것으로 충분하다고 생각하고, 대중이 그들을 정치적 시험대에 올리는 것을 용납하지 않는다.

한편, 지금 예외적으로 효과적인 활동 분야가 개척되고 있는 곳이 바로 노동조합 안이다. 사민당은 여전히 정치적 소란을 피워서 노동자들을 속일 수 있는 수단을 갖고 있다. 그러나 노동조합은 마치 절망적인 감옥의 벽 같은 자본주의의 교착상태에 직면해 있다. 지금 RGO의 노조들로 조직된 노동자 20만~30만 명은 개혁주의 노조 안에서 대단히 귀중한 [혁명의] 효모 구실을 할 수 있다.

1월 말에 베를린에서는 전국의 공장위원회에서 활동하는 공산당원들의 협의회가 열렸다. 〈로테 파네〉는 "공장위원회들이 '붉은 노동자 전선'을 구축하고 있다"고 보도했다.[11] 그러나 협의회 참가자들의 구성, 소속 기업체의 수, 대변하는 노동자들에 관한 정보는 눈 씻고 봐도 없다. 노동계급 내부의 세력 관계 변화를 낱낱이 공개적으로 기록하는 데 공을 들인 볼셰비키와 달리 독일 스탈린주의자들은 소련 스탈린주의자들을 따라서 숨바꼭질 놀이를 하고 있다. 독일 스탈린주의자들은 공산당을 지지하는 공장위원회가 4퍼센트도 채 안 되는 반면 사민당을 지지하는 공장위원회는 84퍼센트나 된다는 사실을 인정하기를 꺼린다. 이 세력 관계가 '제3기' 정책의 결과를 압축적으로 보여 준다. 공장에서 공산당이 고립된 것을 두고 '붉은 공동전선'이라고 부른다고 해서 운동의 전진에 과연 도움이 되겠는가?

자본주의의 위기가 오랫동안 계속되다 보니 프롤레타리아 내부에 가장 해롭고 위험한 분단선이 그어진다. 취업 노동자와 실업자 사이에 분열이 일어나는 것이다. 공장은 개혁주의자들이 통제하는 반면, 실업자 운동은 공산당이 통제하고 있다. 그래서 프롤레타리아의 이 두 부문이 모두 마비되고 있다. 취업 노동자들은 더 오래 버틸 수 있는 처지이지만, 실업자들은 참기 힘들어서 조급해진다. 지금 그들의 조급성은 혁명적 성격을 띠고 있다. 그러나 공산당이 취업 노동자와 실업자를 단결시킬 수 있는 투쟁 형태와 구호를 찾아내지 못한다면, 그래서 혁명적 해결의 전망을 열지 못한다면, 실업자들의 조급성은 불가피하게 공산당에 대한 반발로 바뀔 것이다.

1917년에 볼셰비키당의 올바른 정책과 혁명의 급속한 발전에도 불구하고 더 가난하고 더 조급한 노동자층은 심지어 페트로그라드에서도 9월과 10월 사이에 볼셰비키에서 멀어져 신디컬리스트와 아나키스트 쪽으로 향하기 시작했다. 10월 무장봉기가 제때 일어나지 않았다면, 프롤레타리아의 붕괴가 극심해져서 혁명은 쇠퇴하고 말았을 것이다. 지금 독일에는 아나키스트들이 전혀 필요하지 않다. 국가사회주의자들이 아나키즘적 데마고기와* 의식적인 반동적 목표들을 결합해서, 아나키스트들의 자리를 차지할 수 있기 때문이다.

노동자들은 결코 파시즘의 영향에서 완전히 자유롭지 않다. 프롤레타리아와 프티부르주아지는 상호 침투한다. 특히 지금 같은 상황에서는 더 그런다. 산업예비군은 소상인과 행상인 등이 될 수밖에 없고, 파산한 프티부르주아지는 프롤레타리아와 룸펜프롤레타리아로 전락하기 때문이다.

봉급생활자, 기술직·행정직 사원, 특정 계층의 공무원은 전에

---

* 감정적 거짓 선전·선동.

사민당을 지지하는 가장 중요한 세력 중 하나였다. 지금 이 부류들은 국가사회주의 쪽으로 넘어갔거나 넘어가고 있다. 그들은 노동귀족층을 끌고 갈 수도 있다. 이미 그러기 시작했는지 모른다. 이 방향에서 국가사회주의는 위로부터 프롤레타리아 속으로 침투하고 있다.

그러나 훨씬 더 위험한 것은 아래로부터, 즉 실업자들을 통해서 침투할 가능성이다. 전망과 희망이 없다면 어떤 계급도 오래 존속할 수 없다. 실업자들은 하나의 계급은 아니지만, 이미 매우 단단하고 실질적인 계층을 형성하고 있다. 그들은 참을 수 없는 조건에서 빠져나오려고 애쓰지만 허사가 되고 있다. 오직 프롤레타리아 혁명만이 독일을 붕괴와 쇠퇴에서 구할 수 있다는 것이 일반적으로 사실이라면, 수백만 명의 실업자들에게는 특별히 더 그렇다.

공장과 노동조합에서 공산당이 무기력한 상황에서는 당원 수가 늘어난다고 해서 해결되는 문제는 하나도 없다. 극심한 위기와 모순 때문에 비틀거리는 나라에서 극좌파 정당은 새로운 지지자 수만 명을 쉽게 찾을 수 있다. 특히 당 기구 전체가 '경쟁'을 통해 당원을 가입시키는 일에만 몰두하고 있다면 더욱 그렇다. [그러나] 모든 것은 [공산]당과 [노동]계급의 상호 관계에 달려 있다. 공장위원이나 노조 집행부로 선출된 단 한 명의 공산당원이 내일 탈당하려고 오늘 가입한 어중이떠중이 신입 당원 1000명보다 훨씬 더 중요하다.

그러나 개인들이 공산당으로 몰려드는 일조차 결코 한없이 지속될 수 없을 것이다. 공산당이 개혁주의자들을 완전히 몰아내는 순간이 올 때까지 투쟁을 계속 늦춘다면, 언젠가는 사민당의 영향력이 더는 공산당에 뒤지지 않는 반면에 공산당의 주된 지지 기반이었던 실업자들이 파시즘 쪽으로 넘어가고 있다는 것이 확연히 드러나는 때가 올 것이다. 전반적 상황에서 제기되는 임무를 수행하기 위해 자기 힘을 제대로 사용하지 못하는 정당은 결코 무사할 수 없다.

대중투쟁으로 가는 길을 닦기 위해 공산당은 산발적 파업들을 불러일으키려고 애쓴다. [그러나] 이 분야에서 대단한 성공을 거두지 못하고 있다. 그러자 늘 그렇듯이 스탈린주의자들은 자기비판에 몰두한다. "우리는 아직 조직하지 못하고 있다. … 우리는 아직 사람들을 끌어당기는 법을 배우지 못했다. … 우리는 아직 [조직을] 장악하는 법을 배우지 못했다. … " 그리고 스탈린주의자들이 '우리'라고 말할 때 그것은 항상 '너희'를 의미한다. 1921년 3월 사태 때의 이론, 그 죽은 이론이 되살아나고 있다. 그것은 소수의 공세적 행동으로 프롤레타리아를 '열광시킨다'는 이론이었다. 그러나 노동자들은 결코 '열광시킬' 필요가 없다. 노동자들이 원하는 것은 분명한 전망을 제시해 주는 것, 대중운동의 토대를 형성하도록 도와주는 것이다.

공산당의 파업 전략에서 지침 구실을 한 것은 분명히 마누일스키나 로좁스키가 해석해서 인용한 레닌의 이런저런 글이다. 사실 멘셰비키는 '파업의 광란'에 맞서 싸운 반면 볼셰비키는 오히려 모든 새로운 파업의 선두에 서서 점점 더 많은 대중을 운동으로 끌어들인 시기들이 있었다. 그때는 노동계급의 새로운 층이 각성하는 시기였다. 1905년 [혁명], 제1차세계대전 직전의 산업 호황기, 2월 혁명 초기 몇 개월 동안 볼셰비키의 전술이 바로 그랬다.

그러나 1917년 7월 사태 이후 10월 혁명 직전까지는 볼셰비키의 전술이 달랐다. 당시 볼셰비키는 파업을 억제하고 파업의 속도를 늦췄다. 왜냐하면 대규모 파업은 모두 결정적 전투로 비화하는 경향이 있었던 반면에 이 결정적 전투를 위한 정치적 전제조건은 아직 무르익지 않았기 때문이다.

그렇지만 그 기간에도 볼셰비키는 계속해서 모든 파업의 선두에 섰다. 볼셰비키의 경고에도 불구하고 주로 (섬유나 가죽 산업 등) 더 후진적인 부문의 노동자들 사이에서 파업이 터져 나왔다.

볼셰비키는 상황에 따라서 혁명의 이익을 위해 파업을 자극할 때도 있었고 억제할 때도 있었다. 다른 분야들과 마찬가지로 이 분야에서도 미리 정해진 공식 따위는 없다. 그러나 모든 시기에 볼셰비키의 파업 전술은 항상 전반적 전술의 일부였고, 선진 노동자들은 항상 부분과 전체의 연관을 분명히 이해했다.

지금 독일의 상황은 어떤가? 취업 노동자들은 임금 삭감에 저항하지 않는다. 실업자들을 두려워하기 때문이다. 당연한 일이다. 실업자가 수백만 명이나 되는 상황에서 노조 파업이 평상시처럼 조직된다면 분명히 효과가 없을 것이다. 취업 노동자와 실업자 사이에 정치적 적대감이 있는 상황에서는 갑절로 효과가 없을 것이다. 그렇다고 해서 개별적 파업들이 벌어질 가능성이 없는 것은 아니다. 특히, 더 후진적이고 덜 집중적인 산업 부문에서 그런 파업이 벌어질 가능성이 높다. 그러나 이런 상황에서 더 중요한 산업 부문의 노동자들은 개혁주의 지도자들의 [파업 자제] 목소리에 귀를 기울이는 경향이 있다. 프롤레타리아 내부의 전반적 상황을 변화시키지 않은 채 파업 투쟁을 불러일으키려는 공산당의 시도는 대수롭지 않은 게릴라식 투쟁으로 귀결될 뿐이고 그런 투쟁은 성공한다고 해도 지속성이 없다.

공산당 노동자들의 증언을 들어 보면(예컨대 〈로테 아우프바우〉의 기사들을 보면), 지금은 여러 산업의 [부분]파업은 아무 의미가 없고 오직 총파업만이 노동자들을 곤경에서 구할 수 있을 거라는 이야기가 공장에서 많이 나돌고 있다고 한다. 여기서 말하는 '총파업'은 투쟁의 전망을 의미한다. 지금 노동자들이 산발적 파업에 시큰둥한 반응을 보이는 이유는 국가권력을 직접 상대해야 하기 때문이다. 독점자본은 브뤼닝의 긴급명령이라는 언어로 노동자들에게 말하고 있는 것이다.*

---

* 일부 초좌파들(예컨대, 이탈리아의 보르디가 그룹)은 공동전선이 오직 경제투쟁에서만 허용된다고 주장한다. 경제투쟁과 정치투쟁을 분리하려는 노력은 그 어느 때보다 오늘날 실현 가능하지 않다. 정부의 행정명령으로 단체협약이 폐지되고 노동자들의 임금이 삭감되는 독일 사례를 보면, 삼척동자라도 이 사실을 분명히 알 수

노동자 운동의 여명기에는 노동자들을 파업으로 끌어들이기 위해 선동가들이 흔히 혁명적·사회주의적 전망을 제시하는 것을 삼갔다. 노동자들이 겁을 먹고 멀어질까 봐 걱정해서였다. 지금은 상황이 정반대다. 독일의 선진 노동자층이 방어적 경제투쟁을 시작하겠다고 결심하려면 이후의 투쟁에 대한 전반적 전망이 분명히 서야만 한다. 그들은 지금 공산당 지도부가 이런 전망을 제시하지 못한다고 생각한다.

1921년 3월 사태의 전술, 즉 프롤레타리아의 다수를 획득하는 것이 아니라 소수를 '열광시킨다'는 전술에 관해 나는 코민테른 3차 대회에서 다음과 같이 말했다.

> 노동계급의 압도 다수가 운동을 전혀 고려하지 않고 공감하지도 않거나 운동의 성공을 의심하고 있을 때, 그와 동시에 소수가 성급하게 돌진하면서 기계적으로 노동자들을 파업으로 내몰려고 애쓸 때, 정당의 모습으로 나타난 이 조급한 소수는 노동계급과 충돌해서 머리가 깨질 수 있습니다.

있을 것이다. 말이 나온 김에 덧붙이자면, 지금 스탈린주의자들은 보르디가 그룹이 과거에 주장한 괴상한 생각들을 부활시키고 있다. 그래서 그동안 배운 것이 전혀 없고 한 걸음도 전진하지 못한 '프로메테오 그룹'[이탈리아의 보르디가 지지자들이 펴낸 간행물 이름이 프로메테우스라는 뜻의 프로메테오였다]이 오늘날 코민테른의 초좌파적 지그재그 시대에 우리보다 스탈린주의자들과 훨씬 더 가까운 것은 전혀 놀라운 일이 아니다 — 트로츠키.

이 말은 파업 투쟁을 포기해야 한다는 의미인가? 아니다. 포기할 것이 아니라 지속해야 한다. 다만, 파업 투쟁에 필요한 정치적·조직적 전제 조건들을 만들어 내야 한다. 그중 하나가 노동조합의 단결을 복원하는 것이다. 물론 개혁주의 관료들은 이것을 싫어한다. 지금까지 분열 덕분에 개혁주의 관료들이 확실히 그 지위를 유지할 수 있었기 때문이다. 그보다 더 좋은 방식도 없었을 것이다. 그러나 파시즘의 위협이 눈앞에 닥치면서 노동조합 내부의 상황이 관료들에게 불리한 쪽으로 바뀌고 있다. 단결의 압력이 커지고 있다. 현재 상황에서 라이파르트 패거리가 단결의 복원을 방해하려고 노력한다면, 당장 노동조합 안에서 공산당의 영향력이 2배, 3배로 커질 것이다. 단결이 실현된다면 더할 나위 없이 좋을 것이다. 폭넓은 활동 영역이 공산당에게 개방될 것이기 때문이다. 지금 절실히 필요한 것은 어중간한 대책이 아니라 대담한 180도 전환이다!

높은 생활비에 반대하고 노동시간 단축을 요구하고 임금 삭감에 반대하는 광범한 운동이 없다면, 실업자와 취업 노동자가 함께 이 투쟁에 참가하도록 끌어들이지 못한다면, 공동전선 정책을 성공적으로 적용하지 못한다면, 즉흥적인 소규모 파업들로는 운동을 확대·발전시키지 못할 것이다.

좌파 사회민주주의자들은 "파시스트들이 집권할 경우" 총파업을 벌일 필요가 있다고 떠들어 댄다. 십중팔구 라이파르트도 자기 서재에 틀어박혀서 그런 위협을 늘어놓고 있을 것이다. 이런 이유로 〈로테 파네〉는 룩셈부르크주의 운운하고 있다. 이것은 그 위대한 혁명가를 중상모략 하는 짓이다. 비록 로자 룩셈부르크가 권력 [장악] 문제에서 총파업의 독자적 중요성을 과대평가하기는 했지만, 총파업을 자의적으로 선언할 수는 없고 노동운동의 과정 전체와 [노동자] 정당과 노동조합의 정책들을 통해 준비해야 한다는 사실을 아주 잘 알고 있었다. 그러나 좌파 사회민주주의자들의 주장에서 대중 파업은 비참한 현실을 은폐하고 위안을 주는 신화와 비슷하다.

오랫동안 프랑스 사회민주주의자들은 전쟁이 일어나면 총파업을 벌이겠다고 약속했다. 심지어 1912년 [제2인터내셔널의] 바젤 대회에서는 혁명적 봉기로 전쟁에 대항하겠다고 약속하기까지 했다. 그러나 이 경우에는 무장봉기뿐 아니라 총파업을 벌이겠다는 위협조차 괜한 허장성세였을 뿐이다. 여기서 문제는 파업과 무장봉기를 대립시키는 것이 아니라 무장봉기와 파업에 대한 추상적이고 형식적이고 말뿐인 태도다. 혁명에 관한 추상적 미사여구로 무장한 개혁주의자, 일반적으로 제1차세계대전 전의 베벨* 같은 사회민주주의자의 태도가 바로 그랬다.* 전후의 개혁주의자는 총파업 위협을 늘어놓으며 우스꽝스럽고 서투르게 베벨을 모방하고 있다.

물론 공산당 지도부는 훨씬 더 성실한 태도로 총파업을 다룬

* 베벨은 1913년에 죽었다.

다. 그러나 이 문제에서도 그들은 명확성이 부족하다. 총파업은 매우 중요한 투쟁 무기이기는 하지만, 만능 무기는 아니다. 어떤 상황에서는 총파업이 노동자들의 당면한 적이 아니라 노동자들 자신을 약화시킬 수도 있다. 파업은 전략적 계산에서 하나의 중요한 요소이지 다른 모든 전략을 덮어 버리는 만병통치약이 아니다.

일반적으로 말해서, 총파업은 약자가 강자에 대항하는 투쟁의 무기다. 더 정확히 말하면, 투쟁이 시작될 때 상대는 강하고 자신은 약하다고 생각하는 쪽에서 사용하는 무기다. 중요한 무기를 내가 사용할 수 없다는 사실을 알게 됐다면, 적도 그 무기를 사용할 수 없게 만들어야 할 것이다. 내가 대포를 쏠 수 없다면, 적어도 방아쇠라도 제거해서 적이 사용하지 못하게 만들어야 한다. 바로 이것이 총파업의 '사상'이다.

총파업은 항상 철도·전신·경찰·군대 등을 마음대로 사용하는 기존 국가권력에 대항하는 투쟁의 무기였다. 총파업은 정부 기구를 마비시켜서 정부를 '겁먹게' 하거나 아니면 권력 문제의 혁명적 해결을 위한 전제 조건들을 만들어 냈다.

총파업이 가장 효과적인 투쟁 방법이 되는 상황은, 대중이 혁명적 분노로만 단결해 있고 군사적 조직과 참모부가 없어서 미리 세력 관계를 가늠하거나 행동 계획을 수립할 수 없는 때다. 따라서 우리는 이탈리아의 반파시즘 혁명이 이런저런 부문적 충돌로 시작해서 불가피하게 총파업 단계를 거칠 것이라고 가정할 수 있다. 오직 이런 방식으로만, 현재의 분열된 이탈리아 프롤레타리아는 다시 단결한 계급으로서 자신감을 회복하고 타도 대상인 강력한 적의 저항에 맞설 수 있을 것이다.

독일에서는 파시즘이 이미 집권해서 국가기구를 확고하게 장악했을 경우에만 총파업이라는 수단으로 파시즘에 맞서 싸워야 한다. 그러나 문제가 파시스트들의 권력 장악 기도를 물리치는 것이라면, 총파업이라는 구호는 아무짝에도 쓸모없을 것이다.

[러시아 혁명 당시] 코르닐로프가 페트로그라드로 진격하고 있을 때 볼셰비키든 소비에트 전체든 총파업을 선언할 생각조차 하지 않았다. 철도에서 벌어진 투쟁은 노동자들과 철도 직원들이 혁명적 군대를 실어 나르고 코르닐로프 부대의 이동을 방해하는 것이었다. 공장에서는 노동자들이 전선으로 떠나야 하는 경우에만 작업이 중단됐다. 혁명적 전선에 보급품을 보내야 하는 산업들에서는 노동자들이 갑절로 일했다.

10월 무장봉기 때도 총파업 이야기는 없었다. 봉기 직전에 공장과 군부대의 압도 다수는 이미 볼셰비키가 주도하는 소비에트의 지도를 따르고 있었다. 상황이 이런데도 공장에서 파업을 선언했다면, 적이 아니라 우리 편을 약화시켰을 것이다. 철도에서 노동자들은 봉기를 지원하려고 분투한 반면에 임원들은 중립을 가장한 채 반혁명을 지원했다. 그런 상황에서 철도 노동자들의 총파업은 아무 의미가 없었을 것이다. 이 문제는 임원들보다 수가 훨씬 많은 노동자들의 압도적 우세로 판가름 났다.

독일에서 파시스트들의 도발로 시작된 부분적 충돌들이 투쟁으로 불타오른다면, 총파업 선언은 결코 전반적 상황에 부합하지 않을 것이다. 총파업이 벌어진다면 무엇보다 이 도시와 저 도시, 도시의 이 구역과 저 구역, 심지어 이 공장과 저 공장이 서로 분리될 것이기 때문이다. 실업자들을 불러 모으기도 더 힘들어질 것이다. 그런 상황에서는 간부가 적지 않은 파시스트들이 중앙집중적 지도부 덕분에 확실한 우세를 차지할 수 있을 것이다. 물론 파시스트 대중은 너무 산만하므로 그런 상황에서도 파시스트들의 공세를 물리칠 수 있다는 것은 사실이다. 그러나 그것은 문제의 다른 측면이다.

예컨대, 철도 교통의 문제는 모든 사람이 파업에 참가할 것을 요구하는 '위신'의 관점에서 접근해서는 안 되고, 충돌이 벌어졌을 때 누구를 위해 또는 누구에 대항해서 철도 교통망이 사용될 것인가 하는 군사적 편의의 관점에서 고려해야 한다.

그러므로 필요한 것은 총파업 준비가 아니라 파시스트들을 물리칠 준비를 하는 것이다. 이것이 뜻하는 바는 모든 곳에서 작전기지, 특공대, 예비군, 지방의 간부진과 중앙의 지도부, 원활한 통신수단, 기본적 동원 계획 등이 마련돼야 한다는 것이다.

촌구석인 브루흐잘과 클링겐탈에서 [좌익반대파] 지역 조직들이 이룩한 성과, 즉 개혁주의적 관료 상층부의 보이콧에도 불구하고 공산주의자들이 SAP·노동조합과 함께 방어 조직을 건설한 것은 비록 그 범위가 별로 크지 않지만 독일 전체에 적용돼야 할 모범 사례다. 오, 최고 지도자들이여(부디 내 호소와 외침이 당신들에게 들리기를 바란다)! 오, 대단히 현명한 전략가들이여, 브루흐잘과 클링겐탈의 노동자들에게 배우시오! 그들을 본받으시오! 그들의 경험을 확대하고 그들의 방식을 자세히 설명하시오! 브루흐잘과 클링겐탈의 노동자들에게 배우시오!

독일 노동계급은 강력한 정치·경제·스포츠 조직들을 갖고 있다. 바로 이 점이 '브뤼닝 체제'와 '히틀러 체제'의 차이다. 이것은 결코 브뤼닝의 미덕이 아니다. 허약한 관료주의는 결코 미덕이 아니다. 그러나 현실을 직시해야 한다. 가장 중요하고 근본적인 최고의 사실은 독일 노동계급이 심지어 지금도 그 조직들을 온전히 보유하고 있다는 것이다. 독일 노동계급이 허약하다면 그것은 오직 그들의 조직력이 제구실을 하지 못하기 때문이다. 그러나 브루흐잘과 클링겐탈의 경험이 독일 전체로 확산되기만 하면 독일의 전망은 완전히 달라질 것이다. 그런 상황에서 노동계급은 파시스트들에 대항해서 총파업보다 더 효과적이고 직접적인 투쟁 방식들을 적용할 수 있을 것이다. 그래도 특정 상황에서는 총파업을 벌일 필요가 있을 것이다(파시스트들과 정부 기관들 사이의 특정한 상호 관계에서 총파업의 필요가 생겨날 수 있다). 그럴 때는 공동전선에 바탕을 둔 방어위원회 체계가 대중 파업을 감행할 수 있을 것이고, 그런 파업의 성공은 따 놓은 당상이나 다름없을 것이다.

투쟁은 이 단계에서 멈추지 않을 것이다. 브루흐잘이나 클링겐탈의 방어 조직은 근본적으로 무엇을 위한 것인가? 작은 것에서도 큰 것을 볼 수 있어야 한다. 이 방어 조직은 지방의 노동자 대표 소비에트다. 협소한 지방적 시각 때문에 스스로 그렇게 부르지도 않고 그렇게 느끼지도 않지만 그것은 사실이다. 여기서도 양이 질을 결정한다. 이 실험을 베를린으로 옮긴다면, 베를린 노동자 대표 소비에트가 등장할 것이다.

14. 노동자 통제 그리고 소련과의 경제협력

혁명적 시기의 구호들에 관해 말할 때는 항상 혁명적 시기를 너무 협소한 의미로 이해해서는 안 된다. 소비에트는 오직 혁명적 시기에만 창설돼야 한다. 그러나 혁명적 시기는 언제 시작되는가? 달력을 봐서는 알 수 없다. 행동을 통해서만 감지할 수 있다. 소비에트는 창설될 수 있을 때 창설돼야 한다.*

노동자들이 생산을 통제해야 한다는 구호도 대체로는 소비에트 창설과 같은 시기에 제기된다. 그러나 이것도 기계적으로 이해해서는 안 된다. 특정 상황에서는 대중이 소비에트를 창설할 준비가 되기 훨씬 전에 생산 통제로 나아갈 수 있다.

---

* 명심해야 할 사실이 하나 있다. 중국에서 스탈린주의자들은 혁명적 고양기에 소비에트 창설을 방해했다. 그런데 퇴조기에 광둥에서 무장봉기를 감행하기로 결정했을 때는 봉기 당일에야 소비에트를 창설하라고 대중에게 호소했다! — 트로츠키.

브란들러와 그의 좌파적 그림자인 우르반스는 생산 통제 구호를 정치 상황과 무관하게 사용해 왔다. 그래서 그 구호를 불신의 대상으로 만들어 버렸다. 그러나 지금 정치 위기가 계속되고 있는 상황에서는 대중이 아직 공세에 나서고 있지 않다는 이유만으로 생산 통제 구호를 거부하는 것은 잘못일 것이다. 공세 자체를 위해서도 운동의 전망을 분명히 밝혀 줄 구호들이 필요하다. 그리고 대중에게 구호가 깊이 스며들기 위해서는 반드시 선전 작업이 선행돼야 한다.

노동자 통제 운동은 상황에 따라서는 생산이 아니라 소비에서 시작될 수도 있다. 임금 인하와 동시에 상품 가격도 하락시키겠다던 브뤼닝 정부의 약속은 실현되지 않았다. 오늘날 권력 장악 따위를 생각조차 하지 않는 가장 후진적인 노동자층도 이 문제에는 관심을 보일 수밖에 없다.

생산비와 상업이윤을 노동자들이 통제하는 것만이 유일하게 현실적인 물가 인하 투쟁 방식이다. 불만이 널리 퍼져 있는 상황에서, 예컨대 노동자 가정의 주부들이 마가린 가격 인상을 확인하려고 참여하는 노동자위원회는 노동자들이 산업을 통제하는 매우 효과적인 출발점이 될 수 있다. 물론 이것은 가능한 여러 방식들 가운데 한 사례일 뿐이다. 그리고 산업을 경영하는 것과는 아직 거리가 멀다. 여성 노동자가 당장 그렇게 멀리 나아가지도 않을 것이다. 심지어 그런 생각조차 하지 않을 것이다. 그러나 혁명의 전반적 발전 상황에 따라서 여성 노동자가 소비를 통제하는 활동에서 생산을 통제하는 활동으로, 생산 통제에서 직접 경영으로 나아가기는 더 쉬울 것이다.

오늘날 독일 같은 위기 상황에서는 산업 통제가 단지 가동 중인 산업을 통제한다는 것만을 뜻하지 않는다. 부분 가동 중이거나 완전히 문을 닫은 산업도 통제한다는 것을 의미한다. 이것은 해고당한 실업자들이 전에 자신이 일하던 산업 분야의 통제 활동에 참여하는 것을 전제로 한다. 그 임무는 경제계획에 바탕을 둔 공장위원회의 지도 아래, 죽은 산업을 다시 가동하는 것이다. 이것은 정부가 산업을 경영하는 문제, 즉 노동자 정부가 자본가들의 재산을 몰수하는 문제와 직결된다. 따라서 노동자 통제는 임금체계 합의나 사회보험 같은 장기간의 '정상적' 상황이 아니다. 노동자 통제는 계급투쟁이 최고조에 이른 상황에서 오직 산업의 혁명적 국유화로 건너가는 징검다리로만 이해할 수 있는 과도적 조치다.

브란들러파는 좌익반대파가 생산 통제 구호를 오랫동안 비웃다가 갑자기 자신들한테서 이 구호를 훔쳐 갔다고 비난한다. 이것은 완전히 뜬금없는 비난이다! 산업 통제라는 구호는 1917년에 볼셰비키당이 처음으로 광범하게 제기했다. 당시 페트로그라드에서는 다른 분야들과 마찬가지로 이 분야에서도 운동 전체를 페트로그라드 소비에트가 책임지고 있었다. 이 운동을 지켜보고 거기에 참여한 사람으로서 나는 다음과 같이 증언할 수 있다. 우리는 결코 탈하이머와 브란들러에게 [산업 통제를] 발의해 달라고 간청하거나 그들의 이론적 정보를 이용할 필요가 없었다. 따라서 우리가 '표절'했다는 비난은 매우 경솔한 말이다.

그러나 그것은 가장 중요한 문제가 아니다. 둘째 비난이 훨씬 더 심각하다. 지금까지 '트로츠키주의자들'은 생산 통제 구호와 운동을 반대해 왔는데 이제 갑자기 이 구호를 들고나온다는 것이다. 브란들러파는 여기에 우리의 모순이 있다고 본다! 그러나 그들이 노동자 통제 구호에 담겨 있는 혁명적 변증법을 전혀 모른다는 것을 스스로 드러내고 있을 뿐이다. 오히려 그들은 이 구호를 '대중을 동원하는' 기술적 처방쯤으로 축소한다. 그들은 혁명적 시기에만 적합한 구호를 자신들이 오랫동안 되풀이해 왔다는 사실을 인용하는데, 이것은 자기 얼굴에 침을 뱉는 격이다. 시도 때도 없이 늘 떡갈나무를 쪼아 대는 딱따구리는 도끼로 나무를 찍어 넘기는 나무꾼이 자기(딱따구리)를 표절하는 범죄를 저질렀다고 내심 굳게 확신할 것이 틀림없다.

그러므로 우리가 보기에 [생산] 통제 구호는 산업의 이중권력 시기와 관련 있고, 산업의 이중권력 시기는 부르주아 체제가 프롤레타리아 체제로 이행하는 과도기에 해당한다. 결코 그렇지 않다고 탈하이머는 반박한다. 이중권력은 "[노동자들과] 기업주들의 평등(!)"을 의미하지만 지금 노동자들은 산업을 완전히 경영하고자 투쟁한다는 것이다. 그들 브란들러파는 혁명적 구호가 "거세되는"(그들 자신의 표현이다) 것을 용납하지 않겠다고 한다. 그들이 보기에 "생산 통제는 노동자들이 산업을 경영하는 것을 의미한다."(1932년 1월 17일) 그러나 그렇다면 왜 경영을 통제라고 부르는가? 모든 인류의 언어에서 통제는 한 기관이 하는 일을 다른 기관이 감시하고 확인하는 것을 의미한다. 통제는 매우 적극적·지배적·포괄적일 수 있다. 그러나 통제는 여전히 통제다. 이 구호 자체가 산업의 과도 체제, 즉 노동자들의 동의 없이는 자본가와 관리자들이 어떤 조치도 취할 수 없고 다른 한편으로 노동자들은 아직 국유화의 정치적 전제 조건을 창출하지 못하고 기술적 경영 능력도 없고 경영에 필수적인 기구들도 만들어 내지 못한 상황에서 생겨났다. 잊지 말아야 하는 사실은 이것이 단지 공장을 관리하는 문제가 아니라, 생산물을 판매하고 공장에 원료와 신규 설비를 공급하고 신용 대출을 받는 일 등도 관련된 복잡한 문제라는 것이다.

공장에서 세력 관계를 좌우하는 것은 부르주아지를 전반적으로 밀어붙이는 프롤레타리아의 힘이다. 일반적으로 말해서 통제는 프롤레타리아의 정치적 힘이 자본가들보다 의심의 여지 없이 우세할 때만 가능하다. 그러나 혁명에서 모든 문제가 힘으로 해결될 수 있고 해결돼야 한다는 생각은 잘못된 것이다. 적위대의 도움을 받아 공장을 몰수할 수는 있다. 그러나 공장을 경영하려면 새로운 법률적·행정적 전제 조건들이 필요하고, 무엇보다도 지식과 기술, 적절한 조직 형태가 필요하다. 일정한 수습 기간을 거치며 경영을 배울 필요가 있는 것이다. 이 기간에 프롤레타리아는 경험 많은 관리자들에게 경영을 맡겨 두고 대신에 그들이 모든 장부를 공개하도록 강요하고 그들의 정치적 연결망과 행동을 철저히 감시해야 한다.

노동자 통제는 개별 작업장에서 시작된다. 통제 기관은 공장위원회다. 여러 산업 사이의 경제적 연관에 따라 공장위원회들은 서로 결합한다. 이 단계에서는 아직 일반적 경제계획이 존재하지 않는다. 노동자 통제의 실행은 이 경제계획의 요소들을 준비할 뿐이다.

반대로, 노동자들이 산업을 경영하는 일은 심지어 그 초기 단계에서도 위로부터 시작되는 경향이 강하다. 왜냐하면 산업 경영은 국가권력이나 일반적 경제계획과 분리될 수 없기 때문이다. 경영 기관은 공장위원회가 아니라 중앙집권적 소비에트다. 물론 공장위원회의 구실은 여전히 중요하다. 그러나 산업 경영 분야에서 공장위원회는 주도적 구실이 아니라 보조적 구실을 할 뿐이다.

러시아에서는 부르주아지와 마찬가지로 기술을 갖춘 지식인들도 볼셰비키의 실험이 몇 주 내로 끝날 것이라고 확신해서 온갖 종류의 사보타주를 감행하고 모든 합의를 거부했다. 그래서 노동자 통제 단계가 발전하지 못했다. 또, 내전 때문에 노동자들이 병사로 전환되면서 경제구조가 파괴됐다. 그러므로 러시아의 경험에서 노동자 통제라는 특수한 산업 체제는 별로 찾아볼 수 없다. 그러나 러시아의 경험은 정반대의 이유로 훨씬 더 소중하다. 즉, 심지어 후진국에서도 기업주와 행정직·기술직 사원들의 온갖 사보타주에도 불구하고 경험 없는 젊은 프롤레타리아가 적들에게 포위당한 상태에서 산업 경영을 조직할 수 있다는 것을 보여 줬기 때문이다. 하물며 독일 노동계급은 무슨 일인들 못 해내겠는가!

앞서 말했듯이, 프롤레타리아는 사적 자본주의에서 국가자본주의로, 그다음에는 사회주의 생산방식으로 이행하는 과정에서 경제적 혼란과 국부의 손실을 최소화해야 한다. 그렇기 때문에 프롤레타리아는 권력에 다가가고 있을 때나 심지어 가장 대담하고 가장 결정적인 투쟁을 통해 권력을 장악한 뒤에도 기꺼이 공장과 기업, 은행에서 과도적 체제를 수립하려 할 것이다.

혁명기에 독일 산업의 상황은 러시아의 경우와 다를 것인가? 이 물음에 답하기는 쉽지 않다. 특히 멀리 떨어져 있는 처지에서는 더욱 그렇다. 계급투쟁의 실제 경로에 따라 노동자 통제라는 특수한 단계가 들어설 여지가 없을 수도 있다. 계급투쟁이 극도로 첨예해져서 한편으로 노동자들의 압력이 증대하고 다른 한편으로 기업주와 관리자들의 사보타주가 확산되면 심지어 일시적 합의의 여지조차 없을 수 있다. 그런 경우에 프롤레타리아는 국가권력과 함께 산업 경영을 완전히 책임져야 할 것이다. 산업이 반쯤 마비되고 엄청나게 많은 실업자가 존재하는 현재 [독일] 상황에서는 그런 축약이 일어날 가능성이 꽤나 높다.

그러나 다른 한편으로 노동계급 안에 강력한 조직들이 존재한다는 점, 독일 노동자들은 임시변통이 아니라 체계적 활동의 정신 속에서 교육받았다는 점, 대중이 혁명으로 전환하는 속도가 느리다는 점 때문에 첫째 길, 즉 노동자 통제라는 특수한 단계가 현실이 될 수도 있다. 그러므로 생산 통제 구호를 미리 거부하는 태도는 결코 용납할 수 없다.

어쨌든 노동자 통제와 경영은 의미가 다르다는 것이 러시아보다는 독일에서 훨씬 더 분명하다. 다른 많은 과도적 구호들과 마찬가지로 노동자 통제도 얼마나 실현 가능성이 있는지와 무관하게 엄청난 의의가 있다.

프롤레타리아의 전위는 과도적 형태의 노동자 통제를 실행해서, 더 보수적인 노동자층을 자기편으로 획득하고 프티부르주아지의 특정 집단, 특히 기술직·행정직·금융직 사원들을 중립화시킬 수 있다. 자본가들과 상층 행정직 사원들 전체가 경제적 사보타주를 감행하면서 철저하게 비타협적으로 나온다면, 그에 따른 가혹한 조치들의 책임은 노동자들이 아니라 적대계급들에게 있다는 것을 온 국민이 알게 될 것이다. 앞서 말한 노동자 통제 구호의 경제적·행정적 의미 외에 정치적 의미가 바로 그것이다.

어쨌든 비혁명적 상황에서 노동자 통제 구호를 제출해서 순전히 개혁주의적 구호로 만들어 버린 사람들이 우리가 통제와 경영을 구별했다는 이유로 우리를 표리부동한 중간주의자라고 비난하고 있다. 그러나 이 사실이야말로 그들의 극단적인 정치적 냉소주의를 입증하고 있다.

산업 경영의 문제들을 이해하게 된 노동자들은 말에 도취하기를 바라지 않을 것이고 그럴 수도 없을 것이다. 그들이 공장에서 다루는 데 익숙한 원료들은 이런저런 문구보다 덜 유연하다. 그래서 관료들보다 그들이 우리의 생각을 더 잘 이해할 것이다. 진정한 혁명적 사고는 때와 장소를 가리지 않고 폭력을 사용하는 것이 아니다. 폭력에 관한 열변으로 목메는 것은 더욱 아니다. 폭력이 필요하다면, 대담하고 단호하고 철저하게 폭력을 사용해야 한다. 그러나 폭력의 한계도 알아야 하고 폭력과 책략을, 타격과 합의를 언제 결합할지도 알아야 한다. 스탈린주의 관료들은 레닌 사망 기념일에 '혁명적 현실주의'에 관한 문구들을 암송한 후 나머지 364일 동안 혁명적 현실주의를 실컷 조롱한다.

돈을 받고 재능을 파는 개혁주의 이론가들은 호엔촐레른 왕가의 '군사적 사회주의'부터 브뤼닝의 경찰 사회주의까지, 노동자들을 공격하는 비상조치들에서 사회주의의 새벽을 발견하려고 한다!

좌파 부르주아 이데올로그들은 자본주의 계획경제를 꿈꾼다. 그러나 자본주의가 할 수 있는 계획은 오직 전쟁을 위해 생산력을 낭비하는 것뿐이라는 사실이 이미 입증됐다. 다른 모든 것은 차치하더라도 (독일의 수출입 액수가 어마어마한 상황에서) 과연 무슨 수로 독일을 세계경제에서 독립시킬 것인가?

우리의 입장은 먼저 독일과 소련의 관계에서 시작하자는 것이다. 즉, 2차 5개년계획과 관련해서 그리고 그것을 보완해서 소련과 독일 사이의 광범하고 세부적인 경제협력 계획을 세우자는 것이다. 그러면 가장 큰 공장 수십, 수백 개가 완전히 가동될 수 있을 것이다. 이 두 나라의 포괄적 경제계획을 바탕으로 독일의 실업은 (겨우 2~3년 안에) 완전히 해소될 수 있을 것이다.

물론 독일 자본주의 산업의 지도자들은 그런 계획을 수립할 수 없다. 왜냐하면 그것은 자신들의 사회적 자멸을 의미할 것이기 때문이다. 그러나 소련 정부는 독일의 노동자 조직들, 무엇보다도 노동조합과 독일 기술의 진보적 대표자들의 도움을 받아서 정말로 원대한 전망을 열 수 있는 완전히 실현 가능한 계획을 수립할 수 있고 수립해야 한다. 소련과 독일 두 나라 경제의 자연적·기술적·조직적 자원들을 결합하면 엄청난 가능성이 열릴 것이다. 그것과 비교하면, 전쟁 배상금과 푼돈을 노린 관세 따위의 '문제들'은 모두 얼마나 하찮은 것들인가!

독일 공산당은 소련 경제 건설의 성공을 대대적으로 선전하고 있다. 이 일은 필요하다. 그러나 그들은 너무 달콤하고 열광적인 말만 늘어놓고 있다. 이것은 전혀 필요 없는 일이다. 그러나 더 나쁜 것은 그들이 소련 경제의 성공과 곤경 둘 다를 독일 프롤레타리아의 직접적 이해관계, 즉 실업, 임금 삭감, 독일 경제의 전반적 교착상태 등과 연결시키지 못했다는 것이다. 그들은 소련과 독일의 [경제]협력이라는 문제를 엄밀하게 실천적이면서도 근본적으로 혁명적인 근거 위에서 제기하지 못했고 그럴 생각도 없었다.

경제 위기 초기에(즉 2년여 전에) 우리는 이 문제를 제기하는 간행물을 펴냈다. 그러자 스탈린주의자들은 즉시 우리가 사회주의와 자본주의의 평화공존을 신봉한다는 둥 우리가 자본주의를 구하려 한다는 둥 시끄럽게 비난을 해 댔다. 그들이 예상하거나 이해하지 못한 것이 하나 있다. 그것은 구체적 경제협력 계획이 노동조합과 공장위원회에서, 그리고 취업 노동자들뿐 아니라 실업자들 사이에서도 토론 주제가 되고 노동자들의 생산 통제 구호나 이후의 권력 장악 구호와 연결된다면, 사회주의 혁명의 강력한 요인이 될 수 있다는 사실이다. 왜냐하면 진정한 국제적 [경제]협력 계획은 오직 독일의 외국무역 독점과 생산수단 국유화를 통해서만, 다시 말해 프롤레타리아 독재를 통해서만 실현될 수 있기 때문이다. 이 길을 따라가면 수많은 새로운 노동자들, 즉 무소속·사민당·가톨릭 노동자 수백만 명을 권력 장악 투쟁으로 끌어들일 수 있을 것이다.

타르노프 같은 자들은 혁명이 일어나면 산업이 붕괴해서 끔찍한 혼란과 기근 등이 닥칠 것이라며 독일 노동자들을 겁주고 있다. 그러나 바로 이런 자들이, 프롤레타리아에게 극심한 고통·궁핍·굴욕을 가져다준 제국주의 전쟁을 지지했다는 사실을 명심해야 한다. [이들의 주장은 다음과 같다.] 호엔촐레른 왕가의 깃발 아래 프롤레타리아에게 전쟁의 고통을 강요하는 것은 좋다! 사회주의의 깃발 아래 혁명적 희생을 하는 것은 결코 안 된다!

"우리 독일 노동자들"은 "그런 희생"을 결코 원하지 않을 것이라는 말은 독일 노동자들에게 아첨하는 동시에 그들을 비방하는 말이다. 불행히도 독일 노동자들은 참을성이 너무 많다. 사회주의 혁명이 독일 프롤레타리아에게 요구하는 희생은 호엔촐레른가·라이파르트·벨스의 전쟁이 강요한 희생의 100분의 1도 안 될 것이다.

15. 도저히 가망 없는 상황인가?

지금 독일 노동계급의 다수를 동원해서 갑자기 공세에 나서기는 어렵다. 1919년, 1921년, 1923년의 패배와 '제3기'의 모험주의 때문에 독일 노동자들 사이에는 투쟁을 억제하는 강력한 경향이 발전했다. 게다가 강력한 보수적 조직들이 그들을 얽어매고 있다. 그러나 다른 한편으로 독일 노동자들의 강력한 조직력 때문에 지금까지 파시즘은 노동자 대열 안으로 거의 침투하지 못했다. 따라서 방어적 투쟁의 가능성은 매우 크다.

공동전선 정책은 일반적으로 공격보다는 방어에 훨씬 더 효과적이라는 사실을 명심해야 한다. 더 보수적이거나 후진적인 노동자층은 새로운 것을 얻기 위한 투쟁보다는 이미 갖고 있는 것을 지키는 투쟁에 더 쉽게 나선다.

이런 의미에서 브뤼닝의 긴급명령과 히틀러의 위협은 공동전선 정책을 위한 '이상적' 비상경보다. 그것은 말 그대로 가장 기본적이고 명백한 의미의 방어적 투쟁이다. 그런 상황에서 공동전선은 노동계급 대중을 최대한 광범하게 포괄할 수 있다. 또, 방어적 투쟁의 목표들은 노동자 지구와 지역의 노점상 같은 최하층 프티부르주아지의 공감도 불러일으킬 수밖에 없다.

모든 어려움과 위험에도 불구하고 독일의 현재 상황 자체는 혁명적 정당에 엄청나게 유리하기도 하다. 방어에서 시작해서 공세로 전환하기 위한 전략적 계획을 분명히 수립하는 것이 절실히 필요하다. 공산당은 근본적 목표, 즉 권력 장악을 단 한순간도 포기하지 않은 채 당장의 긴급한 행동을 위해 방어적 진지를 점령할 수 있다. '계급 대 계급[의 투쟁]!' 이 공식의 진정한 의미를 되살릴 때가 왔다!

자본과 정부의 공세에 노동자들이 반발하면 불가피하게 파시즘의 공세가 강해질 것이다. 최초의 방어 조치들이 아무리 온건하더라도 적의 대응으로 말미암아 즉시 공동전선 대열이 단결하고 임무가 확대되고 더 단호한 조치를 사용할 수밖에 없게 되고, 공동전선에서 반동적 관료층을 몰아내고 노동자들 사이의 장벽이 낮아져서 공산주의의 영향력이 증대하고 결국 방어에서 공세로 전환할 수 있게 될 것이다.

만약 공산당이 방어적 전투에서 지도부를 장악하게 된다면(정책이 올바르다면 틀림없이 그럴 것이다), 공세로 전환할 때 개혁주의·중간주의 지도자들의 동의를 받지 않아도 될 것이다. 모든 것은 대중에게 달려 있다. 즉, 대중이 개혁주의 지도부와 갈라서는 순간 [공동전선을 위한] 개혁주의 지도자들과의 합의는 모든 의미를 상실한다. 공동전선을 한없이 지속하는 것은 혁명적 투쟁의 변증법을 오해한 소치이고, 공동전선을 [투쟁의] 발판에서 장애물로 바꿔 버리는 짓이다.

가장 어려운 정치적 상황이 어떤 의미에서는 가장 쉬운 정치적 상황이다. 왜냐하면 해결책이 오직 하나뿐이기 때문이다. 일단 과제가 분명해지면, 원칙적으로 그것은 이미 해결된 것이나 마찬가지다. 방어를 위한 공동전선을 건설해서 공산주의의 깃발 아래 권력 장악으로 나아가는 것이 바로 우리의 과제다.

이것이 가능할까? 상황은 어렵다. [공산당의] 초좌파적 최후통첩주의가 [사민당의] 개혁주의를 강화시켜 주고 있다. 개혁주의는 부르주아지의 관료적 독재를 지탱해 주고 있다. 브뤼닝의 관료적 독재는 나라의 극심한 경제적 고통을 가중시키면서 파시즘을 키워 주고 있다.

상황은 매우 어렵고 매우 위험하지만 결코 가망이 없는 것은 아니다. 찬탈한 10월 혁명의 권위와 물질적 자원으로 무장한 스탈린주의 [관료] 기구가 아무리 강력하다 해도 결코 전능하지는 않다. 계급투쟁의 변증법이 더 강력하다. 우리는 제때 [행동으로] 그것을 도와주기만 하면 된다.

지금 많은 '좌파들'은 독일의 운명을 비관하고 있다. 그들은 다음과 같이 말한다. 1923년에도, 즉 파시즘은 아직 매우 허약한 반면에 공산당은 노조와 공장위원회에서 만만찮은 영향력을 과시하고 있었을 때조차 프롤레타리아는 승리하지 못했다. 그런데 지금 공산당은 더 약해지고 파시즘은 비할 바 없이 강력해진 상황에서 과연 승리를 기대할 수 있겠는가?

언뜻 보면 이 주장은 아주 그럴듯하게 들리지만 사실은 틀렸다. 1923년에는 투쟁 근처에도 가지 못했다. 공산당은 파시즘의 유령에 직면해서 투쟁을 회피했다. 투쟁하지 않으면 승리할 수도 없다. 이번에는 파시즘의 강력한 힘과 공세 때문에, 투쟁을 회피하려 해도 그럴 수 없다. 투쟁을 할 수밖에 없는 상황이다. 그리고 독일 노동계급이 투쟁을 시작한다면 그들은 승리할 수 있고 승리해야 한다.

얼마 전까지만 해도 [공산당] 최고 지도자들은 다음과 같이 말했다. "파시즘이 집권하게 놔두자, 우리는 두렵지 않다, 그들은 곧 무너질 것이기 때문이다 등등." 이런 생각이 몇 달 동안 계속 공산당 수뇌부를 지배했다. 만약 이런 생각이 완전히 굳어졌다면, 히틀러가 프롤레타리아의 목을 치기 전에 공산당이 클로로포름으로 프롤레타리아를 마취하고 있다는 뜻이었을 것이다. 바로 여기에 가장 큰 위험이 있었다. 지금은 아무도 그런 말을 하지 않는다. 우리는 첫 진지를 점령했다. 파시즘이 집권하기 전에 쳐부숴야 한다는 생각이 노동 대중 사이에 널리 퍼지고 있다. 이것은 매우 소중한 승리다. 이 성과를 바탕으로 이후 선동을 전개해야 한다.

지금 노동계급은 심각한 곤경에 처해 있다. 그들은 실업과 빈곤 때문에 고통을 겪고 있다. 그러나 그들을 훨씬 더 괴롭히는 것은 지도부가 혼란스럽고 엉망진창이라는 사실이다. 노동자들은 히틀러의 집권을 허용해서는 안 된다는 사실을 알고 있다. 그러나 어떻게? 길이 보이지 않는다. 지도부가 도와주기는커녕 방해만 하고 있다. 그러나 노동자들은 투쟁하기를 원한다.

멀리서 판단하기에, 제대로 평가되지 않은 놀라운 사실이 하나 있다. 히르슈·둥커[노조]의 광원들이 자본주의 체제는 사회주의 체제로 바뀌어야 한다고 결의했다는 사실이다.* 이것은 내일 그들이 계급 전체의 기관인 소비에트를 창설할 태세가 돼 있다는 의미다. 어쩌면 오늘 당장 그러려고 할지도 모른다. 그들에게 물어보면 바로 알 수 있을 것이다! 이 조짐 하나가, 대중을 무시하는 오만한 문필가나 웅변가 신사 양반들의 온갖 인상주의적 평가보다 1000배나 더 중요하고 설득력 있다.

당 기구의 독촉에도 불구하고 공산당 대열 안에는 실제로, 또 분명히 수동성이 있는 듯하다. 그러나 왜? 공산당 평당원들은 점점 더 당세포 회의에 띄엄띄엄 참석한다. 나가 봐야 얻을 게 없기 때문이다. 상부에서 내려오는 방침은 공장에서도 거리에서도 적용할 수 없다. 평당원 노동자는 대중을 만날 때 필요한 것과 당의 공식 모임에서 제시되는 것 사이에는 화해할 수 없는 모순이 있다고 느낀다. 당 기구는 반대를 일절 용납하지 않고 허장성세나 부리며 인위적 분위기를 조성하지만 평당원들은 이것을 점

* 1868년에 자유주의 출판업자들인 히르슈와 둥커가 주도해서 만든 히르슈·둥커 노조는 계급투쟁을 격렬하게 반대했다.

점 더 참지 못하고 있다. 그래서 당의 모임은 공허하고 썰렁한 분위기에서 진행된다. 그러나 이것은 투쟁을 꺼리는 태도가 아니라, 전능하지만 어리석은 지도부에 대한 무언의 항의이자 정치적 혼란일 뿐이다.

프롤레타리아 대열 내의 혼란을 보면서 파시스트들은 자신감을 얻고 있다. 그들의 공세는 확대되고 있다. 위험이 커지고 있다. 그러나 파시즘의 위험이 가까워질수록 선진 노동자들의 눈과 귀는 극도로 예민해질 것이다. 또, 분명하고 단순한 행동을 제안하기에도 유리한 분위기가 조성될 것이다.

뮌첸베르크는 지난해 11월에 브라운슈바이크의 사례를 인용하면서 다음과 같이 썼다. "근본적으로 파시스트들의 테러와 공격이 증대하는 것에 압력을 받아서 이런 공동전선이 우후죽순으로 생겨날 것이다. 이 사실은 지금도 의심의 여지가 없다." [그러나] 뮌첸베르크는 자신이 속한 [공산당] 중앙집행위원회가 왜 브라운슈바이크의 사례를 대담한 공동전선 정책의 출발점으로 삼지 않았는지를 설명해 주지 않는다. 그러나 괜찮다. 뮌첸베르크의 예상은 옳다. 비록 그의 모순을 보여 주기는 하지만 말이다.

파시즘의 위험이 가까워질수록 사민당 노동자들은 급진화할 수밖에 없을 것이고, 심지어 개혁주의 당 기구의 상당 부분도 그럴 것이다. SAP의 혁명적 분파는 의심의 여지 없이 [혁명을 향해] 일보 전진할 것이다. 그런 상황에서는 공산당 당 기구의 180도 전환이 훨씬 더 불가피할 것이다. 심지어 내분과 분열 사태가 벌어질 수도 있다. 바로 그런 사태 전개에 부합하도록 우리의 활동 방향을 잡아야 한다.

스탈린주의자들의 [전술] 전환은 불가피하다. 아래로부터의 압력을 가늠해 볼 수 있는 조짐들이 이미 여기저기서 나타나고 있다. 즉, [공산당의] 이런 주장은 저런 주장으로 대체됐고, 문구는 갈수록 혼란스러워지고 구호는 더 모호해지고 있다. 그와 동시에, 중앙집행위원회보다 먼저 과제를 이해[해서 발설]할 만큼 신중하지 못한 사람들은 모두 당에서 제명되고 있다. 이 모든 것은 180도 전환이 머지않았음을 보여 주는 조짐들이다. 그러나 조짐일 뿐이다.

과거에도 스탈린주의 관료들은 반혁명적 '트로츠키주의'를 비판하며 논쟁하는 데 수백 톤의 종이를 낭비하다가도 느닷없이 태도를 180도 전환해서 좌익반대파의 강령을 실행하려고 노력한 적이 여러 번 있었다(물론 때로는 가망 없을 정도로 시간을 허비한 뒤에 그랬다).

중국에서는 이런 전환이 너무 늦었고 그 방식도 혁명을 끝장내는 것이었다(광둥 봉기!). 영국에서 '전환'을 단행한 것은 상대방, 즉 [영국노총] 중앙집행위원회였다. 그들은 스탈린주의자들이 더는 필요 없게 되자 관계를 끊어 버렸다. 그러나 소련에서는 1928년의 전환이 제때 이뤄져서, 임박한 재앙에서 독재 정권을 구해 줬다. 이 중요한 세 가지 사례가 서로 다른 이유를 찾기는 어렵지 않다. 중국에서는 경험 없는 신생 공산당이 모스크바의 지도부를 맹신했다. 당시 소련 좌익반대파의 목소리는 대체로 중국까지 들리지 않았다. 영국에서도 거의 똑같은 일이 벌어졌다. 소련에서는 좌익반대파가 현장에 있었고 쿨라크 정책에 반대하는 투쟁을 끊임없이 벌이고 있었다. 스탈린 일당은 멀리 떨어진 중국과 영국에서는 위험을 감수한 반면, 소련에서는 자기 머리가 날아갈 판이었으므로 제때 전환을 감행한 것이다.

독일 노동계급의 정치적 이점은 모든 문제가 때맞춰 공공연히 제기되고, 코민테른 지도부의 권위가 대단히 약해졌고, 마르크스주의 반대파가 독일 현지에서 활동하고 있고, 프롤레타리아 전위 대열 안에서 경험 많고 비판적인 개인 수천 명이 자기 목소리를 낼 수 있고 실제로 내기 시작했다는 사실이다.

독일의 좌익반대파는 수가 적다. 그러나 그 정치적 영향력은 역사의 급격한 전환점에서 결정적 요인이 될 수 있다. 철도의 전철원轉轍員이 선로 바꿈 틀을 제때 조작하면 무거운 짐을 실은 열차를 다른 선로로 가게끔 할 수 있다. 그와 마찬가지로, 작은 좌익반대파가 이데올로기의 스위치를 강력하고 확실하게 돌린다면 독일 공산당이라는 열차와 훨씬 더 무거운 독일 프롤레타리아라는 열차도 다른 방향으로 나아가게 할 수 있다.

우리의 입장이 올바르다는 것은 날이 갈수록 행동으로 입증될 것이다. 머리 위의 천장에서 갑자기 불길이 치솟기 시작하면 가장 완고한 관료들도 위신이나 체면 따위는 내팽개치기 마련이다. 그런 상황에서는 추밀원 고문관이라도 속옷 차림으로 창문에서 뛰어내린다. 우리의 비판이 옳았음은 사실이 깨우쳐 줄 것이다.

독일 공산당이 제때 전환할 수 있을까? 지금 제때에 관해 말하는 것은 한계가 있을 수밖에 없다. '제3기'라는 광란이 없었다면 독일 프롤레타리아는 오늘날 권력을 장악하고 있을 것이다. 지난번 제국의회 선거 뒤에 공산당이 좌익반대파의 행동 강령 제안을 받아들였다면 승리는 따 놓은 당상이었을 것이다. 지금은 승리를 장담할 수 없다. 지금 시기적절한 전환이라고 부를 수 있는 것은, 파시즘이 국가기구를 장악하기 전에 독일 노동자들이 투쟁에 나설 수 있게 만드는 그런 전환이다.

그런 전환을 강제하기 위해 모든 노력을 쏟아부어야 한다. 공산당 안팎에 있는 선진적 공산주의자들은 행동을 회피해서는 안 된다. 당내에서뿐 아니라 노동 대중이 보는 앞에서도 관료집단의 멍청한 최후통첩주의를 비판하며 공개적으로 투쟁해야 한다.

동요하는 공산당원은 "그러나 그것은 규율 위반이오" 하고 말할 것이다. 물론 그것은 스탈린주의 규율을 위반하는 것이다. 모름지기 진지한 혁명가는 설득력 있는 이유가 없다면 형식적으로라도 규율을 위반하지 않는다. 그러나 규율 뒤에 숨어서, 해로운 것이 명백한 정책들을 용인하는 자들은 혁명가가 아니라 우유부단한 어중이떠중이일 뿐이다.

반대파 공산주의자들이 공산당의 노선을 바꾸기 위해 이렇다

할 진지한 노력도 하지 않은 채 우르반스와 그 동료들처럼 새로운 공산당을 만드는 길로 나아가는 것은 범죄행위일 것이다. 소규모 독립적 조직을 만드는 것은 어렵지 않다. [그러나] 새로운 공산당을 만드는 것은 엄청난 일이다. 이 일을 해낼 수 있는 간부들이 존재하는가? 존재한다면, 그들은 기존 공산당에 가입해 있는 수많은 노동자들에게 영향을 미치기 위해 무슨 일을 했는가? 이 간부들이 그 노동자들에게 새로운 정당의 필요성을 설명할 수 있다고 스스로 생각한다면, 먼저 기존 공산당을 부활시키는 활동으로 자기 검증부터 해야 한다.

지금 새로운 공산당 문제를 제기하는 것은 위대한 역사적 결정이 내려지기 직전에 수많은 공산당 노동자들과 자신을 대립시키는 것이다. 그 노동자들은 지도부에 불만을 품고 있지만 자기 보존 감정에 따라 당을 지키고 있을 뿐이다. 이 수많은 공산당 노동자들과 대화할 수 있는 공통의 언어를 발견해야 한다. 관료들의 악담·중상·박해를 무시하면서, 이 노동자들의 의식에 다가갈 길을 찾아야 한다. 그들이 원하는 것을 우리도 원하고, 우리의 이해관계도 공산주의와 다르지 않고, 우리가 제시하는 길이 유일하게 올바른 길이라는 것을 그들에게 입증해야 한다.

우리는 초급진적 주장을 늘어놓는 투항자들을 가차 없이 폭로해야 하고, 무엇을 해야 하는가라는 물음에 대한 분명한 답을 '지도자들'에게 요구해야 한다. 그리고 우리의 답을 온 나라에, 모든 지방, 모든 도시, 모든 구역, 모든 공장에 제시해야 한다.

당내에 볼셰비키·레닌주의자들의 중핵이 형성돼야 한다. 그들은 자신의 깃발에 다음과 같이 써넣어야 한다. 노선을 바꾸고 당의 [운영] 체제를 개혁하라! 그들은 만만찮은 지지를 확보할 수 있는 곳이라면 어디서나 아무리 작고 지역적인 규모라도 공동전선 정책을 실제로 적용해야 한다. 그러면 당 관료들이 그들을 제명하지 않을까? 당연히 그럴 것이다. 그러나 지금 같은 상황에서는 관료들의 전능함이 오래가지 않을 것이다.

공산주의 대열과 전체 프롤레타리아 대열 안에서 자유로운 토론이 이뤄져야 한다. 모임을 해산시키거나 거짓 인용을 하거나 악의적 비방을 해서는 안 되고, 프롤레타리아 민주주의를 바탕으로 솔직한 의견 교환이 이뤄져야 한다. 바로 그래서 우리는 1917년 내내 우리 당내에서 논쟁하고, 또 다른 모든 정당과도 논쟁했던 것이다. 광범한 토론과 논쟁을 통해 임시 당대회를 준비해야 한다. 그 당대회의 유일한 안건은 '다음에는 무엇을 해야 하는가?'여야 한다.

좌익반대파는 공산당과 사민당 사이의 중재자가 아니다. 좌익반대파는 공산주의의 병사들이고 공산주의의 선동가·선전가·조직가들이다. 공산당을 주목해야 한다! 우리는 공산당에 설명하고, 공산당을 설득해야 한다!

공산당이 공동전선 정책을 적용할 수밖에 없게 되면, 거의 틀림없이 파시즘의 공격을 물리치는 일이 가능해질 것이다. 그리고 파시즘에 대한 중대한 승리는 프롤레타리아 독재로 가는 길을 닦아 줄 것이다.

그러나 혁명의 키를 잡고 있을 때조차 공산당 안에는 많은 모순이 있을 것이다. [따라서] 좌익반대파의 임무는 결코 끝나지 않을 것이다. 어떤 의미에서는 그때 비로소 시작될 것이다. 무엇보다 독일에서 프롤레타리아 혁명이 승리하면, 스탈린주의 기구에 대한 공산당의 관료적 의존이 청산될 것이다.

독일 노동계급이 승리한 바로 다음 날, 심지어 그 전에 권력 장악을 위해 한창 투쟁하는 과정에서도 그동안 코민테른을 묶고 있던 족쇄가 끊어질 것이다. 관료적 중간주의의 사상적 빈곤, 그 전망의 일국적 한계, [관료주의] 체제의 반反프롤레타리아적 성격, 이 모든 것이 독일 혁명의 빛 아래서 갑자기 밝히 드러날 것이다. 이 빛은 10월 혁명의 빛보다 헤아릴 수 없을 만큼 더 눈부실 것이다. 그러면 마르크스와 레닌의 사상이 독일 프롤레타리아의 지배적 사상이 될 수밖에 없을 것이다.

결론

어느 소 장수가 황소 몇 마리를 도살장으로 끌고 갔다. 도살업자가 날카로운 칼을 들고 다가오자 황소 한 마리가 "우리 모두 똘똘 뭉쳐 이 망나니를 뿔로 받아 버리자" 하고 제안했다.

그러자 마누일스키의 대학[코민테른]에서 정치교육을 받은 황소들이

다음과 같이 대꾸했다. "세상에, 곤봉을 들고 우리를 여기까지 끌고 온 소 장수보다 도살업자가 도대체 어떤 면에서 더 나쁘다는 거지?"
[처음에 제안했던 황소는] "소 장수는 우리가 나중에도 처치할 수 있을 거야" 하고 말했다.
그러나 원칙이 확고한 황소들은 조언한 황소에게 이렇게 대답했다. "어림없는 소리. 너는 우리의 적들을 왼쪽에서 방어하려 하고 있어. 너야말로 사회 도살업자야."
결국 황소들은 똘똘 뭉치기를 거부했다.
— 이솝 우화에서

베르사유조약에서 해방되는 것을 무조건 즉시 해결해야 할 최우선 문제로 여기는 것, 즉 제국주의의 멍에에 시달리는 다른 피억압 민족들의 해방보다 선행돼야 할 문제로 여기는 것은 혁명적 국제주의가 아니라 (카우츠키파, 힐퍼딩파, 오토 바우어 일당 등에게나 어울리는) 중간계급 민족주의다.
— 레닌, 《좌파 공산주의: 유치증》

우리는 민족공산주의를• 철저히 거부해야 한다. '인민 혁명'과 '민족 해방' 따위의 구호를 공개적으로 단호하게 청산해야 한다. '베르사유조약 타도!'가 아니라 '소비에트 유럽 합중국 만세!'를 주장해야 한다.

사회주의는 현대 기술의 최고 성과들과 국제분업을 바탕으로

해서만 실현될 수 있다.

소련의 사회주의 건설은 자급자족적인 일국적 과정이 아니라 국제 혁명의 필수적 일부다.

독일과 유럽 프롤레타리아의 권력 장악은 소련 국경 안에서 폐쇄적 자급자족 사회를 건설하는 것보다 한없이 더 현실적이고 즉각적인 과제다.

프롤레타리아 독재 안팎의 적들에 대항해서 최초의 노동자 국가인 소련을 무조건 방어해야 한다!

그러나 소련 방어는 맹목적이어서는 안 된다. 국제 프롤레타리아가 소련 관료 집단을 통제해야 한다. 일국사회주의 이론으로 표현되고 있는 소련 관료들의 일국적 개혁주의 경향과 테르미도르 반동 경향을 가차 없이 폭로해야 한다.

공산당에 필요한 것은 무엇인가?

코민테른 1~4차 세계 대회라는 전략의 학교로 돌아가는 것이다.

노동자 대중조직에 대한 최후통첩주의를 포기해야 한다. 공산당의 지도력은 강요될 수 없다. 그것은 쟁취할 수 있을 뿐이다.

사민당과 파시즘을 모두 도와주기만 하는 사회파시즘론을 폐기해야 한다.

(1) 더 효과적인 반파시즘 투쟁을 위해 (2) 사민당의 노동자들과 개혁주의 지도부가 대립하도록 만들기 위해 사민당과 파시즘 사이의 적대감을 끊임없이 활용해야 한다.

부르주아지의 정치적 지배 체제 변화를 평가하는 우리의 기준은 형식적 민주주의 원칙이 아니라 프롤레타리아 민주주의의 사활적 이익이다.

직접으로든 간접으로든 브뤼닝 정권을 지지해서는 안 된다!

파시즘에 맞서 프롤레타리아 조직들을 대담하게 자기희생적으로 방어해야 한다.

'계급 대 계급[의 투쟁]!' 이것이 의미하는 바는 프롤레타리아의 모든 조직들이 부르주아지에 대항하는 공동전선에 참여해야 한다는 것이다.

공동전선의 실천적 강령은 대중이 분명히 지켜보는 앞에서 조직들이 체결한 협정에 따라 결정된다. 모든 조직은 자신의 깃발과 지도부를 유지한다. [그러나] 행동에서는 공동전선의 규율을 지킨다.

'계급 대 계급!' 이것을 끈질기게 선동해야 한다. 그래서 신뢰할 수 없는 부르주아 세력들과 동맹해서 '무쇠전선'을 결성한 사민당 조직들과 개혁주의 노조들이 부르주아지와 결별하고 공산당을 비롯한 모든 프롤레타리아 조직들과 함께하도록 만들어야 한다.

'계급 대 계급!' 프롤레타리아 공동전선의 최고 형태인 노동자 소비에트를 선전하고 조직적으로 준비해야 한다.

어떤 상황에서도 공산당은 완전한 조직적·정치적 독립성을 항상 유지해야 한다.

[공산당의] 강령이나 깃발을 다른 강령이나 깃발과 섞어 버리면

안 된다. 무원칙한 합의를 해서도 안 된다. 일시적 동맹들에 대한 비판의 자유가 완전히 보장돼야 한다.

텔만이 대통령 선거에 후보로 출마한다면 좌익반대파는 당연히 그를 지지할 것이다. 공식 공산당 후보의 깃발 아래 노동자들을 동원하는 투쟁에서 볼셰비키·레닌주의자들은 최선두에 서야 한다.

독일 공산주의자들은 승리한 혁명의 토대를 지배하는 관료 기구인 현재의 소련 공산당 체제에서 영감을 얻을 것이 아니라, [10월] 혁명을 승리로 이끈 [볼셰비키]당 체제에서 영감을 얻어야 한다.

독일 공산당 내에서 관료 기구의 지배를 청산하는 것은 사느냐 죽느냐 하는 문제다.

당내 민주주의가 복원돼야 한다.

노동자 공산당원들은 무엇보다도 전략·전술 문제에 관한 솔직하고 진지한 토론을 당내에서 주도해야 한다. 좌익반대파(볼셰비키·레닌주의자들)의 목소리가 당내에서 들려야 한다.

철저한 토론과 논쟁 끝에 자유롭게 선출된 특별 당대회에서 결정들이 내려져야 한다.

SAP에 대한 공산당의 올바른 정책은 SAP 지도부의 이중성을 비타협적으로(그러나 양심적으로, 즉 사실에 부합하게) 비판하면서도 좌파에 대해서는 신중하고 세심한 동지적 태도를 취하는 것이다. 즉, 아주 기꺼이 SAP와 실천적 협정을 맺고 그 혁명적 분파와는 정치적 유대 관계를 더 강화해야 한다.

노동조합 정책의 방향을 급격히 전환해야 한다. 노동조합의 단결을 바탕으로 개혁주의 지도부에 맞서 투쟁해야 한다.

산업 분야에서 공동전선 정책이 체계적으로 적용돼야 한다. 특정한 요구들로 이뤄진 강령을 바탕으로 개혁주의 공장위원회와 협정을 맺어야 한다.

물가 인하를 위한 투쟁과 임금 삭감에 반대하는 투쟁을 전개해야 한다. 그리고 이 투쟁을 노동자들이 생산을 통제하는 운동으로 발전시켜야 한다.

단일한 경제계획을 바탕으로 소련과 협력하는 운동을 전개해야 한다.

소련의 각 기관들은 이를 위한 계획 초안을 작성해야 하고, 관심 있는 독일 프롤레타리아 조직들이 참여할 수 있게 해야 한다.

그런 계획을 바탕으로 독일을 사회주의로 변화시키는 운동을 전개해야 한다.

가망 없는 상황이라고 말하는 사람들은 거짓말을 하는 것이다. 비관론자들과 회의론자들을 프롤레타리아 대열에서 쫓아내야 한다. 그들은 치명적 전염병을 퍼뜨리는 것과 마찬가지이기 때문이다. 독일 프롤레타리아의 잠재력은 무궁무진하다. 그들은 스스로 길을 개척할 것이다.

3부

1932년

배경

유일한 길

배경

크리스 하먼

1932년에 경제 상황이 나빠졌다. 800만 명이 실업자였다. 도시 인구의 3분의 1이 실업급여를 받았다. 취업 노동자의 실질임금도 1928년 이후 3분의 1이 감소했다. 독일 사회의 모든 부문이 정부에 불만을 품고 있었다. 나치의 득표는 너무 빨리 증가해서 도저히 막을 수 없는 듯했다. 더욱이, 일부 기업인들은 아주 기꺼이 파시스트들에게 자금을 지원할 태세가 돼 있는 듯했다. 나치 돌격대SA는 40만 명으로 늘어났다.

그러나 히틀러는 결코 독일 국민 다수의 지지를 받지 못하고 있었다. 브뤼닝은 늙은 반동적 육군 원수 힌덴부르크를 설득해서 대통령 선거에 재출마하게 했다. 힌덴부르크는 사민당과 자유노조가 지지하는 것을 죄다 반대하는 사람이었는데도 사민당과 자유노조는 힌덴부르크가 "히틀러보다 차악"이라며 지지했다.

[1932년 3~4월 대통령 선거에서] 나치는 역대 최다 득표를 했지만(36.8퍼센트), 힌덴부르크의 53퍼센트에는 훨씬 못 미쳤다(텔만의 득표율은 10.2퍼센트였다).

사민당은 계속 희망을 품고 기다렸다. 자신들은 오직 방어적 무력만을 사용할 수 있다는 것이 사민당의 끊임없는 주장이었다. 사민당은 자신의 영향을 받는 조직들, 자유노조, 스포츠 클럽들, 제국국기단을 모두 모아서 공화국 방어를 위한 '무쇠전선'을 결성했다(그러나 공화주의자 브뤼닝 치하에서 자본주의 경제 위기가 만들어 낸 고통에 맞서 싸우지는 않았다). 그리고 사민당의 방어 체계에서 핵심은 여전히 프로이센의 경찰력이었다.

5월 말 브뤼닝 정부가 무너졌다. 근본 이유는 브뤼닝 정부를 받쳐 주던 유일한 버팀목, 즉 제국군대가 등을 돌렸기 때문이다. 4월 대통령 선거기간에 나치의 쿠데타 모의 첩보가 입수됐다. 쿠데타를 우려한 브뤼닝은 돌격대가 멋대로 행동하도록 허용했던 조치를 철회하고 돌격대와 친위대SS를 금지했다. 그러나 제국군대 참모본부의 정치적 실세였던 슐라이허가 브뤼닝의 조치에 반대했다. 슐라이허는 자기 나름의 목적을 위해 돌격대와 친위대의 거리 장악력을 이용하고 싶어 했다. 그는 군대가 이제 정부에 반대한다는 사실을 노골적으로 드러냈다. 브뤼닝이 자신의 경제 위기 대책 가운데 몇 안 되는 긍정적 방안 하나, 즉 동프로이센에서 파산한 지주 귀족의 토지를 국가가 사들여 무토지 농민에게 나눠 주는 정책을 제안하자 힌덴부르크와 가까운 지주들조차 브뤼닝에게 등을 돌렸다. 브뤼닝은 슐라이허가 지명한 인물, 즉 파펜으로 교체됐다. 파펜은 의회에서 거의 지지를 받지 못했고 나치의 표에 의존했다. 돌격대와 친위대 금지령은 해제됐고 이제 [7월] 총선이 실시됐다.

돌격대가 다시 거리에서 활개 치자 도처에서 거리 전투가 벌어졌다. 82명이 죽고 400명이 중상을 입었다. 이런 폭력 사태가 절정에 달했을 때 파펜은 프로이센주 사민당 정부를 해산했다. 그 조치는 헌법에 완전히 어긋나는 것이었다. 더욱이 그것은 의회 다수파라는 외피조차 쓰지 않은 정부의 조치였다. 사민당의 '무쇠전선'은 바로 이런 만일의 사태가 벌어졌을 때 투쟁하려고 존재했다. 그들이 투쟁하지 않는다면 사민당의 방어 전략 자체가 붕괴할 터였다. [프로이센주] 사민당 정부 내무부 장관 제버링과 경찰서장 그르체진스키는• 사퇴하기를 거부했다.

> 폭력적 선거운동이 난무하는 도시[베를린 —하먼]에서 이런 선언은 … 벼락처럼 느껴졌다. 이제 사람들은 숨을 죽인 채 제버링이 있는 내무부와 파펜이 사는 빌헬름가街를 번갈아 쳐다봤다. 어디서나 사람들은 싸움이 벌어지면 프로이센 경찰이 우세할지 아니면 제국군대가 우세할지를 두고 논쟁을 벌였다. … 대규모 작업장에서는 노동자들이 밤새 총파업 명령을 기다리고 있었다.[1]

'무쇠전선'이라는 대규모 무력은 바로 그런 순간을 위해 오랫동안 준비한 것이었다. 그러나 사민당 지도자들은 아무것도 하지 않았다. 제버링과 그의 경찰서장을 체포하려면 무력이 사용돼야 했다. 군인 넷이 두 사람을 건물에서 끌고 나왔을 때 그 안에는 어떤 명령이든 따를 태세가 된 무장 경찰이 가득했는데도 저항은 전혀 없었다. 제버링과 그르체진스키는 수감된 지 겨우 두 시간 만에 사퇴했다. '사민당의 요새'는 총 한 방 쏘지 않고 무너졌다.

공산당은 투쟁할 태세가 돼 있었다. 그동안 거리 전투에서 돌격대에 맞서 싸운 것은 바로 공산당원들이었다. 사망자 중에는 공산당원이 30명이나 됐다. 공산당은 총파업을 호소하는 리플릿을 발행했다. 그러나 공산당만으로는 총파업을 조직할 수 없었다. 공장에는 공산당원이 거의 없었다. 공산당원의 다수는 실업자였다(1933년 3월 노동조합 지역본부 선거에서 공산당은 겨우 5퍼센트를 득표한 반면, 사민당은 73퍼센트를 득표했고 나치가 12퍼센트를 득표했다).[2] 이 점은 그런 결정적 순간에 전혀 문제가 되지 않을 수도 있었다. 공산당의 노선이 일관됐다면 말이다. 그러나 공산당은 그동안 줄곧 '사회파시스트'라고 비난하던 정부를, 그것도 자신들이 나치와 손잡고 전복하려던 정부를 이제는 방어하자고 노동자들에게 호소하고 있었다. 그렇게 뒤늦은 행동 호소를 진지하게 받아들이는 사람은 아무도 없었다.

일주일 뒤* 치러진 선거에서 나치는 자유선거 사상 최다 득표

---

* 7월 31일.

를 기록했다. 1930년 선거 때보다 갑절이나 많은 1400만 표가량을 얻은 것이다. 사민당은 60만 표를 잃었고 공산당은 60만 표가 늘었다. 노동계급 정당들의 표를 모두 합치면 나치의 득표에 겨우 수십만 표 모자라는 정도였다. 그러나 프로이센의 쿠데타는 [노동계급 정당들이] 힘을 합쳐 저항할 가능성이 전혀 없다는 것을 밝히 보여 줬다.

공산당 지도자들은 여전히 자기 눈앞의 위험을 깨닫지 못했다. 9월에 열린 코민테른 집행위원회 회의는 여전히 사민당을 '주요 공격' 대상으로 삼아야 한다고 주장했다.[3] 10월 독일 공산당 협의회에서는 공동전선 요구를 "근거 없는 데마고기 책략"으로 일축했다. 공동전선은 "사회파시스트들과 반혁명적 트로츠키주의 조직의 좌파 동맹이 특별히 적극적으로 활동하기 위한 술수"일 뿐이라는 것이었다.[4] 텔만은 트로츠키를 "완전히 파산한 파시스트이자 반反혁명가"라고 불렀다.

1932년 7월 선거 몇 주 뒤에 쓴 글 "유일한 길"에서 트로츠키는 당시 독일 상황의 전반적 세력 관계를 분석한다. 한편으로 그는 노동계급이 단결해서 행동하면 여전히 히틀러의 집권을 막을 수 있다는 것을 보여 주려 한다. 다른 한편으로는 사민당의 착각('차악'이 최악을 막아 줄 것이라는 생각)과 공산당의 착각(사민당의 득표가 감소하고 공산당의 득표가 증가한 선거 결과를 볼 때 공산당이 어쨌든 히틀러를 저지할 것이라거나 머지않아 히틀러는 몰락하고 공산당이 득세할 것이라는 생각)이 모두 틀렸다고 지적한다.

이 책에는 트로츠키의 글을 전부 다 싣지는 않았다. 그러나 생략된 4~6장은 대부분 "다음에는 무엇을 해야 하는가?"에서 주장한 내용을 그대로 되풀이한 것이다. 이 글은 맥스 샥트먼과 B J 필드가 번역했고 1933년 미국에서 처음 발표됐다.

유일한 길

레온 트로츠키

자본주의의 쇠퇴는 성장보다 훨씬 더 격렬하고 극적이고 유혈 낭자할 듯하다. 독일 자본주의도 분명히 예외가 아닐 것이다. 독일 자본주의가 겪는 죽음의 고통이 너무 오래 지속되고 있다면 그 책임은 노동자 정당들에게 있다(고 우리는 쓰디쓴 진실을 말해야만 한다).

독일 자본주의는 역사의 무대에 뒤늦게 등장하는 바람에 '맏아들의 특권'을 빼앗겼다. 러시아는 뒤늦은 자본주의 발전 때문에 대략 영국과 인도의 중간에 위치하게 됐고, 독일은 그런 순위표에서 영국과 러시아의 중간쯤에 있어야 했지만 대영제국과 달리 엄청난 해외 식민지도 없었고 제정러시아와 달리 '내부 식민지'도 없었다. 유럽의 한가운데에 끼여 있는 독일은 (전 세계가 이미 분할되고 난 뒤에) 해외시장을 차지해야 했고 이미 분할돼 버린 식민지들을 재분할해야 했다.

독일 자본주의는 물결을 타고 헤엄칠 운명이 아니었다. 즉, 자유로운 힘의 작용에 자신을 내맡길 수 없었다. 오직 영국만이 그런 사치를 누릴 수 있었고, 그것도 제한된 역사적 시기에만 그럴 수 있었는데 그 시기도 최근 끝나 버린 것을 우리는 목격했다. 독일 자본주의는 프랑스 자본주의의 특징인 '중용 감각'도 누릴 수 없었다. 프랑스 자본주의는 그 경계 안에서는 확고하게 자리를 잡았고, 게다가 풍부한 식민지라는 예비 자원도 있었다.

독일 부르주아지는 국내 정치 분야에서는 철저하게 기회주의적이었지만 경제와 국제정치 분야에서는 최고로 뻔뻔하고 민첩해야 했다. 즉, 생산을 한없이 증대해야 했고, 더 오래된 나라들을 따라잡아야 했고, 무력 위협과 전쟁을 감행해야 했다. 전후 독일 산업의 극단적 합리화도 마찬가지로 역사적 지체, 지리적 상황, 군사적 패배라는 불리한 조건을 극복할 필요에서 비롯한 것이었다.

우리 시대의 경제적 악폐가 따지고 보면 인류의 생산력이 일국적 한계뿐 아니라 생산수단의 사적 소유와도 양립할 수 없다는 사실에서 비롯한 것이라면, 독일 자본주의는 유럽 대륙에서 가장 현대적이고 가장 선진적이며 가장 역동적인 자본주의라는 바로 그 이유 때문에 가장 심각한 격변을 겪고 있다고 할 수 있다.

독일 자본주의의 의사들은 세 학파로 나뉘어 있는데, 자유주의·계획경제·자급자족 학파가 그것이다.

자유주의는 시장의 '자연'법칙을 복원하고 싶어 한다. 그러나 자유주의의 비참한 정치적 운명을 보면, 독일 자본주의가 결코 맨체스터학파의[1] 사상에 기반을 둘 수 없었고 오히려 트러스트와 독점기업의 보호무역주의를 경험했다는 사실을 분명히 알 수 있다. 독일 경제는 결코 존재한 적 없는 '건강한' 과거로 되돌아갈 수 없다.

'국가사회주의'는 베르사유조약의 결과를 자기 나름의 방식으로 수정하겠다고, 즉 호엔촐레른 제국주의의 공세를 오히려 더 강화하겠다고 약속한다. 그와 동시에 독일을 자급자족경제로, 즉 편협한 지역주의와 자발적 규제의 길로 끌고 가려 한다. 이 경우에 사자의 포효는 매 맞은 개의 심리를 숨기고 있다. 독일 자본주의를 그 국경선에 맞게 제한하는 것은 환자를 치료한답시고 오른손, 왼발, 머리 일부를 잘라 내는 것과 마찬가지다.

계획경제라는 수단으로 자본주의를 치료하겠다는 것은 경쟁을 제거하겠다는 뜻이다. 그런 경우에 우리는 생산수단의 사적 소유 폐지에서 시작해야 한다. [그러나] 관료적이고 교수 같은 개혁주의자들은 감히 그럴 생각조차 하지 않는다. 독일 경제는 순전히 독일만의 일국적 경제가 결코 아니다. 그것은 세계경제의 필수적 일부다. 독일 경제의 계획은 오직 국제적 경제계획이라는 전망 속에서만 생각할 수 있다. 폐쇄된 국경 안의 계획 체제는 세계경제를 거부하려는, 즉 자급자족 체제로 후퇴하려는 시도를 의미할 것이다.

이 세 체제는 상호 반목에도 불구하고 실제로는 반동적 유토피아주의라는 악순환에 빠져 있다는 점에서 서로 비슷하다. 우리가 구해야 하는 것은 독일 자본주의가 아니라 독일이다. 즉, 자본주의에서 독일을 구해야 한다.

위기의 시대에 독일 부르주아지는, 적어도 그 이론가들은 과거의 잘못을 뉘우치는 말들을 늘어놨다. 그렇다, 너무 위험한 정책을 대거 실행했다, 너무 경솔하게 해외 신용의 도움에 의지했다, 공장 설비의 현대화를 너무 빨리 밀어붙였다, 기타 등등. 그러니 앞으로는 더 신중해야 한다! 그러나 실제로는 파펜의 계획이나 그 계획을 대하는 금융자본의 태도가 보여 주듯이, 독일 부르주아지의 지도자들은 오늘날 그 어느 때보다 더 경제적 모험주의 쪽으로 기울어져 있다.

산업이 부흥하는 최초의 조짐들이 나타날 때 독일 자본주의는 자유주의적 도덕주의자들이 원하는 모습이 아니라 역사적 과거가 만들어 놓은 모습을 보여 줄 것이다. 이윤에 굶주린 기업인들은 압력계는 쳐다보지도 않은 채 다시 한 번 증기압력을 높일 것이다. 해외 신용을 얻으려는 노력도 다시 과열될 것이다. 해외 팽창 가능성이 약간이라도 있다면, 그런 가능성을 독차지하려고 더욱 기를 쓸 것이다. 전 세계는 겁에 질린 채 과거의 모습이 훨씬 더 폭력적인 격변의 형태로 되살아나는 꼴을 보게 될 것이다. 그와 동시에 독일 군국주의의 부활도 진행될 것이다. 마치 1914~1918년의 시기가 결코 존재하지도 않았다는 듯이 말이다. 독일 부르주아지는 다시 엘베강 동부의 귀족들을 독일 국민의 선두에 내세우고 있다. 그 귀족들은 정통 왕정보다는 보나파르트 체제를 수립하는 쪽으로 훨씬 더 기울어져 있다.

독일 사민당 지도자들은 의식이 또렷할 때 다음과 같이 자문해야 한다. "사민당이 수많은 노동자에게 온갖 손해를 끼쳤는데도 여전히 노동자들을 지도하고 있는 것은 무슨 기적인가?" 확실히, 모든 대중조직에 내재한 보수성은 매우 중요하다. 여러 세대의 프롤레타리아가 사민당에서 정치를 배웠다. 그래서 여기서 중대한 전통이 만들어졌다. 그러나 그것이 개혁주의가 존속하는 주된 이유는 아니다. 사민당의 온갖 범죄에도 불구하고 노동자들은 사민당을 그냥 떠날 수 없다. 사민당을 다른 당으로 교체할 수 있어야 한다. 한편, 독일 공산당은 그 지도자들이 지난 9년 동안 확실히 대중을 쫓아 버리려고, 아니 적어도 대중이 공산당 주위로 결집하지 못하게 하려고 온 힘을 다해 노력했다.

1923년에는 스탈린과 브란들러의 굴복 정책, 1924~1925년에는 마슬로프와 루트 피셔와• 텔만의 초좌파적 지그재그, 1926~1928년에는 사민당 앞에서 기회주의적으로 굽실거리기, 1928~1930년에는 '제3기'의 모험주의, 1930~1932년에는 '사회파시즘'과 '민족 해방'의 이론과 실천, 이것이 계산서의 세부 항목이었고 그 총액은 힌덴부르크와 파펜과 슐라이허 일당이었다.

자본주의의 길에는 독일 국민을 위한 출구가 없다. 공산당의 강점의 가장 중요한 원천은 바로 여기에 있다. 소련의 사례는 사회주의의 길에 출구가 있다는 사실을 경험적으로 보여 준다. 공산당의 강점의 둘째 원천은 바로 여기에 있다.

그러나 고립된 프롤레타리아 국가의 발전이라는 조건 때문에 소련 지도부는 민족주의적·기회주의적 관료 집단이 됐다. 그들은 세계혁명에 대한 신념이 없고, 자신들은 세계혁명과 아무 상관이 없다고 강변하면서도 계속해서 코민테른을 무한정 지배하고 있다. 바로 그것이 지금 독일과 국제 프롤레타리아의 가장 큰 불행이다.

독일의 상황은 마치 공산당이 순식간에 노동자 다수의 지지를 얻을 수 있게 해 주려는 듯이 일부러 그렇게 만들어진 것처럼 보인다. 공산당은 오늘날 자신이 프롤레타리아의 다수를 대변한다는 사실을 이해하고 공동전선 전술의 길로 확고하게 나아가기만 하면 된다. 그러나 공산당이 추진한 전술은 다음과 같은 말로 표현할 수 있다. 독일 프롤레타리아 전체가 먼저 공산당의 지도를 받아들이기 전에는 노동자들이 경제투쟁을 벌이고 파시즘에 저항하고 총파업이라는 무기를 움켜쥐고 소비에트를 창설할 기회를 주지 말아야 한다. 정치적 과제가 최후통첩으로 바뀐 것이다.

이런 파멸적 방법은 어디서 비롯했는가? 그 대답은 소련 스탈린주의 분파의 정책이다. 소련의 관료 기구는 정치적 지도를 행정적 명령으로 바꿔 놨다. 스탈린주의 관료 집단은 노동자들이 토론하고 비판하고 표결할 수 있게 허용하지 않고 오직 최후통첩의 언어로만 노동자들에게 이야기한다. 텔만의 정책은 스탈린 주의를 서투른 독일어로 번역하려는 시도다. 그러나 소련 관료는 10월 혁명 덕분에 국가권력을 지배하는 정책상의 재량권을 획득했다는 점에서 텔만과 다르다. 텔만이 자신의 최후통첩을 강화할 수 있는 방법은 오로지 소련의 형식적 권위뿐이다. 이것은 도덕적 자원의 커다란 원천이지만, 상황에 따라서는 공산당 노동자들의 입을 닫게 만들기만 할 뿐 사민당 노동자들을 전혀 설득하지 못한다. 그러나 이 후자의 과제야말로 독일 혁명의 진정한 문제다.

내가 독일 프롤레타리아의 정책을 집중적으로 살펴본 이전 저작들에 이어서 이 소책자는 새로운 단계에서 독일의 혁명적 정책에 관한 문제들을 살펴보려 한다.

1. 보나파르티즘과 파시즘

그동안 무슨 일이 일어났고 지금 우리는 어디에 있는지를 간략하게 분석해 보자.

브뤼닝 정부는 사민당 덕분에 의회의 지지를 받아 긴급명령으로 통치할 수 있었다. 사민당 지도자들은 "이런 식으로 우리는 파시즘이 집권할 수 있는 길을 막아 버리겠다" 하고 말했다. 스탈린주의 관료들은 "아니다, 파시즘은 이미 승리했다. 브뤼닝 정권이 바로 파시즘이다" 하고 말했다. 그러나 둘 다 틀렸다. 사민당은 파시즘 앞에서 소극적으로 후퇴한 것을 두고 반파시즘 투쟁이라고 사기를 쳤다. 스탈린주의자들은 파시즘의 승리가 기정사실인 양 떠들어 댔다. 양측이 모두 프롤레타리아의 투쟁 능력을 약화시켰고, 적의 승리를 가능하게 하고 앞당겼다.

브뤼닝 정부 시절 우리는 그 정부를 보나파르티즘("보나파르트 체제의 우스꽝스러운 형태")으로, 즉 군대·경찰 독재 체제로 규정했다. 두 사회계층(가진 자와 못 가진 자, 착취자와 피착취자)의 투쟁이 최고의 긴장 상태에 도달하는 순간, 관료·경찰·군대의 지배를 위한 조건이 확립된다. 정부는 사회에서 '독립'하게 된다. 다시 한 번 생각해 보자. 포크 두 개를 양쪽에서 코르크 마개에 찔러 넣으면 그 코르크 마개는 심지어 아주 가느다란 핀의 머리 위에서도 떨어지지 않을 수 있다. 바로 이것이 보나파르티즘의 뼈대다. 확실히 그런 정부는 재산 소유자들의 점원 노릇 하기를 그만두지는 않지만, 그 점원은 사장의 등에 올라타서 목의 살갗이 벗겨질 정도로 마구 조르거나 때로는 자기 발로 사장의 면상을 걷어차는 짓도 서슴지 않는다.

문제가 최종 해결될 때까지 브뤼닝 정부가 유지됐을 수도 있다. 그러나 사태 전개 과정에서 또 다른 연결 고리가 끼어들었다. 파펜 정부가 들어선 것이다. 우리가 정확히 하고자 한다면, 옛 규정을 수정해야 한다. 즉, 브뤼닝 정부는 예비 보나파르티즘 정부였을 뿐이다. 브뤼닝은 전조였다. 보나파르티즘이 완벽한 형태로 무대에 등장한 것은 파펜·슐라이허 정부였다.

그 차이는 어디에 있는가? 브뤼닝은 자신이 아는 최대의 행복은 힌덴부르크와 바이마르헌법 48조에• "봉사하는" 것이라고 강조했다. 히틀러는 자기 주먹으로 브뤼닝의 오른쪽 옆구리를 "떠받쳤다." 그러나 브뤼닝은 왼쪽 팔꿈치로 벨스의 어깨에 기대고 있었다. 제국의회에서 브뤼닝은 의회를 고려하지 않아도 되게 해준 다수파를 발견했다.

브뤼닝이 점점 더 의회에서 독립할수록 고위 관료들도 브뤼닝과 그를 후원하는 정치집단에서 점점 더 독립적이라고 느끼게 됐다. 남은 것은 결국 제국의회와 유대를 끊는 것뿐이었다. 파펜 정부는 순수한 관료적 발상에서 등장했다. 그 정부는 오른쪽 팔꿈치로 히틀러의 어깨에 기대고 있다. 또, 경찰의 주먹으로 왼쪽의 프롤레타리아를 막고 있다. 파펜 정부가 '안정'을 유지하는, 즉 출범하자마자 붕괴하지는 않은 비결이 바로 거기에 있다.

브뤼닝 정부는 성직자·관료·경찰의 성격을 띠고 있었다. 제국군대는 여전히 예비 자원이었다. 경찰 바로 옆에서는 '무쇠전선'이 질서를 떠받치는 직접적 버팀목 구실을 하고 있었다. 힌덴부르크와 파펜이 일으킨 쿠데타의 본질은 바로 이 '무쇠전선'에 대한 의존을 없애 버렸다는 것이다. 장군들이 자동으로 전면에 나섰다.

사민당 지도자들은 완전히 속았음이 드러났다. 그리고 사회적 위기의 시대에 그들에게 그보다 더 적절한 일도 없다. 이 프티부르주아 음모가들은 영리하지 않아도 되는 상황에서만 영리한 듯하다. 이제 그들은 한밤중에 자기 머리 위로 이불을 뒤집어쓰고 식은땀을 흘리며, 그래도 혹시나 자기 목숨뿐 아니라 푹신한 가구와 얼마 안 되는 떳떳한 저금도 구할 수 있게 되는 최후의 기적이 일어나기를 바라고 있다. 하지만 이제 더는 그런 기적은 없을 것이다. …

그러나 불행히도 공산당 역시 사태에 완전히 경악했다. 스탈린주의 관료들이 예견할 수 있는 것은 단 하나도 없었다. 오늘날 텔만과 레멜레 등은 기회가 있을 때마다 "7월 20일의 쿠데타" 운운한다. 어떻게? 처음에 그들은 파시즘이 이미 도래했는데도 오직 '반혁명적 트로츠키주의자들'만이 그것을 아직 미래의 일 취급한다고 주장했다. 그런데 정권이 브뤼닝에서 파펜으로(당장은 히틀러가 아니라 파펜까지만) 넘어가는 데도 '쿠데타'가 필요했음이 드러났다. 그러나 이 현명한 신사 양반들은 제버링·브뤼닝·히틀러의 계급적 내용이 "모두 똑같다"고 우리에게 가르친다. 그렇다면 도대체 왜, 어째서 쿠데타가 일어났는가?

그러나 혼란은 여기서 끝나지 않는다. 이제 보나파르티즘과 파시즘의 차이가 분명히 드러났는데도 텔만과 레멜레 같은 자들은 7월 20일의 파시스트 쿠데타가 어쩌고저쩌고 떠들어 댄다. 그와 동시에 그들은 노동자들에게 히틀러식 체제 전복, 다시 말해 똑같은 파시즘식 체제 전복의 위험이 다가오고 있다고 경고한다. 마지막으로 사민당을 여전히 사회파시스트로 규정한다. 이렇게 해서 그동안의 사태 전개는 다음과 같이 환원된다. 즉, 파시즘의 변종들이 '파시스트' 쿠데타의 도움을 받아서 서로 권력을 빼앗고 빼앗긴다. 이쯤 되면, 스탈린주의 이론 전체가 오직 인간의 두뇌를 망치기 위해 만들어졌다는 것이 분명하지 않은가?

노동자들이 준비가 덜 돼 있을수록 파펜 정부의 등장은 자신이 강하다는 인상을 줘야 했다. 그래서 정당들을 완전히 무시하고, 새로운 긴급명령을 내리고, 제국의회를 해산하고, [정치적] 보복을 하고, 수도에 계엄령을 선포하고, 프로이센주의 '민주주의'를 폐지했다. 그것도 아주 쉽게 해치웠다! 사자를 단 한 방에 죽이고, 벼룩을 손톱으로 짓뭉개고, 사민당 장관들을 툭 쳐서 없애 버렸다.

그러나 파펜 정부는 겉보기에는 강력한 듯하지만 '엄밀히 말하면' 전임 정부보다 훨씬 더 취약하다. 보나파르트 체제는 혁명적 시기가 끝났을 때만 비교적 안정되고 지속적일 수 있다. 즉, 세력관계가 전투에서 확인된 뒤에, 혁명적 계급들이 힘을 다 써 버린 뒤에, 유산계급들이 '내일 새로운 격변이 일어나지 않을까?' 하는 두려움을 아직 떨쳐 버리지 못하고 있을 때만, 그럴 수 있다. 이런 기본적 조건이 없다면, 다시 말해 대중의 에너지가 전투에서 고갈되지 않았다면 보나파르트 체제는 결코 발전할 수 없다.

파펜 정부 시절, 귀족과 거물급 자본가와 은행가 등은 경찰과 정규군이라는 수단으로 자신들의 이익을 확실히 지키려고 애를 썼다. 그들이 볼 때, (탐욕스럽고 난폭한 프티부르주아 집단에 의

지하는) 히틀러에게 모든 권력을 넘겨준다는 것은 결코 유쾌하지 않은 생각이다. 물론 그들은 장기적으로는 히틀러가 자신들의 지배를 뒷받침할 순종적 도구가 될 것임을 결코 의심하지 않는다. 그러나 그렇게 되려면 사회적 격변을, 몹시 피곤한 장기간의 내전과 엄청난 희생을 무릅써야 한다. 분명히 파시즘은 이탈리아 사례가 보여 주듯이 결국 보나파르티즘 형태의 군사적·관료적 독재 체제로 귀결된다. 하지만 그러기까지는 몇 년이 걸릴 것이고, 심지어 [파시즘이] 완전히 승리한 경우에도 시간이 걸릴 것이다. 이탈리아보다 독일에서는 더 오래 걸릴 것이다. 유산계급들이 더 경제적인 길, 즉 히틀러가 아니라 슐라이허의 길을 선호하리라는 것은 분명하다(슐라이허 자신이 그 길을 선호한다는 사실은 말할 나위도 없다).

서로 화해할 수 없는 두 진영이 무기력해진 덕분에 파펜 정부가 존재할 수 있다고 해서, 혁명적 프롤레타리아의 힘과 반동적 프티부르주아지의 힘이 역사적으로 대등하다는 뜻은 결코 아니다. 여기서 모든 문제는 정치 분야로 옮겨 간다. 사민당은 '무쇠전선'의 역학을 통해 프롤레타리아를 마비시키고 있다. 스탈린주의 관료들은 어리석은 최후통첩주의 정책을 통해 노동자들의 혁명적 길을 봉쇄하고 있다. 프롤레타리아의 올바른 지도부가 있다면, 파시즘을 퇴치하는 일은 어렵지 않을 것이고 보나파르티즘이 들어설 여지도 전혀 없을 것이다. 불행히도 지금 상황은 그렇지 않다. 프롤레타리아의 마비된 힘은 보나파르티즘 패거리의 '힘'이라는 기만적 형태로 나타났다. 바로 그 안에 오늘날의 정치적 공식이 있다.

파펜 정부는 거대한 역사적 힘들이 특색 없이 교차하는 지점이다. 파펜 정부는 독자적 무게가 거의 없다. 그러므로 파펜 정부는 자신의 몸짓에 깜짝 놀라고 사방에서 공백이 생겨나는 것을 보며 점점 현기증을 느끼는 것 말고는 할 수 있는 일이 전혀 없다. 이것으로, 오직 이것으로만 지금까지 정부가 대담한 행동을 한 번 할 때마다 비겁한 행동을 두 번씩 한 이유를 설명할 수 있다. 정부는 프로이센주, 즉 사민당과 [승패가] 확실한 게임을 했다. 이 신사 양반들[사민당]이 결코 저항하지 않으리라는 사실을 정부는 알고 있었던 것이다. 그러나 제국의회를 해산한 뒤 정부는 새로 총선을 실시하겠다고 발표했고 감히 선거를 연기하지 못했다. 정부는 계엄령을 선포하고 나서 서둘러 다음과 같이 설명했다. "계엄령의 목적은 오직 사민당 지도자들이 싸우지 않고 항복하도록 재촉하려는 것뿐이다."

그러나 제국군대가 있지 않은가? 우리는 제국군대를 잊어버릴 생각이 전혀 없다. 엥겔스는 국가를 감옥 등의 물질적 보조 기구를 거느린 무장 집단으로 규정했다. 현재의 정부 권력을 보면 실제로 존재하는 것은 오직 제국군대뿐이라고도 말할 수 있다. 그러나 제국군대는 결코 파펜을 우두머리로 하는 집단의 수중에 있는 고분고분하고 믿을 만한 도구가 아닌 듯하다. 실제로는 정부가 오히려 제국군대의 정치 위원회와 비슷하다.

제국군대가 비록 정부보다 우세하지만, 그렇다 해도 군대는 결코 독자적으로 정치적 구실을 할 권리를 주장할 수 없다. 병사 10만 명이 아무리 응집력 있고 강철같이 단련돼 있다 하더라도(물론 이것도 여전히 시험해 봐야 한다), 극심한 사회적 적대감으로 분열해 있는 국민 6500만 명에게 명령을 내릴 수는 없는 법이다. 제국군대는 힘의 상호작용에서 한 요소일 뿐 결정적 요소는 아니다.

새로운 제국군대는 그 나름대로 독일 정치 상황(보나파르티즘 실험으로 귀결된)을 꽤 잘 반영하고 있다. 다수당도 없고 화해할 수 없는 정파들로 분열된 의회야말로 독재 정권의 필요성을 뒷받침하는 분명하고 반박할 수 없는 증거다. 다시 한 번 민주주의의 한계가 명백히 드러나고 있다. 사회 자체의 토대가 문제인 곳에서는 의회의 셈법이 아니라 투쟁이 문제를 해결하기 마련이다.

독일에서 멀리 떨어진 우리는 정부 구성 노력이 당장 어떻게 전개될지를 예측하려고 하지는 않겠다. 우리의 가설은 어쨌든 늦을 것이고, 게다가 가능한 과도적 형태와 연합이 문제를 해결하지도 못할 것이다. 우파와 가톨릭중앙당의 연합은 나치의 권력 장악을 '합법화'해 줄 것이다. 즉, 파시스트의 쿠데타를 가려 주는 가장 적절한 은폐물이 될 것이다. 당장 히틀러와 슐라이허와 가톨릭중앙당 지도자들의 관계가 어떻게 발전할지는 독일 국민보다 그들 자신에게 더 중요하다. 정치적으로, 히틀러와 연합한다는 것은 관료·법원·경찰·군대가 파시즘에 용해돼 해체된다는 것을 의미한다.

가톨릭중앙당이 히틀러와 연합하면 자신의 노동자들과 결별함으로써 히틀러의 기관차에 제동을 거는 구실을 희생시키는 대가를 치를 것이다. 따라서 연합에 동의하지 않을 것이라고 가정한다면, 이 경우에 남는 것은 노골적인 초超의회적 길뿐일 것이다. 가톨릭중앙당이 빠진 연합은 나치의 우위를 더 쉽고 빠르게 보장해 줄 것이다. 나치가 당장 파펜과 연합하지도 않고 [파펜을] 즉시 공격하지도 않는다면, 정부의 보나파르티즘적 성격은 훨씬 더 분명해질 것이다. 즉, 슐라이허의 '백일천하'가 이뤄지겠지만 … 나폴레옹처럼 장기간 지배하지는 못할 것이다.

아니, 백일천하 같은 일은 없을 것이다. 우리가 너무 관대하게 기간을 잡고 있다. 제국군대는 문제를 해결하지 못한다. 슐라이허로는 충분하지 않다. 지주 귀족들과 금융자본 거물들의 초의회적 독재는 지루하고 가차 없는 내전의 방식으로만 확립될 수 있다. 히틀러가 이 임무를 완수할 수 있는가? 그것은 파시즘의 사악한 의지뿐 아니라, 프롤레타리아의 혁명적 의지에도 달려 있다.

2. 부르주아지, 프티부르주아지, 프롤레타리아

정치 상황을 진지하게 분석하려면 세 계급, 즉 부르주아지, (농민을 포함한) 프티부르주아지, 프롤레타리아의 상호 관계에서 출발해야 한다.

경제적으로 강력한 대부르주아지는 국민 가운데 극소수에 불과하다. 대부르주아지가 지배하려면, 프티부르주아지나 (프티부르주아지를 매개로 해서) 프롤레타리아와 일정한 상호 관계를 확립해야 한다.

세 계급 사이의 변증법을 이해하려면 역사의 세 단계를 구별해야 한다. 첫 단계인 자본주의 발전의 여명기에 부르주아지는 혁명적 방식으로 자신의 과제를 해결했다. 둘째 단계는 자본주의 체제가 무르익고 꽃을 피운 시기인데, 이때 부르주아지의 지배 형태는 질서 있고 평화적이고 보수적이고 민주적이었다. 셋째 단계인 자본주의 쇠퇴기에 부르주아지는 착취할 권리를 지키고자 프롤레타리아에 대항하는 내전을 벌일 수밖에 없다.

이 세 단계 특유의 정치 강령들, 즉 자코뱅주의, (사회민주주의를 포함한) 개혁주의적 민주주의, 파시즘은 근본적으로 프티부르주아 경향의 강령이다. 무엇보다 이 사실만으로도 프티부르주아 대중의 자결권이 부르주아 사회 전체의 운명에 엄청나게(더 정확히 말하면, 결정적으로) 중요하다는 점을 분명히 알 수 있다. 그렇지만 (부르주아지의 사회적 지지 기반인) 프티부르주아지와 부르주아지의 관계는 결코 상호 신뢰와 평화적 협력에 의존하지 않는다. 전체로 보면, 프티부르주아지는 착취받고 억압받는 계급이다. 그들은 부르주아지를 시샘하고 흔히 증오한다. 다른 한편으로, 부르주아지는 프티부르주아지의 지지를 이용하면서도 그들을 불신한다. 왜냐하면 매우 정확하게도 부르주아지는 프티부르주아지의 성향, 즉 부르주아지가 위에서 구축해 놓은 장벽을 무너뜨리려 하는 성향을 두려워하기 때문이다.

자코뱅이 부르주아적 발전의 길을 닦고 있었을 때 그들은 사사건건 부르주아지와 날카롭게 충돌했다. 자코뱅은 부르주아지에 맞서 비타협적으로 투쟁하면서 부르주아지에게 봉사했다. 자코뱅은 자신의 제한적인 역사적 구실을 다한 뒤에 몰락했다. 왜냐하면 자본의 지배가 예정돼 있었기 때문이다.

부르주아지는 여러 단계를 모두 거치며 의회 민주주의 형태로 자신의 권력을 확립했다. 그러나 여기서도 부르주아지는 평화적이거나 자발적이지 않았다. 그들은 보통선거권을 극도로 두려워했다. 그러나 결국 부르주아지는 탄압과 양보, 굶주림의 위협과 개혁 조치를 결합해서, 옛 프티부르주아지뿐 아니라 (신흥 프티부르주아지, 즉 노동계 관료를 이용해) 상당수의 프롤레타리아도 형식적 민주주의의 틀 안에서 굴복시키는 데 성공했다. 1914년 8월에 제국주의 부르주아지는 의회 민주주의를 이용해 수많은 노동자와 농민을 죽음의 전쟁터로 내몰 수 있었다.

그러나 바로 그 전쟁 때문에 자본주의가, 무엇보다 그 민주적 지배 형태가 뚜렷이 쇠퇴하기 시작한다. 이제는 새로운 개혁과 자선을 제공하는 것이 문제가 아니라, 기존의 개혁과 자선을 삭감하고 폐지하는 것이 문제가 된다. 그와 함께, 부르주아지는 프롤레타리아 민주주의 기관들(노동조합과 노동자 정당)과 충돌하고 나아가서 노동자 조직들이 생겨나게 한 의회 민주주의와도 충돌한다. 그래서 부르주아지는 한편으로는 '마르크스주의'에 맞서 싸우고 다른 한편으로는 민주적 의회주의에 맞서 싸운다.

그러나 자유주의 부르주아지의 상층부가 잘나갈 때도 그들 자신의 힘만으로는 봉건제·왕정·교회를 제거할 수 없었듯이 금융자본의 거물들도 자신들의 힘만으로는 프롤레타리아에 대항할 수 없다. 그들에게는 프티부르주아지의 지지가 필요하다. 이 목적을 위해서 프티부르주아지를 자극해야 하고, 그들의 자발적 동원을 끌어내야 하고, 그들을 무장시켜야 한다. 그러나 이 방법은 그 자체로 위험하다. 부르주아지는 파시즘을 이용하면서도 두려워한다. 1926년 5월 폴란드의 피우수트스키는 부르주아 사회를 구하기 위해 부르주아지의 전통적 정당들을 억압하는 쿠데타를 감행해야 했다. 사태는 극단적으로 흘러서, 폴란드 공산당의 공식 지도자인 바르스키는• (로자 룩셈부르크에서 레닌으로 넘어오지 않고 스탈린으로 넘어간 자였는데) 피우수트스키의 쿠데타를 '혁명적 민주주의 독재'로 가는 길이라고 생각해서 노동자들에게 피우수트스키를 지지하라고 호소할 정도였다.

1926년 7월 2일 코민테른 집행위원회 산하 폴란드위원회 회의에서 나는 폴란드 상황에 관해 다음과 같이 말했다.

> 전체로 보면, 피우수트스키의 쿠데타는 해체되고 쇠퇴하는 상태에 있는 부르주아 사회의 긴급한 문제들을 프티부르주아적으로, 즉 '서민

적' 방식으로 해결하려는 것이었습니다. 바로 여기서 이탈리아 파시즘과 꼭 닮은 점을 볼 수 있습니다.

이 두 경향은 틀림없이 공통의 특징이 있습니다. 둘 다 자신의 돌격대를 무엇보다 프티부르주아지 사이에서 모집합니다. 또, 피우수트스키와 무솔리니는 모두 초의회적 수단, 즉 노골적 폭력과 내전이라는 방식을 이용했습니다. 그리고 둘 다 부르주아 사회의 파괴가 아니라 보존을 추구했습니다. 그들은 프티부르주아 대중을 일으켜 세웠지만, 권력을 장악한 뒤에는 공공연히 대부르주아지와 손잡았습니다. 여기서 우리는 본의 아니게 역사적 일반화를 하게 됩니다. 즉, 자코뱅주의는 부르주아지의 적인 봉건세력을 청산하는 서민적 방식이었다는 마르크스의 평가를 떠올리게 되는 것입니다. … 당시는 부르주아지가 성장하던 시기였습니다. 이제 우리는 부르주아 사회가 쇠퇴하는 시기에 부르주아지는 다시 한 번 '서민적' 방식으로 자신의 과제, 즉 더는 진보적이지 않고 완전히 반동적인 과제를 해결해야 한다고 말할 수 있습니다. 이런 의미에서 파시즘은 자코뱅주의를 우스꽝스럽게 반동적으로 모방한 것입니다.

이제 부르주아지는 과거에 자신이 만들어 낸 의회제 국가라는 수단과 방법으로는 권력을 유지할 수 없습니다. 적어도 결정적 순간에 부르주아지에게는 자기방어 무기로 파시즘이 필요합니다. 그렇지만 부르주아지는 자신의 과제를 '서민적' 방식으로 해결하는 것을 좋아하지 않습니다. 부르주아지는 항상 자코뱅주의에 적대적이었습니다. 왜냐하면 자코뱅주의는 부르주아 사회가 발전할 수 있는 길을 닦으면서 많은 피를 흘렸기 때문입니다. 성장하던 부르주아지와 자코뱅의 관계보다는 쇠퇴하는 부르주아지와 파시스트의 관계가 훨씬 더 가깝습니다. 그렇지만 냉정한 부르주아지는 자신의 과제를 파시즘 방식으로 해결하는 것을 별로 좋아하지 않습니다. 왜냐하면 그것이 비록 부르주아 사회의 이익을 위한 것이기는 하지만 부르주아지를 위험에 빠뜨릴 수도 있기 때문입니다. 그래서 파시즘과 부르주아 정당들이 대립하는 것입니다.

대부르주아지가 파시즘을 별로 좋아하지 않는 것은 마치 사람들이 어금니가 아파도 뽑는 것은 별로 좋아하지 않는 것과 마찬가지입니다. 부르주아 사회의 냉정한 집단들은 피우수트스키라는 치과 의사의 치료를 불안해하며 받았지만, 결국은 그 치료가 불가피하다는 것에 굴복했습니다(물론 위협적으로 반발도 하고 치료비를 깎아 달라며 흥정도 했지만 말입니다). 그래서 어제의 프티부르주아지의 우상이 [오늘은] 자본의 경찰관이 됐습니다.

이렇게 파시즘의 역사적 지위를 사민당의 정치적 구원투수로 규정하려는 시도와 사회파시즘 이론은 대립했다. 언뜻 보면 사회파시즘 이론은 잘난 척 허세를 부리기는 해도 그리 해롭지는 않은 어리석은 주장처럼 보일 수 있다. 그러나 나중의 사건들을 보면, 그 스탈린주의 이론이 실제로 코민테른 전체의 발전에 얼마나 치명적 영향을 미쳤는지를 알 수 있다.*

자코뱅주의·민주주의·파시즘의 역사적 구실에서 나오는 결론이 프티부르주아지는 끝까지 자본의 수중에 든 도구일 수밖에 없다는 것인가? 그 말이 사실이라면, 프롤레타리아 독재는 국민의 다수가 프티부르주아지인 많은 나라에서는 불가능할 것이고, 더 나아가 프티부르주아지가 국민의 중요한 소수인 다른 나라들에서도 엄청나게 힘들어질 것이다. 다행히도 그 말은 사실이 아니다. 파리코뮌의 경험은 적어도 한 도시 안에서나마 프티부르주아지와 대부르주아지의 동맹이 깨질 수 있음을 처음으로 보여 줬고, 나중에 [러시아] 10월 혁명의 경험은 그 사실을 훨씬 더 큰 규모로 비교할 수 없을 만큼 오랫동안 보여 줬다. 프티부르주아지는 독자적 정책을 실행할 수 없기 때문에(프티부르주아지의 '민주주의 독재'가 실현될 수 없는 이유이기도 하다), 부르주아지와 프롤레타리아 사이에서 선택하는 것 말고는 다른 대안이 없다.

자본주의가 성장하는 시기, 즉 싹이 나고 꽃이 피는 시기에 프티부르주아지는 갑자기 불만을 터뜨리기도 했지만 대체로는 자

---

* 늘 그렇듯이 스탈린주의 언론은 앞서 인용한 발언을 소련 공산당과 코민테른에서 은폐한 채 나를 비방하는 캠페인을 시작했다. 마누일스키는 자코뱅은 어쨌든 우리의 혁명적 선조인데 내가 감히 파시스트와 자코뱅을 "같은 반열에 올려놨다"고 썼다. 자코뱅이 우리의 혁명적 선조라는 말은 거의 정확하다. 불행히도 이 선조들을 보면, 정신을 단련할 수 없는 몇몇 후손들보다 더 많은 것을 알 수 있다. 낡은 논쟁이 되풀이되는 것은 최근에 트로츠키주의를 비난한 뮌첸베르크의 저작에서도 찾아볼 수 있다. 그러나 이 문제는 그냥 넘어가자 — 트로츠키.

본가들이 시키는 대로 고분고분 따랐다. 달리 어쩔 수도 없었다. 그러나 자본주의가 붕괴하고 경제가 파국에 이른 상황에서 프티부르주아지는 사회의 옛 주인들과 지배자들의 족쇄에서 벗어나려고 몸부림친다. 프티부르주아지가 자신의 운명을 프롤레타리아의 운명과 결부할 가능성은 꽤 있다. 그러려면 오직 한 가지가 필요하다. 그것은 프롤레타리아가 사회를 새로운 길로 이끌 능력이 있음을 프티부르주아지가 믿을 수 있어야 한다는 것이다. 프롤레타리아가 이런 믿음을 줄 수 있는 방법은 자신의 힘을 보여주고, 단호하게 행동하고, 능숙하게 적을 공격하고, 혁명적 정책으로 성공을 거두는 것뿐이다.

그러나 대단히 안타깝게도, 혁명적 정당이 상황에 제대로 대처하지 못한다면 어찌 될 것인가? 프롤레타리아의 일상적 투쟁은 부르주아 사회를 더 불안정하게 만든다. 파업과 정치적 혼란은 나라의 경제 상황을 악화시킨다. 프티부르주아지는 증대하는 궁핍을 일시적으로는 참고 견딜 수 있다. 프롤레타리아가 자신들을 새로운 길로 이끌 수 있다는 것을 경험으로 확신하게 된다면 말이다. 그러나 계급투쟁이 끊임없이 격화하는데도 혁명적 정당이 노동계급을 단결시킬 능력이 없음이 거듭거듭 드러난다면, 스스로 동요하고 혼란되고 자기모순에 빠진다면, 프티부르주아지는 참을성을 잃고 자신의 불행이 혁명적 노동자들 탓이라고 생각하기 시작한다. 모든 부르주아 정당은 바로 이 방향으로 프티부르주아지의 생각을 몰아간다. 사민당도 마찬가지다. 사회적 위기가 참을 수 없을 만큼 첨예해지면, 프티부르주아지를 선동해서 흥분시키고 그들의 증오와 절망이 프롤레타리아를 겨냥하게 만드는 것을 직접적 목표로 삼는 특수한 정당이 등장한다. 독일에서는 나치즘이 이 역사적 기능을 하고 있다. 나치즘이라는 이 광범한 조류의 이데올로기는 붕괴하는 부르주아 사회의 온갖 썩어 빠진 망상으로 가득 차 있다.

물론 파시즘이 성장하게 만든 정치적 책임은 주로 사민당에 있다. 제국주의 전쟁 이래로 이 당의 노력은 프롤레타리아의 의식에서 독자적 정책이라는 사상을 뿌리 뽑고, 노동계급 안에 '자본주의는 영원하다'는 믿음을 심어 주고, 쇠퇴하는 부르주아지에게 프롤레타리아가 계속 무릎을 꿇도록 강요하는 것뿐이었다. 프티부르주아지는 노동자에게서 새로운 주인의 모습을 볼 때만 노동자를 따를 수 있다. 그러나 사민당은 노동자에게 하인이 되라고 가르친다. 프티부르주아지는 하인을 따르지 않을 것이다. 개혁주의 정책은 프롤레타리아가 서민적 프티부르주아 대중을 이끌 가능성을 빼앗아 버리고, 그래서 프티부르주아 대중을 파시즘의 총알받이로 만들어 버린다.

그러나 우리가 볼 때 정치적 문제는 사민당의 책임에서 끝나지 않는다. 전쟁이 시작된 이후 우리는 이 당을 프롤레타리아 대열 안에 있는 제국주의 부르주아지의 대리인이라고 비난해 왔다. 혁명적 마르크스주의자들의 이 새로운 지향에서 제3인터내셔널이 생겨났다. 제3인터내셔널의 과제는 혁명이라는 깃발 아래 프롤레타리아를 단결시키고, 그래서 프롤레타리아가 도시와 농촌에서 피억압 프티부르주아 대중을 지도하고 그들에게 영향을 미칠 수 있게끔 하는 것이었다.

전후 시기는 다른 어느 나라보다 독일에서 경제적 파국과 내전의 시기였다. 국내 상황뿐 아니라 국제 상황도 독일을 사회주의의 길로 급박하게 몰아갔다. 사민당이 이런저런 조치를 취할 때마다 그 당의 타락, 무능, 그 정치의 반동적 의미, 지도자들의 부패가 낱낱이 드러났다. 공산당이 발전하는 데 이보다 더 나은 무슨 조건이 필요한가? 그러나 독일 공산당은 초창기 몇 년 동안 상당히 성공한 뒤에 동요와 우왕좌왕의 시기, 기회주의와 모험주의 사이를 오락가락하는 시기로 빠져들었다. 중간주의 관료들은 프롤레타리아의 전위를 체계적으로 약화시켰고 그 전위가 계급 전체를 지도하지 못하게 가로막았다. 또, 프롤레타리아 전체가 피억압 프티부르주아 대중을 지도할 가능성도 빼앗아 버렸다. 스탈린주의 관료들은 프롤레타리아 전위에게 파시즘의 성장에 대한 직접적·즉각적 책임을 져야 한다.

3. 사민당과 파시즘의 동맹인가 투쟁인가?

계급의 상호 관계를 고정불변의 도식 형태로 이해하는 것은 비교적 간단하다. 특정 상황마다 계급의 구체적 상호 관계를 평가하는 것은 헤아릴 수 없이 더 어렵다.

독일의 대부르주아지는 지금 동요하고 있다. 대부르주아지가 동요하는 것은 아주 드문 일이다. 대부르주아지의 일부는 분명히 파시즘의 집권이 불가피하다고 확신하게 됐고, 그래서 아예 그 길을 재촉하고 싶어 한다. 다른 일부는 보나파르티즘식 군·경 독재 체제의 도움을 받아서 상황을 헤쳐 나가고 싶어 한다. 바이마르공화국의 '민주주의'로 되돌아가기를 원하는 대부르주아지는 아무도 없다.

프티부르주아지는 분열해 있다. 중간계급의 압도 다수를 나치 깃발 아래 단결시킨 나치즘은 모든 권력을 독차지하기를 원한다. 프티부르주아지의 민주적 분파는 여전히 수많은 노동자의 지지를 받고 있는데, 에베르트 모델을 따르는 민주주의로 되돌아가기를 원한다. 그러면서도 한편으로 보나파르티즘식 독재를 적어도 수동적으로는 지지할 태세가 돼 있다. 사민당은 다음과 같이 생각한다. 파펜·슐라이허 정부는 나치의 압력을 받으면 균형을 잡기 위해 정부 내 좌파를 강화할 수밖에 없을 것이고, 그 사이에 어쩌면 위기는 가라앉을 것이고, 프티부르주아지는 '정신을 차릴' 것이고, 자본주의는 아마 노동계급에 대한 정신 나간 압력을 누그러뜨릴 것이(고, 신의 도움으로 모든 것은 질서를 되찾을 것이)다.

보나파르티즘 패거리는 사실 파시즘의 완전한 승리를 원하지 않는다. 그들은 일정한 한계 안에서는 사민당의 지지를 이용하는 것에 결코 반대하지 않는다. 그러나 이를 위해서는 노동자 조직들을 '용인해야' 할 텐데, 이것은 공산당의 합법적 존재가 적어도 어느 수준까지는 허용되는 한에서만 가능하다. 더욱이, 사민당이 군사독재를 지지하게 되면 노동자들은 공산당 대열로 물밀듯이 몰려들 것이다. 정부는 갈색 악마[나치]에 맞서 싸울 지원군을 찾으려다가 곧바로 붉은 마왕[공산당]에게 타격을 입을 것이다.

공산당의 공식 언론은 사민당이 브뤼닝을 용인했기 때문에 파펜의 집권으로 가는 길이 닦였고 파펜을 반쯤 용인한 것이 히틀러의 집권을 앞당길 것이라고 주장한다. 이 말은 완전히 옳다. 여기까지는 우리와 스탈린주의자들 사이에 견해 차이가 없다. 그러나 이것이 정확히 뜻하는 바는 사회적 위기의 시대에 개혁주의 정치는 대중을 배반할 뿐 아니라 자기 자신도 배반한다는 것이다. 이 과정에서 결정적 순간이 바로 지금 찾아왔다.

히틀러는 슐라이허를 용인한다. 사민당은 파펜을 반대하지 않는다. 이런 상황이 정말로 오랫동안 유지될 수 있다면, 사민당은 보나파르티즘의 좌파로 변모하고 그 우파 구실은 파시스트들이 맡게 될 것이다. 물론 이론적으로는 현재 독일 자본주의의 전례 없는 위기가 결정적 해법으로 귀결되지 않을 수도 있다. 다시 말해, 이론적으로는 프롤레타리아의 승리나 파시스트 반혁명의 승리로 끝나지 않을 수도 있다. 만약 공산당이 어리석은 최후통첩주의 정책을 계속 고수해서 사민당을 필연적 붕괴에서 구해 준다면, 만약 히틀러가 가까운 미래에 쿠데타를 결단하지 않고 그래서 히틀러의 대열 안에서 내분이 일어난다면, 만약 슐라이허가 몰락하기 전에 경제 상황이 호전된다면, 그런다면 바이마르헌법 48조와 제국군대와 반쯤 야당인 사민당과 반쯤 야당인 파시즘이 결합된 보나파르티즘이 아마 계속 유지될 수 있을 것이다(새로운 사회적 분출이 있을 때까지는 그러겠지만, 그래도 어쨌든 새로운 사회적 분출은 반드시 있을 것이다).

그러나 당장은 그런 조건이 운 좋게 실현될 가능성은 희박하므로 그것은 사민당의 백일몽일 뿐이다. 그런 조건의 실현은 결코 장담할 수 없다. 심지어 스탈린주의자들도 파펜·슐라이허 정권의 저항 능력이나 지속성을 거의 믿지 않는다. 모든 조짐을 보면, 벨스·슐라이허·히틀러의 삼자 동맹은 그 형태가 갖춰지기 전부터 해체될 것임을 알 수 있다.

그러나 혹시 히틀러·벨스 연합으로 대체될 수 있지 않을까? 스탈린은 그 둘이 "대립물이 아니라 쌍둥이"라고 했으니 말이다. 사민당이 자신의 지지 기반인 노동자들을 두려워하지 않고, 히틀러에게 '용인'이라는 상품을 판매하고 싶어 한다고 치자. 그러나 히틀러에게는 그 상품이 필요 없다. 히틀러에게 필요한 것은 사민당의 용인이 아니라 사민당 폐기다. 히틀러 정부는 프롤레타리아의 저항을 분쇄하고 저항 능력이 있는 프롤레타리아 조직을 모두 없애 버려야만 자신의 임무를 완수할 수 있다. 바로 그것이 파시즘의 역사적 구실이다.

스탈린주의자들은 비겁하고 탐욕스럽고 프티부르주아적인 사민당 지도자들을 순전히 심리적으로만, 더 정확히 말하면 순전히 도덕적으로만 평가하는 데 그친다. 우리가 과연 이 상습적 배신자들[사민당 지도자들]이 스스로 부르주아지와 결별하고 부르주아지에 반대할 것이라고 생각할 수 있는가? 그런 관념론적 사고방식은 마르크스주의와 공통점이 거의 없다. 왜냐하면 마르크스주의는 사람들이 자신에 대해 어떻게 생각하는지 또는 사람들이 무엇을 원하는지에서 출발하지 않고, 사람들이 처한 조건과 그런 조건의 변화에서 출발하기 때문이다.

사민당이 부르주아 체제를 지지하는 것은 석탄·철강 같은 산업계 거물들의 이윤을 위해서가 아니라, 사민당 자체가 정당으로서, 즉 거대하고 강력한 기구로서 얻을 수 있는 이익을 위해서다. 분명히 파시즘은 결코 부르주아 체제를 위협하지 않고, 사민당은 부르주아 체제를 지키기 위해 존재한다. 그러나 파시즘은 사민당이 부르주아 체제에서 하는 구실과 그 구실을 통해 사민당이 얻는 소득을 위협한다. 비록 스탈린주의자들은 문제의 이 측면을 잊어버리지만, 사민당 자체는 파시즘의 승리가 바로 (부르주아지가 아니라) 사민당을 위협한다는 이 치명적 위험을 단 한 순간도 시야에서 놓치지 않는다.

약 3년 전에 우리가 오스트리아와 독일에 다가오는 정치 위기의 출발점은 십중팔구 사민당과 파시즘의 양립 불가능성에 의해 결정될 것이라고 지적했을 때, 이런 지적을 바탕으로 우리가 사회파시즘론은 다가오는 충돌을 드러내지 않고 오히려 숨긴다며 그 이론을 거부했을 때, 사민당(과 함께 그 기구의 상당 부분)이 사태 전개에 따라 반파시즘 투쟁에 나설 수밖에 없고 그러면 공산당은 더더욱 공세에 나서기 좋은 출발점에 설 수 있다는 사실에 우리가 주의를 환기했을 때, 아주 많은 공산주의자들은(고용된 당직자들뿐 아니라 심지어 매우 정직한 혁명가들도) 우리가 사민당을 '이상화한다'며 비난했다. 우리는 어깨를 으쓱하는 것 말고는 달리 어쩔 수가 없었다. 마르크스주의자가 볼 때 문제가 처음 시작되는 지점에서 사고가 멈춰 버리는 사람들과는 토론 자체가 어렵다.

대화 중에 나는 흔히 다음과 같은 사례를 인용했다. 제정러시아에서 유대인 부르주아지는 모든 러시아 부르주아지 가운데 가장 겁 많고 사기 저하한 자들이었다. 그러나 검은백인단의 포그롬, 즉 유대인 집단 학살이 (주로는 유대인 빈민을 겨냥했지만) 유대인 부르주아지도 공격하는 한 유대인 부르주아지는 자기방어에 나설 수밖에 없었다. 분명히 그들은 이 분야에서도 두드러진 용기를 보여 주지는 않았다. 그러나 뇌리에서 떠나지 않는 위험 때문에 자유주의 유대인 부르주아지는, 예컨대 혁명적 노동자와 학생의 무장을 위해 상당한 액수의 돈을 모금했다. 이런 식으로 (손에 총을 들고 싸울 태세가 돼 있는) 가장 혁명적인 노동자들과 (곤경에 빠져 있던) 가장 겁 많은 부르주아 집단이 일시적으로 실천적 협정을 맺게 됐다.

지난해 나는 공산당이 반파시즘 투쟁을 할 때는 악마(의 할머니)뿐 아니라 심지어 그르체진스키와도 실천적 협정을 맺을 의무가 있다고 썼다. 그러자 전 세계의 스탈린주의 언론이 모두 내 말을 대서특필했다. 좌익반대파가 '사회파시스트'임을 보여 주는 더 나은 증거가 필요했을까? 많은 동지들이 미리 나에게 경고했다. "저들은 이 문구를 붙들고 늘어질 것입니다." 나는 다음과 같이 대답했다. "저들이 그러라고 일부러 그렇게 썼습니다. 저들이 이 뜨거운 다리미를 꽉 붙잡으면 손가락을 델 것입니다. 돌대가리들은 교훈을 얻어야 합니다."

투쟁 과정 때문에 파펜은 그르체진스키가 감옥 내부에 익숙해지게 만들었다. 이런 사건을 사회파시즘론과 스탈린주의 관료들의 예측을 바탕으로 이해할 수 있는가? 그럴 수 없다. 그것은 후자와 완전히 모순되게 일어났다. 그러나 우리의 상황 평가는 그런 만일의 사태를 염두에 두고 있었고, 그 사건을 확실히 해명했다.

그러나 일부 스탈린주의자들은 사민당이 이번에도 투쟁을 회피했다고 반박할 것이다. 맞다. 사민당은 실제로 회피했다. 사민당이 그 지도자들의 권고를 뛰어넘어 독자적으로 투쟁에 나설 것이라고, 그것도 공산당조차 스스로 투쟁할 수 없음을 보여 준 마당에 사민당이 그럴 것이라고 예상한 사람은 누구나 당연히 실망을 맛봐야 했다. 우리는 그런 기적을 예상하지 않았다. 그러므로 우리는 사민당에 '실망'할 이유가 전혀 없었다.

그르체진스키는 혁명의 호랑이로 변모하지 않았다. 이 점을 우리는 기꺼이 인정한다. 그렇지만 그르체진스키가 자신의 요새에 앉아서 '민주주의'를 지키려고 경찰을 보내 혁명적 노동자들에 맞서 싸우게 하는 상황과, 자본주의의 구원자로 나선 보나파르트 체제가 그르체진스키 자신을 감옥에 집어넣는 상황 사이에는 큰 차이가 있다. 그렇지 않은가? 그리고 우리는 이 차이를 정치적으로 고려해야 하지 않겠는가? 그 차이를 이용해야 하지 않겠는가?

앞서 인용한 사례로 돌아가 보자. 제정러시아에서 어떤 유대인 제조업자가 경찰관에게 뒷돈을 주고 파업 노동자들을 두들겨 패게 하는 것과, 똑같은 제조업자가 어제의 파업 노동자들에게 돈을 줘서 무기를 구해 포그롬에 맞서 싸우게 하는 것 사이에 차이가 있음을 이해하기는 어렵지 않다. 그 부르주아는 여전히 똑같은 사람이다. 그러나 상황이 바뀌자 관계도 바뀐 것이다. 볼셰비키는 제조업자에 맞서 파업을 벌였다. 나중에는 그 똑같은 제조업자한테 돈을 받아 포그롬 반대 투쟁에 나섰다. 물론 그렇다고 해서 노동자들이 때가 왔을 때 그 무기를 돌려 부르주아지를 겨냥하지 못한 것은 아니었다.

이 모든 이야기는 사민당 전체가 파시즘에 맞서 투쟁할 것이라는 뜻인가? 이 물음에는 다음과 같이 답변하겠다. 일부 사민당 관료는 분명히 파시스트 편으로 넘어갈 것이고, 상당수는 위험이 닥치면 침대 밑으로 기어들어 갈 것이다. 노동자 대중도 전체가 다 투쟁하지는 않을 것이다. 사민당 노동자들 가운데 어느 부분이 투쟁으로 끌려올지, 그들이 사민당 기구의 어느 부분을 언제 투쟁으로 함께 끌고 올지를 미리 짐작하는 것은 완전히 불가능하다. 그것은 많은 상황에 달려 있고, 무엇보다 공산당의 태도에도 달려 있다. 공동전선 정책의 과제는 투쟁하기를 원하는 사람들과 원하지 않는 사람들을 나누는 것, 동요하는 사람들을 밀어붙여서 전진하게 하는 것, 마지막으로 노동자들의 투쟁 능력을 강화하기 위해 대중의 눈앞에서 투항파 지도자들과 타협하는 것이다.

목적 없이, 의미 없이, 수치스럽게, 얼마나 많은 시간을 허비했는가! 지난 2년 동안만 해도 얼마나 많은 것을 성취할 수 있었는데 그러지 못했는가! 독점자본과 그들의 파시스트 군대가 주먹과 쇠몽둥이로 사민당을 몰아붙여서 야당의 길로, 자기방어의 길로 나아가게 하리라는 것이 전부터 분명하지 않았던가? 이런 예측이 전체 노동계급 앞에 제시돼야 했고, 공동전선을 위한 주도력이 발휘돼야 했고, 이 주도력은 새로운 단계마다 우리가 확고하게 쥐고 있어야 했다. 소리 지르거나 악을 쓸 필요도 없었다. 조용히 능숙하게 시행할 수 있었다. 적의 다음 행동이 모두 불가피하다는 점을 분명하게 주장하고 공동전선을 위한 실천적 계획을 수립하는 것으로(과장과 흥정 없이, 약점과 양보 없이) 충분했을 것이다. 공산당이 레닌주의 정책의 기본을 완전히 이해해서 필수적 인내와 함께 그 정책을 적용했다면 오늘날 우뚝 서 있을 텐데!

(중략)

7. 경기변동에 비춰 본 계급투쟁

우리가 파시즘과 보나파르티즘을 구분해야 한다고 끈질기게 요구한 것은 이론적 현학 때문이 아니었다. 명칭은 개념을 구분하려고 사용하는 것이고, 정치에서 개념은 실제 세력들을 구분하려고 사용하는 것이다. 파시즘이 분쇄되면 보나파르티즘도 존재할 여지가 없을 것이고, 바라건대 사회혁명이 곧바로 시작될 것이다.

다만, 프롤레타리아가 혁명을 위해 무장되지 않았다. 한편으로 사민당과 보나파르티즘 정부의 상호 관계, 다른 한편으로 보나파르티즘과 파시즘의 상호 관계를 살펴보면(그런 관계가 비록 근본적 문제들을 결정하지는 않지만), 프롤레타리아와 파시스트 반혁명 세력 사이의 투쟁이 어떤 경로로 얼마나 빠르게 준비될지를 알 수 있다. 슐라이허·히틀러·벨스 사이의 모순 때문에 특정 상황에서는 파시즘의 승리가 더 어려워지고 공산당이 새로운 신뢰를 얻을 수 있게 된다(때맞춰 신뢰를 얻는 것이야말로 가장 중요하다).

스탈린주의 이론가들이 "파시즘은 냉철한 방법으로 권력을 잡을 것이다" 하고 말하는 것을 우리는 여러 번 들었다. 이 말은 파시스트들이 연립정부를 통해 합법적·평화적 방법으로 권력을 잡을 것이라는 뜻이다. 공공연한 격변은 필요하지 않다는 것이다. 그러나 이미 여러 사건이 이런 예측을 논박했다. 파펜 정부는 쿠데타를 통해 권력을 잡았고, 프로이센주에서 일으킨 쿠데타로 이를 보완했다.

비록 나치와 가톨릭중앙당의 연립정부가 '합헌적' 방법으로 파펜의 보나파르티즘 정부를 전복할 것이라고 가정하더라도, 그 자체로는 여전히 아무것도 해결되지 않는다. 히틀러의 '평화적' 집권과 파시즘 체제 수립 사이의 거리는 여전히 멀다. 연립정부는 쿠데타를 대체하는 것이 아니라 용이하게 할 뿐이다. 바이마르 헌법이 마침내 폐지되더라도 가장 중요한 과제, 즉 프롤레타리아 민주주의 기관들을 폐지하는 문제는 여전히 남아 있을 것이다. 이런 관점에서 볼 때, "냉철한 방법"은 무엇을 의미하는가? 노동자들의 저항이 없다는 것을 의미할 뿐이다. 파펜의 보나파르티즘 쿠데타는 실제로 여전히 처벌받지 않았다. 히틀러의 파시스트 정변도 처벌받지 않지 않겠는가? "냉철한 방법"에 대한 추측은 바로 이 문제를 의식적으로든 무의식적으로든 외면하고 있다.

공산당이 압도적 세력이고 프롤레타리아가 당장 권력을 장악하려고 전진하고 있었다면, 유산계급 진영의 모든 모순은 일시적으로 사라졌을 것이다. 파시스트·보나파르티스트·민주주의자가 프롤레타리아 혁명에 대항하는 하나의 전선으로 결집했을 것이다. 그러나 그런 일은 일어나지 않았다. 공산당의 약점과 프롤레타리아의 분열 때문에 유산계급과 그들에게 봉사하는 정당들이 자신의 모순을 공공연히 드러내고 있다. 공산당은 이런 모순을 이용해야만 자신을 강화할 수 있을 것이다.

그러나 어쩌면 산업이 매우 발달한 독일에서는 파시즘이 모든 권력을 요구하지는 않겠다고 결정하지 않을까? 분명히 이탈리아보다 독일 프롤레타리아가 비할 바 없이 수도 많고 잠재적으로 더 강력하다. 비록 이탈리아보다 독일의 파시즘이 수도 많고 잘 조직돼 있지만, '마르크스주의'를 없애 버리는 과제는 분명히 독일 파시스트들에게도 어렵고 위험한 일이다. 게다가, 히틀러의 정치적 절정기가 이미 지나가 버렸을 가능성도 배제할 수 없다. [집권을] 기다리는 기간이 너무 길고 보나파르티즘이라는 새로운 형태의 장벽에 부닥치게 되면 분명히 파시즘은 약해지고 그 내분이 격화해서, 파시즘의 압력도 실제로 약해질 수 있다. 그러나 여기서 우리는 지금 이 순간 미리 계산할 수 없는 추세의 영역으로 들어간다. 오직 현실의 투쟁만이 이 문제들에 답할 수 있다. 나치즘은 필연적으로 중간에서 멈추고 말 것이라는 가정에 미리 희망을 거는 것은 가장 경솔한 짓일 것이다.

"냉철한 방법" 이론은 그 논리적 결론까지 밀고 나아가면 결코 '사회파시즘'론보다 더 낫지 않다. 더 정확히 말하면, 두 이론은 똑같은 동전의 앞뒷면일 뿐이다. 두 이론 모두 적대 진영 세력들 사이에 존재하는 모순을 완전히 무시하고, 과정의 연속적 단계들을 흐려 버린다. 공산당은 완전히 곁으로 밀려나 있다. "냉철한 방법" 이론가인 베르너 히르슈가 동시에 '사회파시즘' 이론가이기도 한 것은 충분한 이유가 있었다.

독일의 정치 위기는 경제 위기라는 토대 위에서 발전하고 있다. 그러나 경제도 고정불변의 것은 아니다. 어제 우리가 경기변동의 위기는 자본주의 체제의 근본적·유기적 위기를 심화시키기만 했다고 말해야 했듯이, 오늘 우리는 자본주의의 일반적 쇠퇴가 경기변동을 배제하지 않는다는 사실을 기억해야 한다. 현재의 위기가 영원히 계속되지는 않을 것이다. 경제 위기가 호전될 것이라는 자본주의 세계의 희망은 극도로 과장돼 있지만 근거가 전혀 없는 것은 아니다. 정치 세력들의 투쟁이라는 문제는 경제 전망 속으로 통합돼야 한다. 파펜의 계획은 그것을 훨씬 더 절박한 일로 만들었다. 왜냐하면 그 계획 자체가 경제 상황이 곧 나아질 것이라는 가정에서 출발하기 때문이다.

산업의 부흥은 상품 매출액이 증가하고 생산이 증대하고 취업 노동자 수가 늘어나면 누구나 알 수 있다. 그러나 시작은 다르다. 화폐유통과 신용 분야의 준비 과정이 산업의 부흥에 선행한다. 수익성 없는 사업과 산업에 투자된 자본이 자유롭게 풀려나서 투자처를 찾는 유동자금이 돼야 한다. 지방 찌꺼기와 종양, 혹이 사라진 시장은 진정한 수요를 보여 줘야 한다. 기업인들은 시장을 신뢰해야 하고 서로서로 '신뢰'를 얻어야 한다. 다른 한편으로, 전 세계 언론이 그토록 떠들어 대는 '신뢰'는 경제적 요인뿐 아니라 정치적 요인(배상금, 전쟁 부채, 무장해제와 재무장 등)에 의해서도 자극받아야 한다.

상품 매출액과 생산과 취업 노동자 수의 증가는 아직 어디서도 찾아볼 수 없다. 오히려 계속 감소하고 있다. 경제 위기의 호전에 선행하는 과정들은 분명히 제구실을 대부분 해냈다. 많은 조짐을 볼 때, 실제로 경기 호전의 순간이 많이 가까워졌다고도 생각할 수 있다. 당장 임박해 있지는 않다 해도 말이다. 세계 수준을 볼 때, 그렇게 평가할 수 있다.

그러나 (미국·영국·프랑스 같은) 채권국들과 채무국들, 더 정확히 말하면 파산한 나라들을 구분해야 한다. 채무국 중에서 으뜸은 독일이다. 독일은 유동자본이 없다. 독일 경제는 외국에서 자본이 유입돼야만 자극을 받을 수 있다. 그러나 오래된 부채를 갚을 수 없는 나라는 더는 대출을 받지 못한다. 어쨌든, 채권국들은 독일이 다시 수입에 필요한 금액보다 더 많이 수출할 수 있게 됐다는 확신이 들어야 지갑을 열 것이다. 독일이 무역 흑자를 부채 상환에 쓸 수 있게 돼야 한다는 것이다. 독일 상품에 대한 수요는 주로 농업국들, 특히 남유럽 나라들에서 나올 것이다. 농업국 자체는 원료와 식량에 대한 공업국의 수요에 의존한다. 그러므로 독일은 기다릴 수밖에 없을 것이다. 생명의 물줄기는 먼저 독일의 경쟁 상대인 자본주의 국가들과 협력 상대인 농업국들을 관류한 뒤에야 비로소 독일 경제에 다다를 것이다.

그러나 독일 부르주아지는 기다릴 수 없다. 보나파르티즘 패거리는 훨씬 더 기다리지 못한다. 파펜 정부는 통화의 안정성을 해치지 않겠다고 장담하지만, 실제로는 인플레이션을 촉진하고 있다. 말로는 경제적 자유주의의 부활 운운하면서도 실제로는 행정처분으로 경기변동을 관리하려 한다. 민간의 자유와 주도력이라는 미명 아래 납세자들을 자본주의 사기업인들에게 직접 종속시킨다.

정부는 조만간 경제 위기가 호전될 것이라는 희망을 중심으로 움직이고 있다. 이런 일이 곧 일어나지 않는다면, 20억 마르크는[2] 뜨거운 난로에 떨어진 물 두 방울처럼 순식간에 증발해 버릴 것이다. 파펜의 계획은 엄청난 도박이다. 그것은 현재 뉴욕 증권거래소에서 나타나고 있는 활황세보다 훨씬 더 투기성이 농후한 도박이다. 아무튼, 보나파르트 체제의 도박이 실패하면 그 결과는 훨씬 재앙적일 것이다.

정부의 계획과 시장의 실제 움직임 사이의 간극에서 비롯하는 가장 직접적이고 확실한 결과는 시장의 폭락일 것이다. 인플레이션 때문에 늘어난 사회악들은 참을 수 없을 만큼 끔찍할 것이다. 파펜의 경제계획이 파산하면 더 효과적인 다른 계획으로 대체돼야 할 것이다. 어떤 계획? 분명히 파시즘의 계획이다. 보나파르티즘식 치료로 회복을 강제하려던 시도가 실패했으니 파시즘식 수술이 시도돼야 한다. 그사이에 사민당은 '좌파적' 몸짓을 하다가 무너져 내릴 것이다. 공산당은 스스로 장애물을 설치하지 않는다면 성장할 것이다. 대체로, 이것은 혁명적 상황을 뜻할 것이다. 이런 상황에서 승리의 전망은 4분의 3이 공산당의 전략에 달려 있을 것이다.

그러나 혁명적 정당은 또 다른 전망, 즉 경제 위기의 전환점이 더 빨리 찾아올 수 있다는 전망에 대해서도 준비해야 한다. 슐라이허·파펜 정부가 상공업의 부흥이 시작될 때까지 정부를 유지하는 데 성공했다고 치자. 그러면 그 정부는 계속 살아남을까? 그러지 못할 것이다. 경기가 상승하기 시작하면 보나파르트 체제는 확실히 끝날 것이고, 어쩌면 그보다 더한 일도 일어날 수 있다.

독일 프롤레타리아의 힘은 소진되지 않았다. 그러나 1914년에 시작된 희생과 패배와 실망, 즉 사민당의 체계적 배신과 공산당이 자초한 불신 때문에 약해졌다. 600만~700만 명의 실업자가 무거운 짐처럼 프롤레타리아의 발에 매달려 있다. 브뤼닝과 파펜의 긴급명령은 아무런 저항에 부딪히지 않았다. 7월 20일의 쿠데타는 아직도 처벌받지 않았다.

우리는 완전한 확신을 갖고 다음과 같이 예측할 수 있다. 경기가 상승하기 시작하면 지금 쇠퇴한 프롤레타리아의 활동이 강력한 자극을 받을 것이다. 공장에서 노동자 해고가 중단되고 새로 노동자들이 채용되기 시작하는 순간, 노동자들의 자신감은 커진다. 노동자들이 다시 필수적 존재가 되기 때문이다. 눌려 있던 용수철이 다시 튀어 오르는 것이다. 노동자들은 항상 새로운 것을 쟁취하려는 투쟁보다는 잃어버린 것을 되찾으려는 투쟁에 더 쉽게 나선다. 독일 노동자들은 그동안 너무 많이 잃어버렸다. 긴급명령도 제국군대의 투입도 경기상승 물결을 타고 전개되는 대중 파업을 분쇄할 수 없을 것이다. '사회적 휴전'을 통해서만 유지될 수 있는 보나파르트 체제가 경기상승의 첫 제물이 될 것이다.

파업 투쟁의 증가는 이미 여러 나라에서 볼 수 있다(벨기에·영국·폴란드와 부분적으로는 미국도 그렇지만 독일은 그렇지 않다). 지금 발전하고 있는 대중 파업을 전 세계의 경기변동에 비춰서 평가하는 것은 쉬운 일이 아니다. 경기변동을 보여 주는 통계 수치들은 실물 경기보다 느릴 수밖에 없다. 경기회복은 기정사실이 된 뒤에야 기록으로 나타날 것이다. 노동자들은 흔히 통계학자들보다 더 빨리 경기회복을 체감한다. 신규 주문이나 심지어 신규 주문에 대한 기대가 있을 때나 생산 확대를 위해 기업 조직이 개편될 때, 심지어 노동자 해고가 중단되기만 해도 곧바로 노동자들의 저항 능력과 요구 사항은 증대한다. [영국] 랭커셔주 섬유 노동자들의 방어적 파업은 분명히 섬유산업의 상황이 어느 정도 나아졌기 때문에 일어났다. 벨기에 파업으로 말하면, 탄광업의 위기가 여전히 심각한 상황에서 벌어지고 있다는 것이 분명하다.

현재 세계경제가 결정적으로 중요한 전환 국면이라는 사실은 최근 파업들이 대부분 다양한 경제적 충격을 배경으로 일어났다는 점과 부합한다. 그러나 대체로 대중운동의 성장은 곧 감지할 수 있게 될 경기 호전 추세를 보여 주는 경향이 있다. 어쨌든, 경제가 실제로 회복되면 심지어 그 첫 단계에서도 대중투쟁은 광범하게 분출할 것이다.

모든 나라의 지배계급은 산업의 호전에서 기적을 기대한다. 이미 벌어지고 있는 주식 투기가 그 증거다. 만약 자본주의가 실제로 새로운 번영 국면이나 심지어 점진적이지만 지속적인 성장 국면으로 들어섰다면, 당연히 자본주의는 안정될 것이고 파시즘은 약해질 것이며 개혁주의는 강해질 것이다. 그러나 (그 자체는 필연적인) 경제 회복이 세계경제의 전반적 쇠퇴 경향, 특히 유럽 경제의 쇠퇴 경향을 극복할 수 있으리라는 희망이나 두려움의 근거는 전혀 없다. 전쟁 전의 자본주의가 상품의 생산 증대라는 공식에 따라 발전했다면, 현재의 자본주의는 경기변동에도 불구하고 고통과 재앙의 생산 증대를 보여 준다. 새로운 경기변동으로 말미암아 자본주의 진영 전체에서뿐 아니라 각국 안에서도 대체로 유럽과는 멀어지고 미국과는 가까워지는 방향으로 세력 조정이 일어날 수밖에 없다. 그러나 아주 단기적으로는 자본주의 세계가 해결할 수 없는 모순에 빠지고 훨씬 더 무서운 격변들이 새롭게 일어날 것이다.

오류의 위험 없이 우리는 다음과 같이 예측할 수 있다. 경제 회복으로 말미암아 노동자들의 자신감은 커지고 투쟁은 새로운 자극을 받겠지만 자본주의, 특히 유럽 자본주의가 부활할 가능성은 적을 것이다.

쇠퇴하는 자본주의에서 새로운 경제성장이 노동자 운동에 허용할 수 있는 실질적 성과는 매우 제한적일 수밖에 없을 것이다. 새로운 경제 회복이 절정에 달하면 독일 자본주의가 노동계급의 조건을 현재의 위기 이전 상태로 되돌려 놓을 수 있을까? 아무리 봐도 이 물음에는 '아니요'라고 대답할 수밖에 없다. 그러므로 깨어난 대중운동은 훨씬 더 빠르게 정치[투쟁]의 길로 나아가야 할 것이다.

산업이 부흥하는 첫 단계조차 사민당에는 매우 위험할 것이다. 노동자들은 전에 잃어버린 것을 되찾으려는 투쟁에 스스로 나설 것이다. 사민당 지도자들은 다시 '정상적' 질서의 회복에 희망을 걸 것이다. 그들의 주된 관심사는 연립정부에 참여할 자격의 복원일 것이다. 지도자들과 대중은 서로 반대 방향으로 이끌릴 것이다. 개혁주의의 새로운 위기를 철저히 이용하려면 공산당은 주기적 변화의 방향을 정확히 파악해야 하고 실천적 행동 강령을 아주 일찌감치 준비해야 한다. 그 시작은 무엇보다 경제 위기 때 노동자들이 잃어버린 것을 되찾는 일이다. 경제투쟁에서 정치투쟁으로 제때 전환한다면, 혁명적 프롤레타리아 정당의 힘과 영향력을 강화하기에 딱 좋을 것이다.

그러나 다른 분야와 마찬가지로 이 분야에서도 성공을 위한 조건이 하나 있다. 그것은 공동전선 정책을 올바로 적용해야 한다는 것이다. 이것은 독일 공산당이 이도 저도 아닌 현재의 노동조합 정책을 끝내야 한다는 뜻이다. 그리고 자유노조 쪽으로 확고하게 방향을 틀어서, 혁명적노조반대파RGO의 현재 간부들을 자유노조 대열로 끌어들여야 한다는 것이다. 또, 노동조합을 이용해 공장위원회에 영향을 미치기 위한 체계적 투쟁을 시작하고, 노동자 생산 통제라는 구호 아래 광범한 운동을 전개할 준비를 해야 한다는 것이다.

8. 사회주의로 가는 길

다른 누구보다도 카우츠키와 힐퍼딩이 자신들은 자본주의 붕괴론을 공유한 적이 없다고 최근에 여러 차례 공언했다. 한때 수정주의자들은 자본주의 붕괴론을 마르크스주의자들의 주장으로 돌렸는데, 오늘날 카우츠키주의자들은 그것을 공산주의자들의 주장으로 돌리고 있다.

베른슈타인파는 두 가지 견해를 묘사하며 대조했다. 하나는 이른바 정설 '마르크스주의'라는 비현실적 관점인데, 장기적으로 자본주의는 내적 모순 때문에 저절로 붕괴한다는 것이다. 다른 하나는 '현실적' 관점인데, 자본주의는 점진적으로 사회주의로 진화한다는 것이다. 이 두 견해는 언뜻 보면 정반대인 것 같지만, 사실은 혁명적 요인의 부재라는 공통점이 있다. 마르크스주의자들은 자본주의가 저절로 붕괴한다는 우스꽝스러운 이론을 만들어 낸 장본인이라는 혐의를 부인하지만, 자본주의가 객관적 모순 때문에 자동 붕괴하기 오래전에 프롤레타리아가 첨예한 계급투쟁의 영향을 받아서 혁명을 실행할 것임을 입증했다.

이 논쟁은 이미 지난 세기[19세기] 말부터 계속되고 있는 오래된 논쟁이다. 그러나 제1차세계대전 이후 자본주의의 현실은 어떤 의미에서 특히 수정주의자들 자신이 생각한 것보다는 베른슈타인이 우스꽝스럽게 묘사한 마르크스주의에 훨씬 더 가까워졌다는 사실을 인정해야 한다. 왜냐하면 수정주의자들은 오로지

자본주의 붕괴론의 비현실성을 끌어내기 위해서만 [자본주의의] 붕괴라는 유령을 묘사했기 때문이다. 그렇지만 자본주의는 프롤레타리아가 사회의 운명에 혁명적으로 개입하는 일이 늦어질수록 자동 붕괴에 가까워진다는 것을 실제로 입증하고 있다.

자동 붕괴론의 가장 중요한 구성 요소는 빈곤화 또는 궁핍화 이론이었다. 마르크스주의자들은 사회적 모순이 심화하려면 무조건 대중의 생활수준이 절대적으로 하락해야 하는 것은 아니라고 약간 신중하게 주장했다. 그러나 현실에서는 대중의 생활수준이 절대적으로 하락하는 일이 벌어지고 있다. 만성적 실업과 사회보험의 파괴, 즉 자신의 노예를 먹여 살리는 사회질서를 스스로 거부하는 것보다 더 날카롭게 자본주의의 붕괴를 보여 주는 것이 또 어디 있겠는가?

노동계급 속에서 걸림돌 구실을 하는 기회주의자들은 이미 수명이 끝난 자본주의에 수십 년의 생명을 추가해 줄 만큼 충분히 강력하다는 것이 입증됐다. 그 결과, 지금 벌어지고 있는 일은 자본주의가 사회주의로 평화롭게 바뀌는 목가적 상황이 아니라 사회의 붕괴로 한없이 가까워지는 그런 상황이다.

개혁주의자들은 오래전부터 사회의 현재 상태를 전쟁 탓으로 돌리고 싶어 했다. 그러나 첫째, 전쟁은 자본주의의 파괴 경향을 만들어 내지 않고 그 경향을 표면으로 드러내고 가속시켰을 뿐이다. 둘째, 개혁주의의 정치적 지지가 없었다면 전쟁은 그 파괴 활동을 완수할 수 없었을 것이다. 셋째, 자본주의의 끔찍한 모순들은 다양한 측면에서 새로운 전쟁을 준비하고 있다. 개혁주의는 자신의 역사적 책임을 전가할 수 없을 것이다. 국제 사회민주주의는 프롤레타리아의 혁명적 에너지를 마비시키고 억제해서, 자본주의의 붕괴 과정을 가장 맹목적이고 광포하고 재앙적이고 유혈 낭자한 과정으로 만들고 있다.

물론 수정주의자들이 우스꽝스럽게 묘사한 마르크스주의의 실현은 특정한 역사적 시기에만 가능하다고 조건부로 말할 수 있다. 그러나 붕괴하는 자본주의에서 빠져나갈 수 있는 길은 자동 붕괴의 길이 아니라, 비록 엄청나게 늦어지더라도 혁명적 길에서 발견될 것이다.

현재의 위기는 개혁주의적 유토피아의 잔재들을 마지막 큰 빗질 한 번으로 쓸어버렸다. 지금은 기회주의적 실천을 가려 줄 이론적 덮개가 전혀 없다. 왜냐하면 장기적으로 얼마나 많은 재앙이 인민대중에게 닥칠지는 벨스·힐퍼딩·그르체진스키·노스케에게는 아무래도 상관없는 일이기 때문이다(그들 자신의 이익만 무사하다면). 다만 문제는 부르주아 체제의 위기가 개혁주의 지도자들도 공격한다는 점이다.

사민당은 얼마 전에 파시즘 앞에서 후퇴하며 "행동하라. 국가여, 행동하라!" 하고 외쳤다. 그러자 국가는 행동했다. 그래서 오토 브라운과• 제버링은 길거리로 쫓겨났다. 이제 〈포어베르츠〉는 민주주의가 독재 정권보다 우월하다는 것을 모든 사람이 인정해야 한다고 썼다. '그렇다, 민주주의는 상당히 우월하다'고 그르체진스키는 곰곰이 생각하면서 감옥 내부에 익숙해지고 있다.

이 경험에서 다음과 같은 결론이 나왔다. "지금은 사회(주의)화를 향해 전진할 때다!" 어제까지도 자본주의를 치료하는 의사였던 타르노프가 갑자기 자본주의의 무덤을 파는 사람으로 변신했다. 그런데 자본주의가 개혁주의자 장관·경찰서장·주지사를 실업자로 만들어 버렸을 때, 자본주의는 스스로 탈진했다는 것이 분명히 드러났다. 벨스는 "사회주의의 때가 왔다!"라는 강령적 문건을 썼다. 남아 있는 것은 슐라이허가 국회의원들의 봉급을 빼앗고 전직 장관들의 연금을 빼앗(고 힐퍼딩은 총파업의 역사적 구실을 연구해서 글을 쓰)는 것뿐이다.

사민당 지도자들의 '좌선회'를 보며 사람들은 그 어리석음과 속임수에 깜짝 놀란다. 물론 그렇다고 해서 그들의 책략이 반드시 실패할 것이라는 말은 아니다. 범죄로 가득 찬 이 당은 여전히 수많은 사람들의 선두에 서 있다. 그 당은 자발적으로 몰락하지 않을 것이다. 우리는 그 당을 타도하는 법을 알아야 한다.

공산당은 벨스와 타르노프가 사회주의의 길로 방향을 바꾼 것은 새로운 형태의 대중 기만이라고 선언할 텐데, 그 말은 정확하다. 공산당은 지난 14년간의 [사민당] 역사를 거론할 텐데, 그것은 유용하다. 그러나 충분하지는 않다. 역사는, 심지어 아주 최근의 역사라도 능동적 정치를 대체할 수 없다.

타르노프는 사회주의로 가는 혁명적 길이냐 개혁주의적 길이냐 하는 문제를 단지 변화의 '속도' 문제로 환원한다. 이론가가 이보다 더한 나락으로 떨어질 수는 없다. 사회주의적 변화의 속도는 나라의 생산력 상태, 문화 수준, 국방비 규모 등에 실제로 달려 있다. 그러나 느리든 빠르든 사회주의적 변화는, 사회주의에 관심 있는 계급이 사회의 꼭대기에 있고 이 계급의 선두에 서 있는 정당이 피착취자들을 속이지 않고 항상 착취자들의 반발을 진압할 태세가 돼 있을 때만 가능하다. 우리는 바로 이것이 프롤레타리아 독재 체제라고 노동자들에게 설명해야 한다.

그러나 이조차도 충분치 않다. 사회주의적 변화가 전 세계 프롤레타리아의 시급한 문제일 때는, (코민테른이 하듯이) 소련이 존재한다는 사실을 잊어버려서는 안 된다. 독일과 관련해서 오늘날의 과제는 처음으로 사회주의 건설을 시작하는 것이 아니라, 독일의 생산력과 문화, 기술적·조직적 천재성을 소련에서 이미 진행 중인 사회주의 건설과 연결하는 것이다.

독일 공산당은 소련의 성공을 그저 칭송하면서, 중대하고 위험한 과장을 하고 있다. 그러나 소련의 사회주의 건설, 그 엄청난 경험과 귀중한 성과를 독일의 프롤레타리아 혁명이라는 과제와 연결하는 데서는 완전히 무능하다. 한편, [소련의] 스탈린주의 관료들은 이 매우 중요한 문제에서 독일 공산당을 원조할 처지에 있지 않다. 전망이 오직 한 나라에 국한돼 있기 때문이다.

사민당의 일관성 없고 비겁한 국가자본주의 프로젝트에 맞서 소련과 독일이 함께 사회주의를 건설하기 위한 일반적 계획이 제시돼야 한다. 당장 세부적 계획이 수립돼야 한다고 요구하는 사람은 아무도 없다. 대강의 예비적 초안이면 충분하다. 기초 말뚝이 필요하다. 이 계획이 최대한 빨리 독일 노동계급의 모든 조직, 주로 노동조합의 행동 목표가 돼야 한다.

독일의 진보적 기술자·통계학자·경제학자들을 이 행동으로 끌어들여야 한다. 계획경제에 관한 논의가 독일에 널리 퍼져 있다는 사실은 독일 자본주의가 가망 없음을 반영하는 것이지만, 그런 논의 자체는 여전히 학술적이고 관료적이고 생기 없고 현학적이다. 공산주의의 전위만이 문제를 악순환에 빠뜨리지 않고 다룰 수 있다.

사회주의 건설은 이미 진행 중이다(이를 위해 국경을 뛰어넘을 다리를 놔야 한다). 최초의 계획은 그것을 연구하고, 개선하고, 구체화하는 것이다. 노동자들이여, 특별 계획위원회를 선출하고 그들에게 소련의 노동조합·경제기구와 연락을 시작할 임무를 부여하라. 독일의 노동조합, 공장위원회, 그 밖의 노동자 조직을 바탕으로 계획위원회를 창설해서 소련의 국가계획위원회(고스플란)와 연락하는 임무를 맡게 하라. 이 일에 독일의 기술자·조직자·경제학자들을 끌어들여라!

이것만이 오늘날, 즉 [소비에트 공화국이 존재한 지 15년이 지났고] 독일 자본주의 공화국에서 격변이 시작된 지 14년이 지난 1932년에 계획경제 문제를 다루는 유일하게 올바른 방법이다.

사회주의를 찬양하는 노래를 부르기 시작한 (벨스를 필두로 한) 사민당 관료들을 비웃는 것보다 더 쉬운 일은 없다. 그러나 잊지 말아야 할 사실은 개혁주의 노동자들도 사회주의 문제에 대단히 진지한 태도를 취한다는 것이다. 우리는 개혁주의 노동자들에게 진지한 태도를 취해야 한다. 여기서 다시 한 번 공동전선 문제가 전면적으로 제기된다.

사민당이 자본주의 구하기가 아니라 사회주의 건설하기를 자신의 임무로 설정한다면(그들은 말로만 "우리도 안다"고 떠들어댄다), 가톨릭중앙당이 아니라 공산당과 협정을 맺으려고 해야 할 것이다. 공산당은 그런 협정을 거부할 것인가? 결코 그러지 않을 것이다. 오히려 공산당은 스스로 그런 협정을 제안할 것이고, 막 서명한 사회주의 약속어음을 현금화하라고 대중 앞에서 [사민당에] 요구할 것이다.

지금 공산당은 세 방향에서 사민당을 공격해야 한다. 파시즘을 쳐부수는 것은 여전히 중차대한 과제다. 파시즘에 맞선 프롤레타리아의 결정적 전투는 동시에 보나파르티즘 국가기구와의 충돌로도 나타날 것이다. 여기서 총파업은 필수적 투쟁 무기가 된다. 총파업을 준비해야 한다. 구체적 총파업 계획을 세워야 한다. 즉, 세력을 동원해서 총파업을 실행할 계획을 수립해야 한다. 이런 계획에서 더 나아가 대중적 운동을 전개해야 한다. 이런 운동을 바탕으로, 분명한 정치적 조건 아래 총파업을 실행하기 위한 협정을 사민당에 제안해야 한다. 이 제안이 새로운 단계마다 거듭되고 구체화하면, 그 발전 과정에서 공동전선의 최고 기관인 소비에트 창설로 이어질 것이다.

파펜의 경제계획은 이제 법률이 돼서 독일 프롤레타리아를 전례 없는 빈곤으로 몰아넣고 있다. 사민당과 노동조합 지도자들도 말로는 이 사실을 인정한다. 지금 그들은 오랫동안 보여 주지 않던 격렬한 표현을 언론에서 쏟아 내고 있다. 그들의 말과 행동 사이에는 심대한 간극이 있다. 우리는 그 점을 잘 알지만, 그들의 말을 이용해서 그들에게 행동을 강요하는 방법도 알아야 한다. 긴급명령과 보나파르트 체제에 맞서는 공동 투쟁 체계를 정교하게 만들어 내야 한다. 전체 상황이 프롤레타리아에게 강요하는 이 투쟁은 그 특성상 민주주의의 틀 안에서는 실행될 수 없다. 히틀러는 병사 40만의 군대를 보유하고 있고, 파펜·슐라이허는 제국군대 외에도 병사 20만의 반半사설 군대인 철모단을,• 부르주아 민주주의자들은 반쯤 용인된 제국국기단 군대를, 공산당은 금지된 붉은 전선 군대를 보유하고 있는 이런 상황 자체가 국가적 문제는 곧 권력 장악 문제라는 것을 노골적으로 보여 준다. 이보다 더 좋은 혁명의 학교는 상상할 수 없다!

공산당은 노동계급에게 다음과 같이 말해야 한다. 슐라이허는 결코 의회적 게임으로 전복될 수 없다. 다른 수단으로 보나파르티즘 정부를 전복하는 일을 사민당이 시작하려 한다면, 공산당은 온 힘을 다해 사민당을 도와줄 태세가 돼 있다. 그와 동시에 공산당은 노동계급의 다수를 기반으로 수립된 사민당 정부가 공산당의 선동과 조직 활동의 자유를 보장하는 한, 그 정부에 맞서 먼저 폭력적 방법을 사용하지는 않을 것이다. 공산당이 그런 식으로 문제를 제기한다면 모든 사민당 노동자와 무소속 노동자도 이해할 수 있을 것이다.

마지막으로 셋째 방향은 사회주의를 위한 투쟁이다. 여기서도 쇠가 뜨겁게 달궈져 있을 때 벼려야 하고, 소련과 협력하는 구체적 계획으로 사민당을 압박해야 한다. 이 점에 관해 필요한 사항은 이미 앞에서 이야기했다.

당연히 이 세 투쟁 방향은 순전히 전략적 관점에서만 중요성이 다를 뿐 서로 분리된 것이 아니라 오히려 중첩된다. 사회의 정치적 위기는 부분적 문제와 전체적 문제의 결합을 요구한다. 바로 이것이 혁명적 상황의 본질이다.

9. 유일한 길

공산당 중앙위원회가 스스로 올바른 노선으로 전환하리라고 기대할 수 있는가? 과거 경력을 보면 그럴 수 없다는 것을 알 수 있다. 그들이 스스로 교정을 시작하려고 하자마자 [스탈린주의 관료] 기구는 그들이 '트로츠키주의' 관점에 직면해 있음을 발견할 것이다. 텔만 자신이 그 점을 즉시 깨닫지 못한다면, '부분'은 '전체'를 위해 희생돼야 한다는 모스크바의 충고를 듣게 될 것이다. 즉, 독일 혁명의 이익은 스탈린주의 기구의 이익을 위해 희생돼야 한다는 것이다. 그러면 정책을 바꾸려는 겸연쩍은 노력은 철회될 것이다. 그리고 관료적 반동이 다시 완전히 승리할 것이다.

물론 그것은 텔만의 문제가 아니다. 현재의 코민테른이 각국 지부에 스스로 생각하고 활동하고 발전할 가능성을 허용했다면 그들은 오래전에, 즉 지난 15년 사이에 독자적으로 지도적 간부들을 선발할 수 있었을 것이다. 그러나 소련 관료 집단은 오히려 각국 공산당의 지도자들을 임명하고 인위적 야단법석으로 그들을 지지하는 체계를 수립했다. 텔만은 그런 체계의 산물이자 피해자다.

간부들은 발전이 마비돼서 공산당을 약화하고 있다. 그들은 자신의 부적절함을 억압으로 보완한다. 공산당의 동요와 불확실성은 고스란히 노동계급 전체로 전달된다. 공산당 자체가 혁명적 투지를 빼앗겼을 때 대중은 대담한 행동에 나설 수 없다.

비록 텔만이 내일 마누일스키한테서 공동전선 정책으로 전환할 필요가 있다는 전보를 받는다손 치더라도 상층의 새로운 지그재그는 좋은 결과를 가져오지 못할 것이다. 지도부도 위태로워질 것이다. 올바른 정책에는 건전한 제도가 필요하다. 당내 민주주의는 지금 관료의 장난감이 돼 있지만, 다시 한 번 현실로 고양돼야 한다. 공산당은 공산당다워야 한다. 그러면 대중은 공산당을 신뢰할 것이다. 현실에서 이것이 뜻하는 바는 의사일정을 정하는 것이다. 즉, 특별 당대회와 코민테른의 특별 세계 대회를 소집하는 것이다.

물론 당대회 전에 전면적 토론이 선행돼야 한다. 당 기구의 장벽은 모두 철저히 파괴돼야 한다. 모든 당 조직, 모든 당세포는 의견을 정하는 데 필요하다고 판단되면 모든 공산주의자(당원이든 당에서 제명된 사람이든)가 참가하는 회의를 소집해서 그들의 말을 들을 권리가 있다. 공산당 언론은 그런 토론을 의무적으로 보도해야 한다. 공산당의 모든 신문은 날마다 충분한 지면을 할애해서 비판적 기사를 실어야 한다. 당원들의 대중 집회에서 선출된 특별 언론위원회는 신문이 반드시 관료가 아니라 당에 봉사하도록 조치해야 한다.

토론을 하려면 적잖은 시간과 에너지가 필요하다는 것은 사실이다. 당 기구는 다음과 같이 주장할 것이다. 어떻게 공산당이 그토록 결정적인 시기에 한가하게 '토론의 사치'를 허용할 수 있겠는가? 관료적 구세주들은 어려운 상황에서는 공산당이 입을 다물어야 한다고 믿는다. 그러나 마르크스주의자들은 상황이 어려울수록 공산당의 독립적 구실이 더 중요하다고 생각한다.

1917년에 볼셰비키당 지도부는 대단한 존경을 받았다. 그렇지만 1917년 내내 심각한 당내 토론과 논쟁이 잇따라 벌어졌다. 10월 혁명 직전에도 중앙위원회의 두 분파, 즉 무장봉기에 찬성하는 다수파와 반대하는 소수파 가운데 누가 옳은지를 두고 당 전체가 뜨거운 논쟁을 벌였다. 그러나 견해 차이에도 불구하고 제명이나 일반적 억압 조치는 전혀 없었다. 당원이 아닌 대중도 이 논쟁 속으로 끌려 들어왔다. 페트로그라드에서는 당원이 아닌 여성 노동자들이 집회를 열고 당 중앙위원회에 대표단을 파견해서 다수파를 지지했다. 확실히 토론에는 시간이 필요했다. 그러나 그 덕분에 위협·거짓말·날조가 없는 공개적 토론에서 정책의 올바름에 대한 불굴의 확신, 즉 그 정책만이 승리를 가능하게 만든다는 일반적 확신이 생겨날 수 있었다.

독일의 상황은 어떻게 전개될 것인가? 좌익반대파라는 작은 바퀴가 때맞춰 당이라는 큰 바퀴를 굴리는 데 성공할 것인가? 그것이 바로 지금 문제가 제기되는 방식이다. 흔히 비관적 목소리가 크게 들린다. 공산당 안팎의 다양한 공산주의자 집단에는 "모든 중요한 문제에서 좌익반대파가 옳았다"고 인정하는 사람들이 꽤 많다. 그러나 좌익반대파는 약하다. 그 간부들은 수도 적고 정치적 경험도 부족하다. 그런 조직이 〈페르마넨테 레볼루치온〉이라는 작은 주간지로 강력한 코민테른 기구에 대항하는 데 성공할 수 있는가?

사태의 교훈은 스탈린주의 관료보다 더 강력하다. 우리는 이런 교훈을 공산주의 대중에게 알려 주고 싶다. 바로 그것이 우리 분파의 역사적 구실이다. 자이데비츠와 그 밖의 사람들은 혁명적 프롤레타리아에게 무조건 자신들을 믿으라고 요구하지만 우리는 그렇게 요구하지 않는다. 우리는 더 겸손한 구실을 자처한다. 즉, 우리는 공산주의 전위가 올바른 노선을 정교하게 발전시키도록 도와주겠다고 제안한다. 이 일을 위해 우리는 간부들을 모으고 훈련한다. 이 준비 단계는 결코 건너뛸 수 없다. 투쟁의 새로운 단계가 시작될 때마다 프롤레타리아 중에서 가장 비판적인 최상의 사람들이 우리 쪽으로 끌려올 것이다.

혁명적 정당은 사상과 강령에서 시작하는데, 그 목표는 계급 사회의 가장 강력한 기구를 비판하는 것이다. 사상을 만들어 내는 것은 간부가 아니지만, 간부를 만들어 내는 것은 사상이다. 당 기구의 힘을 두려워하는 태도는 (스탈린주의 관료들이 조장하는) 기회주의의 가장 뚜렷한 특징이라 할 수 있다. 마르크스주의적 비판은 모든 당 기구보다 더 강력하다.

좌익반대파가 더 발전하면서 취하게 될 조직 형태는 많은 상황, 즉 역사적 충격의 탄력, 스탈린주의 관료들의 반발 정도, 기층 공산당원의 활동, 좌익반대파 자체의 활력 등에 달려 있다. 그러나 우리가 옹호하는 원칙과 방법들은 세계사의 가장 위대한 사건들로, [투쟁의] 패배와 승리로 검증됐다. 그것들이 돌파구를 열어 줄 것이다.

독일을 포함한 모든 나라에서 좌익반대파가 성공한 것은 결코 부인할 수 없을 만큼 분명하다. 그러나 우리 중에 많은 사람이 예상한 것보다는 느리게 발전하고 있다. 이 점은 안타깝지만, 그렇다고 해서 놀랄 일은 아니다. 공산당 관료들은 좌익반대파의 주장에 귀를 기울이기 시작하는 모든 당원에게 냉소적으로 선택을 강요한다. '트로츠키주의'라는 미끼를 덥석 물든지 아니면 코민테른 대열에서 쫓겨나든지 선택하라는 것이다. 공산당 간부에게 그것은 지위와 임금의 문제다. 스탈린주의 관료 기구는 이 열쇠를 갖고 완벽하게 장난을 친다. 그러나 헤아릴 수 없이 더 중요한 것은 수많은 기층 공산당원이다. 그들은 지금 공산주의 사상에 헌신하는 것과 코민테른 대열에서 쫓겨나는 것 사이에서 망설이고 있다. 바로 그 때문에 좌익반대파의 주장에 부분적으로 동의하는 수많은 사람들이 겁을 먹은 채 공식 공산당 대열 안에 숨어 있는 것이다.

역사적 조건이 이렇게 기묘하게 맞물려 있는 것을 보면 왜 좌익반대파의 성장이 느린지를 충분히 알 수 있다. 그와 동시에, 이렇게 느린 성장에도 불구하고 코민테른의 정신생활은 그 어느 때보다 오늘날 '트로츠키주의'에 반대하는 투쟁을 중심으로 이뤄지고 있다. 지금 소련 공산당뿐 아니라 코민테른의 각국 지부들이 발행하는 이론적 잡지와 이론적 신문의 기사도 주로 좌익반대파를 공격하는 데 집중되고 있다. 그 공격은 때로는 공공연하게, 때로는 은밀하게 이뤄진다. 훨씬 더 중요한 조짐은 [스탈린주의] 당 기구가 좌익반대파를 미친 듯이 조직적으로 괴롭히고 있다는 것이다. 즉, 쇠몽둥이를 휘두르거나 온갖 물리적 폭력을 사용해 좌익반대파의 집회를 방해하고, '트로츠키주의자들'에 대항해서 은밀히 부르주아 평화주의자들, 프랑스 급진당, 프리메이슨 따위와 협정을 맺고, 스탈린주의 중앙이 만들어 내는 악독한 중상모략을 퍼뜨리는 짓 등을 하고 있다.

스탈린주의자들은 좌익반대파의 사상이 자기네 기구의 기둥들을 얼마나 약화시키고 있는지를 우리보다 훨씬 더 직접적으로 느끼고 더 잘 알고 있다. 그러나 스탈린주의 분파의 자기방어 방법은 양날의 칼과 비슷하다. 어느 정도까지는 사람들을 위협하는 효과를 내지만, 그와 동시에 거짓과 폭력의 체계를 거부하는 대중적 반발을 불러일으키기 때문이다.

1917년 7월 멘셰비키와 사회혁명당의 정부가 볼셰비키를 독일군 참모본부의 첩자로 낙인찍었을 때, 처음에는 이 비열한 술수가 성공을 거둬서 병사와 농민, 후진적 노동자층에 강력한 영향을 미쳤다. 그러나 이후의 모든 사건에서 볼셰비키가 그동안 얼마나 옳았는지가 분명히 드러나자 대중은 스스로 다음과 같이 질문하기 시작했다. "그래서 저들이 일부러 레닌주의자들을 중상모략 하고 비열한 선동을 했던 거야? 단지 레닌주의자들이 옳았기 때문에?" 이윽고 볼셰비키를 의심하던 정서는 따뜻한 애정과 헌신으로 바뀌었다.

비록 상황은 다르지만, 이 매우 복잡한 과정은 지금도 진행 중이다. 스탈린주의 관료가 중상모략과 억압을 어마어마하게 동원해서 한동안 기층 당원들을 위협하는 데 성공했다는 것은 명백하다. 그와 동시에, 그들은 혁명적 대중의 눈앞에서 볼셰비키·레닌주의자들이 대거 복귀할 수 있도록 준비해 주고 있다. 지금은 이 점을 더는 의심할 수 없게 됐다.

그렇다, 오늘날 우리는 여전히 약하다. 공산당은 여전히 대중을 거느리고 있지만, 이론적 원칙도 전략적 방향도 이미 상실했다. 좌익반대파는 이미 마르크스주의적 방향을 독자적으로 설정했지만, 아직 대중은 없다. '좌파' 진영의 다른 그룹들은 이도 저도 없다. 가망 없는 레닌동맹은* 우르반스의 개인적 공상과 변덕으로 진지한 원칙적 정책을 대체할 생각이나 하면서 말라비틀어지고 있다. 브란들러파는 그 기구의 간부들에도 불구하고 조금씩 가라앉고 있다. 사소한 전술적 비결이 혁명적·전략적 입장을 대체할 수는 없기 때문이다. 사회주의노동자당SAP은 프롤레타리아의 혁명적 지도부 후보를 자처했지만, 이것은 근거 없는 허세다! 프리츠 슈테른베르크의* 최근 책이 보여 주듯이, 이 '당'의 가장 만만찮은 대표들조차 좌파 중간주의의 벽을 넘지 못한다. 그들이 더 부지런히 '독자적인' 이론적 원칙을 만들어 내려고 할수록 스스로 탈하이머의 제자임을 드러낼 뿐이다. 이 학파는 송장만큼이나 가망 없다.

매우 뒤늦게 에베르트·벨스 정책의 반혁명적 성격을 스스로 확신하게 된 옛 사민당원이 단지 많아졌다고 해서 새로운 역사적 정당이 생겨날 수는 없다. 프롤레타리아의 지도부를 자처하면서도 그 주장을 입증하려는 노력을 전혀 하지 않는 공산주의자들 한 무리가 즉흥적으로 새로운 정당을 만들어 낼 수도 없다. 새로운 정당이 생겨나려면, 한편으로는 낡은 정당들의 등뼈를 부러뜨릴 역사적 대사건들이 필요하고 다른 한편으로는 사건들의 경험 속에서 생겨난 원칙적 입장과 검증된 간부들이 필요하다.

---

* 프리츠 슈테른베르크는 폴란드 태생의 독일 경제학자·사회학자·정치인으로 SAP 창당 멤버였다.

우리는 지금 코민테른의 부활과 그 발전의 연속성을 위해 온 힘을 다해 투쟁하고 있지만, 결코 형식 물신성에 빠질 생각은 없다. 우리에게는 코민테른이라는 조직의 운명보다 프롤레타리아 세계혁명의 운명이 더 중요하다. 만약 최악의 변종이 나타난다면, 우리의 모든 노력에도 불구하고 현재의 공식 정당들이 스탈린주의 관료 집단에 의해 결국 붕괴한다면, 그래서 어떤 의미에서는 처음부터 다시 시작해야 한다면, 그렇다면 새로운 인터내셔널의 계보는 공산주의좌익반대파의 사상과 간부에서 시작될 것이다.

바로 그래서 단기적 '비관주의'와 '낙관주의'는 지금 우리가 하는 일에 적용될 수 없다. 우리의 작업은 각각의 단계들, 부분적 패배와 승리를 초월한 것이다. 우리의 정책은 장기적 정책이다.

후기

각 부분의 집필 시기가 서로 다른 이 소책자는 제국의회의 압도 다수 의원들이 파펜 정부와, 따라서 제국 대통령과 충돌했다는 소식을 담은 전보가 베를린에서 날아오기 전에 이미 완성됐다. 그 뒤의 사건들이 구체적으로 어떻게 전개됐는지는 〈페르마넨테 레볼루치온〉의 칼럼에서 다루고자 한다. 여기서는 몇몇 일반적 결론만을 강조하고 싶다. 이 결론들은 이 소책자를 쓰기 시작할 때는 아직 비판의 여지가 있는 듯했지만 이후 사실의 검증 덕분에 이제는 이론의 여지가 없게 된 것들이다.

1. 슐라이허·파펜 정부의 보나파르티즘적 성격은 제국의회에서 고립된 처지 때문에 완전히 드러났다. 대통령의 직접적 후원자인 농업 자본가 집단이 독일 국민 전체에서 차지하는 비율은 파펜이 제국의회에서 얻은 지지율보다 비할 바 없이 낮다.

2. 파펜과 히틀러 사이의 적대감은 농업 자본가 지도부와 반동적 프티부르주아지 사이의 적대감이다. 한때 자유주의 부르주아지가 프티부르주아지의 혁명적 운동을 이용하면서도 모든 수단을 써서 그들의 권력 장악을 저지한 것과 꼭 마찬가지로, 독점부르주아지는 히틀러를 자신들의 주인이 아니라 하인으로 여기면서 그에게 보상할 준비는 돼 있다. 어쩔 수 없이 해야 하는 상황이 아니라면, 그들은 결코 모든 권력을 파시즘에 넘겨주지 않을 것이다.

3. 대·중·소 부르주아지의 다양한 분파들이 가장 위험한 충돌도 마다하지 않고 공공연히 권력투쟁을 벌이고 있다는 사실은 부르주아지가 지금 프롤레타리아의 직접적 위협에 시달린다고 생각하지 않는다는 것을 보여 준다. 나치와 가톨릭중앙당뿐 아니라 사민당 지도부도 헌법을 지키기 위한 투쟁에 과감히 뛰어든 유일한 이유는 그것이 결코 혁명적 투쟁으로 발전하지 않으리라고 굳게 확신했기 때문이다.

4. 혁명적 목적의식으로 파펜에게 반대표를 던진 정당은 오직

공산당뿐이다. 그러나 혁명적 목적의식에서 혁명의 성취까지는 거리가 멀다.

5. 사태의 논리 때문에 '의회'와 '민주주의'를 위한 투쟁이 모든 사민당 노동자에게는 권력의 문제가 된다. 혁명의 관점에서 보면, 바로 그것이 모든 충돌의 주된 내용이다. 권력의 문제는 프롤레타리아의 혁명적 행동 통일의 문제다. 매우 가까운 미래에 프롤레타리아 민주주의를 바탕으로 노동계급의 투쟁 기관, 즉 노동자 소비에트의 창설을 가능한 것으로 만들기 위해 사민당을 겨냥한 공동전선 정책을 준비해야 한다.

6. 자본가들은 선물을 받고 프롤레타리아의 생활수준은 끔찍한 공격을 받는 것을 감안해서 공산당은 노동자 생산 통제라는 구호를 내걸어야 한다.

7. 유산계급의 여러 분파들은 혁명적 정당이 허약할 때만 자기들끼리 싸울 수 있다. 혁명적 정당은 유산계급들의 내분을 올바로 이용한다면 헤아릴 수 없을 만큼 강력해질 수 있다. 이를 위해서는 유산계급들의 사회적 구성에 따라 여러 분파들을 구별하는 법을 알아야 하고, 그들을 모두 한 묶음으로 취급해서는 안 된다. '사회파시즘'론은 마침내 완전히 파산했으므로 이제 쓰레기통에 던져 버려야 한다.

4부

1933년

배경

국가사회주의란 무엇인가?

배경

크리스 하먼

1932년 7월 총선으로 나치는 입지가 매우 강해졌지만 권력을 장악하지는 못했다. 군대와 대기업은 나치를 이용할 태세는 돼 있었지만 아직 국가를 넘겨줄 생각은 없었다. 1932년 마지막 몇 달 동안 나치의 전망은 밝지 않은 듯했다. 돌격대는 권력을 장악하려고 결집했지만 권력이 자꾸 자신들의 손에서 빠져나가자 점차 실망하기 시작했다. 대기업이 머뭇거리는 바람에 파시스트 기구에 필요한 돈줄이 말라붙고 있었다. 11월 총선에서 나치의 득표는 노동계급 정당들의 득표를 모두 합친 것보다 더 적어진 반면, 사민당의 표를 잠식한 공산당은 득표가 계속 증가했다. 12월에 파펜이 실각했을 때 그를 대신한 사람은 히틀러가 아니라 슐라이허였다.

이 시점에서 나치는 두 가지 요인 덕분에 다시 상황을 확실히 통제할 수 있었다. 첫째, 좌파가 계속 무능했다. 사민당은 반격에 나서기를 거부했고, 공산당 지도자들은 공동전선 정책을 거부했다. 공동전선 정책을 실행했다면, 사민당원들은 심지어 당 지도부의 의사를 거슬러서라도 투쟁에 나설 수밖에 없었을 텐데 말이다. 둘째, 1933년 1월 대기업 지도자들이 히틀러를 힘껏 지원하기로 결정했다.

그래서 1월 30일 히틀러는 독일 총리가 됐다. 그러자

> 독일 노동자들의 저항 의지가 가장 인상적으로 분출했다. 1월 30일 오후와 밤에 독일의 여러 도시에서는 노동자들의 자발적·폭력적 대중 시위가 벌어졌다. 같은 날 독일 전역의 … 공장위원들이 전투명령을 예상하고 베를린에 도착했다.[1]

그러나 사민당 지도자들은 히틀러가 '합법적으로' 집권했으므로 아직 파업을 벌이지는 말자고 결정했다. 〈포어베르츠〉는 다음과 같이 자랑했다.

> 정부와 정부의 쿠데타 위협에도 불구하고 사민당과 무쇠전선 전체는 헌법과 합법성의 기반 위에 굳건히 서 있다.

사민당은 새 정권에 맞서는 때 이른 저항을 막으려고 온 힘을 다했다.

며칠이 안 돼서 나치의 준準군사조직들이 국가기구로 통합됐다. 돌격대·친위대·제국군대·경찰이 서로 협력해서 노동계급 정당들을 옥죄기 시작했다. 2월 27일 국회의사당 방화 사건 후 대규모 검거, 사민당 언론 탄압, 공산당 금지 정책이 뒤따랐다. 대통령의 긴급명령은 모든 형태의 개인적 자유를 억압했다.

그러나 일주일 뒤 실시된 '테러 선거'에서 노동계급은 일제히 정부에 대한 적대감을 다시 한 번 드러냈다. 사민당은 700만 표 이상을 얻었고(지난번보다 겨우 7만 표 감소했다), 공산당은 475만 표를 얻었다(120만 표 감소했다*).

여전히 사민당 지도부는 아무것도 하지 않았다. 계속되는 위협에도 불구하고 사민당 지도자들은 제국의회에서 용감한 발언을 했지만, 그런 다음 나치 정부에 대한 자신들의 반대는 '합헌적'일 것이라고 맹세했다. 노조 지도자들은 조합원들에게 메이데이에 나치와 함께 '전국 근로자의 날'을• 축하하라고 호소했다. 그랬는데도 5월 2일 나치는 노조 사무실을 점령하고 바로 이 노조 지도자들을 강제수용소에 집어넣어 버렸다.

히틀러의 집권에 직면해서 공산당은 저항을 조직하려 했다. 다시 한 번 공산당은 총파업을 촉구했다. 그러나 지난 3년 동안 공산당이 히틀러는 주된 위험이 아니라고, 게다가 이전 정부들도

---

* 나치가 국회의사당 방화 사건을 공산당의 소행으로 몰아 텔만을 비롯한 지도자와 당원 4000여 명을 구속하는 등 공산당은 사실상 불법 상태에서 선거를 치러야 했다.

파시즘 체제였다고 주장하는 것을 봐 온 노동자들은 아무 반응이 없었다. 공산당과 코민테른 지도자들은 여전히 자신들의 이론에 눈이 멀어 있었다. 히틀러의 선거 승리 후 코민테른 상임간부회는 다음과 같이 말했다. "파시즘이 승리한 후 현재의 평온은 일시적인 것이다. 파시스트의 테러에도 불구하고 혁명의 물결은 필연적으로 고조될 것이다."[2] 〈프라우다〉는 "독일 공산당의 고무적 성공"을 운운했고, 라데크는 1933년 3월 7일 자 〈이즈베스티야〉에서 나치에게는 "마른전투의* 패배나 다름없는 패배"라고 썼다.[3] 그사이에 수많은 공산당원은 나치의 강제수용소에 갇히고 노동계급 조직의 마지막 요소들이 파괴되고 있었다.

"국가사회주의란 무엇인가?"는 트로츠키가 히틀러 승리 1주년에 즈음해 쓴 글이다.** 이 글의 영어 원문은 1943년 《제4인터내셔널》에 처음 실렸다.

---

* 마른전투는 1914년 9월 프랑스 파리 근처 마른강 유역에서 프랑스군이 독일군의 진격을 저지한 전투로, 프랑스는 수도를 잃을 위기에서 벗어나고 독일은 전쟁의 조기 종결에 대한 희망이 무산되면서, 장기간의 참호전이 시작됐다.

** 본문은 1933년 6월 10일 쓰였고, 후기는 11월 2일 쓰였다.

국가사회주의란 무엇인가?

레온 트로츠키

순진한 사람들은 왕의 지위가 왕 자신에게, 왕의 망토와 왕관에, 왕의 뼈대와 핏줄에 있다고 생각한다. 그러나 왕의 지위는 사람들 사이의 상호 관계다. 왕이 왕인 이유는 단지 수많은 사람들의 이해관계와 편견이 그 개인을 통해 반영되고 굴절되기 때문이다. 홍수 같은 사건들이 이 상호 관계를 쓸어 내고 나면, 왕은 그저 아랫입술이 축 늘어지고 기운 없는 남성일 뿐이라는 사실이 드러난다. 한때 알폰소 13세라고 불렸던 사람[1886~1931년에 스페인을 통치한 국왕 — 하먼]은 이 사실을 새로운 느낌으로 이야기할 수 있을 것이다.

인민의 의지로 지도자가 된 사람은 신의 뜻에 따라 지도자가 된 사람과 다르다. 전자는 스스로 길을 개척할 수밖에 없거나 적어도 자신이 두각을 나타낼 수 있는 상황을 조성하는 데 일조해야 하기 때문이다. 그렇지만 지도자는 항상 사람들 사이의 관계, 즉 개인이 집단적 요구를 충족시키는 관계다. 히틀러의 성공 비결을 그 자신에게서 찾으려 할수록 그의 개성을 둘러싼 논란은 더 첨예해진다. 그러나 그만큼 이름 없는 역사적 세력들의 초점이 된 정치적 인물을 찾기도 어려울 것이다. 분노한 프티부르주아가 모두 히틀러가 될 수 있는 것은 아니지만, 히틀러라는 입자는 모든 분노한 프티부르주아 안에 있다.

제1차세계대전 전에 독일 자본주의가 급속히 성장할 때 중간계급들이 단지 파괴되기만 한 것은 아니었다. 비록 일부 프티부르주아 계층은 파멸했지만 새로운 계층이 생겨나기도 했다. 공장 주변에는 장인과 상점 주인들이 생겨났고, 공장 안에는 기술자와 관리자들이 생겨났다. 그러나 중간계급들은 비록 그 수가 유지되거나 심지어 더 늘어났지만(신·구 프티부르주아지는 독일 국민의 절반이 약간 안 됐다), 독립성의 마지막 흔적도 잃어버렸다. 그들은 대공업과 금융계 주변에 살면서, 독점기업과 카르텔의 식탁에서 떨어지는 빵 부스러기를 먹고 대자본의 전통적 이론가와 정치인들이 던져 주는 이데올로기적 선물에 의지했다.

1918년의 패배로 독일 제국주의는 길이 막혀 버렸다. 외부의 동역학이 내부의 동역학을 바꿔 놨다. 전쟁은 혁명으로 전환됐다. 사민당은 호엔촐레른 왕가가 전쟁을 비극으로 끝내는 것은 도와줬지만, 프롤레타리아가 혁명을 완수하는 것은 허용하지 않았다. 사민당은 14년 동안 바이마르 민주주의의 존재를 끊임없이 옹호했다. 공산당은 노동자들에게 새로운 혁명을 촉구했지만 그 혁명을 지도할 능력은 없었다. 독일 프롤레타리아는 전쟁, 혁명, 의회주의, 가짜 볼셰비즘의 부침을 경험했다. 낡은 부르주아 정당들이 힘을 다 쓰고 기진맥진한 바로 그때 노동계급 운동도 힘이 바닥나 버렸다.

전후의 혼란으로 노동자뿐 아니라 장인·행상인·공무원도 혹독한 타격을 입었다. 농업의 위기는 농민을 파멸시켰다. 퇴락한 중간계급은 프롤레타리아가 되지 않았다. 프롤레타리아 자체가 엄청나게 많은 실업자를 끊임없이 쏟아 내고 있었기 때문이다. 프티부르주아지의 빈곤화는 인조견 넥타이와 양말로도 감추기 힘들었고, 공식적 신념을 모두 약화시켰다. 특히 민주적 의회주의에 대한 신념을 무너뜨렸다.

수많은 정당의 난립, 싸늘한 선거 분위기, 장관의 끝없는 교체는 아무 성과도 없는 정치적 합종연횡을 끊임없이 만들어 내면서 사회적 위기를 악화시켰다. 전쟁, 패배, 배상금, 인플레이션, 루르 점령, 경제 위기, 궁핍, 절망으로 과열된 분위기에서 프티부르주아지는 자신들을 배신한 낡은 정당들을 모두 거부했다. 소小소유자들은 항상 파산 위험에 시달렸고, 그들의 대학생 아들은 [졸업해도] 일자리나 고객이 없었고, 그들의 딸은 지참금도 구혼자도 없었다. 심각한 절망에 빠진 이들은 질서와 압제를 요구했다.

국가사회주의의 깃발을 치켜든 사람들은 옛 군대의 중·하급 지휘관 출신이었다. 무공훈장을 달고 다니는 장교와 부사관들은 조국을 위한 자신의 영웅적 행위와 고통이 허사가 됐을 뿐 아니라 사람들이 특별히 고마워하지도 않는다는 사실을 결코 믿을 수 없었다. 그래서 그들은 혁명과 프롤레타리아를 증오했다. 그와 동시에, 은행가·기업인·장관이 자신을 다시 회계원, 기술자, 우체국 직원, 교사 같은 평범한 일자리로 되돌려 보내는 것을 순순히 받아들이고 싶은 생각도 없었다. 그래서 '사회주의'를 주장했다. 이제르와 베르됭에서* 그들은 자신과 남들의 목숨을 걸고 싸우는 법이나 명령하는 법을 배웠는데, 이것은 후방의 프티부르주아지에게 강한 인상을 남겼다. 그 덕분에 이 사람들이 지도자가 됐다.

히틀러가 정치 경력 초기에 두각을 나타낸 이유는 오로지 성격이 매우 괴팍하고, 목소리가 남들보다 훨씬 크고, 지능은 평범하지만 자신감은 넘쳤기 때문일 것이다. 그는 모욕당한 병사의 복수심 말고는 기존의 어떤 강령도 운동에 가져오지 않았다. 베르사유조약, 높은 생활비, 공훈 있는 부사관을 존중하지 않는 태도, 모세의 신앙을 가진 은행가와 언론인의 음모에 대한 불만과 불평이 히틀러의 출발점이었다. 이미 흉터가 있는데 새로 멍이 든 채 파산하고 몰락한 사람들이 당시 독일에는 아주 많았다. 그들은 모두 주먹으로 테이블을 내려치고 싶어 했다. 이것은

* 이제르와 베르됭은 모두 제1차세계대전 당시 격렬한 전투가 벌어진 프랑스의 지역이다.

히틀러가 남들보다 더 잘할 수 있는 일이었다. 그가 악폐를 어떻게 고쳐야 할지 몰랐다는 것은 사실이다. 그러나 히틀러의 장광설은 가차 없는 운명에 대고 명령하는 것처럼 들릴 때도 있었고 기도하는 것처럼 들릴 때도 있었다. 죽을병에 걸린 사람들과 마찬가지로, 운이 다한 계급들은 지칠 줄 모르고 온갖 불평을 늘어놓거나 위로의 말에 귀를 기울인다. 히틀러의 연설은 모두 이런 어조에 딱 맞았다. 감정은 변덕스럽고, 사고는 뒤죽박죽이고, 무식하면서도 잡다한 지식이 있는 것, 이 모든 단점이 장점으로 바뀌었다. 그 덕분에 히틀러는 온갖 종류의 불만을 국가사회주의라는 거지의 가방 속에 욱여넣고 대중을 국가사회주의 쪽으로 이끌 수 있었다. 그의 초기 임시변통 가운데 사람들에게 인정받은 것은 무엇이든 그 선동가의 마음속에 남아 있었다. 그의 정치사상은 웅변 음향학의 산물이었다. 그런 식으로 구호가 선택됐다. 그런 식으로 강령이 압축됐다. 그런 식으로 원료에서 '지도자'가 만들어졌다.

무솔리니는 처음부터 사회적 소재들을 히틀러보다 더 잘 알고 있었다. 히틀러에게는 마키아벨리의 정치적 대수학보다 메테르니히의 경찰 신비주의가 훨씬 더 친숙하다. 무솔리니는 정신적으로 더 대담하고 더 냉소적이다. 로마의 무신론자는 경찰과 법원을 이용하듯이 종교를 이용할 뿐이지만 베를린에 있는 그의 동료는 로마교회의 무오류를 정말로 믿는다고 말할 수 있다. 미래의 이탈리아 독재자가 마르크스를 "우리 모두의 영원한 스승"으로 여겼을 때 그는 현대 사회생활을 무엇보다도 부르주아지와 프롤레타리아라는 두 계급의 상호작용으로 보는 이론을 서투르지 않게 옹호했다. 실제로 1914년에 무솔리니는 이 두 계급 사이에 있는 수많은 중간계급이 언뜻 보면 "인간 집단의 연결망" 구실을 하는 것 같지만 "위기의 시기에 중간계급들은 이해관계와 사상에 따라서 두 기본 계급 중 하나를 따르기 마련"이라고 썼다. 매우 중요한 일반화다! 과학적 의술이 환자를 치료하는 데도 쓰일 수 있지만 건강한 사람들이 자기 조상을 만나러 가는 지름길로도 사용될 수 있듯이, 계급 관계에 대한 과학적 분석도 (비록 그 창시자는 프롤레타리아를 동원하는 데 사용했지만) 무솔리니가 적진으로 넘어간 뒤에는 프롤레타리아에 대항해서 중간계급들을 동원하는 수단이 됐다. 히틀러는 [이탈리아] 파시즘의 방법론을 독일 신비주의의 언어로 번역해서 똑같은 위업을 달성했다.

불온한 마르크스주의 저작들을 불태우는 모닥불은 국가사회주의의 계급적 성격을 밝히 비춰 준다. 나치가 국가권력이 아니라 정당으로서 행동했을 때는 노동계급에게 다가갈 수 없었다. 반면에, 대부르주아지는 심지어 히틀러에게 돈을 대 준 자들조차 나치당을 자신들의 정당이라고 생각하지 않았다. 민족의 '부흥'은 전적으로 중간계급들, 즉 민족의 가장 후진적인 부분, 역사의 무거운 짐에 달려 있었다. 정치적 기예는 프롤레타리아에 대한 적대감으로 프티부르주아지를 하나로 통합하는 것이었다. 상황을 개선하려면 무엇을 해야 하는가? 먼저, 아랫것들의 목을 졸라 죽여라. 대자본 앞에서 무력한 프티부르주아지는 노동자들을 파멸시켜서 미래에 자신들의 사회적 존엄을 되찾고 싶어 한다.

나치는 사회체제를 뒤집으려는 자신들의 노력을 혁명이라고 부르며 혁명이라는 이름을 찬탈한다. 사실, 이탈리아와 마찬가지로 독일에서도 파시즘은 사회체제를 전혀 건드리지 않는다. 그 자체로 보면, 히틀러가 주장하는 사회체제 뒤집기는 심지어 반혁명이라는 이름으로 불릴 자격도 없다. 그러나 그것은 고립된 사건이 아니라, 1918년 독일에서 시작된 격변의 순환이 끝난 것으로 봐야 한다. [1918년] 11월 혁명은 노동자·농민 소비에트에* 권력을 줬으므로 근본적으로 프롤레타리아적이었다. 그러나 프롤레타리아를 이끌던 정당[사민당]이 그 권력을 부르주아지에게 돌려줬다. 이런 의미에서 사민당은 혁명의 과업이 완수되기도 전에 반혁명의 시대를 열었다. 그러나 부르주아지가 사민당에, 따라서 노동자들에게 의존하는 동안은 체제에 타협의 요소들이 남아 있었다. 그렇지만 독일 자본주의의 국내외 상황 때문에 양보의 여지가 사라져 버렸다. 사민당이 프롤레타리아 혁명에서 부르주아지를 구했다면, 이번에는 파시즘이 사민당에서 부르주아지를 해방해 줄 차례다. 히틀러의 뒤집기는 반혁명적 전환의 사슬에서 마지막 연결 고리일 뿐이다.

프티부르주아는 발전이라는 사상에 적대적이다. 왜냐하면 발

---

* 독일어판에는 노동자·병사 평의회로 돼 있다.

전은 항상 프티부르주아에게 불리하기 때문이다. 진보가 그에게 가져다준 것은 상환 불능의 부채뿐이었다. 국가사회주의는 마르크스주의뿐 아니라 다윈주의도 거부한다. 나치가 유물론을 저주하는 이유는 자연에 대한 기술의 승리가 곧 소자본에 대한 대자본의 승리를 뜻하기 때문이다. 나치 운동의 지도자들이 '주지주의'를 없애는 이유는 그들 자신의 지적 능력이 이류와 삼류이기 때문이고, 무엇보다도 그들의 역사적 구실이 어떤 사상의 완성도 허용하지 않기 때문이다. 프티부르주아는 결국 물질과 역사를 초월하고 경쟁·인플레이션·경제위기·경매대에서 벗어나게 해 줄 신화에서 피신처를 찾는다. 그의 마음속에서는 영웅적 영감의 원천인 민족주의적 관념론과 (20세기·19세기·18세기의) 진화론·경제사상·합리주의가 대립한다. 히틀러의 민족은 프티부르주아지 자체의 신화적 그림자이고 프티부르주아지가 꿈꾸는 천년왕국의 애처로운 망상이다.

[나치는] 민족을 초역사적 존재로 만들기 위해 인종으로 민족을 뒷받침한다. 그래서 역사를 인종의 소산으로 여기고, 인종의 특성을 사회 조건의 변화와 무관한 것으로 이해한다. 국가사회주의는 '경제사상'이 토대가 아니라고 거부하면서 한 단계 아래로 내려간다. 즉, 경제적 유물론에서 더 내려가 동물학적 유물론에 호소하는 것이다.

독학한 개인이 젠체하며 삶의 모든 비밀을 풀 수 있는 만능열쇠를 찾는 것을 도와주려고 특별히 만들어진 것 같은 인종 이론은 사상의 역사를 감안하면 특별히 우울하다. 히틀러는 순수한 게르만족의 종교를 만들려고 프랑스 외교관이자 아마추어 작가인 고비노 백작한테서 인종차별 사상을 빌려야 했다. 그리고 완성된 정치적 방법론을 이탈리아에서 발견했다. 무솔리니는 마르크스주의 계급투쟁 이론을 폭넓게 활용했다. 마르크스주의 자체는 독일 철학과 프랑스 역사학과 영국 경제학이 합쳐진 성과다. 사상의 계보를 살펴보면, 심지어 가장 반동적이고 혼란스러운 사상의 계보에서도 인종차별주의의 흔적은 찾아볼 수 없다.

물론 국가사회주의의 철학은 한없이 얄팍하다. 그러나 일단 히틀러의 승리가 확고해지자 대학교수들은 거리낌 없이 히틀러의 수역으로 돛을 모두 펼친 채 들어갔다. 대다수 교수 나부랭이에게 바이마르 체제는 혼란과 불안의 시기였다. 역사학자·경제학자·법학자·철학자 등은 상충하는 진리의 기준 중에 어느 것이 옳은지, 즉 서로 싸우는 진영 가운데 어느 쪽이 결국 승리할지를 추측하는 데 골몰했다. 파시스트 독재는 대학 강단에서 파우스트의 의심과 햄릿의 동요를 없애 버린다. 학문은 의회의 상대성이라는 황혼에서 빠져나와 다시 절대자의 왕국으로 들어간다. 아인슈타인은 독일 국경 밖에다 텐트를 칠 수밖에 없었다.

정치학의 수준에서 인종차별주의는 골상학과 동맹한 국수주의의 지루하고 허풍스러운 변종이다. 몰락한 귀족이 고상한 혈통에서 위안을 찾으려 했듯이, 빈곤해진 프티부르주아지는 자기 인종이 특별히 우월하다는 동화에 스스로 도취한다. 국가사회주의 지도자들이 독일 토박이가 아니라 '이주민'이라는 사실은 주목할 만하다. 예컨대, 히틀러 자신은 오스트리아 출신이고, 알프레트 로젠베르크는 옛 제정러시아의 발트해 지방[에스토니아] 출신이고, 현재 히틀러를 대신해서 당을 이끌고 있는 루돌프 헤스는 식민지[이집트] 출신이다. 나중에 독일의 가장 야만적인 계급들이 마음속 깊이 따르게 되는 사상을 '지도자들'에게 주입하기 위해서는, 문명의 주변부에서 야만적 민족주의 소동이라는 학교가 필요했던 것이다.

개성과 계급, 즉 자유주의와 마르크스주의는 악이다. 민족은 선이다. 그러나 사유재산의 입구에서 이 철학은 뒤집어진다. 구원은 오직 개인의 사유재산으로만 가능하다. 민족[국가]의 재산[소유]이라는 생각은 볼셰비즘의 산물이다. 민족을 신격화하면서도 프티부르주아는 민족에 아무것도 바치고 싶어 하지 않는다. 오히려 민족이 자신에게 재산을 주고, 노동자와 집행관에 맞서 자신을 보호해 주기를 바란다. 불행히도 제3제국은 프티부르주아에게 새로운 세금 말고는 아무것도 주지 않는다.

국제적으로 연결돼 있고 익명의 방식이 사용되는 현대 경제생활에서 인종 원칙은 마치 중세의 무덤에서 파낸 것처럼 보인다. 나치는 처음부터 미리 인정한다. 인종의 순수성은 정신의 영역에서는 여권으로 증명돼야 하고 경제 영역에서는 효율성으로 입증돼야 한다고. 오늘날의 상황에서 이것이 뜻하는 바는 경쟁력이다. 인종차별주의는 뒷문을 통해 경제적 자유주의로 되돌아가지만, 그것은 정치적 자유가 없는 경제적 자유주의다.

경제적 민족주의는 사실 무력해지기 마련이다. 물론 유대인 혐오가 야만적으로 분출하고 있다. 나치가 고리대자본이나 은행자본을 현대 경제체제에서 분리하는 이유는, 그것들이 악령에 사로잡혀 있기 때문이고, 잘 알려져 있다시피 바로 그 분야에서 유대인 부르주아지가 중요한 지위를 차지하고 있기 때문이다. 자본주의 체제에 굴복하면서도 프티부르주아는 (긴치마의 카프탄을* 입었지만 보통은 주머니에 한 푼도 없는) 폴란드 유대인의 모습을 한 이윤의 악령에 맞서 전쟁을 선포한다. 포그롬은 인종적 우월성을 보여 주는 최고의 증거가 된다.

국가사회주의가 집권하면서 내건 강령을 보면, (안타깝게도) 오지에 있는 유대인의 백화점이 많이 생각난다. 거기서 찾아볼 수 있는 것은 저급한 싸구려 제품뿐이다! '행복한' 자유경쟁 시대의 추억과 안정된 계급사회의 희미한 전통, 식민지 제국의 부활에 대한 희망과 자급자족경제에 대한 꿈, 로마법에서 게르만법으로 돌아가자는 문구와 미국에 대한 지급유예 호소, 자동차 소유자가 상징하는 불평등에 대한 시샘과 적대감, 작업복 차림의 노동자가 상징하는 평등에 대한 동물적 두려움, 광기 어린 민족주의, 세계 채권자들에 대한 두려움. 이 모든 국제 정치사상의 쓰레기가 새로운 게르만 메시아주의의 정신적 보고寶庫를 가득 채우고 있다.

---

* 카프탄은 원래 터키나 아랍 사람들이 입던 소매가 길고 헐렁한 옷이다.

파시즘은 정치를 위해 사회의 밑바닥을 드러냈다. 오늘날 농민 가정뿐 아니라 도시의 마천루도 20세기와 10세기 또는 13세기가 공존하는 곳이다. 수많은 사람들이 전기를 사용하면서도 여전히 부적과 악령 퇴치 의식 같은 마법의 힘을 믿는다. [로마교황은 라디오방송에서 예수가 물을 포도주로 바꾼 기적을 이야기한다. 영화배우들은 점쟁이를 찾아간다. 비행사들은 인간의 천재성이 만들어 낸 경이로운 기계를 조종하면서도 스웨터에 부적을 달고 있다.] 그들의 무지·몽매·미개함은 정말이지 한도 끝도 없다! 절망은 그들을 일으켜 세웠고, 파시즘은 그들에게 깃발을 제공했다. 사회가 정상적으로 발전하는 과정에서는 문화적 배설물의 형태로 민족 유기체에서 제거됐어야 할 모든 것이 [경제 위기가 극심한] 오늘날에는 목구멍으로 마구 넘어오고 있다. 자본주의 사회가 야만을 소화하지 못한 채 입으로 토해 내고 있는 것이다. 그것이 바로 국가사회주의의 생리학이다.

이탈리아와 마찬가지로 독일의 파시즘도 프티부르주아지를 이용해 집권했다. 이제 프티부르주아지는 노동계급과 민주주의 기관들을 파괴하는 쇠망치로 바뀌었다. 그러나 집권한 파시즘은 결코 프티부르주아지의 지배가 아니다. 오히려 그것은 독점자본의 가장 무자비한 독재다. 중간계급은 독자적 정책을 실행할 수 없다는 무솔리니의 말은 옳다. 심각한 위기의 시대에 중간계급이 불려 나오는 것은 두 기본 계급 가운데 하나의 정책이 터무니없음을 입증하기 위해서다. 파시즘은 중간계급이 자본에 봉사하게 만드는 데 성공했다. 트러스트 국유화와 불로소득 폐지 같은 구호들은 집권하자마자 곧바로 내팽개쳐졌다. 오히려, 프티부르주아지의 [특성에 바탕을 둔 독일 '국가'의] 지방분권주의가 경찰의 중앙집권주의에 자리를 내줬다. 현대 자본주의가 이것을 요구하기 때문이다. 국가사회주의의 국내외 정책이 성공할 때마다 소자본이 대자본에 짓밟히는 것은 불가피하다.

프티부르주아의 환상적 강령은 폐기되지 않았다. 그것은 단지 현실과 괴리된 채 의례적 행위 속으로 용해되고 있을 뿐이다. 모든 계급의 통합은 반쯤 상징적인 근로봉사 의무나 "국민의 이익"을 위해 노동절 휴일을 몰수하는 것으로 환원된다. 라틴 문자에 맞서 고딕 문자를 보존하는 것은 세계시장의 멍에에 대한 상징적 복수다. 유대인 은행가를 포함한 국제 은행가들에 대한 의존은 조금도 줄어들지 않는다. 그래서 동물을 도살하는 것은 탈무드의 의례에 따라 금지된다. 지옥으로 가는 길에는 선한 의도가 깔려 있다면, 제3제국의 길에는 상징이 깔려 있다.

국가사회주의는 프티부르주아의 환상적 강령을 관료적으로 위장해서, 가장 추악한 형태의 제국주의로서 국민 위에 군림한다. 히틀러 정부가 내부 모순 때문에 곧 몰락할 것이라는 희망은 완전히 틀렸다. 나치의 강령은 권력을 잡기 위해 필요했지만, 권력은 히틀러가 그 강령을 실현하도록 도와주지 않는다. 히틀러의 임무는 독점자본이 부여한다. 제국주의의 이익을 위해 국민의 모든 힘과 자원을 강제로 집중하는 것이야말로 파시스트 독재의 진정한 역사적 사명이다. 이것은 전쟁 준비를 의미한다. 그리고 이 임무는 내부의 저항을 결코 용납하지 않고 그 이상의 기계적 권력 집중으로 이어진다. 파시즘은 개혁하거나 묵살할 수 없다. 오직 전복할 수 있을 뿐이다. 파시즘 체제가 정치적으로 나아갈 길은 전쟁 아니면 혁명이다.

후기

나치 독재 1주년 기념일이 다가오고 있다. 그동안 나치 독재 체제의 모든 경향이 분명해지고 뚜렷해졌다. 프티부르주아 대중이 '민족' 혁명의 필수적 보완물로 여긴 '사회주의' 혁명은 공식적으로 비난받고 폐기됐다. 정부가 특별히 지정한 날에 부자들이 빈민들을 위해 전채와 후식을 포기한 것에서 모든 계급의 우애는 절정에 달했다. 실업에 맞선 투쟁은, 굶어 죽지 않을 만큼의 배급량을 절반으로 줄여서 나눠 먹는 것으로 끝났다. 나머지는 모두 통계 조작의 산물이다. '계획된' 자급자족경제는 경제 붕괴의 새로운 단계일 뿐이다.

나치의 경찰 체제가 경제적으로 무능할수록 외교정책에 더 많은 노력을 쏟아부을 수밖에 없다. 이것은 철저하게 공격적인 독일 자본주의의 내적 동역학과 완전히 부합한다. 나치 지도자들이 갑자기 태도를 바꿔 평화 선언을 하더라도 오직 바보들만이 속아 넘어갈 것이다. 히틀러는 국내 재앙의 책임을 외부의 적에게 전가하고 독재의 압력 아래 제국주의의 폭파력을 증강하는 것 말고는 다른 방법이 없다.

강령의 이 부분은 나치의 권력 장악 전에 이미 발표됐는데, 지금 전 세계가 보는 앞에서 강철 같은 논리로 실현되고 있다. 유럽에 새로운 재앙이 닥칠 때까지 남은 시간은 독일의 재무장에 따라 결정될 것이다. 그것은 몇 달 걸릴 문제는 아니지만 그렇다고 몇십 년 걸릴 문제도 아니다. 독일 국내의 세력들이 제때 히틀러를 저지하지 못한다면 불과 몇 년 뒤에 유럽은 다시 전쟁으로 빠져들 것이다.

1933년 11월 2일

후주

머리말

1 Hilda Greber, *The History of the German Labour Movement*(Woolf, London 1969), p 195에 인용된 수치를 보면, 1931년에 가톨릭 노조의 조합원 수는 69만 명이었다.

2 Franz Neumann, *Behemoth: The structure and practice of National Socialism*(Harper and Row, New York 1966), p 412에 인용된 수치들.

3 이 수치는 1928년 말의 것이다. Ben Foulkes, *Communism in Germany under the Weimar Republic*(Macmillan, London 1984)에서 인용.

4 이 시기에 관한 설명은 Chris Harman, *The Lost Revolution: Germany 1918-23*(Bookmarks, London 1982)[국역: 《패배한 혁명》, 풀무질, 2007] 참조.

5 그러나 미국의 주식시장 붕괴가 불황을 심화시킨 것은 사실이지만 불황의 원인은 아니었다는 점을 명심해야 한다. 미국의 주식시장이 붕괴하기 전에 이미 독일의 생산은 감소하고 있었다. Chris Harman, *Explaining the Crisis*(Bookmarks, London 1984)[국역: 《마르크스주의와 공황론》, 풀무질, 1995], pp 61~62 참조.

6 Neumann, pp 412~413.

7 1932년 독일의 산업 생산은 1929년 수준의 61퍼센트였다. 대불황의 절정기에는 실업률이 30.1퍼센트였다(Harold James, *The German Slump: politics and economics 1924-36*(Clarendon Press, Oxford 1986), p 6). 제임스의 이 책(특히

6장)은 통계자료의 보고라 할 수 있다. 비록 지은이의 정치는 역겹지만 말이다.

8 David Beetham, *Marxists in face of Fascism*(Manchester University Press 1983), p 261에서 인용.

9 Beetham, p 263에서 인용.

10 Leon Trotsky, *What Next?*[이 책의 2부에 실린 "다음에는 무엇을 해야 하는가?"].

11 1920년대의 이탈리아 공산당 지도자인 안젤로 타스카가 A 로시라는 가명으로 쓴 *The rise of Italian Fascism*(London 1938)은 여전히 파시즘을 설명하는 영어 문헌으로는 가장 유익하다. 타스카의 정치적 관점은 유러코뮤니스트인 A 데이비드슨의 책 *The Theory and Practice of Italian Communism*(London 1982)과 비슷하다. 두 사람 모두 공산주의자들이 사회민주주의자들과 '공동전선'을 구축하는 것을 지지하지만, 이를 위해 사회민주주의와 공산주의의 본질적 차이를 흐려야 한다고 생각한다.

12 1923년 6월 코민테른 확대 집행위원회에서 한 발언. Beetham, p 112에서 인용.

13 Trotsky, *What Next?*와 Beetham, p 143에서 인용했는데, 그 인용 출처는 *L'Internationale*, 1928로 나와 있다.

14 이 사건들에 관한 간략한 설명은 Binns, Cliff and Harman, *Russia: From workers' state to state capitalism*(Bookmarks, London 1987)에 실린 크리스 하먼의 글[국역: "러시아 혁명은 어떻게 패배했나", 《크리스 하먼 선집》, 책갈피, 2016] 참조. 더 자세한 논의는 M Reiman, *The Birth Of Stalinism*(I B Tauris, London 1987) 참조.

15 1930년대에는 스탈린에게 마법 같은 능력이 있다고 믿은 사람들 사이에 스탈린이 대불황을 '예견했다'는 생각이 널리 퍼져 있었다. 오늘날 유러코뮤니스트들 사이에는 새로운 미신이 유행하고 있지만, 마오쩌둥 사상을 열렬히 지지하는 사람들은 여전히 낡은 미신을 간직하고 있다. 니코스 풀란차스는 이 점과 관련해서 코민테른 6차 세계 대회는 "놀라운 선견지명"을 보여 줬다고 썼다(그가 쓴 *Fascism and Dictatorship*(NLB, London 1974) 참조). 그러나 코민테른이 의지하던 경제학자 바르가를 두고 벤 포크스가 한 말은 옳다. "해마다 그[바르가]는 자본주의 경제 위기를 예언했다. 빠르든 늦든 그의 말은 옳아야 했다. 1928년에는 스탈린과 바르가가 틀렸기 때문이다. 그래서 바르가는 당혹스럽다고 느꼈을 수 있지만, 스탈린에게는 그것이 아무 문제도 아니었다. 경제 분석은 국제 공산주의 운동에서 우파를 제거하고 전략의 급격한 좌선회를 정당화하기 위한 것이었을 뿐이다."(Foulkes, p 146).

16 1928년에 독일의 파업 건수가 증가한 것은 대중이 혁명적 정치 쪽으로 이동했음을 의미하는 것이 결코 아니었다. 1928년 7월 트로츠키는 다음과 같이 설명했다. "공산당은 사민당과 나란히 성장하고 있지만, 아직 사민당을 직접 잠식하지는 못

하고 있다. … 지금까지는 [대중이 공산당보다는] 사민당으로 향하는 흐름이 더 크다." 또 다음과 같이 반문했다. "부르주아 체제의 주요 버팀목인 사민당이 성장하고 있는데도 과연 '상황이 점점 더 혁명적으로 되고 있다'고 말할 수 있겠는가?" (Trotsky, *The Third International after Lenin*(Pathfinder, New York 1974)[국역: 《레닌 이후의 제3인터내셔널》, 풀무질, 2009], pp 261, 260). 실제로 제국의회 선거에서 공산당의 득표수가 1924년 12월 276만 표에서 1928년 5월 326만 표로 증가했지만, 사민당의 득표수도 788만 표에서 915만 표로 늘어났다. 이 결과는 두 노동계급 정당이 모두 강해졌음을 보여 준다는 점에서 고무적이었지만, [바이마르]공화국을 신뢰하지 않는다는 의미의 혁명적 투표는 결코 아니었다. 오히려 당시 공산당원 수는 1928년 말 13만 명에서 1929년 말 11만 2000명으로 감소했다.

17 제3기와 코민테른에 관해서는 Duncan Hallas, *The Comintern*(Bookmarks, London 1985)[국역: 《우리가 알아야 할 코민테른 역사》, 책갈피, 1994], chapter 6 참조.

18 Hallas, p 129.

19 Foulkes, pp 148~149에서 인용.

20 탈하이머가 발전시킨 파시즘 이론은 비록 코민테른의 이론보다는 뛰어났지만, 노동자 민주주의가 아니라 국가기구의 시각에서 파시즘을 바라봤다. 따라서 히틀러 집권 전의 보나파르트 체제들과 이후 '완성품' 사이의 결정적 차이보다는 둘 사이의 연속성을 강조하는 경향이 있었다.

21 Foulkes, p 154에서 인용.

22 Foulkes, p 158에서 인용한 〈로테 파네〉 기사.

23 *Trotsky on the Trade Unions*(Pathfinder, New York 1969), pp 28~29.

24 'The Trade Union movement and the united front'(France) in Trotsky, *The first five years of the Communist International*(New Park, London 1974), p 100.

25 Trotsky, 'The turn in the Communist lnternational'[이 책의 1부에 실린 "코민테른의 전술 전환과 독일 상황"].

26 Letter to the Paris Convention, 13 September 1922 in The *First five years of the Communist International*, p 172.

27 'Theses On the United Front', in The *First five years of the Communist International*, pp 94~95[국역: "공동전선에 관하여", 《차별과 천대에 맞선 투쟁의 전략과 전술》, 책갈피, 2018].

28 Letter to the Paris Convention, in The *First five years of the Communist International*, p 168.

29 텔만이 1932년 8~9월 열린 코민테른 집행위원회 12차 총회에서 한 이 발언은 E H Carr, *Twilight of the Comintern*(Random House, New York 1982), p 72에서 인용한 것이다. 오늘날 스탈린주의 정치는 텔만보다 더 정교한 주장들을 배워야 했다. 유러코뮤니스트들은 당연히 '제3기'를 비난해야 하지만, 그러면서 언제나 '제3기'와 민중전선을 대립시키고 민중전선을 공동전선의 변형이라며 옹호한다. 그러나 민중전선과 공동전선은 그 목적과 효과에서 근본적으로 다르다는 점을 분명히 해야 한다. 공동전선은 반동에 대항하는 동맹으로, 그 목적은 대중투쟁으로 반동을 물리치는 것이다. 공동전선은 개혁주의에 반대하는 투쟁을 포기하지 않고, 실천에서 개혁주의가 [혁명적 정치보다] 못하다는 점을 입증하려고 노력한다. 민중전선도 반동에 대항하는 동맹이지만, 그 목표는 독립적인 혁명적 정치를 개혁주의 정당과 공공연한 부르주아 정당(예컨대, 프랑스 급진당)의 정치에 종속시킴으로써 동맹 내의 근본적 견해 차이를 숨기는 것이다. 따라서 공동전선에서 민중전선으로 전환한 것은 **행동을 위한 일시적 협정**이 부르주아 정치의 우위를 유지하기 위한 **정치적 동맹**으로 바뀐 것이다. 트로츠키가 '제3기'를 비판한 주장들을 비판하는 유러코뮤니스트들은 공동전선과 민중전선의 성격이 정반대라는 사실을 숨겨야 하므로, 공동전선과 민중전선에 관한 트로츠키의 견해를 **모두** 왜곡해야 한다. 예컨대, Jim Firth(editor), *Britain, Fascism and the Popular Front*(London 1985)에 실린 몬티 존스턴의 글 참조.

30 Carr, *Twilight of the Comintern*, p 12.

31 Carr, *Twilight of the Comintern*, p 24.

32 Hallas, p 137.

33 Martin Broszat, *Hitler and the Collapse of Weimar Germany*(Berg, New York 1987), p 72.

34 Broszat, p 65.

35 Broszat, p 15.

36 그래서 브라허는 *The German Dictatorship*(Penguin, Harmondsworth 1971), p 201에서 다음과 같이 썼다. "그들[중간계급]이 원한 것은 사회주의가 아니라, 갈수록 심해지는 대자본의 침해에 맞서 소소유자들을 보호해 달라는 것이었다. 마르스주의자들의 예상과 반대로 중간계급은 사회주의 이데올로기 영역으로 넘어오지 않았다. 대체로 경제 위기 시대에 중간계급 중에서 절망한 부류들은 파시스트들의 구호에 귀를 기울이는 경향이 있다. 반면에, 노동계급은 공산주의로 향하는 경향이 있다." 대체로 중간계급 역사가들 중에서 가망 없는 부류들은 정치투쟁을 흥미롭지 않은 심리적 처방쯤으로 여기는 경향이 있다. 그들이 뭔가를 배울 가능성은 전혀 없다. 경제 위기 시대에 노동계급이 역사와 역사가들의 목을 조르지

않는다면 말이다.

37 Alan Bullock, *Hitler, a study in tyranny*(Odhams, London 1952), p 153과 Broszat, p 118에 인용된 수치들.

38 Bullock, p 193. 불럭이 무분별하고 비합리적이라는 함의가 담긴 이런 문구를 사용한 것을 보면, 나치즘과 공산주의를 불합리성이 반反민주적으로 표현된 대칭적 현상으로 여긴다는 것을 알 수 있다. 그는 나치의 승리를 유감스럽게 생각하지만, 독일 노동계급 운동의 관점이 아니라 영국의 체면이나 품위라는 관점에서 그런다(만약 자기 나라가 이미 지구 육지 표면의 3분의 1을 지배하고 있다면, 체면이나 품위는 합리적 가치다). 불럭의 책에는 독일 노동계급의 운명이 거의 언급되지 않는다.

39 Neumann, p 423에서 인용한 수치들.

40 Broszat, p 19. 노이만의 책을 보면, 바이마르공화국에서 정의의 계급적 성격을 보여 주는 사례가 몇 가지 나온다. "1919년에 바이에른 소비에트 공화국이 몰락한 후 법원은 407명에게 요새 구금, 1737명에게 징역, 65명에게 중노동 징역을 선고했다. 성공하지 못한 쿠데타에 조금이라도 관련된 소비에트 공화국 지지자는 모두 유죄 선고를 받았다. 1920년에 법원이 우파의 카프 쿠데타를 다룬 것을 보면 완전히 대조적이다. 쿠데타 15개월 후인 1921년 3월 21일 제국 법무부 장관은 내란죄로 기소된 705명을 모두 검토한 결과를 공식적으로 발표했다. 그중에 "412명은 1920년 8월 4일 제정된 사면법에 따라 사면된다는 것이 법원의 판단이었다. 쿠데타 주모자는 사면법 적용 대상에서 제외한다는 특별 조항에도 불구하고 그랬다. 108명은 사망 또는 기타 사유로 폐기됐다. 174명은 시간 불충분, 11명은 미결이었다." 처벌받은 사람은 단 한 명도 없었다(Neumann, pp 21~22).

41 Bullock, p 161에서 인용.

42 Broszat, p 117.

43 Broszat, p 118.

44 Evelyn Anderson, *Hammer or Anvil*(Left Book Club edition, London 1945), p 145. 이 얇은 책은 비록 부활한 사회민주주의의 가능성에 대한 착각에도 불구하고 독일 노동운동사를 탁월하게 요약한 책이다. 1970년대에 재판이 나왔으므로 일부 도서관에서 초판이나 재판을 구해 볼 수 있을 것이다.

45 Broszat, p 121.

46 Trotsky, *What Next?*.

47 Foulkes, pp 161~162에서 인용.

48 *Rote Fahne*, 2 December 1930. Foulkes, p 26에서 인용.

49 *Rote Fahne*, 22 March 1931. Foulkes, p 163에서 인용.

50 1931년 10월 레멜레가 제국의회에서 한 발언. Hallas, p 131에서 인용.

51 *Internationale Presse-Korrespondenz*, p 1553(14 June 1932). Carr, p 60에서 인용.

52 Carr, p 62에서 인용.

53 Foulkes, p 168에서 인용.

54 Anderson, p 153에서 인용.

55 Anderson, p 152.

56 Neumann, p 31에서 인용.

57 Bullock, p 237.

58 L J Edinger, *German Exile Politics*(University of California Press 1956), p 10. 또, 지은이는 (p 21에서) 히틀러가 사민당 지도자들을 설득해서 이런 탄압 조치들을 비판하지 못하게 만들었다는 것도 보여 준다. 히틀러는 그들이 이 문제에서 잘 처신한다면 그 보답으로 사민당 신문을 복간시켜 줄 수 있다는 듯이 암시했던 것이다.

59 Joachim Fest, *Hitler*(Penguin, Harmondsworth 1977), p 593에서 인용.

60 Edinger, p 20에서 인용. 지은이는 카우츠키가 발언한 시기를 "4월 아니면 5월 초"라고 봤지만, 아마 4월일 것이다. 5월 2일의 사건을 겪고도 카우츠키가 그런 말을 했다고 생각하기는 힘들기 때문이다.

61 독일노총ADGB의 공식 기관지 〈게베르크샤프츠 차이퉁〉(노동조합 신문) 5월 1일자. Anderson, p 155에서 인용.

62 Heckert, in *Rundschau*, 7 July 1933. Anderson, p 157에서 인용.

63 *Rundschau*, 17 November 1933. Anderson, p 159에서 인용.

64 Allan Merson, *Communist Resistance in Nazi Germany*(Lawrence and Wishart, London 1985), p 66 참조.

65 Jan Valtin, *Out of the Night*(Fortress Books 1988), pp 448~473 참조.

66 그러나 나치 치하에서도 계급투쟁은 결코 멈추지 않았고 매우 간접적인 형태로 벌어졌다는 팀 메이슨의 주장은 절대로 옳다. 나치의 [억압] 기구조차 저항을 완전히 진압할 수는 없었다. 비록 저항이 정치적 형태를 띠기는 힘들었지만 말이다. *History Workshop Journal*, no 11에 실린 메이슨의 글 참조.

67 샤이러부터 테오도어 아도르노까지 심리학적 파시즘 이론들은 널리 퍼져 있다. 그 이론들은 보통 '프로이센'의 특성(샤이러의 설명에 따르면 1648년 베스트팔렌 조약이 체결됐을 때 확립됐다!)이나 히틀러의 인격 장애에 전적으로 의지한다. M

Kitchen, *Fascism*에는 유용한 조사가 실려 있다(비록 민중전선을 지지하는 지은이의 정치 때문에 트로츠키의 주장을 왜곡하는 결함이 있지만 말이다). Beetham이 보기에 프랑크푸르트학파의 파시즘 연구는 "파시즘의 대중적 매력의 사회적·심리적 측면"을 설명하는 데 도움이 된다(p 58). 그는 다음과 같이 논평했다. "이런[사회적·심리적] 차원을 다루지 않는다는 것이 이 책에서 살펴본 마르크스주의 분석들의 가장 분명한 결함들 가운데 하나다." 이런 주장에는 동의하기 어렵다. 트로츠키의 설명도 이런 "차원"의 중요성을 끊임없이 강조하지만, 그것을 계급적·역사적 분석 틀에 종속시킨다. 당시 상황에서 트로츠키는 복잡한 역사적 선택 과정, 즉 나치즘의 사회적 기반[중간계급]이 그 불운 때문에 '미쳐 날뛰면서' 이 인간[히틀러]과 한때 하찮았던 그의 패거리를 '선택'해서 자신들의 분노와 좌절을 표현하게 되는 과정을 오랫동안 탐구하지 않았고 그럴 수도 없었다. 또, 오직 민족이라는 신화로만 단결할 수 있는 이 계층의 이질성 때문에, 나치당이 국가권력 장악 투쟁에 제대로 나서려면 과거 자유군단의 '전우애'적 친밀감(전형적 인물이 에른스트 룀이다)보다는 지도자 원리의 확립이 필요하게 된 과정 등도 마찬가지였다. 물론 부르주아 평론가들을 그토록 매료시킨 [나치] 지도자들의 개성은 트로츠키의 탐구에 포함됐을 것이고, "국가사회주의란 무엇인가?"에서 개략적으로 제시되기도 했다. 그러나 [트로츠키라면] 히틀러의 무기력이나 편집증, 브뤼닝의 오만, 파펜의 경박함, 슐라이허의 마키아벨리즘, 힌덴부르크의 '노쇠함'(그런데도 왜 그는 교체되지 않았는가?), 기업주들의 '근시안적 태도' 등을 정치 위기의 일차적 원인이 아니라 징후로 이해했을 것이다. 그런 사고방식은 프랑크푸르트학파의 비관주의적 일반화와 뚜렷이 대조된다. 그 때문에 프랑크푸르트학파의 이론가들(예컨대, 호르크하이머와 아도르노)이 노동계급 정치에서 멀어진 것이다.

1부 1930년

배경

1 영국 공산당이 펴낸 코민테른 집행위원회 10차 총회의 테제들. C L R James, *World Revolution*(London 1937)에서 인용.

2 상동上同.

3 Braunthal, *History of the International*, volume 2(London 1967), p 366에서 인용.

4 *Rote Fahne*, 15 September 1930. James, *World Revolution*(London 1937)에서 인용.

5 *Rote Fahne*, 16 September 1930. James, *World Revolution*(London 1937)에서 인용.

코민테른의 전술 전환과 독일 상황

1 코민테른 집행위원회 9차 총회(전체 회의)는 1928년 2월에 열렸고, 6차 세계 대회는 같은 해 7월에 열렸으며, 10차 총회는 1929년 7월에 열렸다.

2 흐보스티즘chvostism은 '추수주의追隨主義', 즉 사태의 꽁무니나 쫓는 이론이나 실천을 의미한다.

3 '영의 올가미'는 미국의 법률가인 오언 영이 작성하고 집행한 독일의 전쟁배상금 계획[영안]을 가리킨다. 인물·용어 설명도 참조.

4 본문에 나오는 인물들은 인물·용어 설명 참조.

5 '에피고넨 지도부'는 가끔 그냥 '에피고넨들'이라고도 하는데, 소련과 코민테른의 스탈린주의 지도부를 경멸적으로 부르는 트로츠키의 용어다. '에피고넨'의 원래 말뜻은 '자손'이었는데, 점차 '뛰어난 선구자를 모방하는 아류亞流'를 가리키게 됐다.

2부 1931년

배경

1 *Communist International*, 15 December 1931. James, *World Revolution*(London 1937)에서 인용.

2 Braunthal, p 366에서 인용.

3 Braunthal, p 378에서 인용.

독일: 국제 정세의 열쇠

1 1914년 8월 4일 제1차세계대전이 발발하자 독일 사민당은 제국의회에서 독일의 전쟁 자금 조달을 위한 전쟁공채에 찬성표를 던져서 전쟁을 지지하고 수많은 노동자들이 전선의 참호에서 학살당하게 만들었다. 사민당은 전쟁 전의 역대 당대회에서는 모든 제국주의 전쟁에 반대한다고 결의했고, 제2인터내셔널을 통해 국제 노동계급의 대의를 지키겠다고 맹세했[지만, 이를 배신한 것이]다.

2 프랑스의 클레망소와 밀랑, 영국의 로이드조지, 미국의 우드로 윌슨은 1917년 러시아 혁명 이후 반혁명 장군들인 콜차크·브란겔·데니킨 등이 내전을 감행할 수 있도록 은밀히 지원한 서방 지도자들이었다.

다음에는 무엇을 해야 하는가?

1 당시 소련에서 추방당한 트로츠키는 망명지인 터키의 프린키포섬에서 이 글을 썼다.

2 *Die Internationale*, January 1932.

3 Lenin, *Left-wing Communism: An infantile disorder*[국역: 《공산주의에서의 "좌익" 소아병》, 돌베개, 1995].

4 울슈타인과 모세는 독일에서 책과 신문을 모두 발행한 대형 출판사들이었다.

5 Trotsky, *First Five Years of the Communist International*(New York and London 1953), pp 91~96, 127~128.

6 *Rote Fahne*, 22 December 1931.

7 국제노동조합연맹IFTU의 다른 이름으로 본부가 암스테르담에 있었다. IFTU는 사회민주주의자들이 지배했다.

8 코민테른 집행위원회 7차 총회 의사록.

9 *Arbeiterpolitik*, 10 January 1932.

10 *Arbeiterpolitik*, 10 January 1932.

11 *Rote Fahne*, 2 February 1932.

3부 1932년

배경

1 Peter and Irma Petroff, *The Secret of Hitler's Victory*(London 1934).

2 Braunthal, p 388.

3 Braunthal, p 377.

4 Braunthal, p 377.

유일한 길

1 '맨체스터학파'는 1840년대 영국의 개혁 운동을 가리키는 말이다. 그들은 자유무역을 요구했고, 수입 곡물에 관세를 부과하는 곡물법에 반대했다. 그들의 근거지가 맨체스터였다.

2 파펜은 독일 자본가들에게 납세 증명서 형식으로 20억 마르크를 줬다.

4부 1933년

배경

1 Braunthal, p 380.

2 Braunthal, p 394에서 인용.

3 Braunthal, p 383에서 인용.

인물·용어 설명

2.5인터내셔널Two-and-a-half International 1921년 카를 카우츠키와 오토 바우어가 설립한 중간주의 인터내셔널. 1923년 개혁주의적인 제2인터내셔널과 통합했다.

3월 행동März Aktion 1921년 3월 신생 독일 공산당이 독일 중부에서 광원들의 폭력적 파업을 확산시켜 전면적 무장봉기로 나아가려고 시도한 사건. 그러나 노동자 대중은 여전히 수동적이었다. 많은 곳에서 흔히 실업자인 소수의 노동자들이 폭력을 사용해 다수의 노동자들을 공장에서 몰아내려 했다. 이 3월 행동으로 노동자 대중 사이에서 공산당의 영향력은 오히려 약해졌다.

48조Artikel 48 의회의 승인을 받지 않고도 대통령의 긴급명령으로 통치할 수 있도록 허용한 바이마르헌법 조항.

그람시, 안토니오Gramsci, Antonio(1891~1937) 이탈리아 공산당 창립 멤버로, 1926년 파시스트 정권에 체포돼 투옥됐다. 마르크스주의 이론에 중요한 기여를 한 옥중 수고와 서한으로 유명하다(당 지도부는 그가 당을 비판한 것을 숨겼다). 감옥에서 사망했다.

그뢰너, 빌헬름 Groener, Wilhelm(1867~1939) 1918년 독일 황제의 퇴위에서 중요한 구실을 한 지도적 장군. 1928~1932년 뮐러 정부와 브뤼닝 정부의 국방부 장관. 나치의 돌격대와 친위대를 불법화하려는 그뢰너의 시도를 제국군대가 반대하자 장관직을 사임할 수밖에 없었다.

그르체진스키, 알베르트 Grzesinski, Albert(1879~1948) 브라운과 제버링이 이끈 프로이센주 사민당 정부의 경찰서장.

노스케, 구스타프 Noske, Gustav(1868~1946) 사민당 우파 지도자였으며, 제1차세계대전을 지지하고 1919년 2차 에베르트 정부에서 전쟁부 장관을 지냈다. 킬 군항 수병들의 반란과 스파르타쿠스동맹의 봉기를 진압한 장본인이었고, 9개월 동안 1만 5000명을 살해한 것으로 추산된다. 1920년 카프 쿠데타 후 사임할 수밖에 없었다. 나치 치하에서도 독일에 살다가 1944년 이후 두 차례 체포됐다.

노이만, 하인츠 Neumann, Heinz(1902~1937) 독일 공산당 지도자로, 스탈린의 심복이자 술친구였다. 1927년 중국에서 광둥 봉기를 조직했다. 1931년 독일 공산당의 공식 노선에 개인적으로 반대하기 시작했고, 텔만의 비서와 당 정치국원 자리에서 쫓겨났다. 스페인으로 파견됐다가 스위스로 보내졌고, 나중에는 모스크바로 소환됐다. 1937년 체포된 후 실종됐다. 그의 부인인 마르가레테 부버-노이만은 소련의 포로수용소에 갇혔다가 히틀러와 스탈린이 조약을 맺은 뒤 독일 게슈타포에 넘겨졌지만, 나치의 강제수용소에서 살아남아 회고록을 썼다.

도스안Dawes Plan 독일의 1923년 경제 위기를 끝낸 일련의 정책들 가운데 하나. 1924년부터 1928년까지 독일 경제가 감당할 수 있는 수준으로 전쟁 배상금 부담을 낮춰 주고, 독일 경제에 대한 국제적 관리·감독을 실행하고, 미국이 거액의 차관을 독일에 제공하는 방안이었다.

돌격대SA 나치당의 준군사조직.

라데크, 카를 Radek, Karl(1885~1939) 독일과 폴란드에서 극좌파로 활동하다가 러시아 혁명 때 볼셰비키의 핵심 지도자 축에 들게 됐다. 1919년 베를린에서 룩셈부르크와 리프크네히트가 살해당했을 때는 겨우 암살을 모면했다. 나중에 1923년 독일 혁명이 실패한 책임을 뒤집어썼다. 처음에는 좌익반대파의 지도자였으나 스탈린이 부하린과 결별한 후인 1929년 스탈린에게 투항했다. 스탈린을 위한 선전문을 저술했지만, 모스크바 재판에서 징역 10년을 선고받은 후 실종됐다.

라디치, 스테판 Radić, Stjepan(1871~1928) 크로아티아 독립운동 지도자였고 1924년 모스크바에서 농민 인터내셔널에 참여했다.

라살, 페르디난트 Lassalle, Ferdinand(1825~1864) 독일 노동계급 운동을 최초로 일으킨 사람 중 한 명. 마르크스는 라살이 독일 사회의 다른 모든 계급을 "하나의 반동적 대중"으로 정의한다(고, 그래서 프로이센 절대왕정을 미온적으로 반대하는 부르주아지에 맞서서 오히려 절대왕정을 지지한다)고 비난했다. 라살 추종자들과 마르크스 지지자들이 나중에 힘을 합쳐 독일 사민당을 결성했다.

라이파르트, 테오도어 Leipart, Theodor(1867~1947) 독일 사민당을 지지한 자유노조(독일노총ADGB의 전신)의 지도자. [히틀러가 집권하자] 1933년 5월 1일 '전국 근로자의 날'을 축하하는 등 히틀러 정부와 협력하려고 시도했다. [그런데] 1933년 5월 2일 체포됐다.

라콥스키, 흐리스티안 Rakovsky, Khristian(1873~1941) 볼셰비키 지도자였고 1919~1923년 우크라이나 소비에트 의장을 지냈다. 1927년 좌익반대파와 함께 소련 공산당에서 제명당했고 시베리아 바르나울로 추방됐다. 1934년

[좌익반대파의 소신을] 철회했지만, 모스크바 여론 조작용 재판에서 징역 20년을 선고받았다.

라폴레트, 로버트 La Follette, Robert(1855~1925) 미국 위스콘신주의 공화당 정치인이었지만, 1924년 [자신이 만든] 진보당 후보로 대통령 선거에 출마했다.

레닌동맹Leninbund 1927년 독일 공산당에서 제명된 피셔·마슬로프·우르반스 등이 만든 조직. 1930년에 좌익반대파 지지자들이 쫓겨나기 전까지는 좌익반대파와 가까웠다.

레데부어, 게오르크 Ledebour, Georg(1850~1947) 오랜 사민당원이었지만 독립사민당의 창립 멤버가 됐고 1918년에는 베를린 노동자 평의회의 일원이 됐다. 1920년 독립사민당의 코민테른 가입에 반대했고, 나중에 SAP에 가입했다.

레멜레, 헤르만 Remmele, Hermann(1880~1939) 독일 공산당 중앙위원이었고 1933년 소련으로 피신했다. '질서 있는 퇴각'* 이론을 받아들이기를 거부했기 때문에 지도부에서 쫓겨났다. 1937년 소련 게페우GPU에게 살해당했다.

레비, 파울 Levi, Paul(1883~1930) 스파르타쿠스동맹의 일원이자 독일 공산당의 창립 멤버. 3월 행동에 반대한 뒤 제명됐다.

로이, 마나벤드라 나트 Roy, Manabendra Nath(1887~1954) 인도 공산당의 지도자. 독립 투쟁에서 부르주아 민족주의자들과 협력할 것을 주장했고, 부하린과 우익반대파를 지지했다. 인도의 영국 정부에 의해 투옥됐다.

---

* 국회의사당 방화 사건 후 수많은 공산당원이 구속되고 사무실이 침탈당하는 등 사실상 당이 마비되자 지도부는 '질서 있는 퇴각'을 하는 중이라고 우겼다.

로젠펠트, 쿠르트Rosenfeld, Kurt(1877~1943) 사민당 내 반대파와 함께한 좌파 국회의원이었고, 나중에 분열해 나와서 SAP를 결성했다.

로좁스키, 솔로몬Lozovsky, Solomon(1878~1952) 멘셰비키 출신으로, 1921년 적색노조인터내셔널 창립 때부터 사무총장을 맡았다. 나중에 소련 외무부副인민위원과 [주요 통신사인] 소련 정보국 책임자를 지냈지만, 1952년 총살당했다.

〈로테 파네〉(붉은 깃발)*Die Rote Fahne* 독일 공산당의 일간지.

마누일스키, 드미트리Manuilsky, Dmitry(1883~1959) 처음에는 볼셰비키였지만, 1909년 보그다노프의 브페료트 그룹에 들어가면서 당과 결별했다가 1917년 여름 트로츠키의 메즈라이온카 그룹['지구 간 조직']과 함께 다시 볼셰비키에 가입했다. 나중에 충실한 스탈린주의자가 됐고 '제3기' 동안 코민테른 사무총장을 지냈다. 제2차세계대전 후에는 소련 공산당 중앙위원이었고, 국제연합UN에 파견된 우크라이나 대표이기도 했다.

마슬로프, 아르카디Maslow, Arkadi(1891~1941) 루트 피셔와 함께 독일 공산당 내 '좌파' 그룹의 지도자였다가 1924년 지노비예프가 당 지도부에서 브란들러를 몰아낸 뒤 당 지도자가 됐다. 그러나 1926년 스탈린이 지노비예프와 결별하자 지도부에서 밀려났고, 지노비예프와 트로츠키의 통합반대파를 지지한 뒤 당에서 제명당했다.

맥도널드, 제임스 램지MacDonald, James Ramsay(1866~1937) 1924년 영국 최초 노동당 정부의 총리. 1929년 두 번째로 집권했으나 1931년에 노동당을 배신하고 보수당과 거국일치내각을 구성했다.

몰로토프, 뱌체슬라프Molotov, Vyacheslav(1890~1986) 1917년 이전에 〈프라우다〉의 편집자였다. 1920년 러시아 공산당 중앙위원으로 선출됐고 스탈린과 손잡았다. 1930년대 내내 인민위원회 의장을 지냈고, 1957년까지 당 지도부에 있었다.

무쇠전선Eiserne Front 사민당이 독일공화국을 방어하기 위해 사민당 조직들, 자유노조, 제국국기단, 사민당 스포츠 클럽 등 다양한 조직을 모아 만든 연합체.

뮌첸베르크, 빌리Münzenberg, Willi(1889~1940) 1914~1921년에는 국제사회주의청년동맹, 그 뒤에는 청년공산주의인터내셔널의 사무총장을 지냈다. 독일 공산당의 주요 인물이었고, 많은 '전선' 운동의 막후 조직자였다. 1937년 모스크바 재판 후 당과 결별했다. 1940년 포로수용소를 탈출한 뒤 프랑스에서 목 매달려 죽은 채 발견됐다. 게슈타포의 소행이라고도 하고 (스탈린의 보안경찰인) 내무인민위원부NKVD의 소행이라고도 하는 등 설이 분분하다.

민족공산주의National-Kommunismus 독일 공산당이 극단적 민족주의자들의 지지를 얻으려고 나치와 비슷한 구호들, 예컨대 '인민 혁명', '민족 해방', '베르사유조약 타도' 따위의 구호를 사용한 것을 일컫는 말. 1923년 라데크가 처음 사용했는데, '제3기'에 공산당이 나치를 능가해 보겠다고 채택했다.

바르스키, 아돌프 Warski, Adolf(1868~1937) 제1차세계대전 전에 로자 룩셈부르크와 함께한 폴란드 사민당 지도자. 폴란드 공산당 창립 멤버였으나 1924~1926년 트로츠키 비난 캠페인에 항의했다는 이유로 지도부에서 쫓겨났다. 지도부로 복귀한 뒤에는 '제2기' 정책을 너무 진지하게 받아들여서 피우수트스키의 독재 정권을 지지하기까지 했다(모스크바는 이에 반대했다). 재빨리 잘못을 인정하고 피우수트스키에 맞선 저항을 조직했다. '제3기' 초기에 당 지도부에서 쫓겨났지만, [소련으로] 망명해서도 공산당에 남아 있었고 스탈린을 순순히 지지했다. 1938년 스탈린이 폴란드 공산당을 없애 버렸을 때 바르스키도 "배신자, 스파이, 피우수트스키의 첩자"로 몰려 살해당했다.

바우어, 오토 Bauer, Otto(1881~1938) 제1차세계대전 후 오스트리아 사민당의 지도자. 오스트리아 마르크스주의의 이론가.

발라바노프, 안젤리카 Balabanoff, Angelica(1878~1965) 러시아계 이탈리아인으로 제1차세계대전 전에 이탈리아 사회당의 지도자였다. [1917년 러시아 혁명 후 볼셰비키에 가입해서] 지노비예프가 이끄는 코민테른의 서기로 활동하다가 크론시타트 봉기 후 사임하고 이탈리아 사회당으로 되돌아갔다.

발허, 야코프 Walcher, Jacob(1887~1970) 스파르타쿠스동맹의 일원이자 독일 공산당의 창립 멤버였고, 브란들러와 함께 독일 공산당(반대파)KPO로 갔다가 1931년 분열을 주도해서 SAP에 가입했다.

베른슈타인, 에두아르트 Bernstein, Eduard(1850~1932) 마르크스주의는 '수정돼야' 하고(그래서 '수정주의'라고 불렸다) 이제 사회주의는 자본주의의 점진적 민주화를 통해 실현될 것이라고 주장한 독일 사민당 이론가.

베벨, 아우구스트 Bebel, August(1840~1913) 빌헬름 리프크네히트와 함께 독일 사민당을 창립했고 제1차세계대전 전까지 그 당의 지도자였다.

베트만홀베크, 테오발트 폰 Bethmann-Hollweg, Theobald von(1856~1921) 1909~1917년 독일 총리이자 프로이센주 총리.

벨스, 오토 Wels, Otto(1873~1939) 독일 사민당 우파 지도자. 1918년 12월 베를린 군사령관으로 있을 때 노스케의 명령을 받아 스파르타쿠스동맹의 봉기를 진압했다. 1933년 제국의회에서 히틀러에 반대하는 활동을 이끌면서 '합법적·비폭력적 반대'를 주장했다. 1933년 이후 파리로 망명했다.

보그다노프, 알렉산드르 Bogdanov, Aleksandr(1873~1928) 1903년 볼셰비키와

멘셰비키의 분열 당시에는 레닌을 가장 전폭적으로 지지했다. 1909년에 루나차르스키·고리키와 함께 볼셰비키 내 브페료트[전진] 그룹의 지도자가 됐고, 이들은 나중에 레닌파와 결별한다. 보그다노프는 차르의 의회인 두마에 참여하자는 레닌의 태도를 기회주의라고 맹비난했다.

보나파르티즘Bonapartism 의회 민주주의와 파시즘 체제 사이의 과도적 형태. 노동계급과 부르주아지가 비교적 평형을 이룬 덕분에 '여러 정당이나 계급을 초월한' 것처럼 보이는 강력한 정부.

보르디가, 아마데오 Bordiga, Amadeo(1889~1970) 제1차세계대전 동안과 직후에 이탈리아 사회당의 중간주의 정책에 맞선 반대파의 지도자였고, 1921년 이탈리아 공산당 창립 때부터 1924년까지 당에 중요한 영향을 미쳤지만 나중에 당에서 제명당했다.

볼셰비키·레닌주의자들 Bolshevik–Leninists 좌익반대파 지지자들.

부하린, 니콜라이 Bukharin, Nikolai(1888~1938) '선임' 볼셰비키 가운데 최연소자. 모스크바에서 볼셰비키 당원으로 활동했고 1911년 [유형지에서] 외국으로 탈출했다. 제1차세계대전 때는 스웨덴에서 반군국주의 활동을 하다가 체포됐고, 미국으로 건너가서는 트로츠키와 함께 러시아어 신문 〈노비 미르〉(신세계)를 편집했다. 1917년 2월 혁명이 일어나자 러시아로 돌아왔다. 1917년 7월부터 볼셰비키 중앙위원이었고, 나중에 〈프라우다〉의 편집자가 됐다. [10월] 혁명과 내전 기간에는 '좌파 공산주의자'였다. 그래서 브레스트리토프스크 강화조약에 반대했고 '좌파 공산주의' 분파의 신문 〈콤무니스트〉(공산주의자)를 발행했다. 그러나 1923년 이후에는 점차 우파적 정책들을 채택했다. 소련에서 그는 농민의 요구를 수용하는 정책을 통해 '일국사회주의'를 천천히 건설하자고 주장했는데, 국제적으로 이것은 흔히 부르주아 민족주의자들과 좌파 사회민주주의자들과 노동조합 지도자들에게 공산당의 독립성을 종속시키는 것을 뜻했다. 1923~1927년에는 스탈린과 한통속이 돼 좌익반대파에 맞섰다. 1928년 스탈린은 이 동맹을 깨뜨렸다. 1929년 말 부하린은 소련 공산당과 코민테른의 모든 요직에서 쫓겨났다. 스탈린에게 완전히 투항한 뒤 1933년 〈이즈베스티야〉의 편집자가 됐지만, 1938년 모스크바 재판의 마지막에 누명을 뒤집어쓰고 처형당했다.

붉은 주민투표 Red Referendum 1931년 나치와 민족주의자들이 프로이센주의 사민당 정부를 몰아내려고 추진한 주민투표. 독일 공산당은 처음에 주저하다가 나중에 지지했다.

브라운, 오토 Braun, Otto(1872~1955) 1932년 7월 20일 파펜의 쿠데타로 쫓겨난 프로이센주 사민당 정부 총리.

브라이트샤이트, 루돌프 Breitscheid, Rudolf(1874~1944) 1918~1919년 독일공화국[바이마르공화국] 내무부 장관을 지낸 사민당 의원단 지도자. 나치 손에 죽었다.

브란들러, 하인리히 Brandler, Heinrich(1881~1967) 켐니츠의 건설 노동자 출신으로, 1916년 이후 로자 룩셈부르크의 제자였고 스파르타쿠스동맹의 베테랑이었다. 독일 공산당 창립 멤버였고, 1923년 함부르크 봉기가 실패할 때까지 아우구스트 탈하이머와 함께 당의 지도자였다. 1923년의 결정적 시기에 작센의 공산당·사민당 정부 장관이었다. 나중에 1923년 봉기 실패의 책임을 뒤집어쓴 희생양이 돼 1924년 프랑크푸르트에서 열린 공산당 협의회 때 지도부에서 쫓겨났다. 그 뒤 당내 우파를 이끌다가 1929년 당에서 제명당했다. 그러자 탈하이머와 함께 독립적 조직인 독일 공산당(반대파)KPO를 이끌었다. 이 조직은 독일 공산당의 정책을 강하게 비판했지만, 그 정책의 기원을 분석하거나 소련에서 스탈린주의가 한 구실을 비판하는 것은 거부했다.

브뤼닝, 하인리히 Brüning, Heinrich(1885~1970) 독일 가톨릭중앙당 지도자로, 1930년 3월부터 1932년 5월까지 제국의회가 반쯤만 용인한 소수파 정부의 총리를 지내며 긴급명령으로 통치했다. (군 수뇌부인 슐라이허의 조언에 따라) 힌덴부르크의 대통령 재선을 기획·조종했지만 나중에 힌덴부르크에 의해 총리직에서 해임된다. 1933년 5월 [나치에게 체포되지 않으려고] 독일을 떠났다.

블룸, 레옹 Blum, Léon(1872~1950) 프랑스 사회당 지도자로 훗날 1936~1937년에 프랑스 민중전선 정부의 총리를 지냈다.

비토리오 에마누엘레 3세 Vittorio Emanuele III(1869~1947) 1900년부터 제1차세계대전과 무솔리니의 파시즘 통치 기간 내내 이탈리아 국왕이었다. 1946년 퇴위했다.

사회주의노동자당SAP 1931년 사민당과 결별했지만 공산당에 가입하지는 않은 좌파들이 만든 중간주의 정당. 어떤 점에서는 1930년대의 영국 독립노동당ILP과 비슷했다.

샤이데만, 필리프 Scheidemann, Philipp(1865~1939) 독일 사민당의 우파 지도자. 제1차세계대전을 지지했고, 1918년 혁명 때 스파르타쿠스동맹에 선수를 빼앗기지 않으려고 먼저 공화국을 선포했다. 1933년 이후 외국으로 망명했다.

세마르, 피에르 Semard, Pierre(1887~1942) 프랑스 공산당 지도자.

슈트뢰벨, 하인리히 Ströbel, Heinrich(1869~1944) 사민당 좌파였고, 독립사민당에 가입했다가 나중에 잠시 SAP에 있었다.

슐라이허, 쿠르트 폰 Schleicher, Kurt von(1882~1934) 제국군대에서 정치적 연

략을 책임진 장군. 처음에는 국방부 장관, 나중에는 총리의 인선을 좌우한 막후 실력자였다. 나치를 이용해 자신의 독자적 입지를 구축하려 했다. 1932년 12월 총리가 됐으나 두 달이 채 안 돼 히틀러로 교체됐다. 1934년 히틀러의 명령으로 룀과* 함께 살해당했다.

스파르타쿠스동맹Spartakusbund 로자 룩셈부르크와 카를 리프크네히트가 이끈 사민당 내 분파. 제1차세계대전에 반대했고, 전후에는 독일 공산당의 중핵이 됐다.

아들러, 막스 Adler, Max(1873~1937) 오스트리아 사민당의 주요 이론가.

야로슬랍스키, 예멜랸 Yaroslavsky, Yemelyan(1878~1943) 사건들을 날조한 스탈린주의 역사 저술가. 1930~1931년에 스탈린의 총애를 잃었다.

에르콜리Ercoli(톨리아티, 팔미로Togliatti, Palmiro(1893~1964)의 가명) 그람시가 토리노에서 이끌던 이탈리아 사회주의자 그룹의 일원으로, 1921년 이탈리아 공산당을 창립할 때 동참했다. 보르디가가 공산당 지도부에서 쫓겨나고 그람시가 투옥된 뒤 당 지도자가 됐다. 순식간에 스탈린의 말 잘 듣는 도구가 됐다. 1945년 이후 불신받던 이탈리아 자본주의를 다시 강화시키는 데서 결정적 구실을 했다.

에베르트, 프리드리히 Ebert, Friedrich(1871~1925) 제1차세계대전 당시 독일 사민당의 우파 지도자. 혁명을 혐오하고 입헌군주제를 지지했지만, 1918년 11월 독일에 공화국이 선포된 뒤 첫 정부의 수반이 되고 나중에 바이마르 공화국의 초대 대통령이 됐다. 사민당이 군사령부와 결탁해서 스파르타쿠스동맹의 봉기를 진압하고 룩셈부르크와 리프크네히트를 살해하게 만든 장본인 중 한 명이다.

---

* 에른스트 룀은 히틀러와 막역했던 초기 나치 지도자로 돌격대 사령관을 지냈다.

영안Young Plan 미국 은행가의 이름을 딴 계획을 1929년 독일 정부가 받아들였다. 연간 배상 금액을 기존 도스안보다 더 낮춰 줬(지만, 그래도 향후 59년 동안 배상금을 계속 지급해야 했)다. 독일의 극단적 민족주의자들, 철모단, 산업자본가들은 이 방안에 격렬하게 반대했다. 나치도 영안을 반대해서, 대기업한테 상당한 돈을 받기 시작했다.

오스트리아 마르크스주의 Austro-Marxism 오스트리아 사민당에서 우세한 경향의 명칭. 이론에서는 베른슈타인의 수정주의를 비판했지만, 실천에서는 수정주의와 차이가 없었다. 폭력혁명에 반대했고, 사회주의자들은 방어적으로만 무력을 사용해야 한다고 생각했다.

왕징웨이汪精卫(1883~1944) 중국 국민당 지도자. 1926~1927년에 스탈린과 부하린의 정책은 중국의 민족주의적 부르주아 혁명 지도자들을 무비판적으로 지지하는 것이었다. 그래서 처음에는 장제스를 코민테른 집행위원회의 명예 회원으로 추대했다. 중국 공산당원들은 국민당 지도자들을 비판하지 못한 채 국민당 건설에 협력해야 했다. 심지어 장제스가 파업을 불법화하고 노동조합과 농민 단체를 해산시키고 있는데도 그랬다. 1927년 3월 군벌과 제국주의 세력을 밀어내고 상하이를 차지한 노동자들은 장제스를 혁명 지도자로 받아들이라는 말을 들었지만, 곧바로 장제스는 상하이에서 공산당원과 노동조합원을 학살했다. 그런데도 스탈린과 부하린은 똑같은 정책을 계속 고수하면서, 지지 대상을 우한의 왕징웨이를 중심으로 한 국민당 지도자들로 바꾸기만 했다(스탈린은 왕징웨이 분파를 "혁명의 중심"으로 묘사했다). 스탈린이 그런 말을 한 즈음, 우한의 지도자들은 장제스와 타협하고 노동자 투사들을 학살하기 시작했다.

우르반스, 후고 Urbahns, Hugo(1890~1946) 독일 공산당원으로 1924~1926년에는 마슬로프·피셔와 함께 당 지도부에 있었지만 그 뒤에는 지도부를 반대했다. 1933년부터 1946년 죽을 때까지 스웨덴에서 망명 생활을 했다.

《인터나치오날레》(인터내셔널)*Die Internationale* 독일 공산당의 공식 이론지.

자이데비츠, 막스Seydewitz, Max(1892~1987) 독일 사민당의 좌파 지도자. 1931년 사민당에서 분열해 나와 SAP를 건설했다.

장제스蔣介石(1887~1975) 1925~1927년 중국 [노동자] 혁명 당시 부르주아 민족주의 정당인 국민당의 군사 지도자. 스탈린과 부하린의 정책 때문에 중국 공산당은 국민당을 무비판적으로 지지했고 장제스를 위대한 혁명가로 일컬었다. 그러나 장제스는 일단 자신의 권력이 확고해지자 공산당을 공격했고, 1927년 상하이에서 공산당원과 노동조합원을 학살했다.

전국 근로자의 날 나치가 5월 1일, 즉 국제 노동계급 연대의 날을 '전국 근로자의 날'로 바꾼 것을 노조 지도자들은 전폭 지지했다.

제국국기단Reichsbanner 독일 사민당의 준군사조직. 모든 종류의 쿠데타에 맞서 독일공화국을 방어하겠다고 맹세한 30만 명으로 이뤄져 있었다. 무장을 하지는 않았지만, 유사시에는 프로이센주 경찰한테서 무기를 받기로 돼 있었다.

제국군대Reichswehr 독일 바이마르공화국의 군대. 베르사유조약에 따라 병력이 10만 명을 넘지 못하게 돼 있었지만, 실제로는 비밀 분견대들로 보충됐다(이른바 '검은 제국군대'). 공산주의자들을 배제했으므로 우파의 확실한 정치적 신뢰를 받았다.

제버링, 카를Severing, Carl(1875~1952) 1907년부터 사민당 국회의원이었고, 1919~1926년과 1930~1932년에는 프로이센 주정부 내무부 장관을 지냈다. 1932년 파펜이 프로이센 주정부를 전복했을 때 잠시 체포됐고, 나치 치하에서도 무사히 지내다가 1944년 히틀러를 암살하려던 '장군들의 음모' 사건 후 체포됐다. 1945년 이후 다시 사민당 국회의원을 지냈다.

주오, 레옹 Jouhaux, Léon(1879~1954) 프랑스 노동조합총연맹CGT의 사무총장으로 제1차세계대전을 지지했다.

중간주의Centrism 노동운동 관료들의 정책인 개혁주의와, 노동계급의 혁명적 이해관계를 표현하는 마르크스주의 사이에서 동요하는 정치적 입장.

'지구 간 조직'interdistrict organisation 같은 뜻의 러시아어로는 '메즈라이온카'. 1913년에 생겨나 주로 페트로그라드에 기반을 두고 활동한 러시아사회민주노동당 내 소규모 통합파다. 트로츠키, 루나차르스키 등이 포함됐으며, 그 구성원은 '메즈라이온치'라고 불렀다. 그들의 목표는 독자 정당 건설이 아니라 볼셰비키와 멘셰비키 국제주의파의 통합이었다. 1917년 5~6월에 볼셰비키와 제휴해서 활동하다가 7월 말에 볼셰비키와 합쳤다.

지노비예프, 그리고리 Zinoviev, Grigory(1883~1936) 선임 볼셰비키로서, 제1차세계대전 동안 레닌의 가장 가까운 협력자였다. 1917년 여름에는 레닌과 함께 숨어 지냈지만, 카메네프와 함께 10월 봉기에 반대했다. 코민테른 초대 의장이었고, 독일·불가리아를 비롯한 여러 나라의 중대한 정책 오류에 책임이 있었다. 1923~1925년에는 카메네프·스탈린과 연합한 분파의 명목상 지도자였고 '트로츠키주의'를 가장 맹렬하게 반대했다. 1925년 스탈린은 지노비예프와 결별하면서, 코민테른 내 직책과 레닌그라드 당 기구 통제권을 박탈해 버렸다. 1926~1927년에는 트로츠키와 함께 통합반대파를 결성했다가 1927년 트로츠키와 함께 소련 공산당에서 제명당했지만, 곧바로 소신을 철회[하고 당에 복귀]했다. 1932년 다시 제명돼 시베리아로 강제 추방됐지만, 다시 소신을 철회하고 당에 재가입했다. 1935년 키로프 암살 사건 후 투옥된 그는 1년 뒤 모스크바 재판의 '스타 피해자'였다. 다시 한 번 스탈린에게 굴복했지만, 이번에는 '배신자'(와 '파시스트')임을 인정한 뒤 처형당했다.

〈직조공〉Die Weber 1844년 독일 슐레지엔 직조공들의 투쟁을 다룬 희곡 작품.

철모단Stahlhelm 독일 우익 재향군인들의 준군사조직. 1933년 총선 후 나치 돌격대로 통합됐다.

최르기벨, 카를Zörgiebel, Karl(1878~1961) 사민당 소속 베를린 경찰서장. 1929년 공산당의 메이데이 시위를 경찰이 공격해서 25명을 살해한 행위를 옹호했다.

카우츠키, 카를 Kautsky, Karl(1854~1938) 제1차세계대전 전까지 제2인터내셔널과 독일 사민당의 주요 이론가였고, 양차 대전 사이에는 사회민주주의 정책의 주요 옹호자였다(비록 여전히 마르크스주의 언어를 사용했지만).

쿠르티우스, 율리우스 Curtius, Julius(1877~1948) 1929~1931년 독일 뮐러 정부와 브뤼닝 정부의 외무부 장관.

쿠시넨, 오토 Kuusinen, Otto(1881~1964) 핀란드 공산주의 지도자. 1919년 핀란드 혁명이 실패한 뒤 러시아로 피신했다. 1924년부터 코민테른에서 독일 관련 업무를 총괄했다.

쿡, 아서 Cook, Arthur(1883~1931) 1926년 영국 총파업 당시 영국광원연맹 MFGB의 좌파 지도자.

쿤, 벨러 Kun, Béla(1886~1939) 1921년 재앙으로 끝난 초좌파적 '3월 행동' 당시 독일에 파견된 코민테른 대표. 1930년대 내내 소련 공산당 당원이었지만, 1939년 소련에서 총살당했다.

타르노프, 프리츠 Tarnow, Fritz(1880~1951) 사민당 국회의원이자 노동조합 지도자. 1931년 사민당을 탈퇴하고 SAP에 가입했다. 나치 통치 기간에는 외국으로 망명했고, 죽을 때까지 노동조합 활동을 했다.

탈하이머, 아우구스트 Thalheimer, August(1884~1948) 1921~1924년 브란들러와 함께 독일 공산당 지도자였고, 그 뒤에도 브란들러와 비슷한 행보를 보였다.

텔만, 에른스트 Thälmann, Ernst(1886~1944) 스탈린주의화한 후의 독일 공산당 지도자. 1933년 나치에 체포됐고, 제2차세계대전 끝 무렵 강제수용소에서 살해당했다.

토레즈, 모리스 Thorez, Maurice(1900~1964) 1930년부터 죽을 때까지 프랑스 공산당의 스탈린주의 지도자.

투라티, 필리포 Turati, Filippo(1857~1932) 이탈리아 사회당의 창립 멤버.

파펜, 프란츠 폰 Papen, Franz von(1879~1969) 독일 정치인이자 외교관이었고, 1932년 5월 힌덴부르크가 제국군대의 정치적 책임자인 슐라이허의 조언을 받아들여 총리로 임명했다. 나치의 돌격대와 친위대 금지령을 해제했지만, 1932년 말 슐라이허의 책략으로 총리직에서 물러나야 했다. 그 뒤 블롬베르크 장군과 국가인민당DNVP 지도자 후겐베르크와 손잡고 힌덴부르크를 설득해서 히틀러를 총리로 임명하게 했다.

퍼셀, 앨프리드 Purcell, Alfred(1872~1935) 영국의 노동조합 지도자였고, 1925~1926년에 지노비예프와 스탈린의 [코민테른] '제2기' 정책에서 중요한 구실을 한 (영국노총TUC 중앙집행위원회와 소련 노동조합의) 공동위원회인 영·소 노동조합 위원회에 관여했다. [퍼셀을 비롯한] 이 위원회의 '좌파' 위원들은 1926년 영국 총파업 당시 우파와 구별되지 않는 구실을 했는데도, [코민테른은] 영국 공산당이 이 '좌파'들을 비판하지 못하게 막았다. 퍼셀이 의장으로 있던 파업조직위원회는 좌파 활동가들이 지역 파업 위원회들에 영향을 미치지 못하게끔 방해하려 했다(Tony Cliff and Donny Gluckstein, *Marxism and Trade Union Struggle*, Bookmarks,

London 1986[일부 국역: 《마르크스주의와 노동조합 투쟁》, 책갈피, 2014] 참조).

〈페르마넨테 레볼루치온〉(연속혁명)*Die permanente Revolution* 독일 좌익반대파의 신문.

〈포어베르츠〉(전진)*Vorwärts* 독일 사민당의 일간지.

프뢸리히, 파울 Frölich, Paul(1884~1953) 독일 공산당 창립 멤버였지만 나중에 탈당해서 브란들러의 KPO에, 그 뒤에는 SAP에 가입했고, 1933년 독일을 탈출했다. 로자 룩셈부르크의 전기를 썼다.

프리크, 빌헬름 Frick, Wilhelm(1877~1946) 나치의 지도자로, 1933년 내무부 장관이 됐다.

피셔, 루트 Fischer, Ruth(1895~1961) 오스트리아 공산당의 창립 멤버인데, 나중에 (마슬로프와 함께) 독일 공산당 내 '좌파'의 지도자가 됐고 1924~1925년에는 공산당 전체의 지도자였다. 1920년대의 독일 공산당을 다룬 그녀의 책 《스탈린과 독일 공산주의》는 흥미롭지만 사실상 믿을 수 없다.

피우수트스키, 유제프 Piłsudski, Józef(1867~1935) 폴란드의 독재자. 1893년 폴란드 사회당을 창립했고, 국제주의를 표방한 로자 룩셈부르크의 폴란드 사민당에 반대했다. 제1차세계대전 때는 폴란드 군대를 조직해 오스트리아 편에서 싸웠다. 1916년 최초의 폴란드 정부에서 전쟁부 장관을 지냈고, 1917~1918년 독일군에 의해 수감됐다. 1918~1923년에 사실상의 독재자로 폴란드를 지배했고, 1926년 쿠데타 이후 다시 폴란드의 독재자가 됐다. 1930년 이후 공산당과 사회당을 모두 탄압했다.

하제, 후고 Haase, Hugo(1863~1919) 제1차세계대전 당시 사민당의 중간주의 소수파를 이끌었던 국회의원. 1917년 독립사민당을 창립했지만 1919년 암살당했다.

혁명적노조반대파RGO 독일 사민당을 지지하는 노조 연맹에 반대해서 공산당 주도로 설립된 노동조합 조직. 공산당 투사들과 노동조합원 대중을 분리시켰기 때문에 전술적으로 끔찍한 실패작이었다.

후버모라토리엄Hoover Moratorium 1931년 7월 미국 대통령 허버트 후버가 전쟁 부채와 배상금 지급을 1년간 유예한다고 선언한 것.

히르슈, 베르너 Hirsch, Werner(1899~1941) 스탈린주의 이론가.

힌덴부르크, 파울 폰 Hindenburg, Paul von(1847~1934) 제1차세계대전 당시 독일군 참모총장. 1925년 우파 연합의 지원을 받아 대통령에 당선됐고, 1932년 사민당과 대기업 이익집단이 모두 포함된 연합의 지원으로 다시 대통령이 됐다. 처음에는 히틀러의 벼락출세에 분개했지만, 1933년 대지주·대기업·군대의 영향을 받아 히틀러를 총리로 임명했다.

힐퍼딩, 루돌프 Hilferding, Rudolf(1877~1941) 독일 사민당의 주요 이론가·경제학자였고, 1928~1930년 뮐러 정부의 재무부 장관을 지냈다. 제국주의와 금융자본을 다룬 중요한 책들을 썼다. 1940년 프랑스에서 탈출하려고 시도하다가 프랑스 비시 정권에 체포돼 나치에게 넘겨졌다.